Grundstudium
Betriebswirtschaftslehre
Band 2

Kosten- und Leistungsrechnung

Eine Einführung

von

Dipl.-Kfm. Manfred K. Götzinger, Sinsheim,
Dipl.-Kfm. Dr. Horst Michael, Bergisch Gladbach

6., überarbeitete und erweiterte Auflage 1993

Verlag Recht und Wirtschaft GmbH
Heidelberg

1. Auflage 1978 · ISBN 3-8005-6291-X
2. Auflage 1981 · ISBN 3-8005-6293-6
3. Auflage 1985 · ISBN 3-8005-6297-9
4. Auflage 1988 · ISBN 3-8005-6297-9
5. Auflage 1990 · ISBN 3-8005-6297-9
6. Auflage 1993 · ISBN 3-8005-2012-5

Die Deutsche Bibliothek – CIP-Einheitsaufnahme

Götzinger, Manfred K.:
Kosten- und Leistungsrechnung : eine Einführung / von Manfred K. Götzinger, Horst Michael. – 6., überarb. und erw. Aufl. – Heidelberg : Verl. Recht u. Wirtschaft, 1993.

(Grundstudium Betriebswirtschaftslehre ; Bd. 2)
ISBN 3-8005-2012-5

NE: Michael, Horst:; GT

ISBN 3-8005-2012-5

Druck und Verarbeitung: Präzis-Druck, Karlsruhe

Umschlagentwurf: Werbeservice GmbH, Heidelberg

Printed in Germany

Geleitwort

Die „Kosten- und Leistungsrechnung" von Götzinger und Michael ist erstmals 1978 erschienen. Sie hat guten Anklang gefunden. Ein äußerlicher Beweis dafür ist, daß sie jetzt in der 4. Auflage vorgelegt werden kann. Das Werk entstand ursprünglich aus dem Unterricht der Verfasser im betriebswirtschaftlichen Grundstudium, für das es auch vom Verlag angeboten wird. Eine Besonderheit des Buches liegt darin, daß in ihm – anders als in manchen für den gleichen Zweck gedachten Veröffentlichungen – zahlreichen Einzelfragen der Kostenrechnung bis in die Tiefe nachgegangen und das Für und Wider verschiedenartiger Lösungen der Fragen erörtert wird. Dies schult das Denkvermögen des angehenden Betriebswirtschaftlers in dem Sinn, wie es der Altmeister unseres Faches, Eugen Schmalenbach, gefordert hat.

Mit der 3. Auflage ist besonders das Kapitel „Kostenrechnungssysteme" erweitert worden. Mit diesem Kapitel, das unter anderem Plankostenrechnungen und die Einzelkosten- und Deckungsbeitragsrechnung berücksichtigt, bietet das Buch weiterführende Grundlagen für das Hauptstudium an. Der Dozent im Grundstudium wird nach den Verhältnissen seiner Hochschule entscheiden, wie intensiv er das Kapitel einbezieht. Dabei wird er bedenken, wie groß die Zahl der Studenten ist, die nach den möglichen und üblich gewählten Fächerkombinationen im Hauptstudium voraussichtlich noch Kenntnisse über neuzeitliche Kostenrechnungssysteme erlangen werden.

Mannheim, im Januar 1988 *Prof. Dr. Heinz Bergner*

Vorwort zur 1. Auflage

Ziel der Reihe „Grundstudium Betriebswirtschaftslehre" ist es, einführende Lehrbücher vorzugeben, die insbesondere geeignet sind, für den Studienabschnitt Grundstudium einen systematischen, knapp gefaßten Überblick über das relevante Wissen des jeweiligen Fachgebietes zu vermitteln.

Das vorliegende Buch soll umfassende Kenntnisse in der Ist-Vollkostenrechnung sowie dem Rechnen mit Normalgemeinkosten vermitteln. Die in diesem Rahmen dargestellten Techniken und Methoden der Kostenerfassung (Kostenartenrechnung), Kostenstellenrechnung, Kalkulation und Betriebsergebnisrechnung haben auch für die anderen Kostenrechnungssysteme grundlegende Bedeutung. Eine umfassende Darstellung aller Kostenrechnungssysteme und aller Randgebiete der Kosten- und Leistungsrechnung würde den dieser Schrift gesteckten Rahmen überschreiten. Daher wird der Leser in Kapitel 7 lediglich in einer kurzen Einführung mit den anderen Kostenrechnungssystemen vertraut gemacht.

Schwerpunkte der Darstellung bilden die Kostenerfassung, deren Probleme in einführenden Werken der Kosten- und Leistungsrechnung häufig nur oberflächlich behandelt werden, die Kostenstellenrechnung mit der innerbetrieblichen Leistungsverrechnung im Mittelpunkt und die organisatorische Durchführung der Kosten- und Leistungsrechnung im Einkreis- und Zweikreissystem.

Neben der Abhandlung bekannter Problemlösungen und Verfahren werden auch neue Ansätze vorgestellt, so insbesondere zur Erfassung der Kapitalkosten (entwickelt von Michael) und zum Kostencharakter der Gewinnsteuern und der Umsatzsteuer (entwickelt von Götzinger).

Didaktisches Ziel des Buches ist es, dem Lernenden

- a) detailliertes Wissen in den behandelten Teilbereichen zu vermitteln, wozu vor allem die die allgemeine Darstellung ergänzenden praxisnahen Beispiele beitragen sollen;
- b) das Ineinandergreifen der Teilbereiche Kostenartenrechnung, Kostenstellenrechnung, Kalkulation und Betriebsergebnisrechnung, in die sich jedes spezielle Kostenrechnungssystem gliedert, aufzuzeigen und ihn so zum Gesamtverständnis der Kosten- und Leistungsrechnung zu führen. Eine Schlüsselstellung nehmen hier die in Kapitel 6 dargestellten Modelle zur organisatorischen Durchführung der Kosten- und Leistungsrechnung ein.

Dieses Buch ist jedoch nicht nur für Studenten der Wirtschaftswissenschaften an Universitäten und Fachhochschulen geeignet, sondern vermag, vor allem wegen der neuen Lösungsansätze, auch Praktikern Anregungen zu geben.

Für kritische Anregungen insbesondere zu diesen neuen Lösungsansätzen werden wir sehr dankbar sein.

Dank sagen wir allen Bekannten, Studenten und Kollegen, von denen wir Anregungen empfangen konnten. Gleiches gilt auch für die Tutoren des Fachgebietes Kostenrechnung (Informationswirtschaft I), denen zusätzlich für die Mitarbeit bei der Korrektur der Druckfahnen zu danken ist.

Für die kritische Durchsicht des Manuskriptes danken wir Herrn Dipl.-Kfm. Gerald Münch und Herrn Dr. Walter Simon.

Besonderer Dank gilt unserem akademischen Lehrer, Herrn Professor Dr. Heinz Bergner, der insoweit Anteil am Zustandekommen dieses Buches hat, als wir bei ihm als Studenten eine umfassende Ausbildung in allen Teilbereichen der Kosten- und Leistungsrechnung erhalten haben und er uns auch während des Schreibens dieses Buches manchen wertvollen Hinweis gegeben hat.

Mannheim, im Sommer 1977 *Die Verfasser*

Vorwort zur 2. Auflage

Die Verwendung dieses Lehrbuches hat seine Konzeption bestätigt. Deshalb wird sie auch in der zweiten Auflage beibehalten. Die Überarbeitung der Kapitel 1 bis 6 konnte sich daher auf kleinere Änderungen und Ergänzungen beschränken.

Einer Anregung vieler Rezensenten folgend haben wir das 7. Kapitel „Kostenrechnungssysteme“ erweitert. Die Darstellung der verschiedenen Kostenrechnungssysteme wurde durch zusätzliche Beispiele ergänzt. Neu aufgenommen wurde eine knapp gefaßte Einführung in die Technik der Kostenkontrolle, vor allem der Kontrolle der Einzelkosten, im System der flexiblen Plankostenrechnung.

Um die Arbeit mit diesem Lehrbuch zu erleichtern, haben wir die verwendeten Symbole in einem Verzeichnis zusammengefaßt.

Unser Dank geht an alle, die Anregungen zu Verbesserungen gegeben haben, insbesondere an Herrn Dr. Walter Simon und Herrn Dr. Jürgen Stange.

Verbesserungsvorschläge werden wir auch künftig dankbar aufnehmen.

Mannheim, im Frühjahr 1981 *Die Verfasser*

Vorwort zur 3. Auflage

Neben kleineren Änderungen und Ergänzungen zeichnet sich die dritte Auflage durch einen weiteren Ausbau des 7. Kapitels „Kostenrechnungssysteme" aus. Zusätzlich aufgenommen wurden:

- die Betriebsergebnisrechnung nach dem Gesamtkostenverfahren in Teilkostenrechnungssystemen auf Basis variabler Kosten
- die ausführlichere Darstellung der Einzelkosten- und Deckungsbeitragsrechnung
- die in der betrieblichen Praxis relevante Berücksichtigung von Fixkostensprüngen (Fixkostenveränderungen) bei der Gemeinkostenkontrolle.

Wir danken allen, von denen wir Anregungen für Verbesserungen empfangen durften, insbesondere Herrn Prof. Dr. Heinz Bergner, Herrn Dr. Walter Simon, Herrn Dr. William Jórasz und Herrn Dipl.-Kfm. Markus Hoch.

Verbesserungsvorschläge nehmen wir auch künftig dankbar auf.

Mannheim, im Frühjahr 1985 *Die Verfasser*

Vorwort zur 5. Auflage

Seit Erscheinen der 4. Auflage sind im Hinblick auf die Zielgruppe des Buches keine Entwicklungen eingetreten, die eine Überarbeitung oder Erweiterung erforderten. Auch hat es sich weiterhin beim Einsatz im Grundstudium gut bewährt. Daher ist die 5. Auflage gegenüber der 4. Auflage unverändert.

Im August 1990 *Die Verfasser*

Vorwort zur 6. Auflage

Neben kleineren Änderungen und Ergänzungen wurde das 7. Kapitel „Kostenrechnungssysteme" durch die Aufnahme der Prozeßkostenrechnung erweitert.

Wir danken allen, von denen wir Anregungen für Verbesserungen empfangen durften. Verbesserungsvorschläge nehmen wir auch künftig dankbar auf.

Im Frühjahr 1993 *Die Verfasser*

Inhaltsverzeichnis

Abkürzungsverzeichnis

a.a.O.	am angegebenen Ort
Abb.	Abbildung
Abs.	Absatz
AG	Aktiengesellschaft
AktG	Aktiengesetz i.d.F. vom 6. 9. 1965
Anm.	Anmerkung
Aufl.	Auflage
BAB	Betriebsabrechnungsbogen
Bd.	Band
BS	Buchungssatz
d.	der
ders.	derselbe
d.h.	das heißt
EStDV	Einkommensteuer-Durchführungsverordnung 1990
EStG	Einkommensteuergesetz 1990
etc.	et cetera (und das übrige)
FE	Fertigerzeugnisse
GewStG	Gewerbesteuergesetz i.d.F. vom 22. 9. 1978
ggfs.	gegebenenfalls
GKR	Gemeinschafts-Kontenrahmen der Industrie
GmbH	Gesellschaft mit beschränkter Haftung
GmbHG	Gesetz betreffend die Gesellschaften mit beschränkter Haftung
G+V-Konto	Gewinn- und Verlust-Konto
G+V-Rechnung	Gewinn- und Verlust-Rechnung
HGB	Handelsgesetzbuch
Hrsg.	Herausgeber
HWB	Handwörterbuch der Betriebswirtschaft
HWR	Handwörterbuch des Rechnungswesens
i.d.F.	in der Fassung
i.d.R.	in der Regel
i.e.S.	in engerem Sinn
IKR	Industrie-Kontenrahmen
i.L.	innerbetriebliche Leistungen
incl.	inclusive
insb.	insbesondere
ital.	italienisch
KG	Kommanditgesellschaft
kg	Kilogramm
km	Kilometer
KSR	Kostenstellenrechnung
KStG	Körperschaftsteuergesetz i. d. F. vom 10. 12. 1981
KWh	Kilowattstunden
l	Liter
lat.	lateinisch
LSP	Leitsätze für die Preisermittlung auf Grund von Selbstkosten vom 21. 11. 1953

lt.	laut
L. u. K.	Leistungen und Kosten
m^2	Quadratmeter
m^3	Kubikmeter
Min.	Minute(n)
Mio.	Million(en)
MWh	Megawattstunden
MWSt	Mehrwertsteuer
OHG	Offene Handelsgesellschaft
PKR	Plankostenrechnung
qm	Quadratmeter
S.	Seite
s.	siehe
s. A.	selbsterstellte Anlagen
Sp.	Spalte
Stck.	Stück
Std.	Stunde(n)
TDM	Tausend Deutsche Mark
to	Tonne
u.	und
u. a.	unter anderem (unter anderen)
u. ä.	und ähnliche(s)
UE	unfertige Erzeugnisse
UStG	Umsatzsteuergesetz i. d. F. vom 26. 11. 1979
usw.	und so weiter
u. U.	unter Umständen
Verf.	Verfasser
vgl.	vergleiche
VPöA	Verordnung über die Preise bei öffentlichen Aufträgen vom 21. 11. 1953
z. B.	zum Beispiel
ZfB	Zeitschrift für Betriebswirtschaft
ZfbF	Zeitschrift für betriebswirtschaftliche Forschung
ZfhF	Zeitschrift für handelswissenschaftliche Forschung

Verzeichnis der verwendeten Symbole siehe S. 253

1. Der betriebswirtschaftliche Standort der Kosten- und Leistungsrechnung

1.1 Das Rechnungswesen als Teil des Informationssystems einer Unternehmung

1.1.1 Die Unternehmung als System

Alle Aktivitäten einer Unternehmung dienen der Verfolgung bestimmter Ziele (Gewinn-, Umsatz-, Wachstumsziele, das Ziel der Bedarfsdeckung etc.), auf die sich die Entscheidungsträger in Verhandlungsprozessen geeinigt haben. Die Unternehmung versucht, diese Ziele zu erreichen, indem sie bestimmte Leistungen (Sachgüter oder Dienstleistungen) erstellt und am Markt absetzt. Zur Erzeugung dieser Leistungen werden Produktionsfaktoren beschafft (elementare Produktionsfaktoren: Werkstoffe, Betriebsmittel, Arbeitsleistungen) und – geplant und kontrolliert durch den dispositiven Produktionsfaktor Unternehmungsleitung – zu den spezifischen Leistungen der Unternehmung transformiert. Zur Planung, Durchführung und Kontrolle dieses Transformationsprozesses werden Informationen (≡ zweckorientiertes Wissen) benötigt. Solche notwendigen Informationen können u. a. durch die Abbildung des Transformationsprozesses und der Beziehungen der Unternehmung zur Umwelt gewonnen werden. Diese Aufgabe obliegt dem Rechnungswesen einer Unternehmung.

Betrachtet man eine Unternehmung als System[1], d. h. als eine geordnete Gesamtheit von Elementen (≡ Subsystemen), zwischen denen Beziehungen bestehen, so lassen sich alle Aktivitäten im Verlauf der Transformationsprozesse unterschiedlichen Subsystemen zuordnen. Als Subsysteme einer Unternehmung, die untereinander und mit der Umwelt Stoffe, Energie oder Informationen austauschen, sind u. a. zu nennen:

---

1 Zu der Konzeption der Betriebswirtschaftslehre, die eine Unternehmung als ein System betrachtet, vgl. u. a. *Ulrich, H.*, Die Unternehmung als produktives soziales System, 2. Aufl., Bern und Stuttgart 1970.

Beschaffungssystem, Lagerhaltungssystem, Produktionssystem, Absatzsystem als Subsysteme im **Leistungsbereich,** charakterisiert durch Realgüterströme, die sie miteinander und mit der Umwelt (Beschaffungs- und Absatzsystem) verbinden; das **Finanzsystem** als **Zahlungsbereich** der Unternehmung, charakterisiert durch Nominalgüterströme zwischen diesem Subsystem und der Umwelt, denen im Falle der Beschaffung von Produktionsfaktoren und des Absatzes von Erzeugnissen ein entgegengesetzter Realgüterstrom entspricht, während im Falle der Aufnahme bzw. Gewährung eines Kredites und dessen Rückzahlung zwei einander entgegengesetzte Nominalgüterströme entstehen; das **Informationssystem** als Subsystem im **Führungsbereich**, in dem alle informationsverarbeitenden Prozesse der Planung, Entscheidung, Abrechnung und Kontrolle zusammengefaßt sind, charakterisiert durch einen Informationsgüterstrom, der dieses System mit den anderen Subsystemen und mit der Umwelt verbindet.

Abb. 1: Die Unternehmung als System

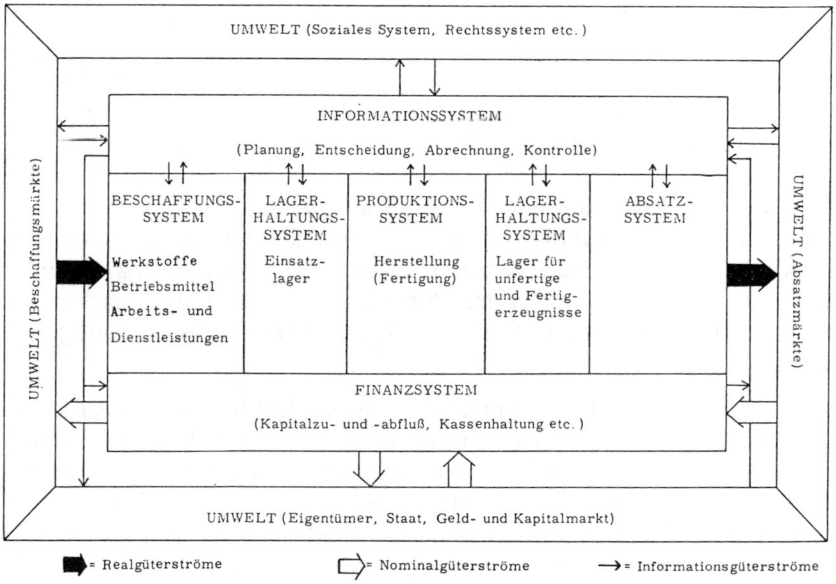

1.1.2 Das Informationssystem – Funktionen und Elemente

Informationsverarbeitende Prozesse können in Analogie zu den Transformationsprozessen der betrieblichen Leistungserstellung in folgende Phasen untergliedert werden:

- (1) **Informationsbeschaffung (-gewinnung)** von originären Informationen über
  - a) die Umwelt der Unternehmung
  - b) die Unternehmung und die in ihr ablaufenden Prozesse
  - c) die Beziehungen zwischen Umwelt und Unternehmung

- (2) **Informationsspeicherung**

- (3) **Informationsverarbeitung** (Gewinnung von derivativen Informationen)
  Informationen werden als zweckorientiertes Wissen entsprechend den aus der Aufgabenerfüllung einer Unternehmung abzuleitenden Informationszwecken (bzw. -zielen) verarbeitet. Das Informationsziel bestimmt zusammen mit anderen Faktoren (Branche, Betriebsgröße etc.) die formale und inhaltliche Gestaltung informationsverarbeitender Prozesse. Unterschiedliche Informationsziele ergeben sich u.a. aus der Person des Informationsempfängers.
  Sind die Informationsempfänger
  - a) der Unternehmung nicht zugehörige, aber mit ihr verbundene Personen oder Organisationen des Umsystems (≡ externe Organisationsteilnehmer, wie z.B. Lieferanten, Kunden, Banken, Staat, Aktionäre etc.), so erfüllen Informationen primär eine Dokumentationsfunktion, sind es
  - b) Entscheidungsträger und Ausführungsorgane in der Unternehmung (≡ interne Organisationsteilnehmer), so haben Informationen primär die Aufgabe, Planungs- und Entscheidungsprozesse als Planungs-, Vorgabe- und Kontrollinformationen zu unterstützen.

- (4) **Informationsabgabe**

Soweit Informationen primär für externe Informationsempfänger bereitgestellt werden, kann man die mit dieser Aufgabe verbundenen informationsverarbeitenden Prozesse zu einem externen Informationssystem zusammenfassen, soweit die Informationsempfänger interne Organisationsteilnehmer sind, zu einem internen Informationssystem.

Dementsprechend kann das Rechnungswesen einer Unternehmung, das ein System zur Erfassung, Darstellung und Auswertung von Zahlen über vergangene, gegenwärtige und zukünftige wirtschaftliche Tatbestände und Vorgänge in der Unternehmung sowie ihre vergangenen, gegenwärtigen und zukünftigen wirtschaftlichen Beziehungen zur Umwelt darstellt[2], in ein externes (Finanzbuchhaltung, Jahresabschlußrechnung) und ein internes Rechnungswesen (Kosten- und Leistungsrechnung, Statistik, Planung) gegliedert und dem externen bzw. internen Informationssystem zugeordnet werden (vgl. Abb. 2).

---

2 Vgl. *Weber, H. K.*, Betriebswirtschaftliches Rechnungswesen, München 1975, S. 5.

Abb. 2: Die Stellung des Rechnungswesens im Informationssystem der Unternehmung

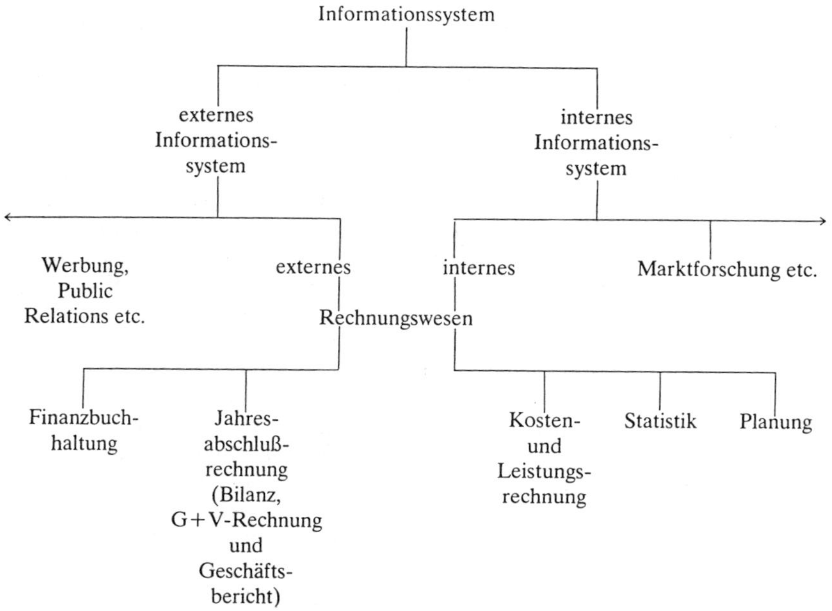

1.2 Bestandteile des Rechnungswesens

1.2.1 Das externe Rechnungswesen

Das externe Rechnungswesen wird gebildet aus Finanz- oder Geschäftsbuchhaltung und Jahresabschlußrechnung.

In der **Finanzbuchhaltung** werden die zwischen der Unternehmung und ihrer Umwelt fließenden Real- und Nominalgüterströme sowie der interne Güterverzehr und die Güterentstehung erfaßt. Ihre Messung erfolgt auf der Basis der mit diesen Geschäftsvorfällen verbundenen oder hinter ihnen stehenden Zahlungen; die Finanzbuchhaltung ist eine pagatorische Rechnung[3].

---

3 pagare (lat., ital.) = zahlen.

Gegenstand der aus der Finanzbuchhaltung abgeleiteten **Jahresabschlußrechnung** ist die Darstellung

- (1) der **Vermögenslage** (Größe und Zusammensetzung von Vermögen und Kapital) in der Bilanz und
- (2) der **Ertragslage** (Größe und Struktur von Aufwendungen und Erträgen) in der G+V-Rechnung.

Finanzbuchhaltung und Jahresabschlußrechnung erfüllen so ihre Dokumentationsfunktion gegenüber der Umwelt, sie liefern aber auch Informationen für unternehmerische Entscheidungen (z.B. für die Finanzplanung).

Im Rahmen der primären Zielsetzung – Information externer Organisationsteilnehmer – ergibt sich die Notwendigkeit, das externe Rechnungswesen Vorschriften zu unterwerfen, die für alle Unternehmungen einheitlich sind, um eine willkürliche Rechnungslegung auszuschließen. Hier ist besonders das gesetzlich vorgeschriebene Anschaffungswertprinzip zu nennen. Gesetzliche Regelungen, die im externen Rechnungswesen zu beachten sind, finden sich u.a. im HGB, AktG, EStG, KStG, Genossenschafts-, GmbH- und Publizitäts-Gesetz[4].

1.2.2 Das interne Rechnungswesen

Das interne Rechnungswesen mit seinen Teilbereichen Statistik, Planung und Kosten- und Leistungsrechnung hat vor allem die Unterstützung unternehmerischer Planungs- und Entscheidungsprozesse zur Aufgabe. In dieser Funktion ist seine Gestaltung von gesetzlichen Vorschriften unabhängig.

Die **Betriebsstatistik** sammelt aus allen Funktionsbereichen aber auch aus der Umwelt einer Unternehmung Daten, die sie teils aus anderen Zweigen des Rechnungswesens übernimmt, teils durch eigene Erhebungen gewinnt. Diese Daten werden je nach dem Informationsbedürfnis der Unternehmensführung aufbereitet, d.h. in übersichtlicher Form (Graphiken, Tabellen) dargestellt, komprimiert bzw. mittels mathematischer Verfahren (Schätzen, Testen, Regressions- und Korrelationsanalysen, Trendberechnungen etc.) analysiert. Dabei erfaßt die Betriebsstatistik zum einen vergangene Ereignisse, andererseits versucht sie die künftige Entwicklung in Form von Prognosen abzuschätzen[5].

---

4 Vgl. *Bauch, G., Pfitzer, N.,* Handels- und Steuerbilanzen, 2. Aufl., Heidelberg 1984, S. 34f.

5 Vgl. *Göppl, H., Kanz, O.,* Statistik, betriebliche, in: HWB, Hrsg.: *Grochla, E., Wittmann, W.,* Bd. 3, 4. Aufl., Stuttgart 1976, Sp. 3700ff.

Die **Planung** als systematischer Prozeß zur Festlegung von „Zielen, Maßnahmen, Mitteln und Wegen zur künftigen Zielerreichung“[6] einer Unternehmung wird aufgrund ihrer Bedeutung als Führungsinstrument vielfach nicht mehr dem Rechnungswesen zugeordnet, sondern als eigenständiger Teilbereich des Informationssystems einer Unternehmung betrachtet, allerdings mit engen Bindungen an die zukunftsbezogenen Teile des Rechnungswesens (z.B. die Plankostenrechnung).

Die **Kosten- und Leistungsrechnung** unterscheidet sich vom externen Rechnungswesen aufgrund ihrer besonderen Aufgabenstellung vor allem in folgenden Punkten:

- (1) **Rechnungsgegenstand**
  Im Gegensatz zum externen Rechnungswesen, das sowohl die Real- und Nominalgüterströme zwischen Unternehmung und Umwelt als auch Güterverbrauch und Güterentstehung in der Unternehmung erfaßt (und deshalb gelegentlich als Unternehmensrechnung bezeichnet wird[7]), beschränkt sich die Kosten- und Leistungsrechnung (≡ betriebliches Rechnungswesen[7]) als Partialrechnung auf die Darstellung des Prozesses der betrieblichen Leistungserstellung, also von Güterverbrauch, Güterentstehung und Güterverwertung (Absatz) im Rahmen des Betriebszwecks[8].
- (2) **Abhängigkeit von gesetzlichen Vorschriften**
  Die Kosten- und Leistungsrechnung ist als **internes Informationsinstrument** von gesetzlichen Regelungen unabhängig und wird vor allem durch den jeweiligen Informationszweck in ihrer Gestaltung und Durchführung bestimmt. So kann z.B. die Bewertung des Güterverbrauchs unterschiedlichen Zwecken angepaßt werden (etwa Wiederbeschaffungswerte zum Zwecke der substantiellen Kapitalerhaltung oder feste Verrechnungspreise zur Kontrolle der Verbrauchsmengen).

1.3 Die Kosten- und Leistungsrechnung als Informationsinstrument der Unternehmensführung

1.3.1 Aufgaben der Kosten- und Leistungsrechnung

1.3.1.1 Allgemeine Aufgaben

Im Rahmen der Unterstützung unternehmerischer Planungs- und Entscheidungsprozesse hat die Kosten- und Leistungsrechnung folgende allgemeine Aufgaben zu erfüllen:

---

6 *Wild, J.*, Grundlagen der Unternehmungsplanung, Reinbek 1974, S. 13.

7 Diese Unterscheidung von Unternehmensrechnung und betrieblichem Rechnungswesen knüpft an die Abgrenzung der Begriffe Unternehmung und Betrieb an, in der Unternehmung als Oberbegriff und Betrieb als Unterbegriff für den technisch-produktionswirtschaftlichen Bereich einer Unternehmung verstanden wird; vgl.: *Lohmann, M.*, Einführung in die Betriebswirtschaftslehre, 4. Aufl., Tübingen 1964, S. 12ff. Häufig wird der Begriff des betrieblichen Rechnungswesens jedoch für das gesamte Rechnungswesen verwendet.

8 Zu beachten ist also, daß der betriebliche Leistungserstellungsprozeß auch den Absatzprozeß miteinschließt. Vgl. auch die Ausführungen zum Kosten- und Leistungsbegriff S. 30f

- (1) **Darstellung** des Güterverbrauchs, der Güterentstehung und -verwertung im Rahmen des betrieblichen Leistungserstellungsprozesses;
- (2) **Planung** von Kosten- und Leistungsgrößen;
- (3) **Vorgabe** von Richtwerten;
- (4) **Kontrolle** der Zielerreichung.

Die enge Verzahnung dieser Teilaufgaben wird im System der Plankostenrechnung deutlich mit den Schritten: Kostenerfassung, -planung, -vorgabe und -kontrolle.

1.3.1.2 Spezielle Aufgaben

Neben diesen grundlegenden allgemeinen Aufgaben kann die Kosten- und Leistungsrechnung noch eine Vielzahl weiterer neben- oder untergeordneter Aufgaben lösen bzw. zu deren Lösung beitragen.

Zu den besonderen Aufgaben zählen in diesem Zusammenhang:

- (1) **Wirtschaftlichkeitskontrolle,** insbesondere Überwachung der mengenwirtschaftlichen Komponente des Betriebsergebnisses durch Kostenvergleichsrechnungen und Abweichungsanalysen.
- (2) **Kalkulation** (≡ Ermittlung der Kosten pro Leistungseinheit)
  - a) Ermittlung der **Herstellkosten** (Fertigungs- und Materialkosten) selbsterstellter Vermögensgegenstände.
  - b) Ermittlung der **Herstellungskosten**[9] selbsterstellter Vermögensgegenstände für den Jahresabschluß; die Kosten- und Leistungsrechnung ist hierbei an die gesetzlichen Vorschriften des externen Rechnungswesens anzupassen, da sie jetzt Informationen für externe Organisationsteilnehmer liefert.
  - c) Ermittlung der **Selbstkosten** (Herstellkosten und Verwaltungs- und Vertriebskosten) pro Leistungseinheit als Grundlage der Bestimmung der Umsatzkosten (≡ Selbstkosten der abgesetzten Erzeugnisse), der Preisbestimmung und der Preisbegrenzung im Beschaffungs- und Absatzbereich.
- (3) **Ermittlung des Betriebsergebnisses** als des ausschließlich aus der betrieblichen Leistungserstellung erwachsenen Erfolges einer Unternehmung.
- (4) **Lieferung von Informationen für Planungs- und Entscheidungsrechnungen,** in denen Kostengrößen als Entscheidungsparameter auftreten; dazu gehören einfache Entscheidungsprobleme im Rahmen kurzfristiger Dispositionen (etwa die Bestimmung der optimalen Bestellmenge oder der optimalen Losgröße) sowie komplexe Probleme der strategischen Planung.

---

9 Vgl. zum handels- und steuerrechtlichen Begriff der Herstellungskosten und seiner Abgrenzung zu den Herstellkosten als Begriff der Kosten- und Leistungsrechnung den Exkurs: Abgrenzung von Herstell- und Herstellungskosten, S. 140.

Exkurs: Kalkulation als Mittel der Preisbestimmung und -begrenzung

A. Die Preisbildung aufgrund von Selbstkosten

Der Preis eines Gutes bildet sich in einem marktwirtschaftlichen System grundsätzlich aus dem Zusammenspiel von Angebot und Nachfrage. In den Fällen jedoch, in denen die Vertragspartner mangels eines Marktpreises einen Preis vereinbaren, der sich aus den Selbstkosten und einem kalkulatorischen Gewinnaufschlag ergibt (z.B. im Großanlagenbau, bei Sonderfertigungen etc.) oder die Nachfrage preisunelastisch ist, baut die Preisbildung auf den Daten der Kostenrechnung auf.

Dieses Verfahren der Preisbildung findet sich u.a. bei öffentlichen Aufträgen, die individuelle Leistungen ohne Marktpreis zum Gegenstand haben. Aufgrund des besonderen Zwecks (Information externer Organisationsteilnehmer, hier der öffentlichen Hand als Auftraggeber) ist die Kosten- und Leistungsrechnung an die Vorschriften der „Verordnung über die Preise bei öffentlichen Aufträgen“ (VPöA) vom 21. 11. 1953 und der diese Verordnung ergänzenden „Leitsätze für die Preisermittlung auf Grund von Selbstkosten“ (LSP) gebunden[10].

Die **VPöA** legt fest, welche Preise bei öffentlichen Aufträgen zwischen den Vertragspartnern zu vereinbaren sind, die **LSP** regeln die Einzelheiten der Preisermittlung, soweit es sich um Selbstkostenpreise handelt.

Grundsätzlich schreiben die VPöA für marktgängige Leistungen Marktpreise bzw. für mit marktgängigen Leistungen vergleichbare Leistungen aus den Marktpreisen abgeleitete Preise vor (§ 4). Existiert kein Marktpreis, stellt die Leistung eine Mangelware dar oder ist der Wettbewerb auf der Anbieterseite so eingeschränkt, daß der Preis dadurch wesentlich beeinflußt wird, kommen Selbstkostenpreise in Anwendung (§ 5). Der Selbstkostenpreis ist möglichst als **Selbstkostenfestpreis** (= voraussichtliche Verbrauchsmengen · Preise am Tage der Angebotserstellung; LSP Nr. 6–8) zu bestimmen, anderenfalls, wenn keine hinreichend sicheren Informationen über Materialverbrauch, Fertigungszeiten etc. vorliegen, als vorläufiger **Selbstkostenrichtpreis,** der vor Auftragsfertigstellung in einen Selbstkostenfestpreis umzuwandeln ist (§ 6). Kann der Preis nicht durch eine Vorkalkulation bestimmt werden, so sind **Selbstkostenerstattungspreise** (= Ist-Verbrauchsmengen der für den Auftrag eigens beschafften Güter und Dienstleistungen · Anschaffungspreise + Ist-Verbrauchsmengen der vom Lager entnommenen Stoffe · Tagespreise zum Zeitpunkt der Lagerentnahme; LSP Nr. 6–8) zu vereinbaren (§ 7), die in einer Nachkalkulation ermittelt werden[11].

---

10 Für Bauleistungen gelten eigene – jedoch ähnliche – Preisvorschriften.

11 Einzelheiten der LSP zur Ermittlung einzelner Kostenarten werden in Kapitel 3.3 dargestellt.

B. Kalkulation als Mittel zur Preisbegrenzung im Absatz- und Beschaffungsbereich

1. Ermittlung der Preisuntergrenze im Absatzbereich

Wenn eine Unternehmung ohne Betriebsverluste arbeiten will, muß der erlöste Preis pro Erzeugniseinheit (≡ Stückerlös) höher oder mindestens gleich den Selbstkosten pro Erzeugniseinheit (≡ Stückselbstkosten) sein.

Die Stückselbstkosten bilden für einen Anbieter – jedenfalls langfristig – die Preisuntergrenze im Absatzbereich. Stückerlöse, die unter den Stückselbstkosten liegen, können nur für kurze Zeit hingenommen werden, wenn für einen späteren Zeitraum wieder ein Steigen der Stückerlöse über die Stückselbstkosten erwartet werden kann. Kurzfristig auftretende Verluste werden in diesem Fall durch künftige Gewinne kompensiert[12].

2. Ermittlung der Preisobergrenze im Beschaffungsbereich

Wenn eine Unternehmung als Anbieter auf einem Markt operiert, auf dem sie keinen nennenswerten Einfluß auf den Marktpreis besitzt, so bildet dieser vom Markt bestimmte Absatzpreis den Ausgangspunkt der Kalkulation. Bei dieser retrograden Kalkulation ist die Preisobergrenze der zu beschaffenden Produktionsfaktoren zu ermitteln. Es ist die Frage zu stellen, wie teuer die Produktionsfaktoren höchstens sein dürfen, damit die Selbstkosten pro Erzeugniseinheit möglichst niedriger, auf keinen Fall aber höher als der Marktpreis sind.

Beispiel:
Für die Produktion einer Einheit des Erzeugnisses i werden 5 Einheiten des Produktionsfaktors A benötigt. Wenn sich für das Erzeugnis i ein Preis von 10,– DM erzielen läßt und die übrigen Kosten pro Erzeugniseinheit i 8,– DM betragen, liegt die Preisobergrenze für eine Einheit des Produktionsfaktors A bei 0,40 DM.

Durch die retrograde Kalkulation werden kritische Preisgrenzen ermittelt, mit denen sich die Mittelbeschaffung steuern läßt. Wird eine solche Preisgrenze überschritten, hat die Unternehmung Entscheidungen über

- (1) **Artsubstitution** (Ersatz eines Produktionsfaktors durch einen anderen, z. B. Holz durch Kunststoff),
- (2) **Verfahrenssubstitution** (z. B. Eigenherstellung oder Fremdbezug) oder
- (3) **die Streichung des Produktes aus dem Produktionsprogramm**[13]

zu treffen.

---

12 Zu dieser Problematik siehe (später) auch 7.3 und 7.4.3.
13 Zu dieser Problematik siehe (später) 7.3.1.

1.3.2 Aufbau der Kosten- und Leistungsrechnung

Je nach den gewünschten Informationen muß die Kosten- und Leistungsrechnung zweckadäquat gestaltet werden. Das Informationsziel determiniert in einer Zweck-Mittel-Kette die Auswertung, Verteilung und Erfassung der Kosten[14]. Der zeitliche Ablauf der Kosten- und Leistungsrechnung erfolgt in der zu dieser Zweck-Mittel-Kette umgekehrten Reihenfolge. Seine Grundstruktur ist mit den meisten Zwecken der Kosten- und Leistungsrechnung vereinbar. Danach sind folgende Bereiche zu unterscheiden:

- (1) **Kostenartenrechnung**
  Die Kostenartenrechnung dient der vollständigen Erfassung aller in einer Abrechnungsperiode angefallenen Kosten und ihrer Gliederung nach Kostenarten. Die Maßeinheit der Kostenartenrechnung sind Kosten (einer bestimmten Art) pro Periode; die Kostenartenrechnung ist eine Zeitraumrechnung.
- (2) **Kostenstellenrechnung**
  Die Kostenstellenrechnung dient der Verteilung der den Erzeugnissen nicht direkt zugerechneten Kosten auf die Orte der Kostenentstehung (≡ Kostenstellen). Auch die Kostenstellenrechnung ist eine Zeitraumrechnung; sie erfaßt Kosten als Kosten (je Kostenstelle) pro Periode.
- (3) **Kostenträgerrechnung**
  - a) **Kostenträgerstückrechnung (≡ Kalkulation)**
    Die Kostenträgerstückrechnung ermittelt die Kosten pro Leistungseinheit (z.B. einer einzelnen Erzeugniseinheit, eines Auftrages, einer Serie von Produkten). Die Abrechnung der Kosten ist nicht auf eine bestimmte Abrechnungsperiode beschränkt; erstreckt sich die Herstellung einer Leistungseinheit über mehrere Abrechnungsperioden hinweg, so werden der Leistungseinheit alle in diesen Perioden für ihre Herstellung (und ihren Absatz) angefallenen Kosten zugerechnet.
  - b) **Kostenträgerzeitrechnung (≡ Betriebsergebnisrechnung)**
    Die Kostenträgerzeitrechnung bestimmt als Zeitraumrechnung den Betriebserfolg (-gewinn oder -verlust) pro Periode als Differenz von Leistungen und Kosten

---

14 Vgl. *Kosiol, E.*, Kostenrechnung, Wiesbaden 1964, S. 70ff.

2. Objekte der Kosten- und Leistungsrechnung

Die Kosten- und Leistungsrechnung basiert auf zwei entgegengesetzten Rechenelementen, den Kosten und den Leistungen (bzw. Erlösen) einer jeweils zugrunde gelegten Bezugsgröße, z.B. einer Produkteinheit, einer Kostenstelle oder einer Periode.

2.1 Kosten

2.1.1 Der betriebswirtschaftliche Kostenbegriff

2.1.1.1 Notwendigkeit und Problematik der Bestimmung des Kostenbegriffs

Kosten sind das Rechenelement der Kostenrechnung. Dieses Rechenelement bedarf notwendigerweise einer begrifflichen Bestimmung. Dabei ergibt sich das Dilemma, daß die Definition einerseits eindeutig, andererseits aber auch flexibel gefaßt sein soll. Das Kriterium der **Eindeutigkeit** erfordert eine klare, zweifelsfreie Festlegung der Gegebenheiten, die letztlich das ausmachen, was als Kosten bezeichnet werden soll. Das Kriterium der **Flexibilität** andererseits verlangt eine solch breite Fassung, daß auch tatsächlich alle Fälle erfaßt werden, denen Theorie und/oder Praxis Kostencharakter beilegen. Der Kostenbegriff muß also so gefaßt sein, daß er sich als Entscheidungsregel für die Beantwortung der Frage eignet, welchen betrieblichen Vorgängen in welcher Höhe Kostencharakter beizulegen ist.

2.1.1.2 Der zweckorientierte („wertmäßige") Kostenbegriff und seine Bestimmungskomponenten

Unter dem zweckorientierten Kostenbegriff soll der auf Schmalenbach[1] zurückgehende und insbesondere von Kosiol[2] präzisierte Kostenbegriff verstanden werden, der in Theorie und Praxis am weitesten verbreitet ist und häufig als „**wertmäßiger** Kostenbegriff"[3] bezeichnet wird.

---

1 Vgl. *Schmalenbach, E.,* Kostenrechnung und Preispolitik, 8. Aufl., bearbeitet von *R. Bauer,* Köln und Opladen 1963, S. 5–10.

2 Vgl. *Kosiol, E.,* Kritische Analyse der Wesensmerkmale des Kostenbegriffs, in: Betriebsökonomisierung durch Kostenanalyse, Absatzrationalisierung und Nachwuchserziehung, Festschrift für R. Seyffert, Hrsg.: *Kosiol, E., Schlieper, F.,* Köln und Opladen 1958, S. 7ff.; *ders.,* Kostenrechnung, a.a.O., S. 19–37; *ders.,* Kostenrechnung und Kalkulation, Berlin 1969, S. 20–36.

3 So z.B. *Heinen, E.,* Betriebswirtschaftliche Kostenlehre – Kostentheorie und Kostenentscheidungen –, 3. Aufl., Wiesbaden 1970, S. 55ff.

Da Kosten **stets** – auch beim ausgabenorientierten Kostenbegriff – die Bewertung eines Güterverbrauchs in Geldeinheiten darstellen, ist die Kennzeichnung „wertmäßiger Kostenbegriff", die von H. Koch als entschiedenem Gegner dieses Kostenbegriffes geprägt worden ist[4], abzulehnen. Hinzu kommt ferner, daß in jüngerer Zeit insbesondere durch D. Adam mit dem Begriff „wertmäßige Kosten" eine inhaltliche Einengung auf nur zu Grenzpreisen bewerteten leistungsbezogenen Güterverbrauch erfolgt[5].

Schmalenbach definiert: „Kosten sind die in der Kostenrechnung anzusetzenden Werte der für Leistungen verzehrten Güter"[6]. Dieser Kostenbegriff zeichnet sich durch folgende drei Bestimmungsmerkmale aus:

- (1) durch einen **mengenmäßigen Güterverbrauch**
- (2) durch die **Leistungsbezogenheit des Güterverbrauchs**
- (3) durch die **Bewertung der leistungsbezogenen Verbrauchsmengen**

2.1.1.2.1 Mengenmäßiger Güterverbrauch

Das Entstehen von Kosten setzt den Verzehr eines Gutes voraus, dem aufgrund seiner spezifischen Eignung zur Befriedigung von Bedürfnissen und seiner relativen Knappheit ein Wert beigemessen wird. Solche Güter werden Wirtschaftsgüter genannt. Es muß also der Verbrauch eines Wirtschaftsgutes vorliegen. Dabei scheidet jedoch der sogenannte Tauschverzehr aus, d.h. der Güterabfluß in einem externen Tauschvorgang, bei dem ein Wirtschaftsgut an ein fremdes Wirtschaftssubjekt weggegeben wird, um dafür ein anderes Gut von gleich großem Wert zu erhalten. Hierunter fallen alle die Vorgänge, die auch im externen Rechnungswesen erfolgsunwirksam sind (z.B. Verzehr des Nominalgutes Geld beim Einkauf von Maschinen, Roh-, Hilfs- und Betriebsstoffen etc. oder reine Finanztransaktionen, wo sich Nominalgüterzufluß und -abfluß in gleicher Höhe gegenüberstehen).

Der Güterverbrauch läßt sich nach Güterarten unterscheiden in einen Verbrauch von Realgütern, Nominalgütern und Informationsgütern. Bei den **Realgütern** ist wieder zu trennen in materielle Realgüter (z.B. Gebäude, Maschinen, Werkstoffe etc.) und immaterielle Realgüter (Arbeits- und Dienstleistungen, Nutzung von Mieträumen, Versicherungsschutz, Transportleistungen von Speditionsunternehmen, Vertretung in Rechtssachen (Prozeßvertretung)). Bei den **Nominalgütern** sind zu unter-

---

4 Vgl. *Koch, H.*, Zur Diskussion über den Kostenbegriff, in: ZfhF 1958, S. 361.

5 Vgl. *Adam, D.*, Entscheidungsorientierte Kostenbewertung, Wiesbaden 1970, insb. S. 28ff., S. 129ff.

6 *Schmalenbach, E.*, a.a.O., S. 5.

scheiden Geld und Ansprüche auf Geld (Forderungen) sowie Ansprüche auf Realgüter[7]. Zu den **Informationsgütern** gehören Erfindungen und sonstige geistige Schöpfungen aller Art, wie z. B. Soft-ware-Pakete, Marktstudien, Rechts- und Betriebsberatung etc.[8].

Nach der Art des Verbrauchsvorgangs lassen sich in Anlehnung an Kosiol die in Abb. 3 genannten Verbrauchsarten unterscheiden.

Abb. 3: Arten des Güterverbrauchs

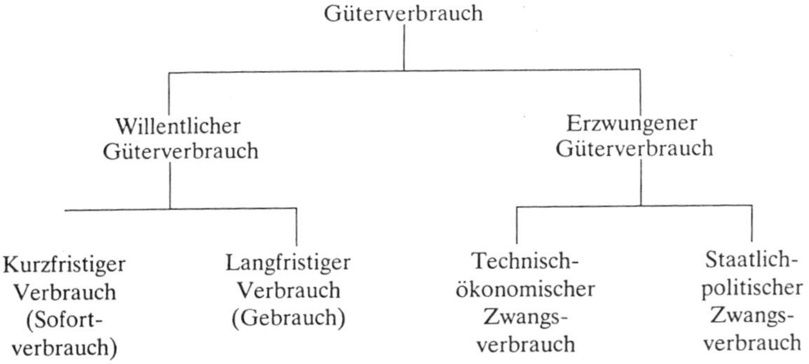

Willentlicher Güterverbrauch meint bewußt bewirkten Verbrauch. Der **Sofortverbrauch** ist dadurch gekennzeichnet, daß eine bestimmte Menge eines Gutes in einem einzigen Verbrauchsakt in den Produktionsprozeß eingeht, z. B. Verbrauch von Werkstoffen (→ Werkstoffkosten) und Arbeitsleistungen (→ Arbeitskosten). Beim **langfristigen Verbrauch (Gebrauch)** wird ein Gut nicht in einem einmaligen Verbrauchsakt, sondern allmählich durch die Folge von Wertabgaben in den Produktionsprozeß verbraucht, z. B. nutzungsbedingter Verschleiß von maschinellen Anlagen (→ Betriebsmittelkosten).

Beim willentlichen langfristigen Verbrauch ist auch der zeitliche Vorrätigkeitsverbrauch der reinen Kapitalnutzung einzuordnen. Darunter ist der Verbrauch der Nutzungsmöglichkeit des in der Unternehmung investierten Kapitals (≡ Summe der Werte der Güterbestände einer Unternehmung) im Zeitablauf zu verstehen. Er wird durch den Ansatz kalkulatorischer Zinsen, soweit es sich um betriebsnotwendiges Kapital handelt, erfaßt (→ Kapitalkosten)[9].

---

7 Ansprüche auf ursprüngliche Realgüter ordnet Kosiol bei den immatriellen Realgütern ein, vgl. *Kosiol, E.*, Kostenrechnung, a. a. O., S. 21.

8 Sofern man wie *Kosiol* die Informationsgüter nicht als eigene Güterart unterscheidet, sind die hier eingeordneten Güter bei den immateriellen Realgütern einzuordnen.

9 *Kosiol* ordnet den zeitlichen Vorrätigkeitsverbrauch als dritte eigenständige Verbrauchsart neben den beiden Arten „willentlicher" und „erzwungener Güterverbrauch" ein. Da der zeitliche Vorrätigkeitsverbrauch jedoch letztlich auf willentliche Investitionsentscheidungen zurückzuführen ist, ist er beim willentlichen Verbrauch einzuordnen. Willentlicher und erzwungener Güterverbrauch als Gliederungskriterium sind ein Gegensatzpaar, neben dem es kein davon unabhängiges Drittes gibt. Vgl. *Kosiol, E.*, Kostenrechnung, a. a. O., S. 24 ff.

Erzwungener Güterverbrauch meint von der Unternehmung ungewollt in Kauf genommenen Güterverbrauch. Unter **technisch-ökonomischem Zwangsverbrauch** sind z.B. der ruhende Verschleiß, die wirtschaftliche Entwertung, aber auch der Abgang von Wirtschaftsgütern durch Diebstahl sowie der Katastrophenverschleiß etc. einzuordnen. Der Entzug von Geld durch Steuern und Abgaben ohne unmittelbare Gegenleistung des Staates sowie entschädigungslose Enteignungen werden von Kosiol als **staatlich-politischer** Zwangsverbrauch bezeichnet.

Als bisheriges Ergebnis ist festzuhalten, daß die Mengenkomponente des zweckorientierten Kostenbegriffs einen Güterverbrauch voraussetzt. Ein Güterverbrauch wird jedoch nur dann zu Kosten, wenn auch die beiden nachfolgend zu behandelnden Kriterien des Kostenbegriffes erfüllt sind.

2.1.1.2.2 Leistungsbezogenheit des Güterverbrauchs

Vor Abhandlung der zweiten Bestimmungskomponente des zweckorientierten Kostenbegriffs ist der Begriff „Leistung" zu definieren:

Leistung ist das bewertete Ergebnis der produktiven Gestaltungsprozesse, die das erklärte Programm einer Unternehmung bilden [10].

Dabei ist der Begriff Leistung soweit zu fassen, daß er neben den für den Absatzmarkt bestimmten Leistungen (≡ Absatzleistungen) auch alle Arten von selbsterstellten Einsatzleistungen (≡ innerbetrieblichen Leistungen), die letztlich der Erstellung der Absatzleistungen dienen, umschließt.

Leistungsbezogen ist jeder Güterverbrauch, der zur Verwirklichung des erklärten Leistungserstellungsprogrammes, z.B. der Produktion und dem Absatz von Möbeln in der Möbelfabrik, in Kauf genommen wird. Dabei ist die Leistungsbezogenheit eines Güterverbrauchs nicht nur dann gegeben, wenn im Sinne eines Kostenverursachungsprinzips (≡ causa finalis) „Kosten nur dann vorliegen, wenn der Güterverzehr durch die Leistungserstellung hervorgerufen wird. Diese enge ursächliche Beziehung, die von der Leistungserstellung als causa finalis ausgeht und daher ein teleologisches Moment enthält, besteht nur für den willentlichen Güterverbrauch" [11].

Doch ist auch dem Zwangsverbrauch, wie z.B. ruhendem Verschleiß oder Steuern, Kostencharakter dann zuzusprechen, wenn der damit einhergehende Güterverzehr als causa efficiens auf den Leistungserstellungs- und Absatzprozeß „zwangsläufig einwirkt, so daß dieser ohne ihn nicht

---

10 Vgl. *Kosiol, E.*, Kostenrechnung, a.a.O., S. 27 sowie ders., Kritische Analyse der Wesensmerkmale des Kostenbegriffes, a.a.O., S. 23.

11 *Kosiol, E.*, Kritische Analyse der Wesensmerkmale des Kostenbegriffes, a.a.O., S. 26.

zustande kommt. Damit gewinnt man erst den vollen Zusammenhang von Leistung und Verbrauch, der alle Wirkursachen, Voraussetzungen und Bedingungen berücksichtigt“ [12].

Ist das Merkmal der Leistungsbezogenheit nicht erfüllt, wie beispielsweise bei Verlusten aus spekulativen Geschäften in einer Industrieunternehmung, so berührt der Güterverbrauch nicht die Kosten- und Leistungsrechnung, sondern allein die Gewinn- und Verlustrechnung des externen Rechnungswesens. Bei einer Bank dagegen, zu deren erklärtem Betriebszweck die spekulative Anlage von Geldmitteln an der Börse gehört, sind derartige Verluste sehr wohl als Kosten anzusetzen [13].

2.1.1.2.3 Bewertung des leistungsbezogenen Güterverbrauchs

Um den Verbrauch heterogener, d.h. verschiedenartiger Güter, die in der mengenmäßigen Erfassung sich in unterschiedlichen Dimensionen darstellen (z.B. Tonnen, Meter, Stunde, DM etc.), vergleichbar und verrechenbar, z.B. additionsfähig, zu machen, ist jeder einzelne Güterverbrauch in Geldeinheiten des gesetzlichen Zahlungsmittels zu bewerten (Verrechnungsfunktion der Bewertung). Soweit es sich um Nominalgüter handelt, die auf inländische Währung lauten, ist diese Bewertung automatisch gegeben. Bei auf Auslandswährungen lautenden Nominalgütern ist eine Umwertung auf die Inlandswährung vorzunehmen.

Neben dieser Verrechnungsfunktion, durch welche die Gütermengen gleichnamig gemacht werden, fällt der Bewertung auch die zusätzliche Funktion der ökonomischen Gewichtung zu [14]. Die Bewertung wird damit vom Zweck der Rechnung bestimmt. Soll die Kosten- und Leistungsrechnung subsidiäres Mittel zur Erhaltung der betrieblichen Substanz sein, so wird man die Bewertung des Güterverbrauchs nicht zu den veralteten Anschaffungswerten, sondern zu aktuellen Wiederbeschaffungswerten vornehmen [15]. Dagegen hat sich in Erfüllung der speziellen Aufgabe

---

12 *Kosiol, E.*, Kritische Analyse der Wesensmerkmale des Kostenbegriffes, a.a.O., S. 27. Man beachte den abweichenden Gebrauch der Begriffe „causa finalis“ und „causa efficiens“ u.a. bei *Huch, B.*, Einführung in die Kostenrechnung, 4. Aufl., Würzburg-Wien 1974, S. 36f.

13 Vgl. auch *Schmalenbach, E.*, a.a.O., S. 10f.

14 Vgl. *Kosiol, E.*, Kostenrechnung und Kalkulation, a.a.O., S. 32.

15 Grundvoraussetzung für die Gewährleistung der betrieblichen Substanzerhaltung ist eine ausreichende Erlöserzielung. Die Kosten- und Leistungsrechnung dagegen kann nur Hilfsmittel zur Substanzerhaltung sein. So kommt ihr im Rahmen der Kalkulation die Aufgabe zu, durch die Bewertung der Kostengüter mit Wiederbeschaffungswerten die zur Substanzerhaltung notwendigen Höhen der Preisuntergrenzen im Absatzbereich bzw. der Preisobergrenzen im Beschaffungsbereich festzulegen. Im Rahmen der Betriebsergebnisrechnung zeigt sie dann bei Bewertung zu Wiederbeschaffungswerten, inwieweit tatsächlich realer Gewinn bzw. Verlust, d.h. reale Vermögensmehrung bzw. -minderung, durch den betrieblichen Leistungserstellungsprozeß bewirkt worden ist.

„Ermittlung der Herstell**ungs**kosten selbsterstellter Vermögensgegenstände für den Jahresabschluß des externen Rechnungswesens“ die Kostenrechnung an das für das externe Rechnungswesen verbindlich vorgeschriebene Anschaffungswertprinzip bei der Bewertung des für die jeweiligen Bestandszunahmen notwendigen Güterverbrauchs zu halten.

Im Gegensatz zum Marktpreis, der das Austauschverhältnis von Gütern am Markt darstellt, dient der Wert der individuellen subjektiven Wertschätzung eines Gutes durch ein Wirtschaftssubjekt. Der Wert betrieblicher Kostengüter bestimmt sich also nach ihrer Eignung für den betrieblichen Produktions- und Absatzprozeß (≡ Leistungserstellungsprozeß). Da der Leistungserstellungsprozeß nicht Selbstzweck ist, sondern in seiner Zweckbestimmung wieder von übergeordneten Zielen (Zwecken), z.B. dem Mindestziel einer reproduktiven Substanzerhaltung oder darüber hinausgehenden Zielen, wie z.B. langfristiger Gewinnmaximierung, determiniert wird, ist die Bewertung der Kostengüter letztlich von den Unternehmenszielen und den Restriktionen der jeweiligen konkreten Entscheidungssituation abhängig. Damit kann die Bewertung der Kostengüter auch die Funktion der Lenkung der Kostengüter in ihre den Unternehmenszielen entsprechende optimale Verwendung übernehmen. Die Kostenwerte sind dann mit Hilfe einer Marginalanalyse zu bestimmen.

Bei der Zielsetzung Gewinnmaximierung ist als Kostenwert der entgangene Ertrag pro Faktoreinheit der nicht realisierten Entscheidungsalternative (Grenzertrag) aufzufassen. „Der Kostenwert als Grenzertrag eines Faktors setzt sich aus zwei Bestandteilen zusammen, der Grenzausgabe und dem Grenzgewinn je Faktoreinheit der besten nicht realisierten Verwendungsrichtung des Produktionsfaktors“[16]. In diesen Rahmen sind auch die Opportunitätskosten (≡ opportunity costs) einzuordnen, die den entgangenen Gewinn bei anderweitiger Verwendung eines knappen Produktionsfaktors angeben.

In Abhängigkeit von der jeweiligen Zwecksetzung der Kosten- und Leistungsrechnung können folgende Kostenwertarten zur Anwendung gelangen:

- (1) Marktpreise
  - a) Anschaffungspreise (Preise des Anschaffungstages)
    - aa) individueller Anschaffungspreis
    - ab) durchschnittlicher Anschaffungspreis mehrerer Beschaffungsmengen einer Güterart in einem bestimmten Zeitraum
    - ac) der niedrigste Anschaffungspreis mehrerer Beschaffungsmengen einer Güterart in einem bestimmten Zeitraum (Lofo-Verfahren[17])

---

16 *Adam, D.,* a.a.O., S. 35.

17 „Lofo“ ist die Abkürzung für „Lowest in – first out“, d.h. die Güter einer Güterart mit den niedrigsten Beschaffungspreisen (lowest in) werden als erste verbraucht (first out).

– ad) der höchste Anschaffungspreis mehrerer Beschaffungsmengen einer Güterart in einem bestimmten Zeitraum (Hifo-Verfahren[18])
– ae) der Anschaffungspreis der zuerst beschafften Menge einer Güterart in einem bestimmten Zeitraum (Fifo-Verfahren[19])
– af) der Anschaffungspreis der zuletzt beschafften Menge einer Güterart in einem bestimmten Zeitraum (Lifo-Verfahren[20])

– b) Sonstige Tagespreise
– ba) des Angebotstages
– bb) des Bestelltages
– bc) des Verbrauchstages
– bd) des Umsatztages
– be) des Wiederbeschaffungstages (Ersatztages), der in Vergangenheit, Gegenwart und Zukunft liegen kann.
– bf) des Stichtages der Rechnungslegung

– (2) Verrechnungspreise
– a) Festpreise (Standardpreise, Planpreise)
– b) Lenkungspreise
– c) Sonstige Verrechnungspreise

Die **Marktpreise** ergeben sich aus Zahlungsvorgängen an Märkten, weshalb sie auch als pagatorische Preise bezeichnet werden. Der Begriff „pagatorisch“ wird hier in einem weiteren Sinne gebraucht, da er auch durch die Unternehmung nicht realisierte Marktpreise einschließt. Pagatorisch im Sinne des externen Rechnungswesens meint dagegen nur die Anschaffungspreise (pagatorisch i. e. S.).

Soll der Gutsverbrauch zu Anschaffungswerten bewertet werden, so kommt der individuelle Anschaffungspreis dann in Betracht, wenn er sich ohne besondere Schwierigkeiten feststellen läßt. Das ist insbesondere bei den Gütern des Anlagevermögens (Maschinen etc.) gegeben. Werden dagegen zu unterschiedlichen Preisen beschaffte Mengen der gleichen Güterart nicht getrennt voneinander gelagert und verbraucht, so ist der Güterverbrauch zum durchschnittlichen Anschaffungspreis oder nach einem der anderen unter (1) a) genannten Verfahren zu bewerten. Da eine verursachungsgerechte Erfassung des Güterverbrauchs in der Kosten- und Leistungsrechnung erreicht werden soll, kann hier – im Gegensatz zum handelsrechtlichen Jahresabschluß – ein Verbrauchsfolgeverfahren nur dann zur Anwendung kommen, wenn es der tatsächlichen Verbrauchsfolge entspricht.

---

18 „Hifo“ ist die Abkürzung für „Highest in – first out“, d.h. die Güter einer Güterart mit den höchsten Beschaffungspreisen (highest in) werden als erste verbraucht (first out).

19 „Fifo“ ist die Abkürzung für „First in – first out“, d. h. die Güter einer Güterart, die zuerst beschafft worden sind (first in), werden als erste verbraucht (first out).

20 „Lifo“ ist die Abkürzung für „Last in – first out“, d. h. die Güter einer Güterart, die zuletzt beschafft worden sind (last in), werden als erste verbraucht (first out).

Zur Ermittlung des Tagespreises kann theoretisch jeder beliebige Tag als Stichtag in Frage kommen. Es „gibt für jedes Gut soviele Tageswerte wie man Stichtage wählt"[21]. Den Tagespreisen des Angebotstages und des Bestelltages kommt kaum praktische Bedeutung zu, da sie, sofern nicht eine Preisgleitklausel bis zur Lieferung vereinbart ist, mit dem Anschaffungspreis identisch sind.

Beim Tagespreis des Wiederbeschaffungstages (≡ Ersatztages) verbrauchter Kostengüter handelt es sich um einen in der Vergangenheit, Gegenwart oder Zukunft liegenden Wert, je nachdem, ob der Zeitpunkt der Wiederbeschaffung (≡ Ersatzbeschaffung) in der Vergangenheit, Gegenwart oder Zukunft liegt. Für alle Güter, die nicht dem Sofortverbrauch, sondern dem langfristigen Gebrauch unterliegen, wie das bei Maschinen z.B. der Fall ist, erfolgt in der Regel die Ersatzbeschaffung erst bei bzw. nach Ausscheiden (Verbrauch) des Gutes. Sollen in diesen Fällen bei der Bewertung des Verbrauchs während der Nutzungsdauer die Wiederbeschaffungswerte (≡ Tagespreise des Wiederbeschaffungstages) herangezogen werden, so kann dieser Wert, da er in der Zukunft liegt, nicht eindeutig bestimmt werden. Dieser Schwierigkeit kann dadurch aus dem Weg gegangen werden, daß man ersatzweise mit den Tagespreisen des Umsatztages der produzierten Güter oder – weil diese Werte auch in der Zukunft liegen können – mit den Tagespreisen des Verbrauchstages bewertet.

Verrechnungspreise werden auch häufig als nicht-pagatorische Preise bezeichnet[22]. Diese Kennzeichnung ist nicht ganz zutreffend. Denn in vielen Fällen sind Verrechnungspreise mittelbar aus (originären) pagatorischen Preisen, den Marktpreisen, abgeleitet oder lassen sich auf solche zurückführen. Es handelt sich in diesen Fällen um derivative (≡ abgeleitete) pagatorische Preise. Soweit Verrechnungspreise gänzlich unabhängig von Marktpreisen gebildet werden, ist die Kennzeichnung „nicht-pagatorisch" gerechtfertigt.

Festpreise sind standardisierte Preise, die in Anlehnung an durchschnittliche Anschaffungspreise oder bestimmte Tagespreise vergangener Perioden oder gänzlich unabhängig von Marktpreisen gebildet werden. Sie ermöglichen eine schnelle Kostenverrechnung, da der zeitraubende Aufwand, wie er bei Ermittlung originärer pagatorischer Preise gegeben ist, entfällt. Insbesondere eignet sich die Festpreisbewertung zur Feststellung von Abweichungen der Verbrauchsmengen. Soweit Festpreise in Anlehnung an Marktpreise gebildet werden, ist von Zeit zu Zeit eine entsprechende Anpassung vorzunehmen.

---

21 *Kosiol, E.,* Kostenrechnung, a.a.O., S. 95.

22 Vgl. *Kosiol,* Kostenrechnung, a.a.O., S. 96ff.; *Schweitzer, M., Hettich, G. O., Küpper, H.-U.,* Systeme der Kostenrechnung, München 1975, S. 36f.

Zu den Lenkungspreisen sind alle Arten der oben erwähnten Grenzpreise sowie alle frei bestimmten Lenkungspreise zu zählen. Sonstige Verrechnungspreise können frei nach irgendwelchen zweckgerechten Kriterien gebildet werden oder ergeben sich durch Division irgendwelcher Kostenwerte durch irgendwelche Leistungseinheiten[23].

Beim Schätzpreis, der von manchen Autoren bei den nicht-pagatorischen Preisen eingeordnet wird, handelt es sich nicht um einen Wertansatz sui generis (eigener Art), sondern um einen mangels effektiver Preisermittlung fiktiv angesetzten pagatorischen, derivativ pagatorischen oder nicht pagatorischen Preis.

Kurzdefinition des zweckorientierten Kostenbegriffes

Nach Abhandlung der Bestimmungskomponenten des zweckorientierten Kostenbegriffes können Kosten wie folgt definiert werden:

Kosten sind bewerteter Güterverbrauch, der zur Erstellung und zum Absatz der betrieblichen Erzeugnisse und zur Aufrechterhaltung der hierfür notwendigen Betriebsbereitschaft in Kauf genommen wird[24].

2.1.1.3 Der ausgabenorientierte (pagatorische) Kostenbegriff

Während der zweckorientierte Kostenbegriff die Bewertung des leistungsbezogenen Güterverbrauchs von den jeweiligen Zwecken der Rechnung abhängig macht, verlangt der ausgabenorientierte Kostenbegriff, der vor allem von H. Koch vertreten und als pagatorischer Kostenbegriff bezeichnet wird[25], die Bewertung des leistungsbezogenen Güterverbrauchs zu seinen Anschaffungspreisen. Danach kann auch nur der Verbrauch solcher Güter Kosten darstellen, deren Beschaffung zu Anschaffungsausgaben geführt hat.

Kosten sind damit mit dem leistungsbezogenen Aufwand des externen Rechnungswesens identisch, wenn man davon absieht, daß im externen Rechnungswesen für den Verbrauch unentgeltlich erworbener Güter fiktive „Anschaffungskosten" handelsrechtlich angesetzt werden können und steuerrechtlich angesetzt werden müssen (§ 7 Abs. 2 EStDV 1975). Da unentgeltlich erworbenen Wirtschaftsgütern keine Anschaffungsausgaben zugrunde liegen, kann ihr Verbrauch nach der strengen Version des ausgabenorientierten Kostenbegriffs keine Kosten darstellen.

---

23 Als Beispiel für einen Verrechnungspreis der letztgenannten Art siehe (später) den Verrechnungspreis q_j im Rahmen der Verrechnung innerbetrieblicher Leistungen auf S. 132.

24 Vgl. *Kilger, W.*, Kurzfristige Erfolgsrechnung, Wiesbaden 1962, S. 19.

25 Vgl. *Koch, H.*, a.a.O., S. 355–399.

Diese strenge Version des ausgabenorientierten Kostenbegriffs steht im Widerspruch zu den Zwecken und der Praxis der Kosten- und Leistungsrechnung. Danach darf auch z. B. für die Arbeit des Eigentümer-Unternehmers kein kalkulatorischer Unternehmerlohn als Kosten angesetzt werden.

Bei der Bildung des ausgabenorientierten Kostenbegriffs wird dem Kriterium ‚Eindeutigkeit des Kostenbegriffs' zu Lasten des Kriteriums ‚Flexibilität des Kostenbegriffs' der Vorzug eingeräumt. Durch zweck- und prämissenbedingte Hypothesen wird die strenge Definition schließlich durch Koch jeweils so modifiziert, daß der ausgabenorientierte Kostenbegriff letztlich für das praktische Rechnungswesen zu den gleichen Ergebnissen wie der zweckorientierte Kostenbegriff führt.

Um den Zwecken der Kostenrechnung gerecht werden zu können, werden zweckbedingte Hypothesen gebildet. Um z. B. den Ansatz des kalkulatorischen Unternehmerlohnes zu ermöglichen, ist von der zweckbedingten Hypothese auszugehen, daß die Leitung der Unternehmung durch Angestellte erfolgt[26].

Entsprechen die dem ausgabenorientierten Kostenbegriff zugrunde gelegten Prämissen nicht den vorliegenden konkreten Bedingungen, so sind entsprechende prämissenbedingte Hypothesen zu bilden. Um Kosten für den Verbrauch eines geschenkten Gutes verrechnen zu können, ist von der Hypothese auszugehen, „der Unternehmer habe seitens des Schenkenden eine Geldzuwendung erhalten und mit diesem Geldbetrag die betreffende Maschine gekauft"[27].

2.1.1.4 Zweckorientierter versus ausgabenorientierter Kostenbegriff

Der ausgabenorientierte Kostenbegriff erhält Flexibilität erst durch die Einführung der zweck- und prämissenbedingten Hypothesen, durch die letztlich in der praktischen Konsequenz nichts anderes als eine Angleichung an den zweckorientierten Kostenbegriff erreicht wird. Daher ist es eine reine Frage der Zweckmäßigkeit, für welchen Kostenbegriff man sich entscheidet. Da der zweckorientierte Kostenbegriff alle kostenrechnerischen Probleme, insbesondere die der zweckgerechten Bewertung, von vorneherein mit einbezieht und nicht wie der ausgabenorientierte Kostenbegriff negiert, um sie dann über Hypothesen wieder einzuführen, wird er von vorneherein den Erfordernissen ‚Eindeutigkeit' und ‚Flexibilität' in einem ausgewogenen Verhältnis gerecht. Der zweckorientierte Kostenbegriff eignet sich unmittelbar, ohne auf hypothetische ‚Hilfsbrücken' zurückgreifen zu müssen, als Entscheidungsregel für die betriebliche

26 Vgl. *Koch, H.*, a. a. O., S. 390.
27 Ebenda, S. 371.

Praxis, wenn es um die Beantwortung der Frage geht, welchem betrieblichen Güterverzehr Kostencharakter beizulegen und wie er zu bewerten ist. Daher soll der zweckorientierte Kostenbegriff im folgenden zugrunde gelegt werden.

2.1.2 Abgrenzung der Kosten von den Aufwendungen, den Ausgaben und den Auszahlungen

Für das Verständnis der Kosten- und Leistungsrechnung ist es unerläßlich, daß man den Unterschied zwischen den folgenden vier Begriffspaaren kennt:

- (1) Auszahlung – Einzahlung
- (2) Ausgabe – Einnahme
- (3) Aufwand – Ertrag
- (4) Kosten – Leistung

Im folgenden sollen zunächst die jeweils ersten Begriffe der vier Begriffspaare betrachtet und gegeneinander abgegrenzt werden.

Definitionen:
Auszahlung ≡ Abgang von Bar- und Buchgeld
Ausgabe = Auszahlung + Schuldenzugang + Forderungsabgang

Aus der Definition des Begriffes „Ausgabe" geht hervor, daß dieser Begriff weiter gefaßt ist als der Begriff „Auszahlung", denn er umfaßt nicht nur Zahlungsvorgänge, sondern darüber hinaus auch Kreditierungsvorgänge[28].

---

28 Aus dieser Definition des Ausgabenbegriffes, bei der Auszahlungen eine Teilmenge der Ausgaben darstellen, folgt, daß der Kreditkauf eines Gutes zweimal zu einer Ausgabe führt; einmal in Form des Schuldenzugangs beim Kauf des Gutes, zum anderen bei der Zahlung des Kaufpreises in Form der Auszahlung. Für viele finanzwirtschaftliche Fragestellungen ist dieser Ausgabenbegriff aufgrund solcher Doppelzählungen nicht geeignet. Daher wird dort häufig nur mit „Auszahlungen" gearbeitet; vgl. *Veit, Th., Straub, W.,* Investitions- und Finanzplanung, 2. Aufl., Heidelberg 1983, 1.2.1. (Manche Autoren verwenden zwar den Begriff „Ausgabe", aber im Sinne von „Auszahlungen".) Anders stellt sich der Sachverhalt in der Erfolgsrechnung sowohl des externen als auch des internen Rechnungswesens dar. Da es sich beim Einkaufsakt um einen erfolgsunwirksamen Tauschverzehr handelt (Tausch eines Realgutes gegen das Nominalgut „Lieferantenforderung"; vgl. S. 28) und bei Zahlung der Forderung eine reine Finanztransaktion vorliegt, bei der sich Schuldenabgang (= Einnahme) und Auszahlung (= Ausgabe) erfolgsrechnerisch kompensieren, liegt weder in der Finanz- noch in der Betriebsbuchhaltung Erfolgswirksamkeit vor. Aus diesem Grunde entsteht auch aus der Doppelzählung hier kein Problem.

Aufwand ≡ zu Anschaffungsausgaben bewerteter Güterverbrauch der Unternehmung
Kosten ≡ bewerteter leistungsbezogener Güterverbrauch

Vergleicht man den Begriff der Kosten mit dem der Aufwendungen, so zeigt sich, daß der Kostenbegriff einerseits enger, andererseits aber auch weiter als der Aufwandsbegriff gefaßt ist. Dabei ergeben sich folgende Ursachen für eine notwendige Abgrenzung von Aufwand und Kosten:

- (1) **Unterschiedlichkeit bedingt durch das Kriterium der Leistungsbezogenheit:** Während bei Kosten die Leistungsbezogenheit des Güterverbrauchs gegeben sein muß, ist grundsätzlich **jeder** Verbrauch von Gütern, deren Beschaffung zu Ausgaben führte, als Aufwand zu verrechnen. Da es Güterverbrauch gibt, dem die Leistungsbezogenheit fehlt, wie z.B. bei Spenden und Spekulationsverlusten im Industrieunternehmen, gibt es also Aufwand, dem keine Kosten entsprechen. Solche leistungsfremden Aufwendungen werden auch als betriebsfremde oder wesensneutrale Aufwendungen bezeichnet.
- (2) **Unterschiedlichkeit bedingt durch den Ausgabencharakter des Aufwands:** Da jeder leistungsbezogene Güterverbrauch als Kosten zu verrechnen ist, gibt es andererseits Kosten, denen deshalb kein Aufwand entspricht, weil ihnen keine Ausgaben zugrunde liegen, wie z.B. beim kalkulatorischen Unternehmerlohn[29] und den kalkulatorischen Eigenkapitalzinsen[30] sowie dem Verbrauch unentgeltlich erworbener Wirtschaftsgüter[31].
- (3) **Unterschiedlichkeit bedingt durch ungleiche periodische Erfassung der Mengenkomponente von Aufwand und Kosten:** Die Verteilung der Anschaffungsausgaben als Aufwendungen auf die Perioden des Verbrauchs entspricht aus bilanz- und finanzpolitischen Gründen nicht immer dem tatsächlich in den einzelnen Perioden stattfindenden mengenmäßigen Güterverbrauch[32]. In der Kosten- und Leistungsrechnung als internem Informationsinstrument ist dagegen der Güterverbrauch streng nach dem Verursachungsprinzip den Perioden seiner wirtschaftlichen Verursachung zuzuordnen. Liegen der Aufwandsverrechnung größere (kleinere) Gütermengen zugrunde als der Kostenrechnung, dann sind – bei gleicher Bewertung – die Kosten niedriger (höher) als der Aufwand. Wird z.B. in der Finanzbuchhaltung auf eine Maschine degressiv abgeschrieben, obwohl der

29 Zum kalkulatorischen Unternehmerlohn siehe 3.3.1.5.

30 Zu den kalkulatorischen Eigenkapitalzinsen siehe 3.3.4.

31 Gegebenenfalls werden auch beim Verbrauch unentgeltlich erworbener Wirtschaftsgüter fiktive Anschaffungsausgaben als Aufwand verrechnet (vgl. S. 35). Insoweit wird das strenge pagatorische Prinzip des Aufwands durchbrochen.

32 So wird häufig im Rahmen der gesetzlichen Möglichkeiten mehr Aufwand verrechnet als es dem tatsächlichen Verbrauch entspricht, um sogenannte stille Reserven zu bilden (Beispiele: Sofortabschreibung geringwertiger Wirtschaftsgüter; Degressive Abschreibung bei linearem Abnutzungverlauf; bei steigenden Preisen Wahl des Lifo-Verfahrens, obwohl die erstbeschafften Güter zuerst verbraucht werden usw.). Vgl. dazu *Bauch, G., Pfitzer, N.,* a.a.O., S. 137ff.

tatsächliche Abnutzungsverlauf linear ist, so werden im Sinne des Verursachungsprinzips in den ersten Perioden der Nutzungsdauer zu hohe und in den letzten Perioden der Nutzungsdauer zu niedrige bilanzielle Abschreibungen verrechnet. Die kalkulatorischen Abschreibungen (≡ Abschreibungen in der Kosten- und Leistungsrechnung) werden dagegen entsprechend dem tatsächlichen Nutzungsverlauf von Periode zu Periode in gleicher Höhe angesetzt, womit die Betriebsmittelkosten – bei Bewertung zu Anschaffungswerten – in den ersten Perioden der Nutzungsdauer niedriger und in den letzten Perioden der Nutzungsdauer höher als die entsprechend verrechneten Aufwendungen sind.

Ferner werden im externen Rechnungswesen Nachholungen von in früheren Perioden wirtschaftlich verursachten aber nicht verbuchten Aufwendungen vorgenommen. In der Kosten- und Leistungsrechnung dagegen belastet man einer Periode nur die Kosten, die in ihr verursacht worden sind. Hat man es versäumt, in einer früheren Periode bestimmte Kosten zu erfassen, so waren die betreffenden Ergebnisse entsprechend unexakt. Eine Nachholung in der laufenden Periode würde nur wieder das laufende Ergebnis verfälschen, weil dann Kosten der Periode belastet werden, die in ihr nicht verursacht worden sind[33].

Aus den betrieblichen Risiken sich ergebender Güterverbrauch wie der Ausfall von Kundenforderungen oder der Katastrophenverschleiß usw., der nicht regelmäßig, sondern aperiodisch auftritt, wird im externen Rechnungswesen in den Perioden als Aufwand verbucht, in denen er auftritt. In der Kosten- und Leistungsrechnung dagegen wird dieser „außerordentliche" Güterverbrauch möglichst gleichmäßig über die einzelnen Rechnungsperioden durch die Verrechnung kalkulatorischer Wagniskosten verteilt[34], weil die betrieblichen Risiken, aufgrund deren solch „außerordentlicher" Güterverbrauch immer wieder auftreten kann, permanent gegeben sind.

Ähnlich verhält es sich mit den Urlaubs- und Krankheitslöhnen, die letztlich nichts anderes als eine Erhöhung der effektiv zu zahlenden Löhne für den Verbrauch des Gutes „Arbeit" darstellen. Der Anspruch auf Urlaubs- und Krankheitslöhne und damit ihre wirtschaftliche Verursachung entsteht durch die vom Arbeitnehmer während bestimmter Zeiträume regelmäßig geleistete Arbeit. Darum sind die Urlaubs- und Krankheitslöhne auch gleichmäßig den Perioden ihrer wirtschaftlichen Verursachung als Kosten zu belasten. Im externen Rechnungswesen werden sie dagegen immer nur dann als Aufwand gebucht, wenn sie an die Arbeitnehmer ausgezahlt werden[35].

---

33 Eine Nachholung im externen Rechnungswesen ist vorzunehmen, damit die Summe der Periodenergebnisse gleich dem Totalergebnis, d.h. der Differenz aller Einzahlungen und Auszahlungen einer Unternehmung im Laufe ihrer Gesamtlebensdauer (Totalperiode), ist. Soll gleiches in der Kosten- und Leistungsrechnung erreicht werden, so ist eine Nachbesserung der alten Periodenergebnisse vorzunehmen. Eine solche Nachbesserung ist im externen Rechnungswesen wegen seiner Dokumentationsfunktion nicht möglich.

34 Vgl. 3.3.7.

35 Die Mengenkomponente wird im externen Rechnungswesen in diesen Fällen erst dann erfaßt, wenn Ausgaben vorliegen (vgl. 3.3.1.1).

– (4) **Unterschiedlichkeit bedingt durch unterschiedliche Bewertung des Güterverbrauchs:** Schließlich gibt es leistungsbezogenen Güterverbrauch, der im externen Rechnungswesen und in der Kosten- und Leistungsrechnung zwar mengenmäßig in gleicher Höhe erfaßt (gleiche Mengenkomponente), aber dann unterschiedlich bewertet wird (unterschiedliche Wertkomponente). Während Aufwand eine den Zwecken der Jahresabschlußrechnung entsprechende Zuordnung der Anschaffungsausgaben auf die Perioden des Verbrauchs darstellt[36], kann in der Kostenrechnung Güterverbrauch je nach Sachlage auch zu anderen Preisen als den Anschaffungspreisen bewertet werden. Damit können je nach Wahl des Wertansatzes die Kosten für den gleichen mengenmäßigen Verbrauch höher oder niedriger als die dafür verrechneten Aufwendungen sein.

Die Abgrenzung von Auszahlung – Ausgabe – Aufwand – Kosten und die dabei verwendeten Begriffe sollen anhand folgender Abgrenzungsschemata sowie ergänzender Beispiele verdeutlicht werden.

2.1.2.1 Das traditionelle Abgrenzungsschema (Blockdiagramme)

Abb. 4: Das traditionelle Abgrenzungsschema von Auszahlung, Ausgabe, Aufwand und Kosten

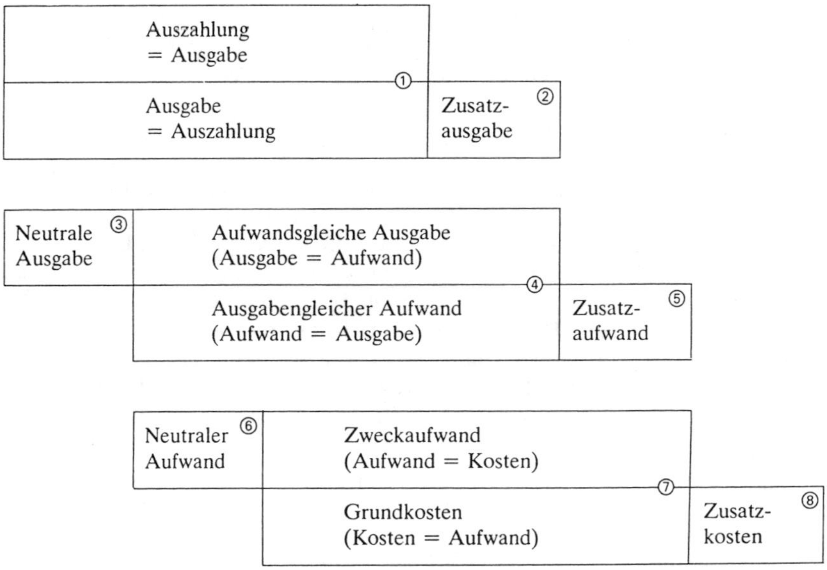

36 Aufwendungen ≡ für Zwecke der Jahresabschlußrechnung periodisierte Ausgaben.

Erläuterungen und Beispiele:

① **Auszahlung = Ausgabe**[37] (z. B. Barkauf)

② **Zusatzausgabe,** d.h. Ausgabe, aber nicht Auszahlung (z.B. Kreditkauf (→ Schuldenzugang) oder Kauf eines Gutes und Zahlung durch Abgabe eines Besitzwechsels an den Verkäufer (→ Forderungsabgang))

③ **Neutrale Ausgabe,** d.h. Ausgabe, aber nicht Aufwand
Es lassen sich drei Unterarten der neutralen Ausgabe unterscheiden:
- a) Ausgabe, überhaupt nie Aufwand (z.B. Privatentnahme aus der Kasse)
- b) Ausgabe, noch nicht Aufwand (z.B. Einkauf von Werkstoffen, die erst in späteren Perioden verbraucht werden)
- c) Ausgabe, nicht mehr Aufwand (z.B. Bezahlung in früherer Periode beschaffter und verbrauchter Werkstoffe)

④ **Aufwandsgleiche Ausgabe** bzw. **ausgabengleicher Aufwand,** d.h. Ausgaben = Aufwand (z.B. Lohnzahlung)

⑤ **Zusatzaufwand,** d.h. Aufwand, aber nicht Ausgabe
Hier lassen sich drei Unterarten unterscheiden:
- a) Nie-Ausgabe (z.B. Rückstellungen für Gewährleistungen, die in späteren Perioden wider Erwarten nicht zu Ausgaben führen)
- b) Nicht-mehr-Ausgabe (z.B. Verbrauch von in früheren Perioden gekauften Rohstoffen)
- c) Noch-nicht-Ausgabe (z.B. Bildung von Rückstellungen beispielsweise für Pensionen)

⑥ **Neutraler Aufwand,** d.h. Aufwand, aber nicht Kosten
- (1) Es lassen sich folgende Unterarten des neutralen Aufwandes unterscheiden:
  - a) Aufwand, überhaupt nie Kosten (z.B. Spenden; Differenz zwischen höherem Aufwand und niedrigeren Kosten verrechnet auf die gleiche Mengenkomponente bei Bewertung der Kosten zu gesunkenen Wiederbeschaffungspreisen: Rohstoffverbrauch bewertet zu Anschaffungspreisen: DM 1.000,–; in der Kostenrechnung bewertet zu Wiederbeschaffungspreisen DM 800,– ergibt „Aufwand, nie Kosten" in Höhe von DM 200,–. In diesem Falle handelt es sich um wertmäßig neutralen Aufwand in Höhe von DM 200,–)
  - b) Aufwand, noch nicht Kosten (z.B. Einkauf und Sofortabschreibung geringwertiger Wirtschaftsgüter des Anlagevermögens, die jedoch erst in späteren Perioden verbraucht werden)
  - c) Aufwand, nicht mehr Kosten (z.B. Nachholung von Instandhaltungsarbeiten, für die keine Rückstellungen gebildet worden sind)

---

37 Da definitionsgemäß die Auszahlungen eine Teilmenge der Ausgaben darstellen, ist eine Auszahlung immer gleichzeitig auch Ausgabe. Eine Ausgabe ist aber nicht immer gleichzeitig Auszahlung (siehe ②).

– (2) Bei Unterscheidung nach den Ursachen der Verschiedenheit läßt sich der neutrale Aufwand auch wie folgt unterscheiden:
  – a) leistungsfremder (≡ betriebsfremder oder wesensneutraler) Aufwand (z. B. Abschreibungen auf nicht leistungsbezogene (≡ nicht betriebsnotwendige) Güter des Anlagevermögens; Spenden usw.)
  – b) zeitraumneutraler (= aperiodischer und periodenfremder) Aufwand[38] (Beispiel für aperiodischen Aufwand: Differenz zwischen bilanzieller Sonderabschreibung auf durch Blitzschlag zerstörte maschinelle Anlage und den für solche Fälle verrechneten kalkulatorischen Wagniskosten; als Beispiele für periodenfremden Aufwand siehe die oben unter ⑥ (1) b) und ⑥ (1) c) angeführten Fälle)
  – c) wertmäßig neutraler Aufwand (siehe das zweite oben unter ⑥ (1) a) genannte Beispiel)

⑦ **Zweckaufwand**[39] bzw. **Grundkosten** oder anders ausgedrückt „kostengleicher Aufwand" bzw. „aufwandsgleiche Kosten", d.h. Aufwand = Kosten (z.B. leistungsbezogener Verbrauch von Rohstoffen)

⑧ **Zusatzkosten,** d.h. Kosten, aber nicht Aufwand (z.B. kalkulatorischer Unternehmerlohn)
– (1) Es lassen sich folgende Unterarten der Zusatzkosten unterscheiden:
  – a) Kosten, überhaupt nie Aufwand (z. B. Kalkulatorischer Unternehmerlohn)
  – b) Kosten, noch nicht Aufwand (z.B.: Für wirtschaftlich in der laufenden Periode verursachte Instandhaltungsarbeiten, die aber erst in späterer Periode durchgeführt werden, werden Kosten, aber kein Aufwand verrechnet, weil versäumt worden ist, eine entsprechende Rückstellung zu bilden)

---

38 Unter den zeitraumneutralen Aufwendungen sind alle Aufwendungen zu verstehen, die aus der ungleichen periodischen Zuordnung der Mengenkomponente von Aufwand und Kosten entstehen und denen in der gleichen Periode keine entsprechenden Kosten gegenüberstehen. Unter aperiodischem Aufwand ist unregelmäßig auftretender Aufwand zu verstehen. Der periodenfremde Aufwand meint dagegen solchen Aufwand, der zwar einer Periode verursachungsgerecht zugeordnet werden kann, aber aus irgendwelchen Gründen rechentechnisch einer anderen Periode zugeordnet wird.
Den **außerordentlichen** oder **außergewöhnlichen Aufwand** als eigene Untergruppe des neutralen Aufwandes zu führen, wie es traditionell geschieht, ist sachlich nicht gerechtfertigt, weil für den aperiodisch (unregelmäßig) auftretenden außerordentlichen Güterverbrauch, der sich aus den betrieblichen Risiken ergibt, nicht nur Aufwendungen, sondern auch Kosten in Form der kalkulatorischen Wagniskosten verrechnet werden. Nur soweit die außerordentlichen Aufwendungen, die für den außerordentlichen, (aber) im Sinne der causa efficiens leistungsbezogenen Güterverbrauch verrechnet werden, die für solchen Güterverbrauch angesetzten kalkulatorischen Wagniskosten übersteigen, liegt neutraler Aufwand vor. In diesem Falle ergibt sich lediglich eine unterschiedliche, zeitliche Verteilung von Aufwendungen und Kosten betreffend den gleichen Sachverhalt. Vgl. 3.3.7; siehe auch *Kosiol, E.,* Aufwand und Ertrag, in: HWB, Hrsg.: *Grochla, E., Wittmann, W.,* Bd. 1, 4. Aufl., Stuttgart 1974, Sp. 313.

39 Anstelle des Begriffes Zweckaufwand findet sich auch die Bezeichung Betriebsaufwand.

- c) Kosten, nicht mehr Au. and (z.B. in der Periode der Beschaffung sofort abgeschriebene geringwertige Wirtschaftsgüter des Anlagevermögens, die erst jetzt verbraucht werden und für deren Verbrauch daher erst jetzt Kosten verrechnet werden)

- (2) Bei Unterscheidung nach den Ursachen der Verschiedenheit lassen sich die Zusatzkosten auch unterscheiden in:
  - a) Zusatzkosten, denen aufgrund des Fehlens jeglichen Ausgabencharakters keinerlei Aufwand entspricht (z.B. Kalkulatorischer Unternehmerlohn)
  - b) Zusatzkosten, bedingt durch ungleiche periodische Erfassung der Mengenkomponente von Aufwand und Kosten (z.B.: Die für die Periode angesetzten kalkulatorischen Wagniskosten für das Betriebsmittelrisiko betragen DM 2.000,–; in dieser Periode findet kein außerordentlicher Verbrauch statt. Die kalkulatorischen Wagniskosten dieser Periode sind in voller Höhe Zusatzkosten. Siehe ferner das oben unter ⑧ (1) c) aufgeführte Beispiel)
  - c) Zusatzkosten bedingt durch die Bewertung des Güterverbrauchs zu höheren Preisen als den Anschaffungspreisen (z.B. Verbrauch von Rohstoffen: Aufwand DM 1.000,–, Verbrauch bewertet zu Wiederbeschaffungspreisen DM 1.100,–, womit Zusatzkosten in Höhe von DM 100,– vorliegen)

Es ist zu beachten, daß eine totale mengentheoretische Interpretation der Blockdiagramme dergestalt, daß man sie zusammenfaßt und die in den oberen Blöcken gegebenen Abgrenzungslinien in die darunter liegenden Blöcke durch gestrichelte Linien überträgt, zu Fehlinterpretationen führt. Danach müßte es sich z.B. bei Zusatzausgaben immer auch gleichzeitig um Aufwand und Kosten handeln. Das kann so sein, wie z.B. beim Kreditkauf von Strom und sofortigem leistungsbezogenem Verbrauch. Eine Zusatzausgabe kann aber auch neutrale Ausgabe und damit weder Aufwand noch Kosten sein, wie z.B. der Kreditkauf von Grundstücken, die nicht dem Substanzverbrauch als Steinbruch, Tongrube etc. unterliegen. Entsprechendes gilt für Zusatzaufwand. Zusatzaufwand kann sowohl Zweckaufwand und damit Grundkosten sein, wie z.B. beim Verbrauch von in früheren Perioden gekauften Rohstoffen, als auch neutraler Aufwand, wie bei Abschreibungen auf nicht betriebsnotwendige Wirtschaftsgüter, die in früheren Perioden beschafft worden sind, z.B. auf aus spekulativen Gründen gehaltene Wertpapiere im Industriebetrieb.

2.1.2.2 Mengentheoretische Abgrenzung

Abb. 5: Mengentheoretische Abgrenzung von Auszahlung, Ausgabe, Aufwand und Kosten

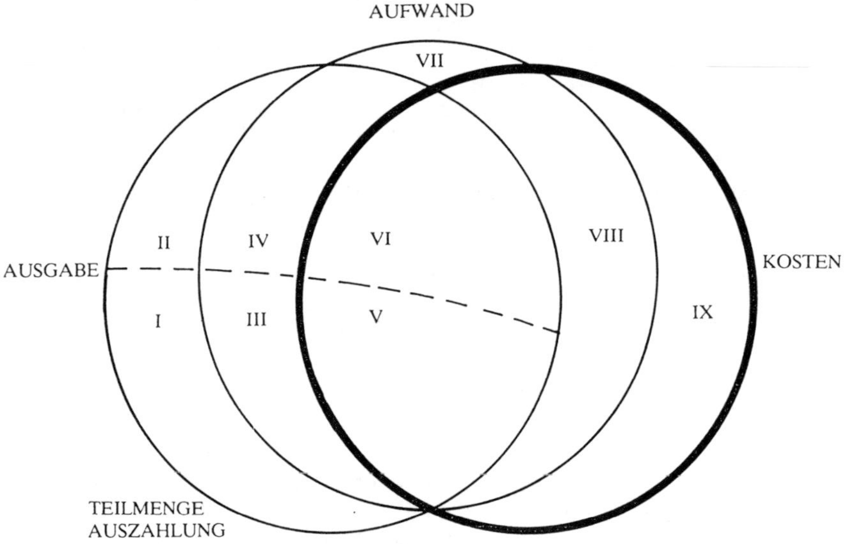

Erklärung der einzelnen Felder (Teilmengen)[40]:

I: **Nur Auszahlung ∩ Ausgabe** (z.B. Barkauf von Rohstoffen, die erst in späteren Perioden verbraucht werden; Privatentnahmen aus der Kasse etc.)

II: **Nur Ausgabe, nicht Auszahlung** (z.B. Kauf von Rohstoffen auf Ziel, die erst in späteren Perioden verbraucht werden)

III: **Auszahlung ∩ Ausgabe ∩ Aufwand, aber nicht Kosten** (z.B. Barspende ans DRK)

IV: **Ausgabe, nicht Auszahlung ∩ Aufwand, aber nicht Kosten** (z.B. Verlust einer Darlehensforderung)

V: **Auszahlung ∩ Ausgabe ∩ Aufwand ∩ Kosten** (z.B. Zahlung von Fertigungslöhnen in bar oder durch Abbuchung von Giroguthaben)

VI: **Ausgabe, nicht Auszahlung ∩ Aufwand ∩ Kosten** (z.B. Kreditkauf von Rohstoffen, die in gleicher Periode verbraucht werden)

40 Die bei einem Feld genannten Begriffe fallen in der betrachteten Periode in gleicher Höhe an. Bei einem Feld nicht genannte Begriffe werden durch das Feld auch nicht vertreten. So repräsentiert also z.B. das Feld I alle die Geschäftsvorfälle, die **nur** Auszahlungen ∩ Ausgaben und damit nicht gleichzeitig auch Kosten oder Aufwand darstellen.

VII: **Nur Aufwand** (z.B. Buchverlust beim Abgang eines Anlagegutes)
VIII: **Aufwand ∩ Kosten, aber nicht Ausgabe** (z.B. kalkulatorische Abschreibungen = bilanzielle Abschreibungen)
IX: **Nur Kosten** (≡ Zusatzkosten) (z.B. kalkulatorischer Unternehmerlohn)

Bei Erklärungen der Teilmengen werden nur solche Beispiele gebracht, die sich jeweils in ganzer Höhe nur dem betrachteten Feld zuordnen lassen. Dabei darf nicht übersehen werden, daß es natürlich Geschäftsvorfälle gibt, die teilweise in diese und teilweise in jene Teilmenge einzuordnen sind.

Dazu folgendes **Beispiel:**

Verbrauch von in früheren Perioden beschafften Rohstoffen, deren Anschaffungsausgabe 1.000,– DM betrug. Für die Wiederbeschaffung sind 1.100,– DM zu verauslagen. Die Bewertung der Kosten erfolgt zu Wiederbeschaffungspreisen. Mit dem Teilbetrag von 1.000,– DM ist dieser Geschäftsvorfall in das Feld VIII (Aufwand = Kosten 1.000,– DM) und mit dem Teilbetrag von 100,– DM in das Feld IX (Zusatzkosten = 100,– DM) einzuordnen.

Begriffe und Zuordnung der Felder zu den Begriffen:

- **Ausgabe** → I, II, III, IV, V, VI
- **Auszahlung** (= Ausgabe) → I, III, V
- Zusatzausgabe, d.h. Ausgabe, nicht Auszahlung → II, IV, VI
- Neutrale Ausgabe, d.h. Ausgabe, nicht Aufwand → I, II
- **Aufwand** → III, IV, V, VI, VII, VIII
- Aufwandsgleiche Ausgabe bzw. ausgabengleicher Aufwand, (Ausgabe ∩ Aufwand) → III, IV, V, VI
- Zusatzaufwand, d.h. Aufwand, nicht Ausgabe → VII, VIII
- Neutraler Aufwand, d.h. Aufwand, nicht Kosten → III, IV, VII
- **Kosten** → V, VI, VIII, IX
- Grundkosten bzw. Zweckaufwand oder aufwandsgleiche Kosten bzw. kostengleicher Aufwand (Aufwand ∩ Kosten) → V, VI, VIII
- Zusatzkosten, d.h. Kosten, nicht Aufwand → IX

Es wird deutlich, daß sich die Begriffe häufig überlappen. So repräsentiert z.B. das Feld II solche Geschäftsvorfälle, die sowohl Zusatzausgabe (≡ Ausgabe, nicht Auszahlung) als auch neutrale Ausgabe (≡ Ausgabe, nicht Aufwand) sind (z.B. Kreditkauf von Grundstücken). Lediglich der Begriff Zusatzkosten überlappt sich nicht mit anderen Begriffen.

Exkurs: Zum Begriff „Kalkulatorische Kosten"

Der Begriff „Kalkulatorische Kosten" wird in der Literatur häufig als synonymer Begriff entweder nur für die Zusatzkosten[41] oder aber für alle nicht aufwandsgleichen Kosten[42] verwendet. Dieser Gebrauch des Begriffes ist aus zwei Gründen abzulehnen.

---

41 Vgl. *Olfert, K.*, Kostenrechnung, Ludwigshafen 1974, S. 43, S. 60 u. S. 76.
42 Vgl. *Kilger, W.*, Einführung in die Kostenrechnung, Opladen 1976, S. 25.

– (1) Bei dem Begriff „Kalkulatorische Kosten“ handelt es sich um einen doppelt ausgedrückten Sachverhalt (Pleonasmus), weil alle Kosten – gleich welcher Art – immer kalkulatorische Größen[43] darstellen. Insofern eignet sich der Begriff nicht zur Abgrenzung einer speziellen Art von Kosten.
Der Gebrauch des Adjektivs „kalkulatorisch“ ist jedoch in solchen Fällen sinnvoll, wo es darum geht, eine sprachliche Differenzierung zu gleichnamigen Aufwendungen herzustellen, wie es z. B. bei dem Begriff „kalkulatorische Abschreibungen“ zur Unterscheidung von den „bilanziellen Abschreibungen“ geschieht.

– (2) Die synonyme Verwendung für Zusatzkosten und Kosten in anderer Höhe widerspricht der Tatsache, daß – wie aus der nachfolgenden Darstellung deutlich wird – den sogenannten „kalkulatorischen“ Kosten(-arten) auch Aufwand in **gleicher** Höhe gegenüberstehen kann. In diesem Fall stellen die „kalkulatorischen“ Kosten Grundkosten dar!
Für alle Kosten und damit auch für die sogenannten „kalkulatorischen“ Kostenarten (kalk. Abschreibungen, kalk. Zinsen, kalk. Wagniskosten, kalk. Miete und kalk. Unternehmerlohn) gilt, daß ihnen kein Aufwand, Aufwand in anderer Höhe oder Aufwand in gleicher Höhe gegenübersteht.

  – a) **„Kalkulatorische“ Kosten in voller Höhe Zusatzkosten**
  Bei kalkulatorischem Unternehmerlohn und kalkulatorischen Eigenkapitalzinsen auf das betriebsnotwendige Vermögen z. B. gibt es keine entsprechende Aufwandsverrechnung in der Finanzbuchhaltung. In diesen Fällen sind „kalkulatorische“ Kosten in voller Höhe Zusatzkosten.

  – b) **„Kalkulatorische“ Kosten nur teilweise Zusatzkosten**
  Wenn kalkulatorische Abschreibungen, kalkulatorische Wagniskosten usw. wertmäßig höher sind als die entsprechenden Aufwandsverrechnungen in der Finanzbuchhaltung, so handelt es sich bei dem Differenzbetrag um Zusatzkosten. Denn nur für die kalkulatorische Differenz gilt: Kosten, nicht Aufwand.

  – c) **„Kalkulatorische“ Kosten in voller Höhe Grundkosten**
  Wenn die den „kalkulatorischen“ Kosten entsprechenden Aufwandsverrechnungen in gleicher Höhe erfolgen oder aber höher sind, dann stellen die „kalkulatorischen“ Kosten in voller Höhe Grundkosten dar. Soweit der Aufwand höher ist, liegt neutraler Aufwand vor.

Beispiel:

Kalkulatorische Abschreibung auf Maschine X	5.000,–
Bilanzielle Abschreibung auf Maschine X	6.000,–
Damit liegen vor:	
Grundkosten = Zweckaufwand	5.000,–
Neutraler Aufwand	1.000,–

43 Alle in der Kosten- und Leistungsrechnung als einer kalkulatorischen Rechnung angesetzten Werte für Güterverbrauch, Güterentstehung und Güterverwertung stellen kalkulatorische Größen dar (auch dann, wenn der Bewertung pagatorische Werte, vor allem Anschaffungswerte, zugrundeliegen).

Durch die Verrechnung sogenannter „kalkulatorischer“ Kostenarten soll insbesondere die Vergleichbarkeit der Kostenrechnungen – und damit auch der Kalkulationen – unterschiedlicher Betriebe hergestellt werden[44] und zwar hinsichtlich

- (1) der Rechtsform durch kalkulatorischen Unternehmerlohn,
- (2) der Finanzierungsweise durch kalkulatorische Zinsen,
- (3) der Bilanzierungsweise durch kalkulatorische Abschreibungen und
- (4) des Eintritts von Wagnissen durch kalkulatorische Wagniskosten.

2.2 Leistungen

2.2.1 Der Begriff „Leistung“

Bezeichnen die Kosten den Wertverbrauch, so dient der Begriff „Leistung“ zur Kennzeichnung der Wertentstehung. Leistung ist das bewertete Ergebnis der produktiven Gestaltungsprozesse, die das erklärte Programm einer Unternehmung bilden[45].

Hieraus folgt unmittelbar, daß alle Wertentstehungen außerhalb des erklärten Leistungserstellungsprogrammes nicht als Leistungen anzusehen sind, wie z.B. Gewinne aus spekulativen Wertpapiergeschäften im Industrieunternehmen.

Die im Absatzprozeß erzielten Gegenwerte der verkauften Erzeugnismengen[46] werden auch als Erlöse (≡ Umsatzerlöse ≡ Umsätze) bezeichnet (Erlöse = verkaufte Erzeugnismengen · Absatzpreise).

2.2.2 Abgrenzung der Leistungen von den Erträgen, den Einnahmen und den Einzahlungen

Bei den jeweils zweiten Begriffen der im Abschnitt 2.1.2 gebildeten Begriffspaare bestehen analoge Beziehungen wie bei den Kosten, Aufwendungen, Ausgaben und Auszahlungen:

Einzahlung ≡ Zugang von Bar- oder Buchgeld
Einnahme = Einzahlung + Forderungszugang + Schuldenabgang
Ertrag ≡ Bewertete Güterentstehung aller Art
Leistung ≡ Bewertete Güterentstehung (nur) im Rahmen des erklärten Leistungserstellungsprogramms

---

44 Dieses Ziel der Vergleichbarkeit der Kostenrechnungen findet in den VPöA und LSP starke Beachtung.

45 Siehe auch die weitergehenden Ausführungen auf S. 30f. Der produktive Gestaltungsprozeß ist im weitesten Sinne aufzufassen. So besteht er z.B. bei Handelswaren lediglich in der Bereitstellung der Waren für den Kunden.

46 Unter Erzeugnissen sind auch Dienstleistungen aller Art zu verstehen.

Die Güterentstehung muß beim Ertrag also nicht wie bei der Leistung aus dem erklärten Leistungserstellungsprogramm heraus erfolgen. Auch empfangene Schenkungen und Subventionen stellen Erträge dar.

Die Bewertung der Güterentstehung erfolgt in der Regel zu den aus dem Absatz der Güter (Güterverwertung) erzielten Einnahmen. Soweit dies nicht möglich ist, weil der Absatz erst noch erfolgen soll, wie bei im Laufe der Periode stattgefundenen Bestandserhöhungen an Erzeugnissen, erfolgt ersatzweise (Vorsichtsprinzip!) im externen Rechnungswesen eine Bewertung zu den Herstell**ungs**kosten, in der Kosten- und Leistungsrechnung zu den Herstellkosten. Herstell**ungs**kosten sind letzlich die Anschaffungsausgaben für Werkstoffe, menschliche Arbeit usw., die notwendig waren, um diese Bestandserhöhungen zu erzeugen. Bei den Herstellkosten können dagegen die verbrauchten Güter auch zu den Wiederbeschaffungsausgaben bewertet werden. Ferner sind in den Herstellkosten in der Regel Zusatzkosten enthalten[47]. Soweit die Tageswerte der Bestandserhöhungen niedriger sind als die Herstell**ungs**- oder Herstellkosten, erfolgt die Bewertung zu den Tageswerten[48].

2.2.2.1 Das traditionelle Abgrenzungsschema

Abb. 6: Das traditionelle Abgrenzungsschema von Einzahlung, Einnahme, Ertrag und Leistung

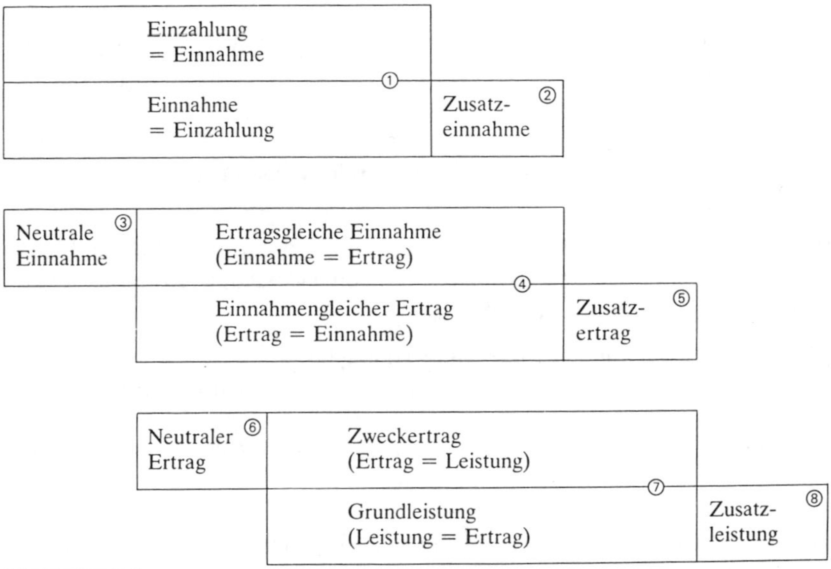

47 Zur Unterscheidung von Herstellkosten und Herstellungskosten siehe Kapitel 5 Exkurs: Abgrenzung von Herstellkosten und Herstell**ungs**kosten.

48 Wegen des Vorsichtsprinzips wird hier lediglich eine beim Absatz zu erwartende Einnahme in Höhe der Herstell(ungs)kosten bzw. des niedrigeren Tageswertes unterstellt.

Erläuterungen und Beispiele:

① **Einzahlung = Einnahme**[49] (z.B. Barverkauf)

② **Zusatzeinnahme,** d.h. Einnahme, aber nicht Einzahlung (z.B. Zielverkauf (→ Forderungszugang) oder Warenverkauf an einen Gläubiger und Verrechnung mit der bestehenden Schuld (→ Schuldenabgang))

③ **Neutrale Einnahme,** d.h. Einnahme, aber nicht Ertrag
Es lassen sich drei Unterarten der neutralen Einnahme unterscheiden:
- a) Einnahme, überhaupt nie Ertrag (z.B. Eigenkapitalzuführungen)
- b) Einnahme, noch nicht Ertrag (z.B. Kundenanzahlungen auf in späteren Perioden erfolgende Lieferungen)
- c) Einnahme, nicht mehr Ertrag (z.B.: Kunden zahlen ihre Schulden aus in früheren Perioden erfolgten Lieferungen)

④ **Ertragsgleiche Einnahme** bzw. **einnahmengleicher Ertrag,** d.h. Einnahme = Ertrag (z.B. Verkauf von Fertigerzeugnissen)

⑤ **Zusatzertrag,** d.h. Ertrag, aber nicht Einnahme
Hier lassen sich drei Unterarten unterscheiden:
- a) Nie-Einnahme (z.B. Bestandserhöhung an Fertigerzeugnissen, die in späteren Perioden wider Erwarten nicht verkauft werden können)
- b) Nicht-mehr-Einnahme (z.B. Lieferung von Fertigerzeugnissen, die der Kunde schon in einer früheren Periode bezahlt hat)
- c) Noch-nicht-Einnahme (z.B. Bestandserhöhung an Fertigerzeugnissen)

⑥ **Neutraler Ertrag,** d.h. Ertrag, aber nicht Leistung
- (1) Es lassen sich folgende Unterarten des neutralen Ertrages unterscheiden:
  - a) Ertrag, überhaupt nie Leistung (z.B. erhaltene Schenkungen aller Art)
  - b) Ertrag, noch nicht Leistung (z.B. Differenz von höheren Herstel**lungs**kosten und niedrigeren Herstellkosten aktivierter Bestandszunahmen unter der Voraussetzung, daß diese Bestände später mindestens zu Herstell**ungs**kosten verkauft werden)
  - c) Ertrag, nicht mehr Leistung (z.B. Nachholung einer in früherer Periode versäumten Ertragsbuchung)
- (2) Bei Unterscheidung nach den Ursachen der Verschiedenheit läßt sich der neutrale Ertrag auch wie folgt unterscheiden:
  - a) leistungsfremder (≡ betriebsfremder oder wesensneutraler) Ertrag (z.B. Erträge aus Spekulationsgeschäften im Industrieunternehmen, Subventionen usw.)
  - b) zeitraumneutraler (= aperiodischer und periodenfremder) Ertrag[50] (z.B. Erträge aus Verkäufen von Gegenständen des Anlagevermögens, Auflösung überhöhter Rückstellungen, Wiederaufleben schon abgeschriebener Forderungen)

---

49 Da definitionsgemäß die Einzahlungen eine Teilmenge der Einnahmen darstellen, ist eine Einzahlung immer auch gleichzeitig Einnahme. Eine Einnahme ist aber nicht immer gleichzeitig Einzahlung.

50 Es findet sich auch die unpräzise Bezeichnung „außerordentliche" Erträge; vgl. die analogen Ausführungen in Fußnote 38 auf S. 42.

– c) wertmäßig neutraler Ertrag (z.B. Differenz von höheren Herstellungskosten und niedrigeren Herstellkosten aktivierter Bestandszunahmen)

⑦ **Zweckertrag** bzw. **Grundleistung** oder anders ausgedrückt leistungsgleicher Ertrag bzw. ertragsgleiche Leistung, d.h. Ertrag = Leistung (z.B. Verkauf von Fertigerzeugnissen)

⑧ **Zusatzleistung,** d.h. Leistung, aber nicht Ertrag (z.B. Bestandserhöhung selbsterstellter immaterieller Güter wie selbsterstellte Patente usw. (Aktivierungsverbot nach § 153 Abs. 3 AktG))

Eine totale mengentheoretische Interpretation der Blockdiagramme durch Zusammenfassung und durchlaufende Linien führt zu Fehlinterpretationen[51]. So kann z.B. eine Zusatzeinnahme entweder neutrale Einnahme (z.B. Kreditverkauf eines Anlagegutes zum Buchwert) oder Ertrag sein (z.B. Kreditverkauf von Fertigerzeugnissen).

2.2.2.2 Mengentheoretische Abgrenzung

Abb. 7: Mengentheoretische Abgrenzung von Einzahlung, Einnahme, Ertrag und Leistung

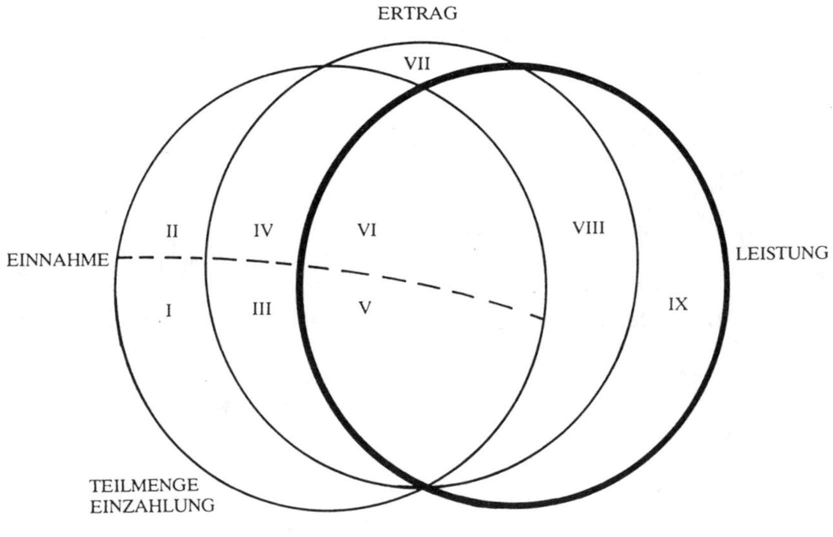

51 Vgl. die analogen Ausführungen zur Abgrenzung von Auszahlung, Ausgabe, Aufwand, Kosten mittels Blockdiagrammen, S. 43.

Erklärung der einzelnen Felder (Teilmengen)[52]**:**

I: **Nur Einzahlung ∩ Einnahme** (z. B. Kapitalerhöhung durch Bareinlage)

II: **Nur Einnahme, nicht Einzahlung** (z. B. Kapitalerhöhung bei Stundung der Einlagezahlung)

III: **Einzahlung ∩ Einnahme ∩ Ertrag, aber nicht Leistung** (z. B. Gutschrift des Spekulationsgewinnes aus dem Verkauf von Wertpapieren im Industriebetrieb auf Girokonto)

IV: **Einnahme, nicht Einzahlung ∩ Ertrag, aber nicht Leistung** (z. B. Wiederaufleben einer schon abgeschriebenen Darlehensforderung)

V: **Einzahlung ∩ Einnahme ∩ Ertrag ∩ Leistung** (z. B. Barverkauf von Fertigerzeugnissen)

VI: **Einnahme, nicht Einzahlung ∩ Ertrag ∩ Leistung** (z. B. Zielverkauf von Fertigerzeugnissen)

VII: **Nur Ertrag** (z. B. Zuschreibung auf maschinelle Anlage (Wertaufholung))

VIII: **Ertrag ∩ Leistung, aber nicht Einnahme** (z. B. Erfassung der Bestandserhöhung an Erzeugnissen mit gleichem Wertansatz in der Finanzbuchhaltung und in der Kosten- und Leistungsrechnung)

IX: **Nur Leistung** (≡ Zusatzleistung) (z. B. Ansatz des Wertes selbsterstellter Produktionspatente in der Kosten- und Leistungsrechnung)

Auch hier gibt es Geschäftsvorfälle, die sich teilweise in dieses und teilweise in jenes Feld einordnen lassen.

Dazu folgendes **Beispiel:**

Bestandserhöhung an Fertigerzeugnissen, deren Herstell**ungs**kosten DM 1.000,–, deren Herstellkosten aber DM 1.100,– betragen. Mit dem Teilbetrag von DM 1.000,– ist dieser Geschäftsvorfall in Feld VIII und mit dem Teilbetrag von DM 100,– in Feld IX einzuordnen.

Begriffe und Zuordnung der Felder zu den Begriffen:

- **Einnahme** → I, II, III, IV, V, VI
- **Einzahlung** (= Einnahme) → I, III, V
- Zusatzeinnahme, d.h. Einnahme, nicht Einzahlung → II, IV, VI
- Neutrale Einnahme, d.h. Einnahme, nicht Ertrag → I, II
- **Ertrag** → III, IV, V, VI, VII, VIII
- Ertragsgleiche Einnahme bzw. einnahmengleicher Ertrag (Einnahme ∩ Ertrag) → III, IV, V, VI
- Zusatzertrag, d.h. Ertrag, nicht Einnahme → VII, VIII
- Neutraler Ertrag, d.h. Ertrag, nicht Leistung → III, IV, VII
- **Leistung** → V, VI, VIII, IX
- Grundleistung bzw. Zweckertrag oder ertragsgleiche Leistung bzw. leistungsgleicher Ertrag (Ertrag ∩ Leistung) → V, VI, VIII
- Zusatzleistung, d.h. Leistung, nicht Ertrag → IX

52 Die bei einem Feld genannten Begriffe fallen in der betrachteten Periode in gleicher Höhe an. Bei einem Feld nicht genannte Begriffe werden durch das Feld auch nicht vertreten.

Exkurs: Kritik der Begriffe „Wegfallender Aufwand“ und „Anderskosten“ sowie „Wegfallender Ertrag“ und „Andersleistung“

Stehen sich Kosten und Aufwand in unterschiedlicher Höhe gegenüber, so werden die Kosten von manchen Autoren als „Anderskosten“ und die Aufwendungen als „Wegfallender Aufwand“ bezeichnet. Entsprechend werden bei unterschiedlicher Höhe von Leistung und Ertrag die Begriffe „Andersleistung“ und „Wegfallender Ertrag“ verwendet[53].

Diese Begriffe sind in ihrem Inhalt nicht falsch, sie sind jedoch unnötig und nicht operational, weil sie – wie im folgenden gezeigt werden wird – betreffend die letztendlich allein maßgebende kalkulatorische Differenz durch die Begriffe „Neutraler Aufwand“ und „Zusatzkosten“ bzw. „Neutraler Ertrag“ und „Zusatzleistung“ abgedeckt sind.

– (1) „Wegfallender Aufwand“ und „Anderskosten“

Beispiel A:

Bilanzielle Abschreibung auf Masch. X	10.000,–
Kalkulatorische Abschreibung auf Masch. X	8.000,–
Damit liegen vor:	
Grundkosten bzw. Zweckaufwand	8.000,–
und	
Neutraler Aufwand	2.000,–

In Beispiel A haben die Kosten betreffend den gleichen Sachverhalt, nämlich die Erfassung des Güterverbrauchs der Maschine X, eine **andere** (geringere) Höhe als die in der Finanzbuchhaltung angesetzten Abschreibungsaufwendungen. Von der Kosten- und Leistungsrechnung her gesehen liegen daher „Anderskosten“ vor, von der Finanzbuchhaltung her gesehen „Wegfallender Aufwand“. Das Beispiel zeigt, daß diese Begriffe für eine Abgrenzung von Kosten und Aufwand unnötig sind. In Höhe von DM 8.000,– liegen sowohl Aufwand als auch Kosten vor, d.h. Zweckaufwand bzw. Grundkosten. In Höhe von DM 2.000,- liegt Aufwand, aber nicht Kosten, also neutraler Aufwand, vor.

Beispiel B:

Bilanzielle Abschreibung auf Masch. Y	9.000,–
Kalkulatorische Abschreibung auf Masch. Y	12.000,–
Damit liegen vor:	
Grundkosten bzw. Zweckaufwand	9.000,–
und	
Zusatzkosten	3.000,–

Im Beispiel B werden für den gleichen Sachverhalt **andere** (höhere) Kosten als Aufwendungen verrechnet. In Höhe von DM 9.000,– liegen sowohl Aufwand als auch Kosten, also Zweckaufwand bzw. Grundkosten vor. In

53 Vgl. z.B. *Huch, B.*, a.a.O., S. 32ff.

Höhe von DM 3.000,– liegen Kosten, denen kein Aufwand gegenübersteht, also Zusatzkosten, vor. Auch hier sind die Begriffe „Wegfallender Aufwand“ und „Anderskosten“ für eine Abgrenzung von Aufwendungen und Kosten unnötig.

– (2) **„Wegfallender Ertrag“ und „Andersleistung“**

Beispiel C:

Ansatz des Wertes selbsterstellter Anlagen	
– im Jahresabschluß	30.000,–
– in der Kosten- und Leistungsrechnung	25.000,–
Damit liegen vor:	
Grundleistung bzw. Zweckertrag	25.000,–
und	
Neutraler Ertrag	5.000,–

In Beispiel C werden die Leistungen betreffend den gleichen Sachverhalt in **anderer** (geringerer) Höhe als die Erträge angesetzt. Von der Kosten- und Leistungsrechnung her gesehen liegen daher „Andersleistungen“ vor, von der Finanzbuchhaltung her gesehen „Wegfallender Ertrag“. Das Beispiel zeigt, daß diese Begriffe für eine Abgrenzung von Leistung und Ertrag unnötig sind. In Höhe von DM 25.000,– liegen sowohl Leistung als auch Ertrag, also Grundleistung bzw. Zweckertrag, vor. Für die kalkulatorische Differenz in Höhe von DM 5.000,– gilt: Ertrag, nicht Leistung ≡ Neutraler Ertrag.

Beispiel D:

Ansatz der Bestandserhöhung an Fertigerzeugnissen	
– im Jahresabschluß	9.000,–
– in der Kosten- und Leistungsrechnung	11.000,–
Damit liegen vor:	
Grundleistung bzw. Zweckertrag	9.000,–
und	
Zusatzleistung	2.000,–

In Beispiel D werden für den gleichen Sachverhalt andere (höhere) Leistungen als Erträge verrechnet. In Höhe von DM 9.000,– liegen sowohl Ertrag als auch Leistung, also Zweckertrag bzw. Grundleistung, vor. Für die kalkulatorische Differenz gilt: Leistung, nicht Ertrag ≡ Zusatzleistung in Höhe von DM 2.000,–. Auch hier sind die Begriffe „Wegfallender Ertrag“ und „Andersleistung“ für eine Abgrenzung von Erträgen und Leistungen unnötig.

Resümee: Soweit Aufwand und Kosten bzw. Ertrag und Leistung betragsmäßig übereinstimmen, liegen Zweckaufwand ≡ Grundkosten bzw. Zweckertrag ≡ Grundleistung vor. Soweit sie betragsmäßig differieren (kalkulatorische Differenz) liegt insoweit neutraler Aufwand bzw. neutraler Ertrag vor, als der Aufwand bzw. Ertrag die Kosten bzw. Leistung übersteigt. Insoweit als Aufwand bzw. Ertrag niedriger als Kosten bzw. Leistung sind, liegen Zusatzkosten bzw. Zusatzleistung vor.

Die Begriffe „Wegfallender Aufwand" bzw. „Wegfallender Ertrag" sowie „Anderskosten" und „Andersleistung" sind für sich allein genommen nicht operational. Mit der Aussage, es liegen Anderskosten in Höhe von DM 10.000,– vor, kann man nichts anfangen. Es muß gesagt werden, was „anders" gegenüber der entsprechenden Aufwandsverrechnung ist, ob also neutraler Aufwand bzw. Zusatzkosten vorliegen. Entsprechendes gilt für die anderen Begriffe[54].

54 Nur soweit unter „Wegfallendem Aufwand" bzw. „Wegfallendem Ertrag" der gesamte von den jeweiligen Kosten bzw. Leistungen abweichende Aufwands- bzw. Ertragsbetrag verstanden wird (in Bsp. A DM 10.000,– bzw. in Bsp. C DM 30.000,–) gilt die vorstehende Aussage. Soweit lediglich der die Kosten bzw. Leistungen übersteigende Teil gemeint ist (in Bsp. A DM 2.000,–; in Bsp. C DM 5.000,–), sind die Begriffe „Wegfallender Aufwand" bzw. „Wegfallender Ertrag" zwar operational, aber vollkommen unnötig, weil sie dann nichts anderes als synonyme Begriffe für „Neutraler Aufwand" und „Neutraler Ertrag" darstellen.

3. Die Kostenartenrechnung

3.1 Aufgaben der Kostenartenrechnung

Die Kostenartenrechnung als erste Stufe der Kosten- und Leistungsrechnung hat folgende Aufgaben:

- (1) **Vollständige Erfassung und Gliederung der in einer Abrechnungsperiode angefallenen Kosten**
- (2) **Abgrenzung von Kosten und Aufwendungen** durch Aussonderung der neutralen (leistungsfremden, zeitraum- und wertmäßig neutralen) Aufwendungen und Einführung der Zusatzkosten; in dieser Funktion wird die Kostenartenrechnung auch als Abgrenzungsrechnung bezeichnet.
- (3) **Summarische Kostenkontrolle** durch Informationen über den Anteil bestimmter Kostenarten an den Gesamtkosten, das Verhältnis einzelner Kostenarten untereinander, die Entwicklung der Höhe einzelner Kostenarten im Zeitablauf etc.

3.2 Gliederung der Kostenarten

3.2.1 Gliederungskriterien

Die innerhalb eines Abrechnungszeitraums anfallenden Kosten können nach unterschiedlichen Gesichtspunkten gegliedert werden. Als Kriterien für eine Aufteilung des Gesamtkostenblockes in einzelne Kostenarten kommen u.a. in Betracht:

- (1) **Ort der Kostenentstehung;** d.h. die Kosten werden nach den betrieblichen Orten, an denen sie entstehen (≡ Kostenstellen), gegliedert.
- (2) **Betrieblicher Funktionsbereich;** d.h. z.B. eine Untergliederung in Beschaffungs-, Lagerhaltungs-, Fertigungs-, Verwaltungs- und Vertriebskosten. Bei der Bildung der Kostenstellen nach betrieblichen Funktionen entspricht diese Gliederung der nach dem Kriterium „Ort der Kostenentstehung".
- (3) **Abhängigkeit vom Beschäftigungsgrad;** d.h. eine Untergliederung in beschäftigungsunabhängige Kosten (≡ fixe Kosten) und beschäftigungsabhängige Kosten (≡ variable Kosten).
- (4) **Art der Zurechnung** auf Kostenträger (und Kostenstellen); d.h. eine Untergliederung in Einzel- und Gemeinkosten (Abb. 8).

Abb. 8: Untergliederung der Kosten nach der Art der Zurechnung auf Erzeugnisse (Kostenträger) und Kostenstellen

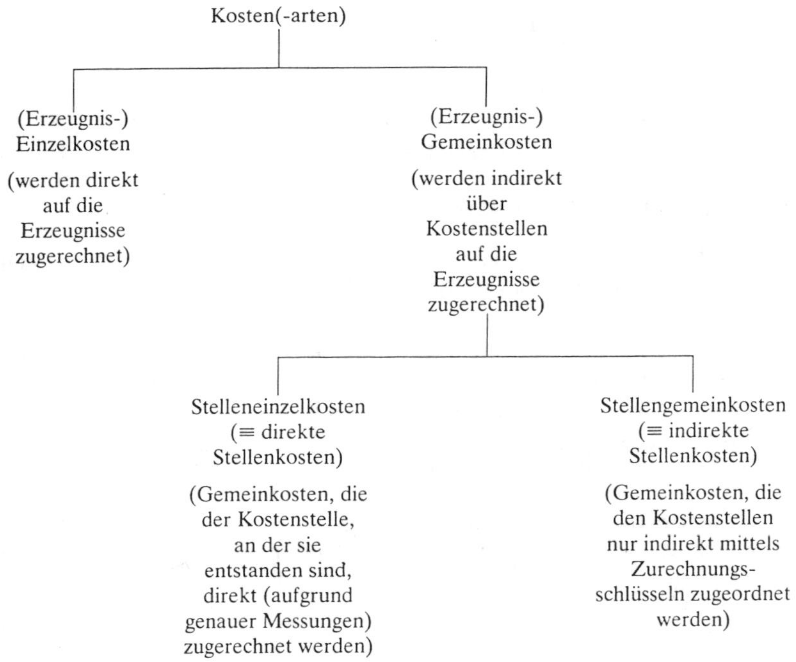

– (5) **Herkunft der Kostengüter;** d.h. eine Untergliederung in primäre und sekundäre Kosten(-arten). Im Falle primärer Kostenarten werden die Kostengüter in der Form im Produktionsprozeß eingesetzt, in der sie vom Beschaffungsmarkt bezogen worden sind. Diese Kostengüter stellen originäre Produktionsfaktoren dar. Der Wert des leistungsbezogenen Verbrauchs dieser originären Produktionsfaktoren entspricht den primären Kosten.

Sekundäre Kosten(-arten) hingegen entstehen durch den Verbrauch selbsterstellter Leistungen (≡ innerbetriebliche Leistungen bzw. derivative Produktionsfaktoren). Sekundäre Kosten setzen sich aus primären Kosten zusammen, z.B. die Kosten je m^3 Wasser, das aus einem betriebseigenen Brunnen gewonnen wird, aus den primären Kosten: Arbeitskosten (Bedienungspersonal), Betriebsmittelkosten (Brunnen, Pumpe etc.) usw.

Um eine Doppelerfassung zu vermeiden, werden in der Kostenartenrechnung in der Regel nur primäre Kosten erfaßt, während die Verrechnung der sekundären Kosten in der Kostenstellenrechnung erfolgt.

- (6) **Art der verbrauchten originären Kostengüter;** es können sieben primäre Kostenarten unterschieden werden:
  - a) Arbeitskosten
  - b) Werkstoffkosten
  - c) Betriebsmittelkosten
  - d) Kapitalkosten
  - e) Fremdleistungskosten
  - f) Abgaben an die öffentliche Hand
  - g) Wagniskosten.

3.2.2 Der Kostenartenplan

Der Kostenartenplan bildet die organisatorische Grundlage der Kostenartenrechnung. Die Tiefe der Gliederung (Stufen der Gliederung) und das auf jeder einzelnen Stufe heranzuziehende Gliederungskriterium bestimmen sich aus den jeweiligen Zwecken der Kosten- und Leistungsrechnung.

In der Regel ist für eine zweckmäßige Kostenerfassung in einem ersten Schritt die Unterteilung nach Art der verbrauchten originären Kostengüter vorzunehmen. Dies ist auch die in der Praxis übliche Gliederungsform. In einem zweiten Schritt wird dann eine Aufteilung der einzelnen Kostenarten nach der Art der Zurechnung auf die Kostenträger in Einzelkosten und in Gemeinkosten vorgenommen.

Bei der Aufstellung eines Kostenartenplanes ist auf jeder Stufe der Gliederung nur ein einziges Gliederungskriterium zu verwenden. Ein Verstoß gegen diesen Grundsatz führt zur Entstehung von **unsauberen Kostenarten,** die die eindeutige Erfassung und Zuordnung aller in einer Abrechnungsperiode angefallenen Kosten erschweren und zu einer Doppelverrechung von Kosten führen können (siehe Abb. 9 auf Seite 58).

Abb. 9: Beispiel für die Bereinigung eines Kostenartenplanes mit unsauberen Kostenarten

Im Kostenartenplan a) stellen die Kosten des innerbetrieblichen Transports eine unsaubere Kostenart dar, da sie einem anderen Gliederungskriterium entsprechen (betrieblicher Funktionsbereich) als die übrigen Kostenarten (Art der verbrauchten originären Kostengüter). Die Transportkosten enthalten u. a. Arbeitskosten, Werkstoffkosten und Betriebsmittelkosten. Im Kostenartenplan b) werden unsaubere Kostenarten dadurch vermieden, daß die beiden Gliederungskriterien auf unterschiedlichen Stufen zur Untergliederung der Kosten herangezogen werden.

a) Kostenartenplan mit unsauberen Kostenarten	b) bereinigter Kostenartenplan

– Arbeitskosten
  – Löhne und Gehälter
  – Sozialkosten
– Werkstoffkosten
  – Rohstoffkosten
  – Hilfsstoffkosten
  – Betriebsstoffkosten
– Betriebsmittelkosten
– Kosten des inner-betrieblichen Transports
.
.
.
usw.
	– Arbeitskosten
	  – Löhne und Gehälter
	    – Löhne und Gehälter Fuhrpark
	    – Sonstige Löhne u. Gehälter
	  – Sozialkosten
	    – Sozialkosten Fuhrpark
	    – Sonstige Sozialkosten
	– Werkstoffkosten
	  – Rohstoffkosten
	  – Hilfsstoffkosten
	  – Betriebsstoffkosten
	    – Betriebsstoffkosten Fuhrpark
	    – Sonstige Betriebsstoffkosten
	– Betriebsmittelkosten
	  – Betriebsmittelkosten Fuhrpark
	  – Sonstige Betriebsmittelkosten
	.
	.
	.
	usw.

3.3 Ermittlung der primären Kostenarten

3.3.1 Arbeitskosten

Die Arbeitskosten – auch Personalkosten genannt – sind die Summe der Kosten, die aus dem Einsatz des Produktionsfaktors Arbeit entstehen. Sie setzen sich aus dem Bruttoarbeitsentgelt, den vom Arbeitgeber zu tragenden gesetzlichen, tariflichen und freiwilligen Sozialkosten (≡ Personalzusatzkosten), den sonstigen Personalkosten und dem kalkulatorischen Unternehmerlohn zusammen.

3.3.1.1 Löhne

Zu unterscheiden sind:

– (1) **Fertigungslöhne;** sie entstehen für Arbeiten, die zu einem unmittelbaren Fortschritt am Enderzeugnis führen. Bei Akkordentlohnung ist ihre Verrechnung als (Erzeugnis-)Einzelkosten, also die direkte Zurechenbarkeit auf die Erzeugnisse, unbestritten. Werden Fertigungslöhne hingegen als Zeitlöhne gezahlt, wird die Möglichkeit einer direkten Zurechnung oft verneint[1]. Doch lassen sich auch Zeitlöhne direkt den Erzeugnissen zurech-

1 Vgl. u. a. *Schönfeld, H.,* Kostenrechnung I, 5. Aufl., Stuttgart 1970, S. 33 und *Huch, B.,* a.a.O., S. 57.

nen, wenn die Zeitlohnempfänger nur an den Erzeugnissen direkt arbeiten und keine Hilfstätigkeiten verrichten[2].

Beispiel:

Für eine ganz bestimmte Drechslerarbeit bei der Produktion hochwertiger Stilmöbel wird ein Drechslermeister als Zeitlohnempfänger eingesetzt. In der Abrechnungsperiode führt der Drechsler 100 Einheiten dieser Drechslerarbeiten aus. Auf eine Arbeitseinheit entfällt also in dieser Periode 1/100 seines Lohnes.

– (2) **Hilfslöhne;** sie werden für Arbeiten gezahlt, die den Erzeugnissen nicht unmittelbar zugerechnet werden können, wie etwa die Löhne von Putzfrauen, Betriebselektrikern, -schlossern usw. Hilfslöhne sind Gemeinkosten, auch wenn sie als Akkordlöhne gezahlt werden, wie z. B. die Entlohnung der Putzfrauen nach geputzten Quadratmetern.

Entlohnungsformen

Fertigungs- und Hilfslöhne können als Zeitlöhne oder Akkordlöhne gezahlt werden, die wie folgt ermittelt werden:

– (1) **Zeitlohn**

$$\frac{\text{Lohn (DM)}}{\text{Stunde}} = \text{konstant}$$

– (2) **Stückzeitakkord**

$$\frac{\text{Lohn (DM)}}{\text{Stunde}} = \frac{\text{Gefertigte ME}}{\text{Stunde}} \cdot \frac{\text{Vorgabezeit (Min.)}}{\text{ME}} \cdot \frac{\text{Lohn (DM)}}{\text{Minute}}$$

Stundenverdienst = Gefertigte Stückzahl der Stunde · Vorgabezeit je Stück · Geldfaktor je Minute

Beispiel:

Ein Arbeiter fertigt in einer Stunde 50 Mengeneinheiten (ME). Wieviel verdient er in dieser Stunde, wenn die Vorgabezeit 5 Min./ME und der Geldfaktor 0,05 DM/Min. beträgt?

Lösung:

$$\frac{\text{Lohn}}{\text{Stunde}} = 50\,\frac{\text{ME}}{\text{Stunde}} \cdot 5\,\frac{\text{Min.}}{\text{ME}} \cdot 0{,}05\,\frac{\text{DM}}{\text{Min.}} = \underline{\underline{12{,}50\,\frac{\text{DM}}{\text{Stunde}}}}$$

– (3) **Geldakkord**

$$\frac{\text{Lohn (DM)}}{\text{Stunde}} = \frac{\text{Gefertigte ME}}{\text{Stunde}} \cdot \frac{\text{Lohn (DM)}}{\text{ME}}$$

Stundenverdienst = Gefertigte Stückzahl der Stunde · Stücklohn

Beim Geldakkord wird gegenüber dem Stückzeitakkord durch Zusammenfassung der Faktoren „Vorgabezeit" und „Geldfaktor" der Faktor „Stücklohn" gebildet.

2 Zur Behandlung von Zeitlöhnen als (Erzeugnis-)Einzelkosten in der Plankostenrechnung siehe (später) 7.5.2.2 Die Planung und Kontrolle der Fertigungseinzelkosten.

Ein Arbeiter, der bei Entlohnung nach dem Geldakkord den gleichen Verdienst wie im Beispiel zum Stückzeitakkord erreichen soll, muß einen Stücklohn von DM 0,25 erhalten.

$$\frac{\text{Lohn (DM)}}{\text{Stunde}} = 50\,\frac{\text{ME}}{\text{Stunde}} \cdot 0{,}25\,\frac{\text{DM}}{\text{ME}} = 12{,}50\,\frac{\text{DM}}{\text{Stunde}}$$

Aus Zweckmäßigkeitsgründen kommt in der Praxis meistens der Stückzeitakkord zur Anwendung, weil bei Erhöhung der Tariflöhne die Anpassung des Akkords lediglich eine unmittelbar zu errechnende Änderung des Geldfaktors je Minute erforderlich macht.

3.3.1.2 Gehälter

Gehälter werden als „Zeitlöhne" in der Regel ohne direkten Leistungsbezug, jedoch mit gewissen Leistungserwartungen an kaufmännische und technische Angestellte gezahlt. Gehälter stellen in diesen Fällen Gemeinkosten dar. Sind jedoch Angestellte direkt an der Produktion beteiligt, so können Gehälter u. U. auch als Einzelkosten verrechnet werden[3].

3.3.1.3 Sozialkosten (Personalzusatzkosten)

Die Sozial- oder Personalzusatzkosten setzen sich aus gesetzlichen, tariflichen und freiwilligen Sozialleistungen des Arbeitgebers zusammen. Zu den **gesetzlichen Sozialkosten** gehören die Arbeitgeberanteile zur Renten-, Kranken- und Arbeitslosenversicherung sowie die Beiträge zur gesetzlichen Unfallversicherung, ferner die Feiertags- und, soweit sie gesetzlich vom Arbeitgeber zu leisten sind (derzeit bis zu sechs Wochen), die Krankheitslöhne.

Tarifliche Sozialkosten sind Arbeitgeberleistungen, die über die gesetzliche Verpflichtung hinaus aufgrund tarifvertraglicher Vereinbarungen zu leisten sind. **Direkte freiwillige Sozialkosten** sind direkte Leistungen des Arbeitgebers an die Arbeitnehmer, die über die gesetzlichen und tariflichen Verpflichtungen hinaus gewährt werden. Dies können z. B. sein freiwillige Pensionszusagen, Beihilfen und Arbeitgeberleistungen aufgrund des 624- oder 936-DM-Gesetzes (nicht aber die Arbeitnehmersparzulage, eine staatliche Leistung, die vom Arbeitgeber nur verauslagt und mit der Lohnsteuer verrechnet wird). Die Leistungsbezogenheit dieser freiwilligen Sozialkosten ergibt sich aus der Notwendigkeit, aufgrund der Arbeitsmarktsituation qualifizierten Arbeitskräften zusätzliche Anreize zum Eintritt in die Unternehmung zu bieten, um den Leistungserstellungsprozeß aufrechterhalten zu können.

Die Grenzen zwischen gesetzlichen, tariflichen und freiwilligen Sozialkosten sind fließend. So handelt es sich bei der Entlohnung des gesetzli-

---

3 Vgl. die Ausführungen zu den als Zeitlöhnen gezahlten Fertigungslöhnen.

chen Urlaubsanspruches auf Basis des in den letzten drei Monaten erzielten Durchschnittsverdienstes um gesetzliche Sozialkosten. Soweit aufgrund tarifvertraglicher Regelungen zusätzlich bezahlter Urlaub oder/und Urlaubsgeld zu leisten sind, liegen tarifliche Sozialkosten vor. Wenn schließlich darüber hinaus vom Unternehmen freiwillig mehr bezahlter Urlaub oder zusätzliches Urlaubsgeld gewährt wird, handelt es sich um freiwillige Sozialkosten. Entsprechendes gilt für andere Sozialleistungen des Arbeitgebers an die Arbeitnehmer, je nachdem inwieweit sie aufgrund gesetzlicher oder tariflicher Verpflichtung oder auf freiwilliger Basis geleistet werden.

Die Verrechnung direkter Sozial- oder Personalzusatzkosten als Einzel- oder Gemeinkosten richtet sich in der Regel nach der Verrechnung der ihrer Entstehung zugrundeliegenden Löhne und Gehälter. Soweit also der Bruttolohn des Arbeitnehmers, für den sie entstehen, als Einzelkosten verrechnet wird, ist auch eine Verrechnung der Personalzusatzkosten als Einzelkosten möglich. Ansonsten erfolgt ihre Verrechnung als Gemeinkosten.

Um bei aperiodisch anfallenden Urlaubs-, Feiertags- und Krankheitslöhnen eine gleichmäßige Belastung der Erzeugnisse zu erreichen und Verzerrungen der Kostenstruktur zu vermeiden (z. B. in den Haupturlaubsmonaten mit hohen effektiven Urlaubslöhnen und geringerer Ausbringung), ist ihre im Geschäftsjahr zu erwartende Höhe zu Jahresbeginn durch Schätzung zu bestimmen und der Betrag gleichmäßig über das Jahr oder proportional zur Lohnsumme zu verteilen[4].

Beispiel:
Werden die Urlaubslöhne für das gesamte Jahr auf DM 24.000,– geschätzt, so sind jedem Monat bei gleichmäßiger Verteilung unabhängig von den tatsächlichen Zahlungen 1/12 des geschätzten Betrages, also DM 2.000,– zu belasten.

Alle anderen freiwilligen Sozialleistungen, die dem Arbeitnehmer **indirekt** zugute kommen, wie die Kosten für betriebseigene Sozialeinrichtungen, z. B. Sanitätsstation, Werkskantine, Sportanlagen usw., stellen sekundäre Kosten dar, die sich aus primären Kosten (Werkstoff-, Betriebsmittel-, Arbeitskosten usw.) zusammensetzen. Die Verrechnung dieser sekundären freiwilligen Sozialkosten erfolgt nicht in der Kostenartenrechnung, sondern in der Kostenstellenrechnung.

Beispiel:
In der Werkskantine entstehen die primären Kosten Gehälter und Löhne für Küchenpersonal (Arbeitskosten) DM 10.000,–, Abschreibungen auf die Einrichtung von Küche und Speisesaal (Betriebsmittelkosten) DM 4.000,– und Verbrauch von Lebensmitteln, Strom etc. (Werkstoffkosten) DM 20.000,–, die der Kostenstelle „Werkskantine" belastet werden. Die sekundären Kantinenkosten in Höhe des Gesamtbetrages von DM 34.000,– werden dann im Zuge der Verrechnung innerbetrieblicher Leistungen nach einem sinnvollen Schlüssel (z. B.

4 Vgl. 2.1.2.

Anzahl der Essensempfänger oder Beschäftigten in den Kostenstellen) auf die anderen Kostenstellen umgelegt[5].

3.3.1.4 Sonstige Personalkosten

Sonstige Personalkosten entstehen vor allem bei Veränderungen im Personalbereich durch Inserate zur Werbung neuer Mitarbeiter, Beihilfen zu Umzugskosten u. ä. Sie stellen Gemeinkosten dar.

3.3.1.5 Kalkulatorischer Unternehmerlohn

Für den Einsatz der Arbeitskraft eines Eigentümer-Unternehmers in Einzelunternehmungen und Personengesellschaften (OHG, KG etc.) ist in der Kosten- und Leistungsrechnung ein kalkulatorischer Unternehmerlohn anzusetzen, der in voller Höhe Zusatzkosten darstellt, da im externen Rechnungswesen für den Arbeitseinsatz des Eigentümer-Unternehmers kein Aufwand verbucht werden darf.

Die Höhe des anzusetzenden kalkulatorischen Unternehmerlohns richtet sich nach dem durchschnittlichen Gehalt von Führungskräften mit vergleichbarer Tätigkeit in Unternehmen gleicher Struktur, gleicher Branche und gleicher Größe (Umsatz und Beschäftigtenzahl) an einem vergleichbaren Standort.

Auch die LSP gestatten bei der Kalkulation öffentlicher Aufträge den Ansatz des kalkulatorischen Unternehmerlohns in Höhe des durchschnittlichen Gehaltes eines Angestellten mit vergleichbarer Tätigkeit unabhängig von den tatsächlichen Entnahmen des Unternehmers (LSP Nr. 24, Abs. 3).

Abzulehnen sind Faustformeln, wie z.B. die zuerst in der Seifenindustrie angewandte Seifenformel, nach der man den kalkulatorischen Unternehmerlohn wie folgt ermittelt:

$$\text{Kalkulatorischer Unternehmerlohn/Periode} = 18 \cdot \sqrt{\text{Periodenumsatz}}$$

Es ist möglich, daß diese Formel in bestimmten Unternehmungen in einem gewissen Umsatzbereich zu brauchbaren Ergebnissen führt; brauchbar, weil sie den Ergebnissen bei Bestimmung des kalkulatorischen Unternehmerlohns nach dem oben genannten Grundsatz entsprechen. Diese Formel unterstellt jedoch willkürlich, d. h. ohne jede Begründung, einen ganz spezifischen Zusammenhang zwischen kalkulatorischem Unternehmerlohn und Umsatzhöhe. Das durchschnittliche Gehalt eines vergleichbaren angestellten Managers als Maßstab für die Festlegung des kalkulatorischen Unternehmerlohnes ist jedoch von sehr vielen Variablen (Branche, Struktur, Standort, Unternehmensgröße) abhängig, so daß eine Bestimmung nicht allein über die Größe Umsatz begründet werden kann[6].

---

5 Siehe (später) unter 4.4.3.

6 Jede andere ebenso willkürlich bestimmte Formel wie z. B. kalk. Unternehmerlohn/Periode = $16 \cdot \sqrt{\text{Periodenumsatz}}$ kann zufälligerweise in bestimmten Bereichen zu akzeptablen Lösungen führen.

3.3.2 Werkstoffkosten

3.3.2.1 Werkstoffarten

Werkstoffkosten entstehen durch den leistungsbezogenen Verbrauch von Roh-, Hilfs- und Betriebsstoffen.

Rohstoffe (einschließlich Fertigteilen) werden zu einem Hauptbestandteil der Erzeugnisse einer Unternehmung. Ihr Verbrauch ist diesen direkt zurechenbar; Rohstoffkosten sind **stets** Einzelkosten.

Hilfsstoffe werden zu einem Nebenbestandteil der Erzeugnisse. Hilfsstoffkosten sind den Erzeugnissen also grundsätzlich direkt zurechenbar. Eine Verrechnung als Einzelkosten unterbleibt jedoch dann aus Gründen der Wirtschaftlichkeit, wenn die Kosten der genauen Erfassung des Verbrauchs höher sind als der Wert der verbrauchten Hilfsstoffe. Dann werden Hilfsstoffkosten als **unechte Gemeinkosten** verrechnet.

Betriebsstoffe dienen im weitesten Sinne der Ingangsetzung und Aufrechterhaltung des betrieblichen Leistungserstellungsprozesses, gehen aber nicht körperlich in die Erzeugnisse ein. Zu den Betriebsstoffen zählen u. a. Treibstoffe, Strom, Schmierstoffe, Büromaterial, aber auch Lebensmittel für die Kantine, Verbandsstoffe und Medikamente der Sanitätsstation. Betriebsstoffkosten werden in der Regel als Gemeinkosten verrechnet. Unter Umständen ist auch eine Verrechnung als Einzelkosten möglich, wie beispielsweise dann, wenn der funktionale Zusammenhang zwischen Betriebsstoffverbrauch und ausgebrachter Produktmenge einer maschinellen Anlage bekannt ist (Stromverbrauch eines in festem Zeittakt arbeitenden Spritzgußautomaten in Abhängigkeit von den produzierten Plastikschüsseln).

3.3.2.2 Verfahren zur Erfassung des Werkstoffverbrauchs

Zur Erfassung des Werkstoffverbrauchs bieten sich vier Verfahren an, die in ihrer Eignung für die Zwecke der Kosten- und Leistungsrechnung unterschiedlich zu beurteilen sind. Die Eignung eines Verfahrens bestimmt sich danach, ob das Verfahren in der Lage ist, den außerordentlichen Werkstoffverbrauch durch Diebstahl, Schwund usw. vom ordentlichen Werkstoffverbrauch zu trennen. Der außerordentliche Werkstoffverbrauch kann in der Kosten- und Leistungsrechnung als kalkulatorische Wagniskosten berücksichtigt werden.

– (1) Die **Zugangsrechnung** baut auf der Unterstellung auf, daß der Verbrauch an Werkstoffen mit dem Zugang während der Abrechnungsperiode übereinstimmt. Es genügt daher eine Erfassung der Zugänge, um den mengenmäßigen Werkstoffverbrauch einer Abrechnungsperiode zu ermitteln. Diese Unterstellung trifft jedoch für die wenigsten Werkstoffe zu, außerdem kann durch dieses Verfahren der außerordentliche Verbrauch nicht ausgesondert werden. Die Zugangsrechnung ist in der Kosten- und Leistungsrechnung nur bei geringwertigen Werkstoffen als zulässiges Verfahren zu betrachten, da dort die Kosten der exakten Erfassung des ordentlichen Verbrauchs den Wert der zusätzlich gewonnenen Information übersteigt.

– (2) Die **Befundrechnung** (oder Inventurmethode) ermittelt den Werkstoffverbrauch nach folgender Formel:

Istabgang = Istanfangsbestand + Istzugang − Istendbestand

Anfangs- und Endbestand werden durch Inventuren ermittelt, die Zugänge können aus den Lieferscheinen ersehen werden. Dieses Verfahren ermöglicht keine Aussonderung des außerordentlichen Verbrauchs und informiert weder über den Verwendungsort (Kostenstelle) noch den Verwendungszweck (Kostenträger) der verbrauchten Werkstoffe. Die Befundrechnung ist daher für die Kosten- und Leistungsrechnung nicht geeignet. Sie kann jedoch angewendet werden, wenn sichergestellt ist, daß kein außerordentlicher Verbrauch möglich ist, z. B. zur Erfassung des Heizölverbrauchs, wenn eine diebstahlssichere Tankanlage vorhanden ist.

– (3) Die **Skontrationsrechnung** (oder Fortschreibungsmethode) erfaßt Zugang und Verbrauch von Werkstoffen durch Belege. Der ordentliche Verbrauch wird auf Materialentnahmescheinen festgehalten, die als Grundlage der Kostenermittlung dienen. Dieses Verfahren sondert den außerordentlichen Verbrauch aus, der als Differenz von Sollendbestand und Istendbestand festgestellt werden kann. Der Sollendbestand ist nach der Formel:

Sollendbestand = Istanfangsbestand + Istzugang − Istverbrauch

zu ermitteln, Istanfangs- bzw. -endbestand durch Inventur. Ort und Zweck der Kostenentstehung können den Materialentnahmescheinen entnommen werden. Wegen der Aussonderung des außerordentlichen Werkstoffverbrauchs ist dieses Verfahren für die Kosten- und Leistungsrechnung geeignet.

– (4) Durch die **Rückrechnung** (oder retrograde Methode) wird der Verbrauch anhand von Teilelisten oder Rezepturen der Erzeugnisse rekonstruiert. Da hier der ordentliche Verbrauch – unter Berücksichtigung von unvermeidbarem Ausschuß und Verschnitt – ermittelt wird, kann dieses Verfahren als für die Kosten- und Leistungsrechnung geeignet bezeichnet werden. Der außerordentliche Verbrauch kann hier wie bei der Skontrationsrechnung durch Vergleich von Sollendbestand und Istendbestand ermittelt werden.

Zur Bewertung des Werkstoffverbrauchs ist ein zweckadäquater Wertansatz zu wählen. Wird die Bewertung zu Anschaffungspreisen durchgeführt, ist zu berücksichtigen, daß Werkstoffen in der Regel keine individuellen Anschaffungspreise zugeordnet werden können, da sie zu unterschiedlichen Zeiten und Preisen beschafft und auf Lager genommen worden sind. Die Bewertung ist daher zu durchschnittlichen Anschaffungspreisen oder je nach Verbrauchsfolge nach dem Fifo-, Lifo-, Hifo- oder Lofo-Verfahren durchzuführen[7].

---

7 Vgl. 2.1.1.2.3.

3.3.3 Betriebsmittelkosten

3.3.3.1 Abschreibungen als Äquivalent der Leistungsabgabe von Betriebsmitteln

Betriebsmittel (Gebäude, Maschinen, Werkzeuge usw.) sind langfristig nutzbare Produktionsfaktoren, deren Werteverzehr aus der Verringerung ihres Leistungsvermögens resultiert. Das Leistungsvermögen eines Betriebsmittels als die Summe aller seiner Nutzen- oder Potentialeinheiten zum Zeitpunkt der Inbetriebnahme wird als Totalkapazität oder Gesamtnutzungspotential bezeichnet. Die Totalkapazität verringert sich in jeder Periode der Nutzung eines Betriebsmittels um die Periodenkapazität als der Summe der in der Periode abgegebenen Potentialeinheiten.

Die Wertminderung eines Betriebsmittels durch Abnahme der Nutzungsmöglichkeit wird im Rechnungswesen in Form von Abschreibungen erfaßt. Der Werteverzehr eines Betriebsmittels kann mehrere Ursachen besitzen. Zu unterscheiden sind u. a.:

- (1) **verwendungsbedingter Verschleiß** durch den Einsatz von Betriebsmitteln im Leistungserstellungsprozeß
- (2) **umweltbedingter (natürlicher) Verschleiß** durch Korrosion, Witterungseinflüsse usw.
- (3) **Katastrophenverschleiß** (Brand, Explosion usw.)
- (4) **Substanzverringerung** (bei Gewinnungsbetrieben, z. B. Kiesgrube)
- (5) **technischer Fortschritt;** Entwertung eines Betriebsmittels durch Entwicklung leistungsfähigerer Anlagen
- (6) **Nachfrageverschiebungen;** Entwertung eines Betriebsmittels durch sinkende Nachfrage nach einem mit diesem Betriebsmittel hergestellten Produkt
- (7) **Zeitablauf oder Ablauf des Rechtsschutzes** (Patente, Lizenzen, Konzessionen, Urheberrechte u. a.)

Mit den Abschreibungen der Kosten- und Leistungsrechnung (≡ kalkulatorische Abschreibungen) wird nur der ordentliche Werteverzehr von Betriebsmitteln erfaßt. Soweit die aufgeführten Ursachen außerordentlichen Charakter besitzen – etwa der Katastrophenverschleiß – wird der auf diese Ursachen zurückzuführende Werteverzehr in der Kosten- und Leistungsrechnung durch den Ansatz von Wagniskosten berücksichtigt[8].

Die erforderliche Abgrenzung zwischen den kalkulatorischen und den bilanziellen Abschreibungen wird in der Klasse 2 des Gemeinschafts-Kontenrahmens (GKR) bzw. im Industrie-Kontenrahmen (IKR) über das Konto Neutrales Ergebnis in der Gruppe 99 mit Gegenbuchung in der Gruppe 91 durchgeführt[9].

---

8 Siehe 3.3.7.
9 Zur organisatorischen Durchführung der Abgrenzung vgl. 6.3 und 6.4.

3.3.3.2 Abschreibungsverfahren

3.3.3.2.1 Zeitabhängige Abschreibungsverfahren

Bei den zeitabhängigen Abschreibungsverfahren ist Ausgangspunkt für die Ermittlung der planmäßigen Abschreibungen eines Betriebsmittels die Festlegung der voraussichtlichen Nutzungsdauer und die Wahl des Abschreibungsverfahrens bei seiner Inbetriebnahme. Nutzungsdauer, Abschreibungsverfahren und Abschreibungssumme (= Anschaffungs- bzw. Wiederbeschaffungswert abzüglich eines nach Nutzungsablauf vorhandenen Restwertes) determinieren die Höhe der Abschreibungsbeträge. Eine Änderung des ursprünglichen Abschreibungsplanes wird notwendig, wenn z.B. die geschätzte Nutzungsdauer sich als falsch erweist.

Es sind zu unterscheiden: Abschreibung mit gleichbleibenden Periodenbeträgen (≡ lineare Abschreibung), mit fallenden Periodenbeträgen (≡ degressive Abschreibung), mit steigenden Periodenbeträgen (≡ progressive Abschreibung). Zur allgemeinen Darstellung dieser Verfahren werden folgende Symbole verwendet:

a_t ≡ Abschreibungsbetrag der Periode t
S ≡ Abschreibungssumme
n ≡ Anzahl der Nutzungsperioden (Nutzungsdauer)
d ≡ Degressionsbetrag
R_t ≡ Restwert am Ende der Periode t
P ≡ Abschreibungsprozentsatz
AHK ≡ Anschaffungs- oder Herstell(ungs)kosten
WHK ≡ Wiederbeschaffungs- oder Wiederherstellkosten
RW ≡ Restwert (Schrottwert) im Sinne eines nicht abzuschreibenden Wiederveräußerungswertes
FR ≡ Fiktiver Restwert

Neben der allgemeinen Darstellung werden die Unterschiede zwischen den zeitabhängigen Abschreibungsverfahren zusätzlich an folgendem Beispiel verdeutlicht:

Beispiel:

Eine Maschine mit DM 100.000,– Anschaffungskosten und einem voraussichtlichen Wiederveräußerungswert von DM 12.960,– wird 4 Jahre genutzt. Zu ermitteln sind die jährlichen Abschreibungsbeträge.

Lineare Abschreibung

Bei der linearen Abschreibung ergibt sich der konstante Abschreibungsbetrag (a_t) durch Division der Abschreibungssumme (S) (wobei gilt: S = AHK − RW bzw. S = WHK − RW) durch die Anzahl der Nutzungsperioden (n):

$$a_t = \frac{S}{n} \quad \text{für} \quad t = 1, 2, \ldots, n$$

Für das Beispiel gilt:

$$a_t = \frac{100.000\ \text{DM} - 12.960\ \text{DM}}{4\ \text{Jahre}} = \frac{87.040\ \text{DM}}{4\ \text{Jahre}}$$

$$= 21.760\ \frac{\text{DM}}{\text{Jahr}} \quad \text{für} \quad t = 1, 2, 3, 4$$

Degressive Abschreibung

Bei der degressiven Abschreibung sind das Verfahren der arithmetisch-degressiven und das der geometrisch-degressiven Abschreibung zu unterscheiden.

Arithmetisch-degressive Abschreibung

Der periodische Abschreibungsbetrag (a_t) vermindert sich bei diesem Verfahren von Periode zu Periode um den gleichen Betrag, den sogenannten Degressionsbetrag (d), der durch Division der Abschreibungssumme (S) durch die Summe der Periodenordnungszahlen der Nutzungsdauer ($1 + 2 + 3 + \ldots + n$) ermittelt wird:

$$d = \frac{S}{1 + 2 + 3 + \ldots + n}$$

Dann ergibt sich der Abschreibungsbetrag a_t der Periode t als das Produkt aus Degressionsbetrag und Restnutzungsdauer am Anfang der Periode t:

$$a_t = d \cdot (n - t + 1) \quad \text{für} \quad t = 1, 2, \ldots, n\,.$$

Für das Beispiel gilt:

$$d = \frac{100.000\ \text{DM} - 12.960\ \text{DM}}{1 + 2 + 3 + 4\ \text{Jahre}} = \frac{87.040\ \text{DM}}{10\ \text{Jahre}} = 8.704\ \frac{\text{DM}}{\text{Jahr}}$$

t	a_t	R_t
1	$8.704,\!-\ \frac{\text{DM}}{\text{Jahr}} \cdot 4\ \text{J.} = 34.816,\!-\ \text{DM}$	65.184,– DM
2	$8.704,\!-\ \frac{\text{DM}}{\text{Jahr}} \cdot 3\ \text{J.} = 26.112,\!-\ \text{DM}$	39.072,– DM
3	$8.704,\!-\ \frac{\text{DM}}{\text{Jahr}} \cdot 2\ \text{J.} = 17.408,\!-\ \text{DM}$	21.664,– DM
4	$8.704,\!-\ \frac{\text{DM}}{\text{Jahr}} \cdot 1\ \text{J.} = 8.704,\!-\ \text{DM}$	12.960,– DM
	$\sum_{t=1}^{4} a_t = 87.040,\!-\ \text{DM}$	

Geometrisch-degressive Abschreibung

Die periodischen Abschreibungsbeträge ergeben sich dadurch, daß vom jeweiligen Restwert der Vorperiode (R_{t-1}) mit einem gleichbleibenden Abschreibungsprozentsatz (P) abgeschrieben wird:

$$a_t = R_{t-1} \cdot \frac{P}{100} \quad \text{für} \quad t = 1, 2, \ldots, n$$

wobei gilt: $R_0 = AHK$ bzw. $R_0 = WHK$.

Der Abschreibungsprozentsatz (P) ist abhängig von der Höhe der Anschaffungs- oder Herstell(ungs)kosten bzw. der Wiederbeschaffungs- oder Wiederherstellkosten, der Höhe des Restwertes und der Nutzungsdauer. Es gilt[10]:

---

10 Ableitung der Formel für die Berechnung des Abschreibungsprozentsatzes:

① $a_1 = (S + RW) \cdot \frac{P}{100}$

$$R_1 = (S + RW) - (S + RW) \cdot \frac{P}{100} - (S + RW) \cdot \left(1 - \frac{P}{100}\right)$$

② $a_2 = R_1 \cdot \frac{P}{100}$

$$R_2 = R_1 - a_2 = (S + RW) \cdot \left(1 - \frac{P}{100}\right) - (S + RW) \cdot \left(1 - \frac{P}{100}\right) \cdot \frac{P}{100} =$$

$$= (S + RW) \cdot \left(1 - \frac{P}{100}\right) \cdot \left(1 - \frac{P}{100}\right) = (S + RW) \cdot \left(1 - \frac{P}{100}\right)^2$$

③ $R_n = RW = (S + RW) \cdot \left(1 - \frac{P}{100}\right)^n$

④ $\frac{RW}{S + RW} = \left(1 - \frac{P}{100}\right)^n$

⑤ $\sqrt[n]{\frac{RW}{S + RW}} = 1 - \frac{P}{100}$

⑥ $\frac{P}{100} = 1 - \sqrt[n]{\frac{RW}{S + RW}}$

⑦ $P = 100 \cdot \left(1 - \sqrt[n]{\frac{RW}{S + RW}}\right)$

$$P = 100 \cdot \left(1 - \sqrt[n]{\frac{RW}{S + RW}}\right)$$

(wobei gilt: S + RW = AHK bzw. S + RW = WHK)

Daraus folgt für das Beispiel:

$$P = 100 \cdot \left(1 - \sqrt[4]{\frac{12.960 \text{ DM}}{100.000 \text{ DM}}}\right) = 100 \cdot \left(1 - \sqrt[4]{0,1296}\right) =$$

$$= 100 \cdot (1 - 0,6) = \underline{\underline{40}}$$

t	a_t	R_t
1	100.000,– DM · 0,4 = 40.000,– DM	60.000,– DM
2	60.000,– DM · 0,4 = 24.000,– DM	36.000,– DM
3	36.000,– DM · 0,4 = 14.400,– DM	21.600,– DM
4	21.600,– DM · 0,4 = 8.640,– DM	12.960,– DM
	$\sum_{t=1}^{4} a_t$ = 87.040,– DM	

Die geometrisch-degressive Abschreibung bei Abschreibung auf den Wert Null

Die geometrisch-degressive Abschreibung führt niemals zu einem Restwert von Null (unendliche geometrische Reihe). In den Fällen, in denen kein Wiederveräußerungswert vorhanden ist (RW = 0), kann kein Abschreibungsprozentsatz ermittelt werden. Will man dennoch auf Null abschreiben, ist nach einem der folgenden Verfahren vorzugehen:

– (1) Der Abschreibungsprozentsatz ist unabhängig von der Formel so zu wählen, daß die Abschreibungsbeträge dem erwarteten Abnutzungsverlauf entsprechen. Der sich ergebende Abschreibungssummenrest ist dann entweder gleichmäßig oder entsprechend dem Verhältnis der mit P ermittelten Abschreibungsbeträge auf die Perioden der Nutzung zu verteilen und zusätzlich abzuschreiben.

Für das Beispiel folgt bei einem Restwert von Null (RW = 0) und einem dem erwarteten Abnutzungsverlauf entsprechenden Prozentsatz von P = 40:

– a) bei gleichmäßiger Verteilung des Abschreibungssummenrestes von 12.960 DM:

$$\frac{12.960 \text{ DM}}{4 \text{ Jahre}} = \underline{\underline{3.240 \frac{\text{DM}}{\text{Jahr}}}}$$

Die Abschreibungsbeträge a_1 bis a_4 (siehe oben) sind also jeweils um DM 3.240,– zu erhöhen;

– b) bei prozentualer Verteilung des Abschreibungssummenrestes:

$$\frac{12.960 \text{ DM}}{87.040 \text{ DM}} = \underline{\underline{0{,}1489}}$$

Die Abschreibungsbeträge a_1 bis a_4 sind also um je 14,89% zu erhöhen.

In jedem Falle werden die gesamten Anschaffungskosten von DM 100.000,– abgeschrieben.

– (2) Es wird ein fiktiver Restwert (FR) bestimmt, mit dessen Hilfe der Abschreibungsprozentsatz ermittelt wird. Die Höhe dieses Restwertes bestimmt sich nach dem erwarteten Abnutzungsverlauf, denn der Restwert determiniert (zusammen mit der Abschreibungssumme und der Nutzungsdauer) den Abschreibungsprozentsatz. Dieser ist wie folgt zu ermitteln:

$$P = 100 \cdot \left(1 - \sqrt[n]{\frac{FR}{S + FR}}\right)$$

Mit diesem Prozentsatz wird dann von der um den fiktiven Restwert erhöhten Abschreibungssumme abgeschrieben.

Zur Erläuterung wird das Beispiel wie folgt abgewandelt:
RW = 0, FR = 12.960,– DM

Es gilt:

$$P = 100 \cdot \left(1 - \sqrt[4]{\frac{12.960 \text{ DM}}{100.000 \text{ DM} + 12.960 \text{ DM}}}\right) = 100 \cdot \left(1 - \sqrt[4]{0{,}1147308}\right)$$

$$= 100 \cdot (1 - 0{,}5819961068) \approx \underline{\underline{41{,}8}}$$

t	a_t	R_t
1	112.960,— DM · 0,418 = 47.217,72 DM	65.742,28 DM
2	65.742,28 DM · 0,418 = 27.480,53 DM	38.261,75 DM
3	38.261,75 DM · 0,418 = 15.993,56 DM	22.268,19 DM
4	22.268,19 DM · 0,418 = 9.308,19 DM	RW = FR 12.960,— DM
	$\sum_{t=1}^{4} a_t$ = 100.000,— DM	

– (3) Vor Ende der Nutzungsdauer ist von der geometrisch-degressiven Methode zur linearen Abschreibung überzugehen, wenn diese Vorgehensweise dem tatsächlichen Abnutzungsverlauf entspricht.

Bei einem Wechsel des Verfahrens nach dem zweiten Nutzungsjahr ist im Beispiel die Restabschreibungssumme von DM 36.000,– gleichmäßig auf die restlichen Nutzungsjahre zu verteilen, d.h. im 3. und 4. Jahr werden je DM 18.000,– abgeschrieben.

Progressive Abschreibung

Die Verfahren der progressiven Abschreibung, die arithmetisch-progressive und geometrisch-progressive Abschreibung haben für die industrielle Praxis kaum Bedeutung, da sie einen während der Nutzungsdauer steigenden Verbrauch von Potentialeinheiten eines Betriebsmittels unterstellen. Die Ermittlung der Abschreibungsbeträge erfolgt entsprechend den Verfahren der degressiven Abschreibung mit dem Unterschied, daß die Abschreibungsbeträge in umgekehrter Reihenfolge verrechnet werden.

3.3.3.2.2 Leistungsabhängige Abschreibung

Die Abschreibungsraten bei der leistungsabhängigen Abschreibung werden in Abhängigkeit von der Inanspruchnahme der Leistungen eines Betriebsmittels bzw. seiner Substanzverringerung (bei Gewinnungsbetrieben) ermittelt.

Unter Verwendung der **Symbole:**

a_{PE} ≡ Abschreibungsbetrag je verbrauchte Potentialeinheit eines Betriebsmittels
PE_t ≡ Verbrauch an Potentialeinheiten in der Periode t (≡ Periodenkapazität)
GNP ≡ Gesamtnutzungspotential bzw. gesamte Substanzmenge (≡ Totalkapazität)

gilt:

$$a_{PE} = \frac{S}{GNP}$$

und für den Abschreibungsbetrag einer Nutzungsperiode:

$$a_t = \frac{S}{GNP} \cdot PE_t = a_{PE} \cdot PE_t$$

Ist eine Messung des Verbrauchs an Potentialeinheiten pro Erzeugniseinheit i (PE_i) und damit eine Erfassung der Abschreibungen als Einzelkosten möglich, so gilt für die Abschreibungen pro Mengeneinheit einer Erzeugnisart i (a_i):

$$a_i = PE_i \cdot a_{PE}$$

Beispiel:

Für ein Salzbergwerk gelten folgende Daten:

Anschaffungskosten:	1,5 Mio. DM
abbaufähige Menge:	30.000 to
abgebaute Menge in der Periode t:	800 to
Restwert:	—

$$a_{PE} = \frac{1{,}5 \text{ Mio. DM}}{30.000 \text{ to}} = \underline{\underline{50 \frac{\text{DM}}{\text{to}}}}$$

$$a_t = 50 \frac{\text{DM}}{\text{to}} \cdot 800 \text{ to} = \underline{\underline{40.000 \text{ DM}}}$$

Das Problem der leistungsabhängigen Abschreibungen liegt in der Schwierigkeit der Erfassung des Gesamtnutzungspotentials und der pro Periode und pro Erzeugnismengeneinheit abgegebenen Potentialeinheiten. In der Praxis wird daher in der Regel ein zeitabhängiges Abschreibungsverfahren angewendet, das den tatsächlichen Nutzungsverlauf möglichst genau wiedergeben sollte.

3.3.3.3 Die Berücksichtigung von Fehlschätzungen der Nutzungsdauer

Die Schätzung der Nutzungsdauer eines Betriebsmittels bei Erstellung des Abschreibungsplanes kann sich als falsch erweisen, die tatsächliche Nutzungsdauer kann größer oder kleiner als die geplante Nutzungsdauer sein. Es bieten sich theoretisch drei Möglichkeiten an, eine Änderung der Nutzungsdauer zu berücksichtigen. Von dem Zeitpunkt an, zu dem die Fehlschätzung bekannt wird, kann:

- (1) weiter mit dem falschen Betrag abgeschrieben werden,
- (2) die Restabschreibungssumme auf die voraussichtliche Restnutzungsdauer verteilt werden oder
- (3) in der verbleibenden Nutzungsdauer mit dem richtigen Betrag, d.h. dem Betrag, der bei richtiger Schätzung der Nutzungsdauer von Anfang an hätte abgeschrieben werden müssen, abgeschrieben werden.

In der Kosten- und Leistungsrechnung ist nur die dritte Möglichkeit als sachgerecht anzusehen, da nur auf diese Weise wenigstens in den der Erkenntnis der Fehlschätzung folgenden Perioden der Werteverzehr eines Betriebsmittels richtig erfaßt wird.

Abb. 10: Alternative Vorgehensweisen zur Berücksichtigung von Fehlschätzungen der Nutzungsdauer eines Betriebsmittels

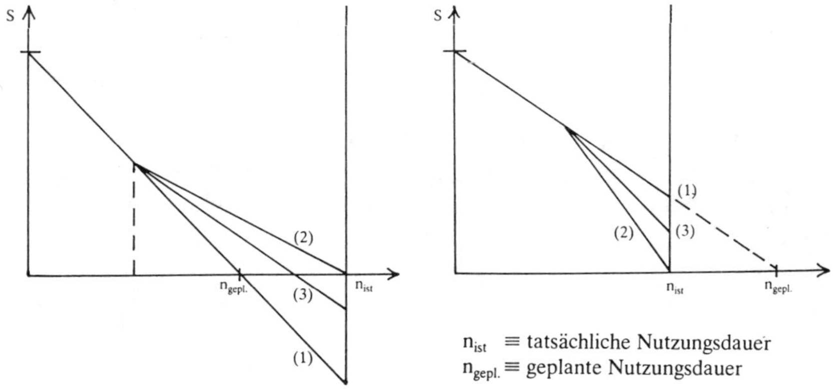

Bei dieser sachgerechten Vorgehensweise wird, wenn die tatsächliche Nutzungsdauer größer als die ursprünglich geplante ist, insgesamt ein Betrag abgeschrieben, der die ursprüngliche Abschreibungssumme übersteigt; ist die tatsächliche Nutzungsdauer kleiner als die geplante, wird insgesamt ein Betrag abgeschrieben, der unter der ursprünglichen Abschreibungssumme liegt. Im Gegensatz zum externen Rechnungswesen ist eine solche Vorgehensweise in der Kosten- und Leistungsrechnung möglich, da die Kosten- und Leistungsrechnung keine Bilanzrücksichten nehmen muß.

Exkurs: Problematik der Instandhaltungs- und der Kapitalkosten von Betriebsmitteln

Neben den kalkulatorischen Abschreibungen werden häufig auch die Instandhaltungskosten sowie die Kapitalkosten in die Betriebsmittelkosten eingerechnet[11]. Dazu ist wie folgt Stellung zu nehmen:

– **(1) Instandhaltungskosten (Reparatur- und Wartungskosten)**

– a) Instandhaltung **ohne substanzerhöhende Wirkung**

Bei Reparaturen (Instandsetzung) ohne substanzerhöhende Wirkung und Wartung (keine Erhöhung des Gesamtnutzungspotentials) handelt es sich, sofern die Instandhaltungsarbeiten von anderen Unternehmen durchgeführt werden (Fremdinstandhaltung), um Fremdleistungskosten. Werden die Instandhaltungsarbeiten durch innerbetriebliche Stellen (Schlosserei, Reparaturabteilung, Elektroabteilung etc.) durchgeführt, dann handelt es sich um innerbetriebliche Leistungen und damit sekundäre Kosten, die ohnehin nicht bei der primären Kostenart „Betriebsmittelkosten" erfaßt werden dürfen. Ihre Verrechnung muß im Zuge der Verrechnung innerbetrieblicher Leistungen erfolgen. (Dies geschieht i. d. R. auf Basis „Geleistete Handwerkerstunden x Stundensatz". Dabei können je nach Zeitart unterschiedliche Stundensätze für Normalarbeitsstunden, Werktagüberstunden, Sonn- und Feiertagsstunden zugrundegelegt werden). Beim **Instandhaltungsmaterial** (Reparatur- bzw. Instandsetzungs- und Wartungsmaterial) handelt es sich um Fremdleistungskosten, soweit es vom Fremdleistungsunternehmen beigestellt wird und in der Fremdleistungsabrechnung mitenthalten ist. Ansonsten handelt es sich um Betriebsstoffkosten. Diese Kosten werden in der Praxis auch unter der (Unter-)Kostenart „Reparaturmaterialkosten" geführt. Sie werden bei größeren Verbräuchen den die Instandhaltungsleistung empfangenden Kostenstellen direkt als primäre Kosten belastet. Bei geringfügigem Verbrauch werden sie der/den Werkstattkostenstelle(n) als primäre Kosten belastet und dann im Zuge der Verrechnung innerbetrieblicher Leistungen auf die die Instandhaltungsleistungen empfangenden Kostenstellen als sekundäre Kosten – i. d. R. über den Stundensatz – weiterverrechnet.

– b) Instandsetzung **mit substanzerhöhender Wirkung**

Bei Reparaturen (Instandsetzung) mit substanzerhöhender Wirkung für das davon betroffene Betriebsmittel ist der jeweils gegebene Abschreibungssummenrest (Restbuchwert) um den Wert der Reparatur zu erhöhen. (Im externen Rechnungswesen ist die Reparatur zu aktivieren.) Aus der erhöhten Restabschreibungssumme (Restbuchwert) ergeben sich dann in der Folge entsprechend höhere Abschreibungsraten.

Damit wurde gezeigt, daß Reparaturen keine eigene Art der Betriebsmittelkosten darstellen.

– **(2) Kapitalkosten der Betriebsmittel**

Die kalkulatorischen Zinsen auf das in Betriebsmitteln gebundene Kapital bilden zusammen mit allen übrigen kalkulatorischen Zinsen auf betriebsnotwendige Vermögensgegenstände die **eigene** primäre Kostenart „Kapitalkosten". Eine Zuordnung unter die primäre Kostenart „Betriebsmittelkosten" ist daher nicht zweckmäßig (Unsaubere Kostenart!).

---

11 Vgl. z. B. *Kilger, W.*, Einführung in die Kostenrechnung, a. a. O., S. 110ff.

3.3.4 Kapitalkosten

3.3.4.1 Zur Problematik des Ansatzes von Kapitalkosten

Für die betriebliche Nutzung von Kapital werden in der Kosten- und Leistungsrechnung kalkulatorische Zinsen als Kapitalkosten verrechnet. Der Kostencharakter dieser kalkulatorischen Zinsen ist jedoch umstritten.

Bestritten wird der Kostencharakter mit der Begründung, daß durch die Verrechnung von Zinsen zweifach Kosten für die Nutzung der betriebsnotwendigen Vermögensgüter, als deren abstrakter Gegenwert das Kapital zu betrachten ist, angesetzt werden (z.B. kalkulatorische Abschreibungen für die Wertminderung einer Maschine **und** kalkulatorische Zinsen für die Nutzung des in dieser Maschine gebundenen Kapitals)[12]. Mit der Nutzung des Kapitals ist nach dieser Auffassung also kein Güterverbrauch verbunden, eine der Komponenten des Kostenbegriffes ist damit nicht erfüllt[13].

Dagegen wird argumentiert, daß durch die Bereitstellung von Kapital der Unternehmung die Möglichkeit zur Beschaffung und Nutzung der betriebsnotwendigen Vermögensgüter eröffnet wird. Das Kapital, das in diesen Vermögensgütern gebunden ist, wird einer anderweitigen Nutzungsmöglichkeit (z.B. Anlage auf dem Geld- oder Kapitalmarkt) entzogen. Je länger Kapital der Unternehmung zur Nutzung überlassen ist, desto länger wird auch eine alternative Anlage ausgeschlossen. Dieser Ausschluß einer alternativen Anlage stellt einen Verbrauch der Nutzungsmöglichkeit des Kapitals im Zeitablauf dar[14].

Der Verbrauch des Gutes „Kapitalnutzung" findet unabhängig von der Art der Finanzierung (Eigen- oder Fremdkapital) statt. Soweit es sich um betriebsnotwendiges Kapital handelt, sind Kapitalkosten in Form kalkulatorischer Zinsen zu verrechnen. Darin sind kalkulatorische Eigenkapitalzinsen insoweit enthalten, als das betriebsnotwendige Vermögen eigen(kapital)finanziert ist.

Die Bewertung dieses leistungsbezogenen Güterverbrauchs richtet sich nach dem Opportunitätskostenprinzip, d.h. es werden Zinsen in Höhe des Nutzenentgangs, also in Höhe der möglichen Zinserträge aus einer alternativen Verwendung des Kapitals verrechnet.

Eine Doppelverrechnung von Kosten, wie sie u.a. von Seischab unterstellt wird, liegt nicht vor, weil kalkulatorische Abschreibungen für den

12 Vgl. *Seischab, H.*, Demontage des Gewinns durch unzulässige Ausweitung des Kostenbegriffs, in: ZfB 1952, S. 27.

13 Auch *Erich Schneider* lehnt den Kostencharakter der Zinsen ab, da Geld nach seiner Auffassung kein Gut darstellt; vgl. *Schneider, E.*, Industrielles Rechnungswesen, 2. Aufl., Tübingen 1954, S. 34.

14 Vgl. *Heinen, E.*, a.a.O., S. 65; *Kosiol* spricht in diesem Zusammenhang von Vorrätigkeitsverbrauch; vgl. *Kosiol, E.*, Kostenrechnung, a.a.O., S. 26.

Werteverzehr einer Maschine, kalkulatorische Zinsen jedoch nur auf den verbleibenden Restwert der Maschine verrechnet werden. Nur in Höhe des Restwertes nach Abzug der Abschreibungen ist Kapital in der Maschine gebunden. Damit werden anderweitige Nutzungsmöglichkeiten des Kapitals ausgeschlossen und verbraucht[15].

Auch wenn man sich diesen zutreffenden Argumenten nicht anschließen will, ist der Ansatz von Kapitalkosten aus Gründen der Zweckmäßigkeit zu befürworten. In diesem Zusammenhang ist auf die Gefahr eines Substanzverlustes hinzuweisen, den zu vermeiden Aufgabe der Kosten- und Leistungsrechnung darstellt. Ein solcher Substanzverlust entsteht, wenn keine Zinsen in die Selbstkosten eines Erzeugnisses eingerechnet werden und die Unternehmung keinen Gewinn erwirtschaftet, in Höhe der zu zahlenden Fremdkapitalzinsen. Soll zusätzlich ein Einfluß der Finanzierungsstruktur auf die Höhe der Kosten ausgeschaltet werden, sind Zinsen auf das gesamte betriebsnotwendige Kapital als Kosten zu betrachten.

Aus Zweckmäßigkeitsgründen gestatten auch Seischab[16] und Erich Schneider[17] den Ansatz von kalkulatorischen Zinsen als fiktive (Seischab) bzw. Als-ob-Kosten (Schneider), obwohl sie ihren Kostencharakter verneinen.

3.3.4.2 Die Ermittlung der kalkulatorischen Zinsen

Die Berechnung der kalkulatorischen Zinsen erfolgt durch Multiplikation des betriebsnotwendigen Kapitals – eventuell vermindert um das Abzugskapital, d.h. das der Unternehmung zinsfrei zur Verfügung stehende Fremdkapital – mit einem festzulegenden Zinssatz. Die Aufwendungen für Fremdkapitalzinsen bleiben in der Kosten- und Leistungsrechnung außer Ansatz.

Das **betriebsnotwendige Kapital** ist der abstrakte Gegenwert aller betrieblich genutzten Vermögensgüter. Zur Bestimmung des betriebsnotwendigen Vermögens sind zunächst die betriebsfremd genutzten Vermögensgegenstände aus dem Gesamtvermögen einer Unternehmung auszusondern. Die Güter des Anlagevermögens werden dann entweder zu ihrem durchschnittlichen kalkulatorischen Restwert einer Abrechnungsperiode oder zum Betrag des in ihnen während der Nutzungsdauer durchschnittlich gebundenen Kapitals in das betriebsnotwendige Vermögen eingerechnet, das Umlaufvermögen zum kalkulatorischen Wert des durchschnittlichen Bestandes einer Abrechnungsperiode.

---

15 Vgl. *Mellerowicz, K.,* Kosten und Kostenrechnung, Bd. 2, 1, 4. Aufl., Berlin 1966, S. 418–419.

16 Vgl. *Seischab, H.,* Demontage des Gewinns durch unzulässige Ausweitung des Kostenbegriffs, a.a.O., S. 28.

17 Vgl. *Schneider, E.,* a.a.O., S. 35.

Der Ansatz von **Abzugskapital** ist umstritten. Lücke[18] lehnt den Ansatz von Abzugskapital ab, um Finanzierungseinflüsse aus der Kosten- und Leistungsrechnung fernzuhalten. Soweit in das Abzugskapital **tatsächlich** zinsfreie Kredite eingerechnet werden, ist dieser Argumentation zuzustimmen. Denn auch der leistungsbezogene Verbrauch unentgeltlich erworbener Güter, hier des Gutes „Kapitalnutzung", ist als Kosten zu erfassen; die Art der Finanzierung, also die Art der Beschaffung des Gutes „Kapitalnutzung", hat auf den Kostencharakter keinen Einfluß[19].

Anders stellt sich der Sachverhalt bei nur **scheinbar** zinsfreien Krediten dar, wie z.B. Lieferantenkrediten, für die Zinsen über erhöhte Anschaffungspreise, und Kundenanzahlungen, für die Zinsen über die Gewährung eines Preisnachlasses zu entrichten sind. Hier entstehen durch erhöhten Aufwand bzw. durch Erlösschmälerungen „verdeckte" Zinsaufwendungen für die Bereitstellung von Fremdkapital, der Natur nach also Fremdkapitalzinsen. Diesen „verdeckten" Zinsaufwendungen entsprechen in der Kosten- und Leistungsrechnung „verdeckte" Kapitalkosten.

Um eine Doppelverrechnung von Kapitalkosten einmal in Form kalkulatorischer Zinsen, zum anderen in Form erhöhter Kosten für Werkstoffe usw. bzw. in Form von Erlösschmälerungen zu vermeiden, wird gefordert, das betriebsnotwendige Kapital um diese nur scheinbar zinsfreien Kapitalteile zu vermindern[20]. Da jedoch anstelle der kalkulatorischen Zinsen auf diese Weise die tatsächlichen, wenn auch „verdeckten" **Fremd**kapitalzinsen als Kapitalkosten in die Kosten- und Leistungsrechnung eingeführt werden, können Finanzierungseinflüsse auf die Kosten- und Leistungsrechnung nicht ausgeschaltet werden.

Auch durch Nichtberücksichtigung von Abzugskapital ist die Absicht, diese Finanzierungseinflüsse auszuschalten, unter den angeführten Bedingungen nicht zu verwirklichen. Die Nichtberücksichtigung von Abzugskapital führt zu einer unzulässigen Doppelverrechnung von Kapitalkosten in der geschilderten Form. Über die „verdeckten" Kapitalkosten, deren Höhe von der Finanzierungsstruktur abhängt, werden Finanzierungseinflüsse auf die Kosten- und Leistungsrechnung wirksam. Der Erläuterung dieses Sachverhaltes und der hierzu vorgestellten Problemlösung dient das folgende Beispiel.

---

18 Vgl. *Lücke, W.,* Die kalkulatorischen Zinsen im betrieblichen Rechnungswesen, in: ZfB 1965, Ergänzungsheft, S. 10.

19 Dieser Ansicht ist auch *Mellerowicz,* der den Ansatz von Abzugskapital in Höhe des nur scheinbar zinsfrei zur Verfügung stehenden Fremdkapitals fordert; vgl. *Mellerowicz, K.,* Kosten- und Kostenrechnung, Bd. 2, 1, a.a.O., S. 419–421.

20 Vgl. *Mellerowicz, K.,* Kosten- und Kostenrechnung, Bd. 2, 1, a.a.O., S. 419f.

Beispiel:

Drei Unternehmungen A, B, C produzieren unter sonst gleichen Bedingungen ein Produkt i mit dem Unterschied, daß A die für die Herstellung notwendigen Rohstoffe durch einen Bankkredit finanziert, B durch einen Lieferantenkredit und C über Kundenanzahlungen. Alle Kredite bestehen während der gesamten Abrechnungsperiode.

Das betriebsnotwendige Anlagevermögen aller Unternehmungen hat einen durchschnittlichen kalkulatorischen Restwert von jeweils DM 800.000,–, das Umlaufvermögen **ohne Rohstoffe** hat einen durchschnittlichen Wert von jeweils DM 100.000,–.

Zu Beginn der Periode werden die zur Produktion notwendigen Rohstoffe beschafft. A und C haben dafür DM 98.000,– zu entrichten (durchschnittlicher Bestand der Periode: DM 49.000,–), B wegen des Verlustes von 2% Skonto DM 100.000,– (durchschnittlicher Bestand: DM 50.000,–). Für Erzeugung und Absatz des Produktes i fallen sonstige Kosten in Höhe von DM 200.000,– an. Die fertigen Erzeugnisse werden am Ende der Periode für DM 500.000,– bzw. von C wegen des Preisnachlasses von 1% für DM 495.000,– verkauft.

Der kalkulatorische Zinssatz beträgt 1%. Zu vergleichen sind die Kapitalkosten von A, B und C mit und ohne Ansatz von Abzugskapital.

	A	B	C
Betriebsnotwendiges Kapital	800.000,–	800.000,–	800.000,–
	100.000,–	100.000,–	100.000,–
	49.000,–	50.000,–	49.000,–
	949.000,–	950.000,–	949.000,–
Abzugskapital	—	– 100.000,–	– 98.000,–
	949.000,–	850.000,–	851.000,–
Kalkulatorische Zinsen (1%)			
bei Ansatz von Abzugskapital	9.490,–	8.500,–	8.510,–
ohne Ansatz von Abzugskapital	9.490,–	9.500,–	9.490,–

Betriebsergebnis (bei Berücksichtigung von Abzugskapital)

	A	B	C
Rohstoffkosten	98.000,–	100.000,–	98.000,–
kalk. Zinsen	9.490,–	8.500,–	8.510,–
Sonstige Kosten	200.000,–	200.000,–	200.000,–
	307.490,–	308.500,–	306.510,–
Umsatzerlöse	500.000,–	500.000,–	495.000,–
Betriebsgewinn	192.510,–	191.500,–	188.490,–

Gesamte Kapitalkosten	9.490,–	8.500,–	8.510,–
	—	2.000,–	5.000,–
	9.490,–	10.500,–	13.510,–

Bei **Nichtberücksichtigung von Abzugskapital** erhöhen sich die Kapitalkosten bei B um die auf das Abzugskapital berechneten kalkulatorischen Zinsen von DM 1.000,– und bei C von DM 980,–.

Gesamte Kapitalkosten	9.490,–	11.500,–	14.490,–

Will man Finanzierungseinflüsse aus der Kosten- und Leistungsrechnung fernhalten, so sind die „verdeckten" Kapitalkosten auszusondern durch:

- (1) Ansatz nur der Nettowerte (= Anschaffungspreis abzüglich Skontoverlust) der mit einem Lieferantenkredit beschafften Güter bei ihrem Verbrauch und bei Einrechnung in das betriebsnotwendige Vermögen und
- (2) Ansatz von Zusatzleistungen als Storno der durch Kundenanzahlungen bewirkten Erlösschmälerungen und eine entsprechende Erhöhung des betriebsnotwendigen Kapitals.

Unter diesen Bedingungen sind dann kalkulatorische Zinsen auf das gesamte betriebsnotwendige Kapital (ohne Ansatz von Abzugskapital) zu verrechnen.

Für das Beispiel gilt dann:

Betriebsnotwendiges	800.000,–	800.000,–	800.000,–
Kapital[21]	100.000,–	100.000,–	100.000,–
	49.000,–	**49.000,–**	49.000,–
	949.000,–	949.000,–	949.000,–
Kalkulatorische Zinsen (1%)	9.490,–	**9.490,–**	**9.490,–**
Betriebsergebnis			
Rohstoffkosten	98.000,–	**98.000,–**	98.000,–
kalk. Zinsen	9.490,–	**9.490,–**	**9.490,–**
Sonstige Kosten	200.000,–	200.000,–	200.000,–
	307.490,–	307.490,–	307.490,–
Umsatzerlöse	500.000,–	500.000,–	495.000,–
Zusatzleistung	—	—	**5.000,–**
	500.000,–	500.000,–	500.000,–
Betriebsgewinn	192.510,–	192.510,–	192.510,–
Gesamte Kapitalkosten	9.490,–	**9.490,–**	**9.490,–**

21 Die Zusatzleistung von DM 5.000,– bei C erhöht das betriebsnotwendige Kapital nicht, da die Erzeugnisse erst am Ende der Abrechnungsperiode abgesetzt werden.

Als **Zinssatz** ist nach dem Opportunitätskostenprinzip der Zinssatz der günstigsten anderweitigen Anlage zu wählen; in der Regel wird der durchschnittliche Zinssatz auf dem Kapitalmarkt der Zinsberechnung zugrunde gelegt.

Auch die LSP (Nr. 43–46) gestatten den Ansatz von kalkulatorischen Zinsen auf das betriebsnotwendige Kapital (allerdings unter Ansatz von Abzugskapital für die von öffentlichen Auftraggebern geleisteten Vorauszahlungen und für Lieferantenkredite). Als Zinssatz ist ein Satz zu wählen, der den Diskontsatz der Landeszentralbanken um einen vom Bundesminister für Wirtschaft im Einvernehmen mit dem Bundesminister für Finanzen festzusetzenden Zuschlag übersteigt. Tatsächliche Aufwendungen für Fremdkapital dürfen bei der Preisermittlung nicht berücksichtigt werden.

3.3.5 Fremdleistungskosten

Fremdleistungskosten entstehen durch die leistungsbezogene Inanspruchnahme von **Dienstleistungen** unternehmensexterner Dienstleistungsbetriebe. Zu diesen Dienstleistungen zählen z.B. Transporte, Versicherungsschutz, Rechts- und Steuerberatung, Wirtschaftsprüfung, Gewährung von Lizenzen und Überlassung von Patenten, Reparaturen und die Bereitstellung von Räumen und Anlagen (Anlagenleasing).

Die Kosten für Strom, Gas und Wasser sind – soweit diese Betriebsstoffe fremdbezogen werden – **keine** Fremdleistungskosten sondern Werkstoffkosten.

Die Erfassung der Fremdleistungskosten ist unproblematisch. Die Kostenbeträge können den Rechnungen der Dienstleistungsbetriebe entnommen werden.

Für die betriebliche Nutzung von Räumen, die ein Einzelunternehmer oder Gesellschafter einer Personengesellschaft der Unternehmung zur Verfügung stellt, kann eine **kalkulatorische Miete** angesetzt werden. Diese kalkulatorische Miete enthält die Kosten der Raumnutzung (Abschreibungen) aber auch Kapitalkosten für die Nutzung des in diesen Räumen gebundenen Kapitals. Kalkulatorische Mieten für betrieblich genutzte Räume dürfen nur dann angesetzt werden, wenn diese Räume nicht ins betriebsnotwendige Vermögen aufgenommen sind und darauf keine kalkulatorischen Abschreibungen und keine Kapitalkosten verrechnet werden.

3.3.6 Abgaben an die öffentliche Hand

Abgaben an die öffentliche Hand entstehen in der Form von Steuern und steuerähnlichen Abgaben. Gebühren und Beiträge als Entgelt für spezielle Dienstleistungen der öffentlichen Hand hingegen sind Fremdleistungskosten, sofern die öffentlichen Leistungen in unmittelbarem Zusammenhang mit der betrieblichen Leistungserstellung in Anspruch genommen werden.

3.3.6.1 Die Problematik der Analyse der Kostennatur der Steuern

Der Kostencharakter der Steuern ist umstritten. Nach Wöhe lassen sich die Totalanalyse, die Partialanalyse und die Einzelanalyse als Methoden der Analyse der Steuern unterscheiden.

Bei der **Totalanalyse** werden alle Steuern in ihrer Gesamtheit hinsichtlich des Kostencharakters beurteilt. Die Befürworter des Kostencharakters aller Steuern bedienen sich häufig der finanzwissenschaftlichen Äquivalenztheorie, nach der die Steuern als Entgelt für die staatlichen Dienstleistungen anzusehen sind. Zwar finanziert der Staat aus den Steuereinnahmen Leistungen, die allen Bürgern und allen Unternehmungen zur Verfügung stehen, doch kommt der Vorteil dieser Leistungen auch denen zugute, die keine Steuern zahlen.

Bei einzelwirtschaftlicher Betrachtungsweise besteht also kein unmittelbarer Zusammenhang zwischen dem Umfang der vom Betrieb in Anspruch genommenen Leistungen der öffentlichen Hand (Straßennutzung, Nutzen aus der Aufrechterhaltung der öffentlichen Ordnung etc.) und dem Umfang der Steuerzahlung des Betriebes; das der Äquivalenztheorie zugrunde liegende Prinzip von Leistung und Gegenleistung ist damit nicht gegeben. Entsprechend § 3 der Abgabenordnung 1977 sind Steuern an öffentlich-rechtliche Gemeinwesen zu zahlende „Geldleistungen, die nicht eine Gegenleistung für eine besondere Leistung darstellen". Nach Kosiol sind Steuern „staatlich-politischer Zwangsverbrauch"[22].

Walb spricht den Steuern jeden Zusammenhang mit der betrieblichen Leistungserstellung und damit den Kostencharakter ab[23]. Dem hält Wöhe entgegen, daß es allein darauf ankomme, „ob durch die Existenz und die Tätigkeit des Betriebes Steuern verursacht werden; ist das der Fall, so sind die Steuern zur Leistungserstellung notwendig und damit Kosten"[24].

Bei der **Partialanalyse** werden hinsichtlich der Beurteilung der Kosteneigenschaft einzelne Steuerarten gruppenweise zusammengefaßt.

---

22 *Kosiol, E.*, Kostenrechnung, a. a. O., S. 24.

23 Vgl. *Walb, E.*, Die Erfolgsrechnung privater und öffentlicher Betriebe, Berlin und Wien 1926, S. 35.

24 *Wöhe, G.*, Betriebswirtschaftliche Steuerlehre, Band II, 2. Halbband, 2. Aufl., Berlin und Frankfurt a.M. 1965, S. 19. Dieses Gegenargument *Wöhes* ist zu allgemein und zu umfassend gehalten. Damit könnte man sogar den totalen Kostencharakter der Gewinnsteuern begründen, weil sie letztlich durch die „Existenz und Tätigkeit des Betriebes" verursacht worden sind. Wie nachfolgend gezeigt werden soll, haben Gewinnsteuern jedoch nur unter bestimmten Voraussetzungen Kostencharakter.

Traditionell wird gewinnabhängigen Steuern als Gewinnverwendung der Kosten- und Aufwandscharakter abgesprochen. Diese Auffassung hat sich auch im Steuerrecht manifestiert, wo gewinnabhängige Steuern nicht als Betriebsausgaben (= Aufwand) bei der Gewinnermittlung abzugsfähig sind. Dabei wird übersehen, daß der steuerrechtlich ausgewiesene Betriebserfolg, aufgrund dessen die gewinnabhängigen Steuern zu zahlen oder nicht zu zahlen sind, in den seltensten Fällen gleich dem Betriebsergebnis der Kosten- und Leistungsrechnung ist. Sehr häufig sind im steuerrechtlichen Gewinn Kostenbestandteile enthalten.

Auch das Kriterium der Überwälzbarkeit einer Steuer auf die Abnehmer (letztlich die Verbraucher) durch Kalkulation in die Angebotspreise ist für die Bestimmung der Kosteneigenschaft von Steuern untauglich. In der Kalkulation sind alle Steuern zu berücksichtigen, die nach kostentheoretischen Gesichtspunkten Kostencharakter haben, unabhängig davon, ob eine Überwälzung der in den Preis kalkulierten Steuern gelingt oder nicht. Hier ist Wöhe voll zuzustimmen, wenn er feststellt: „Gelingt die Überwälzung ... nicht, so bleiben die nicht überwälzten Kostensteuern Kosten, gelingt dagegen die Überwälzung von Steuern, die keinen Kostencharakter haben, so werden sie dennoch nicht zu Kosten. Um diese Steuern sind dann bei exakter Kostenverrechnung nicht die Selbstkosten, sondern die Gewinne erhöht worden."[25]

Die **Einzelanalyse** untersucht anhand eines geeigneten Kriteriums jede einzelne Steuerart auf ihren Kostencharakter, wobei als Kriterium allein der betriebswirtschaftliche Kostenbegriff zugrunde gelegt werden kann[26].

3.3.6.2 Der Kostenbegriff als Kriterium für die Beurteilung der Kosteneigenschaft der Steuern

Kosten sind bewerteter leistungsbezogener Güterverbrauch. Der Gutsverbrauch durch Steuern findet durch Verzehr des Nominalgutes Geld statt, womit die Bewertung in Geldeinheiten automatisch gegeben ist. Um die Kosteneigenschaft zu begründen, muß jedoch ferner die Leistungsbezogenheit des Gutsverbrauchs gegeben sein.

Die Leistungsbezogenheit des Gutsverbrauchs durch die Besteuerung ist dann gegeben, wenn die Nichtkalkulation einer Steuerart zu einer Substanzauszehrung führen würde, die auf Dauer zu einer Einstellung des Leistungserstellungsprozesses führen müßte. Jede einzelne Steuerart stellt also insoweit Kosten dar, als sie in die Selbstkosten der Erzeugnisse und damit in die (langfristige) Preisuntergrenze der Erzeugnisse kalkuliert werden muß, damit die Wiederbeschaffung der verbrauchten Kostengüter nach Steuererhebung gewährleistet ist.

---

25 *Wöhe, G.*, a. a. O., S. 23f.; ferner vgl. Fußnote 46 auf S. 105.
26 Vgl. *Wöhe, G.*, a. a. O., S. 7–24.

Damit ist die Vorgehensweise des hier vorgestellten Ansatzes zur Analyse des Kostencharakters der Steuern genau die gleiche wie bei jedem anderen Gutsverbrauch, dessen Kostencharakter unbestritten ist. Wenn z.B. die Arbeitskosten nicht bei der Kalkulation der Selbstkosten und damit der Preisuntergrenzen der Erzeugnisse berücksichtigt werden würden, reichten die über die Umsatzerlöse liquide zufließenden Geldmittel nicht aus, um eine Ersatzbeschaffung der verbrauchten Produktionsfaktoren zu ermöglichen.

3.3.6.3 Einzelanalyse der Steuerarten

3.3.6.3.1 Gewinnsteuern

3.3.6.3.1.1 Einkommensteuer

3.3.6.3.1.1.1 Der steuerliche Gewinn als Steuerobjekt

Der Einkommensteuer unterliegt der Gesamtbetrag der sieben in § 2 EStG genannten Einkünfte, verändert um gewisse im Gesetz genannte Hinzurechnungen und insbesondere Kürzungen (z.B. Sonderausgaben, Freibeträge etc.). In diesem Zusammenhang relevant sind nur die Einkünfte aus Gewerbebetrieb, das sind Gewinne eines Einzelunternehmers oder Gewinnanteile des Gesellschafters sowie Vergütungen, die der Gesellschafter (Mitunternehmer) „von der Gesellschaft für seine Tätigkeit im Dienst der Gesellschaft oder für die Hingabe von Darlehen oder für die Überlassung von Wirtschaftsgütern bezogen hat“ (§ 15 EStG); (bei land- und forstwirtschaftlichen Betrieben: Einkünfte aus Land- und Forstwirtschaft).

Die Einkommensteuer besteuert nicht den Betrieb, sondern natürliche Personen als Eigentümer des Betriebes (Subjektsteuer). Da die Einkommensteuer nicht die betriebliche Sphäre, sondern lediglich die private Sphäre des(r) Unternehmer(s) belaste, sei sie nach weitverbreiteter Meinung weder Aufwand noch Kosten. Diese Betrachtungsweise hat ihre Verwirklichung im bestehenden Handels- und Steuerrecht gefunden, wo die Einkommensteuer – sofern sie durch den Betrieb gezahlt wird – als Privatentnahme zu buchen ist.

Bei Zahlung der Steuer erfolgt ein Verbrauch des Nominalgutes Geld. Bei Verneinung des Kostencharakters der Einkommensteuer wird argumentiert, daß damit nicht die betriebliche sondern die private Sphäre getroffen werde. Der durch die Besteuerung erfolgte Verbrauch fände damit außerhalb des Betriebes statt.

Bei der Körperschaftsteuer, der Steuer auf die steuerlichen Gewinne der Kapitalgesellschaften (GmbH, AG etc.) ist Steuersubjekt die Unternehmung als juristische Person. Damit erfolge hier durch die Gewinnbesteuerung ein unmittelbarer Gutsverbrauch im Betrieb, womit die Körperschaftsteuer Aufwand und Kosten darstelle. Diese Meinung ist im Handelsrecht manifestiert, wonach die Körperschaftsteuer als Aufwand verbucht wird.

Diese Anknüpfung der Argumentation am Steuersubjekt, der zur Zahlung der Steuern verpflichteten Rechtsperson, führt dazu, daß der gleiche Tatbestand, die Besteuerung des steuerlichen Gewinnes in einem Fall als Privatentnahme, im anderen Fall aber als Aufwand und Kosten angesehen wird.

Die Kosteneigenschaft der Gewinnbesteuerung hängt damit allein von der Rechtsform der Unternehmung ab. Dabei fungiert die juristische Fiktion, die die Kapitalgesellschaften als Körperschaften des privaten Rechts zu eigenen Rechtspersönlichkeiten (≡ juristische Personen) erhebt, letztlich als Kriterium der Entscheidung über die Kosteneigenschaft der Gewinnbesteuerung.

Die juristische Fiktion, die einem gleichen Betrieb je nach der Wahl der Rechtsform einmal eigene Rechtspersönlichkeit gibt, zum anderen mal nicht, ändert jedoch in diesem Zusammenhang nichts an dem realen betriebswirtschaftlichen Erkenntnisobjekt Betrieb und der Tatsache, daß sein „Gewinn" besteuert wird, auch wenn die Besteuerung des Gewinns wegen dieser juristischen Fiktion einmal unter der Einkommensteuer und zum anderen unter der Körperschaftsteuer erfaßt wird.

Damit ergibt sich bei der kostenrechnerischen Einordnung der Gewinnbesteuerung eine Ungleichbehandlung der Betriebe, die allein durch die Rechtsform der Unternehmung bedingt ist. Damit wird hier ein allgemein anerkannter Grundsatz der Kosten- und Leistungsrechnung mißachtet, daß Ungleichheiten, die sich aus der Rechtsform ergeben, auszumerzen sind[27]. Diese aus der Rechtsform der Unternehmung sich ergebende Ungleichbehandlung gleicher betriebswirtschaftlicher Tatbestände kann nur dadurch vermieden werden, daß bei der Analyse der Kosteneigenschaft der Gewinnbesteuerung nicht am Steuersubjekt sondern am Steuerobjekt angeknüpft wird.

Steuerobjekt sind die Einkünfte aus Gewerbebetrieb, die sich als steuerlicher Gewinn darstellen. „Gewinn ist der Unterschiedsbetrag zwischen dem Betriebsvermögen am Schluß des Wirtschaftsjahres und dem Betriebsvermögen am Schluß des vorangegangenen Wirtschaftsjahres, ver-

---

27 So dient z.B. der Ansatz des kalkulatorischen Unternehmerlohnes für den Arbeitseinsatz der Eigentümer-Unternehmer bei Einzelunternehmungen und Personengesellschaften, der hier nicht entsprechend als Aufwand (Betriebsausgabe) angesetzt werden darf, dazu, die Kostengleichheit zu Kapitalgesellschaften mit angestelltem Management herzustellen (vgl. auch LSP Nr. 22).

mehrt um den Wert der (Privat-; Anm. d. Verf.) Entnahmen und vermindert um den Wert der (Privat-; Anm. d. Verf.) Einlagen" (§ 4 Abs. 1 EStG). Unter Betriebsvermögen ist dabei das Vermögen nach Abzug der Schulden, also das Reinvermögen oder – anders ausgedrückt – das Eigenkapital zu verstehen. Bei den nach den Grundsätzen ordnungsmäßiger Buchführung buchführenden Gewerbetreibenden (§ 5 Abs. 1 EStG) stellt sich der Gewinn auch als Unterschiedsbetrag zwischen Erträgen (≡ Betriebseinnahmen) und Aufwendungen (≡ Betriebsausgaben) der nach steuerrechtlichen Grundsätzen erstellten Gewinn- und Verlustrechnung dar[28].

3.3.6.3.1.1.2 Lösungsansatz zur Erfassung des Kostencharakters der Einkommensteuer bei Scheingewinnen

Wenn der Gewinn realwirtschaftlich betrachtet in voller Höhe echte Reinvermögensmehrung darstellt, stellen die Steuern auf den Gewinn den für den Staat bestimmten Gewinnanteil und damit letztlich nichts anderes als Gewinnverwendung dar[29]. Die Einkommensteuern haben damit keinen Kostencharakter.

Anders stellt sich die Sachlage dagegen dar, wenn der steuerrechtlich ausgewiesene Gewinn teilweise oder in ganzer Höhe Scheingewinn ist und/oder Güterverbrauch vorliegt, für den zwar kein Aufwand verrechnet werden darf, aber Kosten zu verrechnen sind.

Scheinerfolg (Scheingewinn bzw. -verlust) ist die Differenz zwischen dem Gewinn, der sich bei Bewertung der Aufwendungen zu Wiederbeschaffungs- oder Wiederherstellungswerten ergeben würde (reale oder substantielle Kapitalerhaltung[30]), und dem Gewinn, der sich bei Bewertung der

---

28 Vgl. *Bauch, G., Pfitzer, N.,* a.a.O., S. 190ff.

29 Hier wird an der traditionellen Lehrmeinung, nach der Gewinnsteuern keinen Kostencharakter haben, angeknüpft. Bei der traditionellen, pauschalen Ablehnung jeglichen Kostencharakters der Gewinnsteuern wird jedoch übersehen, daß der steuerliche Gewinn Kostenbestandteile enthalten kann, weshalb – wie im folgenden gezeigt werden soll – die pauschale Absprechung jeglicher Kosteneigenschaft nicht gerechtfertigt ist.

30 Auf Unterschiedlichkeiten, die sich nach den jeweiligen realen Kapitalerhaltungstheorien und den Substanzerhaltungstheorien durch unterschiedliche Definition des Begriffes „Substanz" ergeben, kann hier nicht eingegangen werden. Die Zugrundelegung von mehr als einer „reproduktiven Substanzerhaltung" wäre in dem hier darzustellenden Sachverhalt jedoch nicht gerechtfertigt, da der Besteuerung des realen Vermögenszuwachses kein Kostencharakter zugesprochen wird. Das im folgenden anhand der Brutto-Substanzerhaltung Vorgestellte gilt analog für die Netto-Substanzerhaltung, nur daß der Scheingewinn niedriger anzusetzen ist, weil die fremdfinanzierten Güter aus der Betrachtung ausgeschlossen werden.

Aufwendungen zu Anschaffungs- oder Herstellungsausgaben ergibt (nominelle Kapitalerhaltung[31]).

Sind die Wiederbeschaffungswerte der Aufwandsgüter kleiner als ihre Anschaffungswerte, so ergibt sich als Differenz von Wiederbeschaffungs- und Anschaffungswerten ein Scheinverlust. Aus güterwirtschaftlicher Sicht (Tageswertprinzip) ist die Bewertung des Verbrauchs der Aufwandsgüter zu den veralteten Anschaffungswerten zu hoch angesetzt worden. Der finanzbuchhalterische Gewinn ist damit nach dem Tageswertprinzip zu niedrig ausgewiesen. Diese Möglichkeit eines „Scheinverlustes" ist allerdings bei gegebener inflationärer Wirtschaftslage nur von theoretischer Bedeutung. In diesem Falle würde die auf den Vermögenszuwachs zu zahlende Steuer sogar zu niedrig ausfallen, da der reale Zuwachs größer ist als der nominell ausgewiesene Zuwachs. In diesem Falle haben also die Gewinnsteuern keinerlei Kostencharakter.

Sind dagegen die Wiederbeschaffungswerte größer als die Anschaffungswerte der Aufwandsgüter, so ergibt sich als Differenz ein Scheingewinn. Dieser im finanzbuchhalterischen Gewinn enthaltene Betrag ist in Wirklichkeit zur Ersatzbeschaffung der verbrauchten Aufwandsgüter notwendig. Er stellt aus güterwirtschaftlicher (realer) Sicht in Wirklichkeit keinen Vermögenszuwachs dar. Daher die Bezeichnung Scheingewinn! Die Besteuerung von Scheingewinnen führt zur Substanzauszehrung, wenn der Gewinn nach Steuern neben den über die Umsatzerlöse liquide zufließenden Aufwandsgegenwerten zur Ersatzbeschaffung der im Preis gestiegenen Aufwandsgüter nicht ausreicht.

Zur Erläuterung des Sachverhaltes soll das nachstehende **Beispiel** dienen. Bei diesem Beispiel eines Einzelunternehmens wird aus Vereinfachungsgründen unterstellt, daß dem externen Rechnungswesen und der Kosten- und Leistungsrechnung der gleiche mengenmäßige Verbrauch zugrunde liegt (gleiche Mengenkomponente bei Aufwand und Kosten) mit Ausnahme der Einkommensteuer, soweit dieser Kostencharaker zukommt. Ferner gibt es neben den Umsatzerlösen keine weiteren Erträge und/oder Leistungen. Dabei ergibt sich folgende Sachlage:

---

31 Sowohl handels- als auch steuerrechtlich im externen Rechnungswesen vorgeschrieben (Anschaffungswertprinzip). Vgl. *Bauch, G., Pfitzer, N.,* a.a.O., S. 60f., S. 171ff. Im allgemeinen wird – wenn das Anschaffungswertprinzip gemeint ist – die Bezeichnung Anschaffungs- und Herstellungskosten verwendet, womit die Bewertung zu den Anschaffungsausgaben fremd bezogener Güter bzw. die Bewertung zu den Herstellungsausgaben für eigenerstellte Güter (Ausgaben für Löhne etc.) gemeint sind. Hier soll die exaktere Bezeichnung Verwendung finden.

Externes Rechnungswesen:

Erlöse (E)	11 Mio. DM
– Steuerlich abziehbarer Aufwand (A)	10 Mio. DM
= Steuerlicher Gewinn ($G_{v.St.}$)	1 Mio. DM
– 56 % Einkommensteuer (ESt)[32]	0,56 Mio. DM
= Gewinn nach Steuern ($G_{n.St.}$)	0,44 Mio. DM

Wegen um 10% gestiegener Wiederbeschaffungspreise ist obiger Aufwand in der Kosten- und Leistungsrechnung bei Rechnen mit aktuellen Werten als Kosten in Höhe von 11 Mio. DM anzusetzen. Es ergibt sich also ein vorläufiges Betriebsergebnis, bei dem die Einkommensteuer mit Kostencharakter noch nicht berücksichtigt ist, von 0 DM.

Der steuerlich ausgewiesene Gewinn von 1 Mio. DM ist in ganzer Höhe Scheingewinn. Er dürfte weder als Gewinn an den Unternehmer ausgeschüttet noch als Steuern ans Finanzamt abgeführt werden, da er in voller Höhe zur Ersatzbeschaffung der Aufwandsgüter mit herangezogen werden muß, soll die betriebliche Substanz erhalten bleiben.

Im gegebenen Beispiel findet eine Substanzauszehrung durch den Fiskus in Höhe von 0,56 Mio. DM statt, die bei Berücksichtigung der Einkommensteuer mit Kostencharakter in der Kosten- und Leistungsrechnung als Betriebsverlust ausgewiesen wird.

Kosten- und Leistungsrechnung:

Erlöse (E)	11 Mio. DM
– Kosten ohne Einkommensteuer ($K_{o.St.}$)	11 Mio. DM
= Betriebsergebnis ohne ESt ($G_{B_{o.St.}}$)	0 DM
– ESt mit Kostencharakter ($ESt_{m.K.}$)	0,56 Mio. DM
= Betriebsergebnis (G_B)	–0,56 Mio. DM

Problemlösung:

Da eine Bewertung des Aufwands zu Wiederbeschaffungswerten handels- und steuerrechtlich nicht zulässig ist, kann die Gefahr der Substanzauszehrung durch Gewinnbesteuerung nur dadurch gebannt werden, daß die Umsatzerlöse bei gleicher eingesetzter Absatzmenge soweit erhöht werden, bis der Gewinn nach Steuern mindestens gleich dem Scheingewinn, also dem Betrag ist, der zur Substanzerhaltung neben den über die Umsatzerlöse liquide zugeflossenen Aufwandsgegenwerten[33] zusätzlich notwendig ist.

---

32 Hier wird ein persönlicher Steuersatz des ledigen Unternehmers von 56 % (s = 0,56) zugrunde gelegt. Bei exakter Anlehnung an die derzeitige Einkommensteuertabelle mit einem Höchststeuersatz von 53 % wäre die Steuerschuld ab einem zu versteuernden Einkommen von DM 120.042 wie folgt zu ermitteln: 0,53 x – 22.842 DM, wobei x, wenn nicht durch 54 ohne Rest teilbar, das auf den nächsten durch 54 ohne Rest teilbaren DM-Betrag abgerundete zu versteuernde Einkommen ist. Die tatsächliche Einkommensteuer beliefe sich also auf: 0,53 · 999.972 DM – 22.842 DM = 507.143 DM.

33 Aufwendungen bewertet zu Anschaffungs- oder Herstellungsausgaben.

Es muß also gelten:

Gewinn nach Steuern = Scheingewinn

In mathematischer Schreibweise[34]:

$$(c \cdot E - A) - s(c \cdot E - A) = (1 + b) \cdot A - A$$

oder kürzer ausgedrückt:

$$(c \cdot E - A) \cdot (1 - s) = (1 + b) \cdot A - A$$

Zusätzliche Symbolik:

b ≡ Preissteigerungsrate der Aufwands- und Kostengüter (In der ersten Auflage wurde das Symbol b als 1 + Preissteigerungsrate verwendet, z. B. bei 10 % Preissteigerung b = 1,1; jetzt bezeichnet b nur die Preissteigerungsrate (b = 0,1), dadurch ergibt sich eine lediglich formale Änderung der obigen Gleichung gegenüber der ersten Auflage. Diese Vorgehensweise entspricht der in der Literatur üblichen Schreibweise.)
c ≡ Faktor, mit dem die Verkaufspreise und damit die Erlöse bei gleichem mengenmäßigem Umsatz zu erhöhen sind
s ≡ Steuersatz der Einkommen- bzw. Körperschaftsteuer

Angewendet auf das gegebene Beispiel ergibt sich:

$$(c \cdot 11 - 10) \cdot (1 - 0{,}56) = 1{,}1 \cdot 10 - 10$$
$$(c \cdot 11 - 10)\, 0{,}44 = 1$$
$$4{,}84c - 4{,}4 = 1$$
$$c = \frac{5{,}4}{4{,}84} = \underline{\underline{1{,}1157024793}}$$

Die Erlöse (E) sind also bei gleichem mengenmäßigem Umsatz um den Faktor c, im vorliegenden Fall um c = 1,1157024793, zu erhöhen, womit sich folgende Sachlage ergibt:

Externes Rechnungswesen:

$c \cdot E(= 1{,}1157024793 \cdot 11$ Mio. DM)	12.272.727,27 DM
$- A$	10.000.000,— DM
$= G_{v.St.}$	2.272.727,27 DM
− 56% ESt	1.272.727,27 DM
$= G_{n.St.}$	1.000.000,— DM

Der Gewinn nach Steuern reicht jetzt – unter der Voraussetzung, daß keine Gewinnausschüttung erfolgt – zusammen mit den über die Umsatzerlöse liquide zufließenden Aufwandsgegenwerten zur Ersatzbeschaffung der Aufwandsgüter aus.

34 Bei exakter Anlehnung an die zur Zeit gültige Einkommensteuertabelle müßte die Ausgangsformel wie folgt lauten:
$(c \cdot E - A) - s \cdot g + 22.842 = (1 + b) \cdot A - A$
wobei g, sofern nicht von vornherein durch 54 ohne Rest teilbar, gleich der Größe „c · E – A" ist, die auf den nächsten durch 54 ohne Rest teilbaren Wert abgerundet wird. Da hier der Sachverhalt in allgemeiner Form dargestellt werden soll, wird auf spezielle Ausrichtung an der derzeitigen Einkommensteuertabelle verzichtet.

Kosten- und Leistungsrechnung:

c · E	12.272.727,27 DM
– Kosten ohne Einkommensteuer ($K_{o.St.}$)	11.000.000,— DM
= Betriebsergebnis ohne ESt ($G_{B_{o.St.}}$)	1.272.727,27 DM
– ESt mit Kostencharakter ($ESt_{m.K.}$)	1.272.727,27 DM
= Betriebsergebnis (G_B)	0 DM

Das Beispiel zeigt, daß die Einkommensteuer mit Kostencharakter nach der vorgenommenen Erlösanhebung höher ist als vor der Erlösanhebung, obwohl der Scheingewinn nach wie vor mit 1 Mio. DM die gleiche Höhe aufweist. Damit erweist sich die Aussage Wöhes, daß Steuern auf Preissteigerungsgewinne (≡ Scheingewinne) Kosten darstellen[35], als nicht ausreichend für die Bestimmung des Kostencharakters der Gewinnsteuern[35a]. Steuern auf den nach steuerrechtlichen Vorschriften ausgewiesenen Gewinn sind so lange Kosten, bis der Gewinn nach Steuern die Substanzerhaltung, d.h. die Wiederbeschaffung der Aufwandsgüter gewährleistet. Das ist dann der Fall, wenn der Gewinn nach Steuern gleich dem Scheingewinn ist, also dem Betrag entspricht, der neben den über die Umsatzerlöse liquide zufließenden Aufwandsgegenwerten zusätzlich zur Ersatzbeschaffung der verbrauchten Produktionsfaktoren notwendig ist.

Aus Vereinfachungsgründen war bisher unterstellt worden, daß es weder neutrale Erfolgsteile noch Zusatzkosten und Zusatzleistungen gibt.

Soweit im steuerlichen Gewinn neutraler Gewinn enthalten ist, ist er auszusondern, da neutraler Gewinn nicht aus dem kostenrechnerisch relevanten Leistungserstellungsprozeß resultiert, womit Steuern auf neutralen Gewinn auch nicht Kostencharakter haben können.

Durch Zusatzleistungen werden, da ihnen keine Erträge entsprechen, keine Gewinnsteuern verursacht. Zusatzleistungen sind daher bei der Analyse zur Ermittlung des Kostencharakters der Gewinnsteuern nicht zu berücksichtigen. Soweit Zusatzleistungen vorliegen, verbessert sich – ceteris paribus – lediglich das Betriebsergebnis entsprechend gegenüber dem Erfolg des externen Rechnungswesens.

---

35 Vgl. *Wöhe, G.*, a.a.O., S. 39f.

35 a Gleiches gilt analog für *G. Seicht* (Moderne Kosten- und Leistungsrechnung, Grundlagen und praktische Gestaltung, Wien 1977, S. 88–90), der zwar im Gegensatz zu *Wöhe* nicht nur den Scheingewinn, sondern alle Zusatzkosten – wie das im folgenden auch hier geschieht – einschließt, wenn er den auf Zusatzkosten entfallenden Erfolgsteuern Kostencharakter beimißt. Daneben vertritt *Seicht* auch die Ansicht, daß u.U. auch Steuern auf den **echten** Gewinn als Kosten anzusehen sind. Das ist abzulehnen. Mit der gleichen Berechtigung könnten dann auch die an die Anteilseigner ausgeschütteten Gewinne als Kosten betrachtet werden.

3.3.6.3.1.1.3 Lösungsansatz zur Erfassung des Kostencharakters der Einkommensteuer bei Scheingewinnen und Sonstigen Zusatzkosten

Die Größe „Scheingewinn" stellt aus kostenrechnerischer Sicht Zusatzkosten (≡ Kosten, denen kein Aufwand gegenübersteht) dar; in diesem Falle wird das gleiche Mengengerüst im externen Rechnungswesen zu Anschaffungswerten, in der Kosten- und Leistungsrechnung jedoch zu höheren Wiederbeschaffungswerten bewertet.

Der Gewinn nach Steuern muß zusammen mit den über die Umsatzerlöse liquide zufließenden Aufwandsgegenwerten nicht nur allein zur Ersatzbeschaffung der Kostengüter, die gleichzeitig Aufwandsgüter sind, ausreichen, sondern darüber hinaus auch die Ersatzbeschaffung der Kostengüter gewährleisten, die steuerlich nicht Aufwandsgüter sind, wie z.B. gewisse Beträge übersteigende Werbegeschenke. Die Formel ist dann wie folgt zu erweitern:

① Gewinn nach Steuern = Scheingewinn + Sonstige Zusatzkosten

$$(c \cdot E - A) \cdot (1 - s) = (1 + b) \cdot A - A + Z$$

Zusätzliche Symbolik:

Z ≡ Neben dem Scheingewinn gegebene Sonstige Zusatzkosten (jedoch ohne Gewinnsteuern mit Kostencharakter und ohne Berechnete MWSt mit Kostencharakter)

Soweit in den Sonstigen Zusatzkosten kalkulatorischer Unternehmerlohn und kalkulatorische Eigenkapitalzinsen enthalten sind, sind sie zu den Beträgen anzusetzen, die nach Steuerabzug verbleiben sollen (Nettounternehmerlohn, Nettoeigenkapitalzinsen). Wenn die Einkommensteuer, soweit ihr Kostencharakter zukommt, als (primäre) Kosten verrechnet wird, sind der kalkulatorische Unternehmerlohn und die kalkulatorischen Eigenkapitalzinsen nur mit ihren Nettobeträgen in der Kostenartenrechnung anzusetzen.

Zur Erläuterung soll das folgende **Beispiel** dienen, bei dem neben den bisherigen Gegebenheiten noch Z = 0,2 Mio. DM gegeben sind.

Die jetzt notwendige Erlösanhebung (Preisanhebung) c errechnet sich wie folgt:

$$\begin{aligned} (c \cdot E - A) \cdot (1 - s) &= (1 + b) \cdot A - A + Z \\ (c \cdot 11 - 10) \cdot (1 - 0{,}56) &= 1{,}1 \cdot 10 - 10 + 0{,}2 \\ 4{,}84c - 4{,}4 &= 1{,}2 \\ c &= \frac{5{,}6}{4{,}84} \\ c &= \underline{\underline{1{,}1570247933}} \end{aligned}$$

Nach Durchführung der Erlösanhebung stellt sich die Sachlage im externen und internen Rechnungswesen wie folgt dar:

Externes Rechnungswesen:

$c \cdot E (= 1{,}1570247933 \cdot 11$ Mio. DM)	12.727.272,72 DM
$- A$	10.000.000,— DM
$= G_{v.St.}$	2.727.272,72 DM
− 56% ESt	1.527.272,72 DM
$= G_{n.St.}$	1.200.000,— DM

Kosten- und Leistungsrechnung:

$c \cdot E$	12.727.272,72 DM
$- K_{o.St.}$	11.200.000,00 DM
$= G_{B_{o.St.}}$	1.527.272,72 DM
$- ESt_{m.K.}$	1.527.272,72 DM
$= G_B$	0 DM

3.3.6.3.1.1.4 Einkommensteuer ohne Kostencharakter

Soweit die Erlöse um mehr als den nach der obigen Formel ① errechneten Faktor c erhöht werden, stellt die Besteuerung dieses Mehrbetrages echten Gewinnanteil des Staates dar, weil dieser Mehrbetrag, der ceteris paribus zu einer gleichen Erhöhung des Gewinnes vor Steuern führt, zur Ersatzbeschaffung der Kostengüter nicht notwendig ist. Daher haben die Steuern, soweit sie auf diesen Mehrbetrag zu entrichten sind, keinen Kostencharakter.

Das soll anhand der folgenden Grenzbetrachtung gezeigt werden, bei der die Erlöse zusätzlich um DM 1,– erhöht werden, womit sich folgende Sachlage ergibt:

Externes Rechnungswesen:

$c \cdot E + 1$	12.727.273,72 DM
$- A$	10.000.000,— DM
$= G_{v.St.}$	2.727.273,72 DM
− 56% ESt	1.527.273,28 DM
$= G_{n.St.}$	1.200.000,44 DM

Kosten- und Leistungsrechnung:

$c \cdot E + 1$	12.727.273,72 DM
$- K_{o.St.}$	11.200.000,— DM
$= G_{B_{o.St.}}$	1.527.273,72 DM
$- ESt_{m.K.}$	1.527.272,72 DM
$= G_B$	1,00 DM
− ESt ohne Kostencharakter ($ESt_{o.K.}$)	0,56 DM
= Betriebsergebnis nach Steuern ($G_{B_{n.St.}}$)	0,44 DM

In der Kosten- und Leistungsrechnung, wo die Kostengüter zu Wiederbeschaffungswerten bewertet werden, um den realen Betriebserfolg auszuweisen, schlägt sich die zusätzlich vorgenommene – zur Substanzerhaltung nicht notwendige – Erlösanhebung von DM 1,– unmittelbar in einer gleich hohen Erhöhung des Betriebserfolges (G_B) von DM 0,– auf DM 1,– nieder. Die auf diesen realen Gewinn entfallenden Steuern von DM 0,56 stellen den Gewinnanteil des Staates dar. Die Einkommensteuerschuld hat sich also um DM 0,56 auf DM 1.527.273,28 erhöht. Kostencharakter hat aber nach wie vor nur die Einkommensteuer, wie sie sich aufgrund der Erlösanhebung um den nach Formel ① errechneten Faktor c ergibt. Das sind also im Beispiel DM 1.527.272,72. Der nach Steuer verbleibende Rest des realen Gewinnes – hier DM 0,44 – kann ohne Gefahr für die „reproduktive" Substanz ausgeschüttet werden.

Resümee: Einkommensteuer auf den Teil des finanzbuchhalterischen Gewinnes vor Steuern, der erwirtschaftet werden muß, damit der **Gewinn nach Steuern** zusammen mit den über die Umsatzerlöse liquide zufließenden Aufwandsgegenwerten gerade zur Ersatzbeschaffung **aller** verbrauchten Kostengüter ausreicht, hat Kostencharakter. Die Ersatzbeschaffung aller Kostengüter ist gewährleistet, wenn gilt:

Gewinn nach Steuern = Scheingewinn + Sonstige Zusatzkosten

Um die Einkommen- bzw. Körperschaftsteuer mit Kostencharakter in der richtigen Höhe zu bestimmen, muß in einer zusammengefaßten Analyse aller Gewinnsteuern neben der Einkommen- bzw. Körperschaftsteuer auch die Gewerbeertragsteuer – wie in 3.3.6.3.1.4 dargestellt – berücksichtigt werden.

3.3.6.3.1.1.5 Der Lösungsansatz als Ausgangspunkt für Lösungsansätze mit weitergehenden Fragestellungen

Bei Befürwortung „relativ-leistungsäquivalenter" Substanzerhaltungstheorien, bei denen nicht nur eine rein reproduktive Substanzerhaltung, sondern auch ein am gesamtwirtschaftlichen Wachstum orientiertes Wachstum der Unternehmung sichergestellt sein muß, wäre der Begriff Scheingewinn, der als „$(1 + b) \cdot A - A$" definiert ist, zu ergänzen um die zum Kapazitätsausbau notwendigen vorweggenommenen „Aufwendungen" (W), die nach diesen Theorien nicht als Gewinn ausgewiesen werden dürften[36]. Die Formel ① änderte sich dann zur Formel wie folgt:

② Gewinn nach Steuern = Scheingewinn + Sonstige Zusatzkosten + Kapazitätserweiterung

---

36 Vgl. z.B. *Sommerfeld, H.,* Eudynamische Bilanz, in: Lexikon des kaufmännischen Rechnungswesens, Hrsg. *K. Bott,* 1. Aufl., Bd. I, Stuttgart 1940, Sp. 853.

Sollen Gewinnteile ausgeschüttet werden, ohne daß dabei die betriebliche Substanz in Mitleidenschaft gezogen wird, so ändert sich die Formel ① zur Formel ③ wie folgt:

③ Gewinn nach Steuern = Scheingewinn + Sonstige Zusatzkosten + Ausschüttung

Sollen neben der „reproduktiven" Substanzerhaltung sowohl Kapazitätsausweitung aus eigener Kraft als auch Ausschüttung gewährleistet sein, so muß die Bedingung ④ erfüllt sein:

④ Gewinn nach Steuern = Scheingewinn + Sonstige Zusatzkosten + Kapazitätserweiterung + Ausschüttung

$$(c \cdot E - A) \cdot (1 - s) = (1 + b) \cdot A - A + Z + W + H$$

Zusätzliche Symbolik:

W ≡ Zum Kapazitätsausbau (Wachstum) der Unternehmung notwendige Geldmittel aus Innenfinanzierung

H ≡ Zur Ausschüttung vorgesehene Geldmittel

Der Gewinn, den die Unternehmung zusätzlich erwirtschaften muß, damit nach Steuern die benötigten Mittel für Ausschüttung und Kapazitätserweiterung vorhanden sind, ist zur Ersatzbeschaffung der Kostengüter nicht notwendig. Die Steuer, die auf diesen Gewinnanteil zu zahlen ist, hat keinen Kostencharakter (= Anteil des Staates am realen Gewinn).

Anhand des folgenden **Beispiels,** bei dem ausgehend von obigem Beispiel nach der Einkommensbesteuerung nicht nur die Erhaltung der reproduktiven Substanz, sondern auch eine Ausschüttung (H) von 0,1 Mio. DM sowie eine Kapazitätserweiterung (W) von 0,4 Mio. DM möglich sein soll, soll der Sachverhalt dargelegt werden. Es ist jetzt zu fragen, um welchen Faktor c die Erlöse bei gleichem mengenmäßigem Umsatz steigen müssen, so daß folgende Bedingung gewährleistet ist:

$$(c \cdot E - A) \cdot (1 - s) = (1 + b) \cdot A - A + Z + W + H$$

$$(c \cdot 11 - 10) \cdot (1 - 0{,}56) = 1{,}1 \cdot 10 - 10 + 0{,}2 + 0{,}4 + 0{,}1$$

$$4{,}84c - 4{,}4 = 1{,}7$$

$$c = \frac{6{,}1}{4{,}84}$$

$$c = \underline{\underline{1{,}2603305785}}$$

Nach Durchführung der Erlösanhebung (Preisanhebung) ergibt sich folgende Darstellung des Sachverhaltes:

Externes Rechnungswesen:

$c \cdot E$ (= 1,2603305785 · 11 Mio. DM)	13.863.636,36 DM
$- A$	10.000.000,00 DM
$= G_{v.St.}$	3.863.636,36 DM
$- ESt = 0{,}56 \cdot 3.863.636{,}36$	2.163.636,36 DM
$= G_{n.St.}$	1.700.000,00 DM

Der finanzbuchhalterische Gewinn vor Steuer besteht aus DM 1.000.000,– Scheingewinn, DM 200.000,– Sonstigen Zusatzkosten, DM 1.527.272,72 Einkommensteuer mit Kostencharakter und DM 1.136.363,64 realem Gewinn, was allerdings aus der Finanzbuchhaltung nicht ersichtlich ist, aber aus der nachfolgenden Betriebsabrechnung (Kosten- und Leistungsrechnung) deutlich wird. Der finanzbuchhalterische Gewinn nach Steuern setzt sich aus 1 Mio. DM Scheingewinn, DM 200.000,– Sonstigen Zusatzkosten und DM 500.000,– verbleibendem realem Gewinn zusammen.

Kosten- und Leistungsrechnung:

$c \cdot E$	13.863.636,36 DM
$- K_{o.St.}$	11.200.000,— DM
$= G_{B_{o.St.}}$	2.663.636,36 DM
$- ESt_{m.K.}$	1.527.272,72 DM
$= G_B$	1.136.363,64 DM
$- ESt_{o.K.}$ $(= 0{,}56 \cdot 1.136.363{,}64)$	636.363,64 DM
$= G_{B_{n.St.}}$	500.000,00 DM

Entsprechend der Gleichung für die Ausgangsbedingung „Gewinn nach Steuern = Scheingewinn + Sonstige Zusatzkosten“ bleibt die Einkommensteuer mit Kostencharakter bei DM 1.527.272,72 stehen. Auf den Betriebsgewinn entfällt noch Einkommensteuer ohne Kostencharakter in Höhe von DM 636.363,64 als Anteil des Staates am realen Vermögenszuwachs im Sinne der Kosten- und Leistungsrechnung. Somit verbleibt nach Steuern ein Betrag von DM 500.000,– für die geplante Ausschüttung und Kapazitätserweiterung.

Exkurs: Anwendungsmöglichkeiten der Lösungsansätze

A. Die Lösungsansätze als Grundlage für die Bestimmung der Preisuntergrenze im Absatzbereich

Eine Berücksichtigung von Scheingewinnbesteuerung und Besteuerung Sonstiger Zusatzkosten sowie gegebenenfalls anderer Größen wie Ausschüttung und Kapazitätserweiterung bei der Kalkulation der einzelnen Erzeugnisse ist allerdings nur im Rahmen einer Plankostenrechnung möglich. Nur hier kann entsprechend obigem Problemlösungsansatz vorgegangen werden, indem die zu erreichende Höhe des Umsatzerlöses ($c \cdot E$) von „rückwärts“ (retrograd) auf die geplanten Umsatzmengen der einzelnen Erzeugnisarten umgelegt wird und damit uno actu die Preisuntergrenze der einzelnen Erzeugnisarten festgelegt werden kann.

Das soll anhand des **Ausgangsbeispiels**[37] dargestellt werden, das als Vorschaurechnung aufzufassen ist. Dabei wird der Einfachheit halber eine **Einproduktunternehmung** unterstellt, deren geplante Produktions- und Absatzmenge für die zugrunde gelegte Planperiode 2000 Mengeneinheiten beträgt.

37 Siehe S. 85 f.

Ohne Berücksichtigung der Einkommensteuer in den Kosten beträgt der geplante Mindesterlös pro Mengeneinheit, der als geplante Preisuntergrenze aufzufassen ist

$$\frac{E}{x_{gepl.}} = \frac{11 \text{ Mio. DM}}{2.000 \text{ ME}} = \underline{\underline{5.500 \frac{\text{DM}}{\text{ME}}}}.$$

Zusätzliche Symbolik:

$x_{gepl.} \equiv$ Geplante Produktions- und Absatzmenge

Wie das Beispiel zeigt, würde bei Realisierung dieses Stückpreises die Substanz der Unternehmung angegriffen werden.

Erst wenn die Einkommensteuer mit Kostencharakter berücksichtigt wird und sich folglich der zu erzielende Mindeststückerlös (Preisuntergrenze) als

$$\frac{c \cdot E}{x_{gepl.}} = \frac{12.272.727{,}27 \text{ DM}}{2.000 \text{ ME}} = \underline{\underline{6.136{,}36 \frac{\text{DM}}{\text{ME}}}}$$

ermittelt, ist – wie das Beispiel zeigt – die Substanzerhaltung gewährleistet. Der Betriebsgewinn beträgt jetzt DM 0,–.

Die Preiserhöhung um DM 636,36 pro Mengeneinheit läßt sich auch errechnen, indem die vorgenommene Erlösanhebung von DM 1.272.727,27 durch die geplante Absatzmenge von 2.000 Mengeneinheiten dividiert wird.

Bei einer **Mehrproduktunternehmung** wäre der geplante Mindesterlös $(c \cdot E)$ mittels Äquivalenzziffern auf die einzelnen Erzeugnisarten stückbezogen umzurechnen. Dabei können die Äquivalenzziffern z.B. dem Verhältnis der Selbstkosten ohne Berücksichtigung der Steuern mit Kostencharakter, der Kostentragfähigkeit oder anderen zweckgerechten Gegebenheiten der einzelnen Erzeugnisarten entsprechen[38].

Die Preisuntergrenze $(\overline{p}_e)$ für das Einheitserzeugnis e ermittelt sich dann als

$$\overline{p}_e = \frac{c \cdot E}{x_{1\,gepl.} \cdot ä_1 + x_{2\,gepl.} \cdot ä_2 + \ldots + x_{e\,gepl.} \cdot 1 + \ldots + x_{\bar{i}\,gepl.} \cdot ä_{\bar{i}}}$$

Die Preisuntergrenze der einzelnen Erzeugnisarten ist dann durch Multiplikation der Preisuntergrenze des Einheitserzeugnisses e mit den jeweiligen Äquivalenzziffern der Erzeugnisarten zu ermitteln:

$$\overline{p}_1 = \overline{p}_e \cdot ä_1 \,; \quad \overline{p}_2 = \overline{p}_e \cdot ä_2 \,; \quad \ldots \overline{p}_{\bar{i}} = \overline{p}_e \cdot ä_{\bar{i}}$$

Zusätzliche Symbolik:

$\overline{p}_i \equiv$ Preisuntergrenze des Erzeugnisses i
$ä_i \equiv$ Äquivalenzziffer des Erzeugnisses i
für $i = 1, 2, \ldots, e, \ldots, \bar{i}$

Anmerkung: Die Rechengröße $c \cdot E$ läßt sich auch zur Rechengröße E' und die Rechengröße $(1 + b) \cdot A$ auch zur Rechengröße A' zusammenfassen.

B. Die Lösungsansätze als Grundlage für die Bestimmung der Preisobergrenze im Beschaffungsbereich

Die oben dargestellten Formeln dienen im Rahmen einer Vorschaurechnung auch der Bestimmung der Preisobergrenze im Beschaffungsbereich,

38 Zur ausführlichen Darstellung der Äquivalenzziffernrechnung vgl. 5.2.1.3.

da mit ihrer Hilfe die im Hinblick auf ihre jeweilige Zielsetzung zulässige Preissteigerungsrate ermittelt werden kann.

Beispiel:

Welche Preissteigerungsrate ihrer Aufwands- und Kostengüter (b) kann die Unternehmung ohne Gefahr für die Ersatzbeschaffung der Kostengüter verkraften, wenn sie – wie entsprechende Verkaufsverhandlungen gezeigt haben – für den gleichen mengenmäßigen Umsatz künftig 5% (c = 1,05) mehr Erlös erzielt? In diesem Falle ist „b" die Unbekannte. Es muß gelten:

$$(c \cdot E - A) \cdot (1 - s) = (1 + b) \cdot A - A + Z$$

Für ansonsten gleiche Daten wie beim Ausgangsbeispiel (Z = 0!) ergibt sich:

$$\begin{aligned}(1{,}05 \cdot 11 - 10) \cdot (1 - 0{,}56 &= (1 + b) \cdot 10 - 10\\ (11{,}55 - 10) \cdot 0{,}44 &= 10 + 10\,b - 10\\ 1{,}55 \cdot 0{,}44 &= 10\,b\\ b &= \frac{0{,}682}{10} = \underline{\underline{0{,}0682}}\end{aligned}$$

Es kann eine durchschnittliche Preiserhöhung von 6,82% bei den Aufwands- und Kostengütern ohne Gefahr für die betriebliche Substanz hingenommen werden.

3.3.6.3.1.2 Kirchensteuer vom Einkommen

Eine Betriebsbezogenheit der Kirchensteuer läßt sich nicht herstellen. Kirchensteuerpflicht ergibt sich nicht aus dem betrieblichen Leistungserstellungsprozeß, sondern aus der Mitgliedschaft des Eigentümers oder des Gesellschafters bei einer steuerberechtigten, öffentlich-rechtlichen Religionsgemeinschaft. Daher sind Kirchensteuern keine Kosten.

3.3.6.3.1.3 Körperschaftsteuer

Bei der Körperschaftsteuer handelt es sich um die Besteuerung des steuerlichen Gewinnes (Einkommens) von Unternehmen mit eigener Rechtspersönlichkeit (Kapitalgesellschaften: GmbH, AG etc.). Wie bei der Einkommensteuer stellt die Körperschaftsteuer auf den Teil des steuerlichen Gewinns Kosten dar, der erwirtschaftet werden muß, um die Ersatzbeschaffung **aller** Kostengüter zu gewährleisten[39].

Manche Autoren argumentieren, soweit die Rechtsform der Kapitalgesellschaft betriebsnotwendig sei, habe die (gesamte) Körperschaftsteuer Kostencharakter[40]. Die Körperschaftsteuer besteuert jedoch nicht die Rechtsform sondern den Gewinn der Kapitalgesellschaft. Da reale Gewinne zur Ersatzbeschaffung der verbrauchten Kostengüter nicht notwendig und daher in diesem Sinne nicht betriebsnotwendig sind, haben die auf reale Gewinne entfallenden Körperschaftsteuern keinen Kostencharakter.

---

39 Siehe die entsprechenden Ausführungen zur Einkommenssteuer S. 82 ff., insbesondere S. 83–91.

40 Vgl. z. B. *Huch, B.*, a. a. O., S. 75

3.3.6.3.1.4 Gewerbeertragsteuer

Besteuerungsgrundlage ist der Gewerbeertrag, der sich als der nach dem Einkommen- oder Körperschaftsteuergesetz zu versteuernde Gewinn vermehrt bzw. vermindert um gewisse im Gewerbesteuergesetz genannte Hinzurechnungen und Kürzungen darstellt. Als wichtige Hinzurechnung sind die Zinsen für Dauerschulden zu erwähnen.

Faßt man alle Gewinnsteuern in einer Rechnung zusammen – was notwendig ist – so haben die Einkommen- bzw. Körperschaftsteuer und die Gewerbeertragsteuer auf die Teile des Gewinnes vor Steuern und des Gewerbeertrages Kostencharakter, die erwirtschaftet werden müssen, damit der Gewinn nach Steuern zusammen mit den über die Umsatzerlöse liquide zufließenden Aufwandsgegenwerten gerade zur Ersatzbeschaffung **aller** Kostengüter ausreicht. Das ist dann der Fall, wenn gilt:

Gewinn nach Steuern = Scheingewinn + Sonstige Zusatzkosten

Da die Gewerbesteuer bei der Ermittlung des zu versteuernden Gewinns abziehbarer Aufwand ist, stellt sich die Formel wie folgt dar:

$$(c \cdot E - (A^* + \text{GewErtSt})) \cdot (1 - s) = (1 + b) \cdot A^* - A^* + Z$$

wobei gilt: $$\text{GewErtSt} = \frac{s_g(c \cdot E - A^* + FK)}{1 + s_g}$$

Zusätzliche Symbolik:

A^* ≡ Steuerlich abziehbarer Aufwand ohne Gewerbeertragsteueraufwand
FK ≡ Summe aller Abweichungen des Gewerbeertrags vom nach EStG bzw. KStG zu versteuernden Gewinn
GewErtSt ≡ Gewerbeertragsteuer
s_g ≡ Effektiver Gewerbeertragsteuersatz (= Produkt aus Steuermeßzahl und Hebesatz)

Die Formel zur Ermittlung der Gewerbeertragsteuer leitet sich wie folgt ab[41]:

$$\begin{aligned}\text{GewErtSt} &= (\text{Gewerbeertrag vor GewErtSt} - \text{GewErtSt}) \cdot \text{Steuermeßzahl} \cdot \text{Hebesatz}\\ &= (\text{Gewerblicher Gewinn vor GewErtSt} + FK - \text{GewErtSt}) \cdot s_g\\ &= (c \cdot E - A^* + FK - \text{GewErtSt}) \cdot s_g\end{aligned}$$

$$\text{GewErtSt} \cdot (1 + s_g) = s_g \cdot (c \cdot E - A^* + FK)$$

$$\text{GewErtSt} = \frac{s_g \cdot (c \cdot E - A^* + FK)}{1 + s_g}$$

41 Zur Ermittlung der Gewerbeertragsteuer vgl. *Rose, G.,* Betrieb und Steuer – Grundlagen zur Betriebswirtschaftlichen Steuerlehre, Erstes Buch: Die Ertragsteuern, 4. Aufl., Wiesbaden 1977, S. 19f., S. 176ff., insb. S. 197ff.

Die als primäre Kosten erfaßten Gewinnsteuern können den Erzeugnissen als Einzelkosten zugerechnet werden. Voraussetzung dafür ist, daß für jede Erzeugnisart der finanzbuchhalterische Erfolgsbeitrag und der darin enthaltene Scheingewinnanteil sowie die Sonstigen Zusatzkosten ermittelt werden können.

3.3.6.3.2 Substanzsteuern

3.3.6.3.2.1 Vermögensteuer

Bei der Vermögensteuer wird allein aufgrund des Vorhandenseins von Betriebsvermögen ein staatlich-politischer Zwangsverbrauch betrieblicher Substanz vorgenommen und zwar unabhängig davon, ob eine Gewinnerzielung stattfindet. Soweit die Vermögensteuer auf betriebsnotwendiges, d.h. zur Leistungserstellung notwendiges, also leistungsbezogenes Vermögen zu entrichten ist, handelt es sich um Kosten.

Nun muß diese Argumentation aber für alle Rechtsformen der Unternehmung gleichermaßen gelten. Es ist also auch der Vermögensteuer bei Einzelunternehmungen und Personengesellschaften insoweit Kostencharakter beizumessen, als der bzw. die Eigentümer Vermögensteuer auf betriebsnotwendiges Vermögen zu entrichten verpflichtet sind. Behandelte man Eigentümer-Unternehmer anders als Unternehmungen mit eigener Rechtspersönlichkeit, so ergäbe sich diese Ungleichbehandlung allein aus der Rechtsform der Unternehmung[42]. Solches soll die Kosten- und Leistungsrechnung aber ja gerade vermeiden. In den LSP ist diese Gleichbehandlung verwirklicht. Dort ist die Vermögensteuer unabhängig von der Rechtsform der Unternehmung als Kosten kalkulierbar.

Soweit Vermögensteuer auf nicht betriebsnotwendiges Vermögen zu zahlen ist, stellt sie (handelsrechtlich) neutralen Aufwand dar. Steuerlich sind Vermögensteuern in keinem Falle als Betriebsausgabe (Aufwand) absetzbar. Hier wäre eine Änderung insoweit sachlich gerechtfertigt, als die Vermögensteuer Kosten darstellt.

3.3.6.3.2.2 Gewerbekapitalsteuer und Lohnsummensteuer

Besteuerungsgrundlage der **Gewerbekapitalsteuer** ist das Gewerbekapital, das sich als Einheitswert des gewerblichen Betriebes zuzüglich bzw. abzüglich gewisser Hinzurechnungen und Kürzungen (§ 12 GewStG) darstellt.

Besteuerungsgrundlage der **Lohnsummensteuer** als ehemals dritter möglicher Gewerbesteuerart ist die Bruttolohn- und Gehaltssumme.

---

42 Zur Begründung siehe die analogen Ausführungen S. 83 f.

Soweit Gewerbekapitalsteuer und Lohnsummensteuer Produktionsfaktoren besteuern, die bei der betrieblichen Leistungserstellung eingesetzt sind, haben sie wie alle Produktionsfaktorsteuern Kostencharakter; soweit sie auf nicht leistungsbezogenes Betriebsvermögen bzw. auf solche Löhne und Gehälter zu entrichten sind, stellen sie neutralen Aufwand dar.

3.3.6.3.2.3 Grundsteuer

Soweit sie auf betriebsnotwendigen Grundbesitz zu entrichten ist, stellt sie Kosten dar. Wie alle Substanzsteuern wird auch die Grundsteuer in der Regel als Gemeinkosten verrechnet.

3.3.6.3.3 Verkehrsteuern und Verbrauchsteuern

3.3.6.3.3.1 Umsatzsteuer

3.3.6.3.3.1.1 Altes Umsatzsteuersystem (kumulierte Allphasenumsatzsteuer)

Beim alten, durch Einführung des Mehrwertsteuersystems abgelösten Umsatzsteuersystem war nach herrschender Meinung der Kostencharakter der Umsatzsteuer anerkannt[43]. Auch in der betrieblichen Praxis wurde die Umsatzsteuer als Kostenfaktor behandelt.

Bei der Beschaffung gegebene Umsatzsteuer:
Da ein getrennter Ausweis der Umsatzsteuer auf den Rechnungen nicht erfolgte, konnte die im Gesamtpreis enthaltene Umsatzsteuer, deren Höhe sich je nach der Anzahl der durchlaufenen Handelsstufen wegen der Kumulation (Umsatzsteuer auf Umsatzsteuer) erhöhte, ohnehin nicht festgestellt werden. Die dergestalt auf der Beschaffungsseite anfallende Umsatzsteuer war damit nichts anderes als ein (nicht erkennbarer) Teil der Anschaffungskosten. Sie wurde damit beim Verbrauch der Güter zu Aufwand und Kosten. (Den Vorsteuerabzug kannte das alte Umsatzsteuersystem nicht.)

Beim Absatz anfallende Umsatzsteuer:
Entsprechend dem hier vorgestellten Ansatz zur Bestimmung des Kostencharakters der Steuern ist der Umsatzsteuer insoweit Kostencharakter beizumessen, als sie auf den Teil der Kundeneinnahme entfällt, der **mindestens** erzielt werden muß, damit die Ersatzbeschaffung der verbrauchten Kostengüter gewährleistet ist. Das ist dann der Fall, wenn die Kundeneinnahme (= Erlös) nach Abzug der Umsatzsteuer gleich den Selbstkosten ohne Umsatzsteuer mit Kostencharakter (≡ Übrigen Selbst-

43 Vgl. *Mellerowicz, K.*, Kosten und Kostenrechnung, Bd. 1, 4. Aufl., Berlin 1963, S. 92f.; *Wöhe, G.*, a.a.O., S. 62.

kosten) ist. Da die Bemessungsgrundlage der alten Umsatzsteuer die Kundeneinnahme ist, müssen dementsprechend bei einem Steuersatz von vier Prozent jeweils 4,1$\bar{6}$ Prozent auf die zu Wiederbeschaffungspreisen angesetzten Übrigen Selbstkosten (= Arbeitskosten, Werkstoffkosten usw.) als Umsatzsteuer mit Kostencharakter kalkuliert und im Preis erzielt werden (= Preisuntergrenze). Soweit die tatsächliche Kundeneinnahme **unter** der Preisuntergrenze liegt, hat natürlich nur die auf diese niedrigere Kundeneinnahme zu entrichtende Umsatzsteuer Kostencharakter.

Soweit der Erlös **über** der Preisuntergrenze liegt (Gewinnfall), hat die zusätzlich anfallende Umsatzsteuer keinen Kostencharakter. Sie hat für diesen zusätzlichen Teil den Charakter einer Steuer auf reale Gewinne.

Diesbezüglich ist die Vorgehensweise der betrieblichen Praxis zu kritisieren, nach der die auf die Umsätze (≡ Erlöse) angefallenen Umsatzsteuern in jedem Falle in voller Höhe als aufwandsgleiche Kosten (Konto „462 Umsatzsteuer" des Gemeinschafts-Kontenrahmens der Industrie (GKR)) verbucht und entsprechend bei der Kalkulation berücksichtigt worden sind.

Beispiele:

Bei einem Umsatzsteuersatz von 4% und Selbstkosten ohne Umsatzsteuer (≡ Übrigen Selbstkosten) von DM 960,– ergibt sich:

		1.	2.	3.
bei Umsatzerlösen (= Kundeneinnahmen) von	DM	1.200,–	1.000,–	800,–
eine Umsatzsteuerschuld von	DM	48,–	40,–	32,–
davon mit Kostencharakter	DM	40,–	40,–	32,–
womit sich die Selbstkosten belaufen auf	DM	1.000,–	1.000,–	992,–
und das Betriebsergebnis auf	DM	200,–	0	– 192,–
wovon nach Abzug der USt ohne Kostencharakter verbleiben	DM	192,–	0	– 192,–

3.3.6.3.3.1.2 Neues Umsatzsteuersystem (Mehrwertsteuer)

Den Bestimmungen des Umsatzsteuergesetzes entsprechend stellt die neue Umsatzsteuer in der Finanzbuchhaltung – sei sie nun als **Vorsteuer** an die Lieferanten zu entrichten oder als **Berechnete Mehrwertsteuer** den

Kunden in Rechnung zu stellen – nie Aufwand und nie Ertrag dar, sondern wird als durchlaufender Posten behandelt.

In dem Moment, in dem einer Unternehmung beim Beschaffungsakt eine Vorsteuerschuld gegenüber einem Lieferanten entsteht, entsteht ihr uno actu eine Forderung in gleicher Höhe gegenüber dem Fiskus. Die Ausgabe „Vorsteuerschuld an den Lieferanten“ wird unmittelbar durch die Einnahme „Forderung ans Finanzamt“ kompensiert.

Wenn eine Unternehmung andererseits beim Verkaufsakt einem Kunden Mehrwertsteuer in Rechnung stellt, entsteht ihr uno actu in gleicher Höhe eine Verbindlichkeit gegenüber dem Fiskus. Die Einnahme wird so systembedingt in gleichem Akte durch eine gleich hohe Ausgabe kompensiert.

Bei einer voreiligen Übertragung dieses Systems auf die Kosten- und Leistungsrechnung ergäbe sich auch hier für die neue Umsatzsteuer die Aussage: nie Kosten und nie Leistung. Wie im folgenden gezeigt wird, ist der erste Teil dieser Aussage „nie Kosten“, die Berechnete Mehrwertsteuer betreffend, nicht haltbar.

Bei der Beschaffung anfallende Umsatzsteuer (Vorsteuer):
Lediglich die Vorsteuer hat bei den in das Mehrwertsteuersystem integrierten Unternehmen nie Kostencharakter, da sie hier immer vom Finanzamt erstattet wird[44]. Damit unterscheidet sich hinsichtlich der auf der Beschaffungsseite anfallenden Umsatzsteuern das neue grundlegend vom alten Umsatzsteuersystem.

Beim Absatz anfallende Umsatzsteuer (Berechnete Mehrwertsteuer):
Für die Berechnete Mehrwertsteuer gilt analog das oben zur auf der Absatzseite anfallenden „alten“ Umsatzsteuer Ausgeführte. Unterschiedlichkeiten ergeben sich lediglich aus dem abweichenden Steuersatz und vor allem aus der abweichenden Bemessungsgrundlage. **Bemessungsgrundlage** der neuen Umsatzsteuer ist die Kundeneinnahme abzüglich Umsatzsteuer (§ 10 UStG). Die Berechnete Mehrwertsteuer stellt insoweit Kosten dar, als sie auf den Teil der Bemessungsgrundlage entfällt, der lediglich die Selbstkosten ohne die Berechnete Mehrwertsteuer mit Kostencharakter (≡ Übrige Selbstkosten) deckt. Insoweit werden durch sie Kosten besteuert. Steuern auf Kosten aber sind ihrerseits Kosten (= Produktions-

---

44 Eine Ausnahme machen natürlich die Unternehmen, die nicht in das Mehrwertsteuersystem integriert sind (Steuerbefreiungen nach § 4 UStG). Für diese Unternehmen stellen die Vorsteuern Anschaffungskosten dar.

faktorsteuern). Die Berechnete Mehrwertsteuer mit Kostencharakter muß daher neben den zu Wiederbeschaffungspreisen angesetzten Übrigen Selbstkosten (= Arbeitskosten, Werkstoffkosten usw.) in die Selbstkosten und damit in die Preisuntergrenze der Erzeugnisse kalkuliert werden. Nur wenn mindestens die so ermittelten Selbstkosten als Preis erlöst werden, ist die Ersatzbeschaffung der verbrauchten Kostengüter gewährleistet.

Zur Erläuterung sollen folgende Beispiele dienen. Ihnen liegt ein Umsatzsteuersatz von 13 % zugrunde[45].

Beispiel 1:

Ein Einzelhändler kauft ein Gut zu DM 100,– netto zuzüglich DM 13,– Vorsteuer ein. Verkaufen kann er das Gut schließlich nur zu seinen Anschaffungskosten von DM 100,–. Die Wiederbeschaffungskosten betragen ebenfalls DM 100,–. Auf die Berücksichtigung anderer Kosten als der Anschaffungskosten, die Bestandteil der Selbstkosten wären, soll in diesem Beispiel der Einfachheit halber verzichtet werden.

Nach den Bestimmungen des Umsatzsteuergesetzes zerfällt bei einem Steuersatz von 13 Prozent der Bruttoerlös in einen $\frac{100}{113}$ Teil, der Umsatzerlös ist, und in einen $\frac{13}{113}$ Teil, der Berechnete Mehrwertsteuer ist. Von der Kundeneinnahme dieses Einzelhändlers stellen also DM 11,50 $\left(= \frac{13}{113} \cdot 100,\text{–}\ \text{DM}\right)$ Berechnete Mehrwertsteuer dar. Bei der Verrechnung mit seiner Vorsteuerforderung von DM 13,– erhält er als Vorsteuerüberhang den Betrag von DM 1,50 vom Finanzamt erstattet.

Es ergibt sich also folgender Status auf Basis von Einnahmen und Ausgaben:

Ausgaben an den Lieferanten	DM 113,—
– Einnahme vom Kunden	DM 100,—
– Einnahme vom Finanzamt	DM 1,50
= Ausgabenüberschuß	DM 11,50

In Höhe der „Berechneten Mehrwertsteuer" von DM 11,50 erleidet der Einzelhändler einen Verbrauch des Nominalgutes Geld und damit letztlich eine Substanzauszehrung.

Wäre das Gut ein umsatzsteuerfreies Gut oder gäbe es die Umsatzsteuer überhaupt nicht, so hätte der Einzelhändler – ceteris paribus – DM 100,– an den Lieferanten gezahlt und DM 100,– vom Kunden empfangen. Er hätte in diesem Falle weder Gewinn noch Verlust erzielt. Der Verlust von DM 11,50 ist nur dadurch zustande gekommen, daß dieser Ein- und Verkaufsakt der Umsatzsteuer unterlag und es dem Einzelhändler nicht gelungen ist, auf seine Anschaffungskosten die darauf entfallende Umsatzsteuer zusätzlich zu erlösen. Wenn es ihm gelungen wäre, das Gut zu DM 113,– zu verkaufen, hätte er das Geschäft ohne Gewinn und Verlust abgeschlossen.

Im gegebenen Fall führt die anfallende Berechnete Mehrwertsteuer von DM 11,50 in voller Höhe zur Substanzauszehrung. Sie hat damit Kostencharakter. Bei der hier gegebenen Datenkonstellation weist auch das G + V-Konto des externen Rechnungswesens diese Substanzauszehrung als Verlust auf, obwohl sich hier für die Berechnete Mehrwertsteuer mit

45 Auf eine Anpassung an den derzeit gültigen Steuersatz von 15 % wurde verzichtet, da die Aussagen zum Kostencharakter der Mehrwertsteuer auf jeden jeweils gültigen Steuersatz leicht analog anwendbar sind.

Kostencharakter in Höhe von DM 11,50 keine entsprechende Aufwandsposition findet. Das ist aber nur deshalb der Fall, weil auch der Umsatzerlös entsprechend zu niedrig ausgewiesen wird.

Die steuerliche Definition des Umsatzerlöses als Bruchteil des Bruttoerlöses und damit die Herausnahme des Umsatzsteuer-Teils aus dem Erlös ist aus kosten- und aus preistheoretischer Sicht jedoch genauso willkürlich, als wenn man die für die abgesetzten Erzeugnisse angefallenen Löhne und Gehälter nicht bei den Kosten zum Ausweis brächte, sondern dafür die Umsatzerlöse um die Löhne und Gehälter mit der Begründung verringerte, daß es sich hierbei um einen „durchlaufenden Posten" handle, weil der Betrieb lediglich den Einzug der Entgelte für seine Beschäftigten von den Kunden vornehme. Auch hier ergäbe sich – ceteris paribus – der gleiche Erfolgsausweis.

Das Problem besteht jedoch darin, daß die Selbstkosten als langfristige Preisuntergrenze eines Erzeugnisses in der richtigen Höhe zu bestimmen sind. Die richtige Höhe der Preisuntergrenze liegt da, wo die Ersatzbeschaffung aller verbrauchten Kostengüter gewährleistet ist. Daher ist der Teil einer Steuer in die Selbstkosten und damit in die Preisuntergrenze einzukalkulieren, bei dessen Nichtberücksichtigung in den Selbstkosten die Ersatzbeschaffung der verbrauchten Kostengüter dann nicht gewährleistet wäre, wenn die Erzeugnisse nur zu den ohne diesen Steuerteil ermittelten Selbstkosten verkauft würden. Dieser Teil der Steuer hat Kostencharakter.

Ob die Substanzerhaltung tatsächlich erreicht wird, hängt allein von einer ausreichenden Erlöserzielung, also davon ab, ob sich am Markt der so bestimmte kostendeckende Erlös oder besser ein noch höherer Erlös erzielen läßt. Die Kostenrechnung kann nur die kostendeckende Preisuntergrenze aufzeigen, das ist gemäß der hier vertretenen Konzeption die substanzerhaltende Preisuntergrenze. Die Kostenrechnung stellt also nur ein Hilfsmittel zur Substanzerhaltung dar.

Resümee: Bei einem Steuersatz von 13% muß der erzielte Bruttoerlös (= Kundeneinnahme) mindestens 113 % der Übrigen Selbstkosten ausmachen. Soweit er darunter liegt, findet eine Substanzauszehrung statt. Daher hat die Berechnete Mehrwertsteuer Kostencharakter, soweit sie auf den Teil der Bemessungsgrundlage entfällt, der lediglich die Übrigen Selbstkosten der verkauften Erzeugnisse deckt. Für den Fall, daß die Bemessungsgrundlage **unter** den Übrigen Selbstkosten der verkauften Erzeugnisse liegt, hat natürlich nur die auf diese (niedrigere) Bemessungsgrundlage anfallende Berechnete Mehrwertsteuer Kostencharakter (Beispiel 1 und Erzeugnisart 3 im 2. Beispiel). Soweit die Bemessungsgrundlage **über** den Übrigen Selbstkosten liegt, hat die darauf anfallende Berechnete Mehrwertsteuer keinen Kostencharakter. Sie hat für diesen zusätzlichen Teil den Charakter einer Steuer auf reale Gewinne (Beispiel 2, Erzeugnisart 1).

Beispiel 2:

	Erzeugnisarten		
	1	2	3
Herstellkosten der abgesetzten Mengen	25.500,–	55.000,–	33.000,–
+ Verwaltungs- und Vertriebskosten	4.000,–	5.000,–	6.000,–
+ Sondereinzelkosten des Vertriebs **ohne** Ber. MWSt mit Kostencharakter	500,–	—	1.000,–
= Übrige Selbstkosten der abgesetzten Mengen	30.000,–	60.000,–	40.000,–
+ Zu kalkulierende Berechnete MWSt mit Kostencharakter*	3.900,–	7.800,–	5.200,–
= Kostendeckender Erlös	33.900,–	67.800,–	45.200,–
Tatsächlicher Erlös (Kundeneinnahme incl. Berechnete MWSt)	45.200,–	67.800,–	39.550,–
Tatsächl. anfallende Berechnete MWSt**	5.200,–	7.800,–	4.550,–
– Berechnete MWSt mit Kostencharakter***	3.900,–	7.800,–	4.550,–
= Berechnete MWSt ohne Kostencharakter****	1.300,–	—	—

* 13 % auf die Übrigen Selbstkosten der abgesetzten Mengen

** $\frac{13}{113}$ der Kundeneinnahme (des Bruttoentgeltes)

*** 13 % der Übrigen Selbstkosten der abgesetzten Mengen; höchstens jedoch die tatsächlich anfallende Berechnete MWSt für den Fall, daß unter dem kostendeckenden Erlös verkauft wird

**** Andere Berechnungsmethode (Probe): $\frac{13}{113} \cdot (45.200 - 33.900) = 1.300$ bzw. $0,13 \cdot (40.000 - 30.000) = 1.300$

Schon das Beispiel 1 macht deutlich, daß es sich bei der Vorsteuer (tatsächlich) um einen durchlaufenden Posten handelt. Daher tritt sie in der Kosten- und Leistungsrechnung nicht als Rechengröße auf. Sie kann bei der Untersuchung des Kostencharakters der Berechneten Mehrwertsteuer außer Betracht bleiben. Um die hier vorgestellte Konzeption zu untermauern, werden im Beispiel 3 die letzten drei Unternehmungen dargestellt, die ein Produkt durchläuft, ehe es zum Endverbraucher gelangt. Die Betriebsergebnisse der drei Unternehmungen können dabei jeweils aufgrund der dem Beispiel zugrunde liegenden Prämissen anhand einer Rechnung auf Basis von Ein- und Auszahlungen überprüft werden. (Bei der Ein- und Auszahlungsrechnung ist die jeweils anfallende Vorsteuer natürlich in der Auszahlung an den Lieferanten berücksichtigt.) Bei richtiger Rechnung muß dann der Überschuß von Ein- und Auszahlungen jeweils gleich dem Betriebsergebnis nach Abzug der Berechneten Mehrwertsteuer ohne Kostencharakter sein.

Beispiel 3:

Es gelten folgende Prämissen:

- 1) Die verbrauchten Kostengüter werden in der gleichen Periode beschafft und führen in der gleichen Periode zu Auszahlungen.
- 2) Keine Preissteigerung bei den Kostengütern!
- 3) Der Verkauf der Erzeugnisse führt in der gleichen Periode zu Einzahlungen.

	Unternehmen 1	Unternehmen 2	Unternehmen 3	Endverbraucher
Sachverhalte:				
Umsatzsteuersatz	13 %	13 %	13 %	13 %
Löhne und Gehälter	500,–	1.000,–	400,–	
Beschaffung und Verbrauch von Werkstoffen incl. USt	113,–	904,–	3.390,–	3.842,–
Verkauf der Erzeugnisse (Kundeneinnahme) incl. USt	904,–	3.390,–	3.842,–	
Kosten- und Leistungsrechnung:				
Umsatzerlöse	904,–	3.390,–	3.842,–	
– Arbeitskosten	500,–	1.000,–	400,–	
– Werkstoffkosten	100,–	800,–	3.000,–	
– Berechnete MWSt mit Kostencharakter (siehe Nebenrechnung a)	78,–	234,–	442,–	
= Betriebsergebnis	226,–	1.356,–	0	
Ergänzungsrechnung:				
Betriebsergebnis	226,–	1.356,–	0	
– Berechnete MWSt ohne Kostencharakter (siehe Nebenrechnung b)	26,–	156,–	0	
= Betriebsergebnis nach Berechneter MWSt ohne Kostencharakter	200,–	1.200,–	0	
Ein- und Auszahlungsrechnung:				
Einzahlung vom Kunden	904,–	3.390,–	3.842,–	
– Auszahlung an Arbeitnehmer	500,–	1.000,–	400,–	
– Auszahlung an Lieferanten	113,–	904,–	3.390,–	
– Auszahlung an Fiskus (siehe Nebenrechnung c)	91,–	286,–	52,–	
= Überschuß der Einzahlungen:	200,–	1.200,–	0	

Nebenrechnungen:

	Unternehmen 1	Unternehmen 2	Unternehmen 3
a)	$0{,}13 \cdot (500 + 100)$	$0{,}13 \cdot (1.000 + 800)$	$0{,}13 \cdot (400 + 3.000)$
b)	$\frac{13}{113} \cdot (904 - 678)$ bzw. $0{,}13 \cdot (800 - 600)$	$\frac{13}{113} \cdot (3.390 - 2.034)$ bzw. $0{,}13 \cdot (3.000 - 1.800)$	$\frac{13}{113} \cdot (3.842 - 3.842)$ bzw. $0{,}13 \cdot (3.400 - 3.400)$
c)	$104 - 13$	$390 - 104$	$442 - 390$

Der Endverbraucher trägt letztlich im gegebenen Fall die insgesamt auf den einzelnen Produktionsstufen angefallenen und von den Unternehmen an den Fiskus abgeführten Umsatzsteuern in Höhe von DM 442,– (= 13,– DM vor Unternehmen 1 angefallene USt + 91,– DM + 286,– DM + 52,– DM von den Unternehmen 1 bis 3 zu zahlende USt) aber auch alle anderen Kosten der Erzeugnisse, die sich von Stufe zu Stufe erhöhen, sowie die erzielten Gewinne der Unternehmen[46].

Das gleiche Betriebsergebnis ergibt sich auch, wenn man die Vorsteuer nicht als durchlaufenden Posten behandelt, sondern als Zusatzkosten bei anderen Kostenarten (z. B. Werkstoffkosten) miterfaßt und dann jedoch der Berechneten Mehrwertsteuer nur insoweit Kostencharakter beimißt, als sie auf Arbeitskosten und andere ohne Vorsteuer beschaffte Kostengüter entfällt. An der Gesamthöhe der Umsatzsteuer mit Kostencharakter ändert sich dabei nichts (Bsp. 3, Unternehmung 1: Werkstoffkosten DM 113,– (incl. DM 13,– Vorsteuer) und Berechnete Mehrwertsteuer mit Kostencharakter DM 65,–). Gegen diese Vorgehensweise ist jedoch einzuwenden, daß Unternehmen mit Optionsrecht, die aus dem Mehrwertsteuersystem ausscheren, u. U. Vorsteuer **während der Zeit ihrer Integration in das Mehrwertsteuersystem** als Kosten verrechnet haben, die (wegen der Erstattung durch den Fiskus) in Wirklichkeit **entgültig** durchlaufender Posten sind, weil dann die entsprechende den Kunden zu berechnende und eine Zahllast begründende Mehrwertsteuer entfällt.

Bei kostenrechnerischer Erfassung der Berechneten Mehrwertsteuer sind – genau wie beim alten Umsatzsteuersystem – die Umsatzerlöse entsprechend brutto, also einschließlich Mehrwertsteuer, zu verbuchen. Die Berechnete Mehrwertsteuer mit Kostencharakter ist dann als Sondereinzelkosten des Vertriebs bei der Kalkulation und der Berechnung der Selbstkosten der verkauften Güter (Umsatzkosten) zu berücksichtigen bzw. beim Gesamtkostenverfahren direkt ins Betriebsergebniskonto zu übernehmen[47].

In der betrieblichen Praxis entsteht für Unternehmen, die die Mehrwertsteuer gesondert in Rechnung stellen, kein Problem für die betriebliche Substanzerhaltung, wenn die übrigen Selbstkosten durch den Nettoerlös (≡ Erlös ohne Berechnete Mehrwertsteuer) gedeckt sind. Denn hier wird

---

46 Hier wird deutlich, daß die Frage der Überwälzbarkeit oder Nicht-Überwälzbarkeit einer Steuer nicht zum Kriterium der Entscheidung über ihre Kosteneigenschaft gemacht werden kann. Denn letzlich müssen alle Kosten auf den Abnehmer überwälzt werden, will man den Betrieb langfristig aufrechterhalten. Das Argument, daß überwälzbare Steuern keinen Kostencharakter haben, erweist sich als nicht brauchbar. Man müßte ja sonst auch allen anderen Kosten, die auf den Abnehmer im Preis überwälzt werden, den Kostencharakter absprechen.

47 Zu den Verfahren der Ermittlung des Betriebsergebnisses siehe (später) Kapitel 5.3. Zur Behandlung der Berechneten Mehrwertsteuer bei den verschiedenen Verfahren der Betriebsabrechnung siehe (später) die Buchungsbeispiele Nr. 19, S. 182; Nr. 20, S. 183; Nr. 10 und Nr. 14, S. 193.

die Kalkulation der Mehrwertsteuer in den zu erzielenden Bruttoerlös am Schluß der Rechnungsstellung explizit vorgenommen, also nicht vergessen (auch wenn man sich der oben dargestellten Zusammenhänge nicht bewußt ist). Anders ist es in Einzelhandelsunternehmen. Hier kann bei Nichtkenntnis der Zusammenhänge und Nichtberücksichtigung der berechneten Mehrwertsteuer in der Preisstellung – wie gezeigt worden ist – ein betrieblicher Substanzverlust entstehen.

3.3.6.3.3.2 Sonstige Verkehrsteuern und Verbrauchsteuern

Die **Grunderwerbsteuer** erhöht die Anschaffungsausgaben eines Grundstücks und wird im externen Rechnungswesen zusammen mit dem Kaufpreis aktiviert. Soweit die Grunderwerbsteuer auf betrieblich genutzte Gebäude entfällt und deren Anschaffungsausgaben erhöht, erhöhen sich auch die auf die Gebäude vorzunehmenden Abschreibungen entsprechend. Unterliegt ein Grundstück als solches einem leistungsbezogenen Verbrauch z.B. im Tagebergbau, so wird die Grunderwerbsteuer dadurch zu Kosten, daß sie in die Abschreibungssumme eingeht und so die periodisch vorzunehmenden Abschreibungen auf das Grundstück erhöht.

Die **übrigen Verkehrsteuern (z.B. Kapitalverkehr-, Wechsel-, Kraftfahrzeugsteuer etc.)** haben, soweit leistungsbezogene Tatbestände besteuert werden, Kostencharakter.

Die **Verbrauchsteuern (z.B. Leuchtmittel-, Mineralöl-, Salzsteuer etc.)** werden bei den Herstellern erhoben und von diesen als Kostenbestandteil in die Selbstkosten einkalkuliert. Würde z.B. ein Bierbrauer die Kalkulation der Biersteuer in die Selbstkosten nicht vornehmen und würde er zu diesen so kalkulierten Selbstkosten verkaufen, so würde die Brauerei eine Substanzauszehrung in Höhe der anfallenden Biersteuer erleiden.

3.3.6.3.4 Sonstige Steuern

Sonstige Steuern (z.B. **Getränke-, Vergnügungsteuer etc.**) stellen, soweit leistungsbezogene Tatbestände besteuert werden, Kosten dar. So hat z.B. die für Betriebswachhunde zu zahlende Hundesteuer Kostencharakter.

3.3.7 Wagniskosten

3.3.7.1 Wagniskosten als „eigene" primäre Kostenart

Unter einem Wagnis (bzw. Risiko) ist die Gefahr eines außerordentlichen Werteverzehrs von Kostengütern zu verstehen, die mit jedem betrieblichen Leistungserstellungsprozeß verbunden ist[48]. Wagniskosten stellen also bei einer Untergliederung der Kosten nach der Art der verbrauchten Kostengüter an sich keine eigene primäre Kostenart dar. Denn verbraucht werden

48 Vgl. 2.1.2, S. 39.

Werkstoffe, Betriebsmittel und andere Real-, Nominal- oder Informationsgüter, für die entsprechende Kostenarten bestehen. Wagniskosten bilden also strenggenommen eine unsaubere Kostenart.

Daß sie dennoch als eigene primäre Kostenart behandelt werden, hat seinen Grund in dem mit einer Aussonderung des außerordentlichen Verbrauchs verbundenen Informationsgewinn. Für viele Zwecke der Kosten- und Leistungsrechnung, u.a. für die Kostenkontrolle, ist es zweckmäßig, ordentlichen und außerordentlichen Verbrauch von Kostengütern zu trennen. Daher wird der außerordentliche Verbrauch von Kostengütern zur Kostenart Wagniskosten zusammengefaßt[49].

3.3.7.2 Wagnisarten

Unter Wagnissen, die eine Unternehmung zu berücksichtigen hat, sind das allgemeine Unternehmerrisiko und betriebliche Einzelrisiken zu unterscheiden.

Die betrieblichen Einzelrisiken können unter funktionalen Gesichtspunkten gegliedert werden in:

- (1) **Lagerhaltungsrisiko** für Verluste aus dem außerordentlichen Verbrauch auf Lager befindlicher Produktionsfaktoren durch Diebstahl, Witterungseinflüsse, Brand etc.
- (2) **Produktionsrisiko**
  - a) **Forschungs- und Entwicklungsrisiko** für mögliche Verluste durch fehlgeschlagene Forschungs- und Entwicklungsarbeiten
  - b) **Produktionsfaktorenrisiko**
    - α) **Betriebsmittelrisiko** für Verluste aus außergewöhnlichen Schäden an Betriebsmitteln, aus Fehlschätzungen der Nutzungsdauer[50] usw.
    - β) **Werkstoffrisiko** für Verluste durch Ausschuß etc.
    - γ) **Arbeitsrisiko** für Verluste aus Arbeits- und Konstruktionsfehlern etc.
- (3) **Transportrisiko** für Verluste aus Transportschäden
- (4) **Handelsrisiko** für Verluste aus dem Nichtverkauf von Erzeugnissen und Handelswaren
- (5) **Finanzrisiko** für Verluste aus Forderungsausfall, aus Änderungen der Wechselkurse usw.[51].

---

49 *Mellerowicz* sieht in der Übernahme von Wagnissen eine besondere Leistung, deren Inanspruchnahme unabhängig von der Art der Absicherung gegen Verluste (Fremd- oder Eigenversicherung) als Kosten zu erfassen ist. (Vgl. *Mellerowicz, K.,* Kosten und Kostenrechnung, Bd. 2, 1, 4. Aufl., a.a.O., S. 318.) Für eine Fremdversicherung ist dies zutreffend, eine „Eigenversicherung" stellt jedoch nichts anderes als eine Verteilung tatsächlicher Wagnisverluste (z.B. außerordentlicher Verbrauch an Werkstoffen) auf die Abrechnungsperioden der Kosten- und Leistungsrechnung dar. Tatsächliche Verluste und verrechnete Wagniskosten sollten sich auf lange Sicht ausgleichen.

50 Vgl. *Mellerowicz, K.,* Kosten- und Kostenrechnung, Bd. 2, 1, 4. Aufl., a.a.O., S. 328.

51 Zur Einteilung der betrieblichen Risiken vgl. *Philipp, F.,* Risiko und Risikopolitik, Stuttgart 1967, S. 40.

3.3.7.3 Erfassung von Wagniskosten

Unter dem Aspekt der Erfassung der Wagniskosten sind die betrieblichen Risiken nach der Art der Absicherung gegen Verluste zu unterteilen.

Abb. 11: Gliederung der betrieblichen Risiken nach Art der Absicherung der Verluste

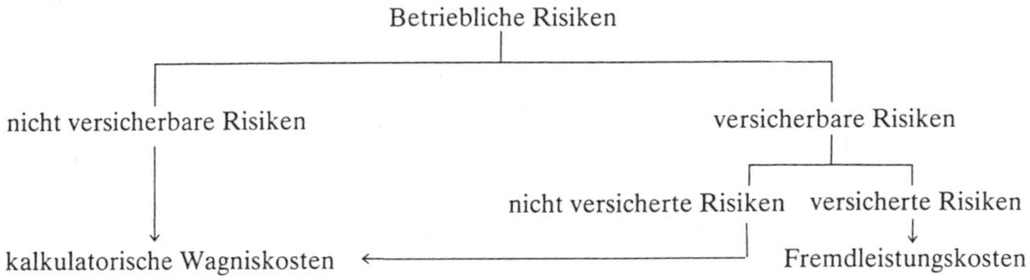

Im Falle **versicherter Risiken** wird die Verlustgefahr auf eine Versicherungsgesellschaft abgewälzt. Die Unternehmung hat für die Gewährung des Versicherungsschutzes eine Prämie zu zahlen, die in der Kosten- und Leistungsrechnung als **Fremdleistungskosten** zu verrechnen ist.

Bei **nicht versicherbaren** und **nicht versicherten Risiken** hat die Unternehmung die Verlustgefahr selbst zu tragen. Da die Schadensfälle aus solchen Risiken zufällig und unregelmäßig eintreten, werden nicht die tatsächlichen aus einem Schadensfall resultierenden Aufwendungen als Kosten verrechnet. Statt dessen erfolgt eine Verteilung dieser Aufwendungen in Form **kalkulatorischer Wagniskosten.** Die Kosten, die in einer Abrechnungsperiode für jede Wagnisart anzusetzen sind, werden ermittelt, indem man zunächst einen Wagnissatz berechnet. Dieser ergibt sich als Verhältnis der in der Vergangenheit eingetretenen Wagnisverluste zu einer Bezugsgröße, deren Höhe in Beziehung zur Höhe der Wagnisverluste steht. Als Produkt dieses Wagnissatzes und dem Wert der Bezugsgröße in der Abrechnungsperiode erhält man dann die kalkulatorischen Wagniskosten der Periode.

Beispiel:

Bei einer Transportleistung von 540.000 km sind in den letzten beiden Jahren Transportschäden von DM 59.400,– aufgetreten. In der Abrechnungsperiode haben die Fahrzeuge der Unternehmung 24.300 km zurückgelegt.

$$\text{Wagnissatz} = \frac{\text{Transportschäden (DM)}}{\text{Transportleistung (km)}} = \frac{59.400 \text{ DM}}{540.000 \text{ km}} = 0{,}11 \, \underline{\underline{\frac{\text{DM}}{\text{km}}}}$$

Wagniskosten der Abrechnungsperiode = Wagnissatz · Transportleistung der Abrechnungsperiode = 0,11 DM/km · 24.300 km = $\underline{\underline{2.673,\text{– DM}}}$

Exkurs: Allgemeines Unternehmerrisiko

Anders als die kalkulierbaren betrieblichen Einzelrisiken ist das **allgemeine Unternehmerrisiko** zu behandeln. Unter dem Begriff des allgemeinen Unternehmerrisikos werden alle nicht erfaßbaren und damit auch nicht als Kosten kalkulierbaren Risiken zusammengefaßt.

Da das allgemeine Unternehmerrisiko nicht kalkulierbar ist, ist eine Verrechnung von Wagniskosten nicht möglich. Statt dessen ist dieses Risiko durch den Gewinn einer Unternehmung abzugelten.

Auch die LSP gestatten bei der Kalkulation öffentlicher Aufträge, ein Entgelt für das allgemeine Unternehmerrisiko als Teil des kalkulatorischen Gewinns zu berücksichtigen. Dieses Entgelt ist als Prozentsatz vom betriebsnotwendigen Vermögen oder vom Umsatz oder von beiden zu bestimmen. Der Bundesminister für Wirtschaft kann Höchst- oder Richtsätze festlegen (LSP Nr. 51 und 52).

4. Die Kostenstellenrechnung

4.1 Aufgaben der Kostenstellenrechnung

Die Kostenstellenrechnung, die ablauftechnisch zwischen der Kostenartenrechnung und der Kostenträgerrechnung steht, hat zwei Aufgaben zu erfüllen:

- (1) **Sie soll eine genauere Verteilung der (Erzeugnis-)Gemeinkosten auf die Kostenträger ermöglichen.**
  Um diese Aufgabe der Kostenstellenrechnung würdigen zu können, muß man sich vergegenwärtigen, daß mittels der Divisionskalkulation oder der summarischen Zuschlagskalkulation die Gemeinkosten auch ohne Kostenstellenrechnung auf die Erzeugnisse verteilt werden können. So wird z. B. im Falle der einstufigen (≡ summarischen) Divisionskalkulation keine Trennung in Einzel- und in Gemeinkosten vorgenommen. Die Gesamtkosten pro Erzeugniseinheit (Stückselbstkosten) ergeben sich hier durch Division der Gesamtkosten durch die Anzahl der produzierten und verkauften Erzeugnisse.
  Eine Belastung aller Erzeugnisse mit gleich viel (→ Divisionskalkulation) bzw. relativ gleich viel Gemeinkosten (→ summarische Zuschlagskalkulation) ist jedoch nur dann zweckgerecht, wenn auch alle Erzeugnisse im gleichen Maße Gemeinkosten verursachen[1]. Das ist nicht der Fall in Mehrproduktunternehmen mit differenzierter Fertigungsstruktur, in denen unterschiedliche Erzeugnisse auch in unterschiedlichem Maße Gemeinkosten verursachen. Hier ist es erforderlich, die den Erzeugnissen nicht direkt zuzurechnenden Kosten des Verbrauchs originärer Produktionsfaktoren, also die primären Gemeinkosten, den Orten ihrer Entstehung (≡ Kostenstellen) zu belasten und von dort nach Maßgabe der Inanspruchnahme der Kostenstellen durch die Kostenträger (Erzeugnisse) auf die Kostenträger weiter zu verrechnen.
  Neben der Verteilung der primären Gemeinkosten erfolgt im Rahmen der Verrechnung innerbetrieblicher Leistungen die Verteilung der Sekundärkosten, d.h. der Kosten des Verbrauchs derivativer Produktionsfaktoren (d.h. innerbetrieblicher Leistungen).
- (2) **Bereitstellung von Informationen zur Kontrolle der Wirtschaftlichkeit der einzelnen Kostenstellen.**
  In einer Istkostenrechnung ist eine Kostenstellenkontrolle nur als Vergleich tatsächlich angefallener Kosten einer jeden Kostenstelle über mehrere

1 Vgl. (später) 5.2.1.1 und 5.2.2.1.

aufeinander folgende Perioden hinweg möglich. Ein solcher Zeitvergleich gibt keinen Aufschluß über die Ursachen von Kostenabweichungen und ist daher unbefriedigend. Eine echte Kostenstellenkontrolle ist erst in einer Plankostenrechnung möglich, wo die für eine Periode im vorhinein geplanten Kosten dann nach Ablauf der Periode mit den tatsächlich angefallenen Kosten, den Istkosten, verglichen werden. Den Ursachen für die aufgrund eines solchen Soll-Ist-Vergleiches sich ergebenden Kostenabweichungen ist dann nachzugehen.

4.2 Kriterien für die Kostenstellenbildung

Kostenstellen sind ihrem Wesen nach Zurechnungseinheiten. Ihre Bildung ist – wie bereits dargelegt – nur dann erforderlich, wenn entweder mehrere Erzeugnisse einen Betrieb ungleichmäßig in Anspruch nehmen oder bei gleichmäßiger Gemeinkostenverursachung eine Kostenstellenkontrolle durchgeführt werden soll.

Die Bildung von Kostenstellen kann nach drei verschiedenen Kriterien erfolgen:

- (1) **Verantwortungsbereiche**
  Die Kostenstellenbildung nach Verantwortungsbereichen ist dann sinnvoll, wenn der Hauptzweck der Kostenstellenrechnung in der Wirtschaftlichkeitskontrolle (2. Aufgabe) besteht.

- (2) **Betriebliche Funktionen**
  Die in der Praxis meist gewählte Kostenstellenbildung nach betrieblichen Funktionen zeichnet sich dadurch aus, daß gleichartige Arbeitsgänge zu einer Kostenstelle zusammengefaßt werden. Diese Kostenstellenbildung gewährleistet am besten eine verursachungsgerechte Kostenzurechnung, da gleiche oder gleichartige Verrichtungen auch in gleichem Maße Gemeinkosten verursachen. Bei differenzierten Fertigungsstrukturen kann so eine Untergliederung bis zu den einzelnen Handarbeits- oder Maschinenplätzen erforderlich sein. Eine solche Aufteilung findet ihre Grenze dort, wo sie nicht mehr wirtschaftlich ist, d.h., wo die Kosten der zusätzlichen Informationsgewinnung den Wert der gewonnenen Information übersteigen (optimale Information).

- (3) **Betriebsräume**
  Die Kostenstellenbildung nach Betriebsräumen ist meistens nicht geeignet, die Kostenträgerrechnung genauer zu machen, weil oft verschiedenartige Tätigkeiten in einem Raum ausgeführt werden.

Anzahl und Aufteilung der Kostenstellen werden in einem **Kostenstellenplan** festgelegt, wobei die Bezeichnung der Stellen wie im Kontenplan gewöhnlich nach dem dekadischen Prinzip vorgenommen wird.

4.3 Arten von Kostenstellen

Es sind folgende drei Kostenstellenarten zu unterscheiden:

- (1) Hauptkostenstellen (Endkostenstellen)
- (2) Hilfskostenstellen (Nebenkostenstellen)
- (3) Allgemeine (Hilfs-)Kostenstellen (Vorkostenstellen)

Hauptkostenstellen geben ihre Leistungen und damit ihre Gemeinkosten in der Regel unmittelbar an die für den Absatzmarkt bestimmten Erzeugnisse (≡ Absatzleistungen) ab. Die an die Absatzleistungen abgegebenen Leistungen einer Kostenstelle werden Endleistungen genannt. Zu den Hauptkostenstellen gehören:

- die Fertigungs(haupt)kostenstelle(n)
- die Material(haupt)kostenstelle(n)
- die Verwaltungskostenstelle(n)
- die Vertriebskostenstelle(n)

[– die Forschungs- und Entwicklungskostenstelle(n)]

Auf die Hauptkostenstellen werden im Rahmen der Verrechnung innerbetrieblicher Leistungen alle in die Kostenstellenrechnung eingehenden Gemeinkosten verteilt. Von hier aus erfolgt dann im Rahmen der Kostenträgerstückrechnung die Verteilung der Gemeinkosten auf die einzelnen Kostenträger.

Hilfskostenstellen geben ihre Leistungen als innerbetriebliche Leistungen an ganz bestimmte Hauptkostenstellen, denen sie zugeordnet sind, ab. So ist z.B. das Arbeitsvorbereitungsbüro eine Fertigungshilfskostenstelle.

Allgemeine (Hilfs-)Kostenstellen geben ihre Leistungen als innerbetriebliche Leistungen an alle oder fast alle übrigen Kostenstellen ab. Beispiele: Heizkraftwerk, Wasserversorgung, betriebseigenes Elektrizitätswerk.

Diese Unterscheidung der Kostenstellen erfolgt also danach, an wen die Kostenstellen ihre Leistungen abgeben bzw. wer die jeweiligen Leistungsempfänger sind (Kriterium der Leistungsabgabe bzw. des Leistungsempfangs).

Zu einer **Fertigungshauptkostenstelle** werden Verrichtungen zusammengefaßt, die der unmittelbaren Bearbeitung der Erzeugnisse dienen. Da unterschiedliche Bearbeitungsprozesse und unterschiedliche Relationen der Fertigungszeiten je Erzeugniseinheit in einzelnen Bearbeitungsprozessen unterschiedliche Gemeinkosten verursachen, bestimmt sich die Anzahl der Fertigungshauptkostenstellen danach, inwieweit die einzelnen Erzeugnisarten unterschiedlichen Bearbeitungsprozessen unterzogen werden und/oder in gleichen Bearbeitungsprozessen unterschiedliche Bearbeitungszeitrelationen aufweisen.

Unter den Materialbereich, für den eine oder mehrere **Materialkostenstellen** gebildet werden, fallen die für die Bereitstellung von Werkstoffen notwendigen betrieblichen Funktionen der Beschaffung, Prüfung, Lagerhaltung und Abgabe von Werkstoffen an die Fertigung. Eine Aufspaltung des Materialbereichs in mehrere Materialkostenstellen ist dann notwendig, soll eine genauere Rechnung erreicht werden, wenn die einzelnen Werkstoffarten unterschiedliche Bereitstellungskosten verursachen.

Eine solche Aufspaltung ist auch dann sinnvoll, wenn im Materialbereich neben den unmittelbar in die Produktion der Absatzleistungen eingehenden Werkstoffen auch Werkstoffe bereitgestellt werden, die nicht unmittelbar der Produktion der Absatzleistungen, sondern der Produktion innerbetrieblicher Leistungen dienen. Materialkostenstellen, die der Bereitstellung von Werkstoffen für die unmittelbare Produktion von Absatzleistungen dienen, werden als Hauptkostenstellen abgerechnet. Die für die Bereitstellung von Werkstoffen für die Produktion innerbetrieblicher Leistungen gebildeten Materialkostenstellen werden als Hilfskostenstellen abgerechnet. Soweit keine entsprechende Aufspaltung des Materialbereichs in solchermaßen gegliederte Materialkostenstellen erfolgt, sind die Kosten für die Bereitstellung der Werkstoffe für die Produktion innerbetrieblicher Leistungen im Zuge der Verrechnung innerbetrieblicher Leistungen auf die diese Werkstoffe verbrauchenden Kostenstellen zu verrechnen (siehe S. 114).

Die **Verwaltungskostenstelle** umfaßt die kaufmännische Geschäftsleitung, das Rechnungswesen, die Personalabteilung und alle anderen Bereiche der **allgemeinen** Verwaltung eines Unternehmens. Obwohl die Verwaltungsleistungen nicht unmittelbar an die Erzeugnisse abgegeben werden, erfolgt eine Abrechnung der Verwaltungskostenstelle(n) als Hauptkostenstelle(n).

Der Vertriebsbereich umfaßt alle Funktionen der Güterverwertung (Absatz) einer Unternehmung, wie z.B. Verkauf, Werbung, Lagerhaltung der Fertigerzeugnisse, Verpackung und Versand, Kundendienst etc. Entsprechend kann eine Aufspaltung des Vertriebsbereichs in verschiedene **Vertriebskostenstellen** vorgenommen werden. Neben dieser hauptsächlich nur zu einer differenzierteren Kostenstellenkontrolle notwendigen Gliederung der Vertriebskostenstellen ist darüber hinaus für eine genaue Zurechnung der Vertriebskosten auf die Erzeugnisse eine weitere Aufspaltung nach verschiedenen Erzeugnisarten oder -gruppen notwendig, wenn die einzelnen Erzeugnisarten oder -gruppen unterschiedliche Kostenstrukturen im Vertriebsbereich aufweisen.

Die **Forschungs- und Entwicklungskostenstelle** kann als Haupt- oder Hilfskostenstelle geführt werden. Sie als Hauptkostenstelle zu führen, ist dann sinnvoll, wenn sie Forschungs- und Entwicklungsleistungen erbringt, die, wie z.B. Produktverbesserungen, den für den Absatzmarkt bestimmten Erzeugnissen direkt zurechenbar sind, oder wenn sie als Kostenträger kalkulierbare Leistungen, wie z.B. selbsterstellte Patente und ähnliche Entwicklungen, erbringt. Ist dies nicht der Fall, so ist sie als (allgemeine) Hilfskostenstelle zu führen.

4.4 Die Verrechnung der Gemeinkosten in der Kostenstellenrechnung

4.4.1 Kontenmäßige Darstellung und Betriebsabrechnungsbogen als Instrumente der Kostenstellenrechnung

Die Kostenstellenrechnung kann entweder kontenmäßig oder außerhalb der kontenmäßigen Betriebsabrechnung in tabellarischer Form mit Hilfe eines Betriebsabrechnungsbogens (Kostenstellenbogens) durchgeführt werden.

Bei der kontenmäßigen Darstellung der Kostenstellenrechnung wird für jede Kostenstelle ein eigenes Konto gebildet, das im Soll die Belastungen mit den primären und sekundären (Erzeugnis-)Gemeinkosten der Stelle aufnimmt, während im Haben die Entlastungen für die Abgabe innerbetrieblicher Leistungen und bei Hauptkostenstellenkonten die auf die Kostenträger weiterverrechneten (Erzeugnis-)Gemeinkosten ausgebucht werden. Wird die gesamte Kosten- und Leistungsrechnung von der Kostenartenrechnung bis hin zur Betriebsergebnisrechnung kontenmäßig durchgeführt, so liegt eine vollkontenmäßige Betriebsabrechnung vor[2].

Die Kostenstellenrechnung wird jedoch häufig außerhalb der kontenmäßigen Darstellung der Betriebsbuchhaltung in tabellarischer Form mit Hilfe eines Betriebsabrechnungsbogens (BAB) durchgeführt (→ halbtabellarische Betriebsabrechnung[3]). Der Betriebsabrechnungsbogen[4] hat folgenden formalen Aufbau:

---

2 Siehe dazu (später) die vollkontenmäßige Betriebsabrechnung im Beispiel zur organisatorischen Durchführung der Kosten- und Leistungsrechnung im IKR, S. 176 ff., insb. S. 186.

3 Siehe dazu (später) die halbtabellarische Betriebsabrechnung in dem in der Fußnote 2 genannten Beispiel, bei dem die Kostenstellenrechnung kontenmäßig und mittels BAB durchgeführt wird.

4 Unter einem Betriebsabrechnungsbogen versteht man auch die vollständige Durchführung der Kosten- und Leistungsrechnung in tabellarischer Form. Der hier skizzierte, nur der Kostenstellenrechnung dienende Abrechnungsbogen wird daher auch als Kostenstellenbogen oder kleiner Betriebsabrechnungsbogen bezeichnet (vgl. *Kosiol, E.,* Kostenrechnung, a.a.O., S. 189f.).

5 Anstelle des Begriffes „Erzeugnis-Gemeinkosten" genügt auch die Kurzbezeichnung „Gemeinkosten". Der Begriff „Stellenkosten" ist nur ein sprachlich anderer Ausdruck (Synonymon) für Gemeinkosten (hierzu und zum Begriff primäre Kosten siehe S. 56).

6 Zum Begriff sekundäre Kosten siehe S. 56. Eine ausführliche Darstellung von Teil II des BAB erfolgt in 4.4.3.

7 Siehe auch das Beispiel zum BAB, S. 132 ff.

Abb. 12: Formaler Aufbau eines Betriebsabrechnungsbogens

<table>
<tr><td></td><td colspan="2">Kostenstellen j → (j = 1,2,...,j̄)
(Erzeugnis-) Gemeinkosten (≡ Stellenkosten)</td><td>1</td><td>2</td><td>. . .</td><td>j̄</td></tr>
<tr><td rowspan="5">TEIL I</td><td>Primäre Stelleneinzelkosten (PSEK)
⋮</td><td>Zeilensumme</td><td colspan="4">Teil I: Verteilung aller primären (Erzeugnis-)Gemeinkosten, d.h. der Kosten des Verbrauchs originärer Pro-</td></tr>
<tr><td>(Spalten-)Summe $PSEK_j$</td><td></td><td></td><td></td><td></td><td></td></tr>
<tr><td>Primäre Stellengemeinkosten (PSGK)
⋮</td><td></td><td colspan="4">duktionsfaktoren, die den Kostenträgern nicht direkt zugerechnet und daher den Stellen ihres Verbrauchs belastet werden[5].</td></tr>
<tr><td>(Spalten-) Summe $PSGK_j$</td><td></td><td></td><td></td><td></td><td></td></tr>
<tr><td>(Spalten-) Summe der primären Stellenkosten (PSK)
$PSK_j = PSEK_j + PSGK_j$</td><td></td><td></td><td></td><td></td><td></td></tr>
<tr><td rowspan="2">TEIL II</td><td>Sekundäre Stellenkosten (SSK):</td><td></td><td colspan="4">Teil II: Verrechnung innerbetrieblicher Leistungen durch Entlastung der abgebenden Stellen von sekundären Stellenkosten (SSKE) und Belastung der empfangenden Stellen mit sekundären Stellenkosten (SSKB)[6]</td></tr>
<tr><td>(Ist-)Endstellenkosten (ESK)
$ESK_j = PSK_j + SSKB_j - SSKE_j$</td><td></td><td></td><td></td><td></td><td></td></tr>
<tr><td rowspan="5">TEIL III</td><td colspan="2">Zuschlagsbasen</td><td colspan="4" rowspan="5">Teil III: Ermittlung der Ist-Zuschlagssätze und ggfs. Ermittlung der Normal-Endstellenkosten mittels der Normalzuschlagssätze sowie der Kostenstellenabweichungen als Differenz zwischen Normal- und Ist-Endstellenkosten[7]</td></tr>
<tr><td colspan="2">Ist-Zuschlagssätze</td></tr>
<tr><td colspan="2">Normal-Zuschlagssätze</td></tr>
<tr><td colspan="2">Normal-Endstellenkosten</td></tr>
<tr><td colspan="2">Kostenstellenabweichungen:
Überdeckungen (+)
Unterdeckungen (-)</td></tr>
</table>

Der Betriebsabrechnungsbogen hängt in seiner speziellen Ausgestaltung von den jeweiligen kostenrechnerischen Gegebenheiten des Betriebes ab. Manchmal wird auch eine Aufnahme der (Erzeugnis-)Einzelkosten in den BAB vorgenommen. Dabei gibt es zwei Vorgehensweisen:

- (1) Die (Erzeugnis-)Einzelkosten werden in einem eigenen Teil (am Anfang) des BAB ausgewiesen.
- (2) Bei den verschiedenen Kostenarten erfolgt zunächst keine Trennung in (Erzeugnis-)Einzelkosten und (Erzeugnis-)Gemeinkosten. Soweit die Kostenarten (Erzeugnis-)Gemeinkosten sind, werden sie in die Spalten der Kostenstellen, soweit sie (Erzeugnis-)Einzelkosten sind, werden sie auf eine Ausgliederungsspalte für (Erzeugnis-)Einzelkosten übertragen.

Ein Ausweis der (Erzeugnis-)Einzelkosten im BAB kann sinnvoll sein, wenn die Kostenstellenrechnung auch der 2. Aufgabe (Wirtschaftlichkeitskontrolle) dienen soll oder wenn (Erzeugnis-)Einzelkosten als Zuschlagsbasen dienen, um so die Werte der Zuschlagsgrößen „auf einen Blick" zu erhalten.

4.4.2 Verteilung der primären Gemeinkosten

Die primären Gemeinkosten einer Kostenstelle sind entweder Stelleneinzelkosten oder Stellengemeinkosten. **Stelleneinzelkosten** sind solche (Erzeugnis-)Gemeinkosten, die sich den Kostenstellen eindeutig zurechnen lassen, wie z.B. die kalkulatorischen Abschreibungen auf Maschinen, die nur in einer Kostenstelle eingesetzt sind. Stelleneinzelkosten werden daher auch direkte Stellenkosten genannt. Im Gegensatz hierzu ist es bei den

Stellengemeinkosten nicht (→ **echte** Stellengemeinkosten) oder nicht mit vertretbarem Aufwand (→ **unechte** Stellengemeinkosten) möglich, sie den einzelnen Kostenstellen unmittelbar verursachungsgerecht zuzurechnen. Die Stellengemeinkosten werden daher auch indirekte Stellenkosten genannt. Soweit kalkulatorische Abschreibungen auf Maschinen entfallen, die an mehreren Kostenstellen eingesetzt werden, wie z.B. Gabelstapler, handelt es sich um (echte) Stellengemeinkosten. Wie das Beispiel der kalkulatorischen Abschreibungen zeigt, hängt es von den jeweiligen Gegebenheiten eines Betriebes ab, inwieweit primäre Gemeinkosten Stelleneinzelkosten oder Stellengemeinkosten darstellen.

Da eine unmittelbare verursachungsgerechte Zuordnung echter Stellengemeinkosten nicht möglich ist bzw. bei unechten Stellengemeinkosten des erheblichen Meßaufwandes wegen nicht vorgenommen wird, erfolgt ihre Verteilung auf die Kostenstellen unter Verwendung von Schlüsselgrößen. Der Schlüssel ist (möglichst) so zu wählen, daß der Kostenanfall sich proportional zur Anzahl der Schlüsseleinheiten verhält. Nur soweit diese Proportionalität tatsächlich besteht, erfolgt die Gemeinkostenverteilung auch verursachungsgerecht.

Echte Stellengemeinkosten sind z.B. die Hilfslöhne der Nachtwächter, die je nach gegebener Bewachungsintensität entweder nach dem Verhältnis der Vermögenswerte oder der Raumflächen der einzelnen Kostenstellen auf die Kostenstellen umgelegt werden.

Unechte Stellengemeinkosten stellen z.B. die Kosten des fremdbezogenen Stroms dar, wenn sie nicht aufgrund genauer Verbrauchsmessungen durch eigene Stromzähler jeder Kostenstelle als Stelleneinzelkosten zugeordnet werden, sondern mittels Schlüssel, z.B. Laufzeiten der mit Strom betriebenen Maschinen in den Kostenstellen, umgelegt werden.

Nach Seischab unterscheidet man folgende Schlüssel[8], die auch bei der Verrechnung innerbetrieblicher Leistungen sowie der Verteilung der Endstellenkosten auf die Kostenträger herangezogen werden können:

A. **Bewegungs- und Leistungsschlüssel**

1. Mengenschlüssel (m^3, to, l usw.)
   a) aa) verbrauchte, ab) umgeschlagene, ac) ausgebrachte, ad) umgesetzte Mengen nach Länge, Fläche, Gewicht, Zahl, Rauminhalt
   b) Anzahl der Prozesse oder Vorgänge
2. Zeitschlüssel
   a) Arbeits-, Maschinen-, Ofen-, Platzstunden
   b) Fertigungs-, Schicht-, Kalenderzeit

---

8 Vgl. *Seischab, H.,* Kalkulation und Preispolitik, Leipzig 1944, S. 95. Zu den Voraussetzungen einer verursachungsgerechten Kostenverteilung mittels Schlüsselgrößen vgl. *Jacobs, O. H.,* Aussagemöglichkeiten und Grenzen der industriellen Kostenrechnung aus kostentheoretischer Sicht, Köln und Opladen 1968, S. 30ff.

3. Wertschlüssel
   a) Kostenarten: Lohn, Gehalt, Fertigungsmaterial, Einstandswerte
   b) Kalkulationswerte: Fertigungs-, Herstell-, Selbstkosten
   c) Umsatzzahlen (Erlös)

B. **Bestands- oder Ausstattungsschlüssel**

4. Vermögensschlüssel
   a) Bestandsmengen
      aa) Flächen- und Raumbeanspruchung, ab) Flächen- und Raumausstattung
   b) Bestandswerte (Lagerwerte)
   c) Bestandseigenschaften und -zustände
      ca) der Räume, cb) der eingesetzten Stoffe und Kräfte, cc) der abgesetzten Leistungen
5. Kapitalschlüssel (betriebsnotwendiges Kapital)
6. Arbeitskraftschlüssel (Zahl der Arbeiter, Angestellten, Reisenden).

4.4.3 Verteilung der sekundären Gemeinkosten

4.4.3.1 Grundlagen der innerbetrieblichen Leistungsverrechnung

Innerbetriebliche Leistungen, auch betriebliche Hilfsleistungen oder Einsatzleistungen genannt, sind alle die Leistungen eines Betriebes, die nicht zum Absatz wie die sogenannten Absatzleistungen (≡ Marktleistungen) bestimmt sind, sondern als Einsatzgüter im Betrieb selbst verbraucht werden. Es ist zu unterscheiden zwischen solchen innerbetrieblichen Leistungen, die noch in der Periode ihrer Erstellung verbraucht werden (sofortverbrauchte innerbetriebliche Leistungen) und solchen innerbetrieblichen Leistungen, die nicht oder nur teilweise in der Periode ihrer Erstellung verbraucht werden (nicht zum Sofortverbrauch bestimmte innerbetriebliche Leistungen)[9].

Die **Gesamtleistungsmenge einer Kostenstelle** setzt sich aus den von der Kostenstelle an andere Kostenstellen abgegebenen innerbetrieblichen Leistungsmengen (→ Allgemeine- und Hilfskostenstellen) und/oder den Endleistungsmengen zusammen (→ Hauptkostenstellen). So besteht z.B. die Gesamtleistung einer Hauptkostenstelle Material in der Dienstleistung „Bereitstellung des Materials“. Soweit Werkstoffe für die Produktion innerbetrieblicher Leistungen bereitgestellt werden, stellt die Leistung der Materialkostenstelle ihrerseits eine innerbetriebliche Leistung dar, während die Bereitstellung von Werkstoffen für die unmittelbare Produktion der Absatzleistungen die Endleistung der Materialkostenstelle darstellt.

Für eine verursachungsgerechte Kostenverteilung sind die für die Erzeugung der innerbetrieblichen Leistungen anfallenden Kosten den die innerbetrieblichen Leistungen produzierenden und abgebenden Stellen zu entlasten und den empfangenden und verbrauchenden Kostenstellen zu

---

9 Vgl. *Bergner, H.*, Leistungsverrechnung, innerbetriebliche, in: HWB, Bd. 2, 4. Aufl., Hrsg.: *Grochla, E.* und *Wittmann, W.*, Stuttgart 1975, Sp. 2484ff.

belasten. Die für die Erstellung der **End**leistungen angefallenen primären und sekundären Gemeinkosten einer Kostenstelle verbleiben nach der Verrechnung innerbetrieblicher Leistungen als **End**stellenkosten auf der Kostenstelle und werden im Zuge der Kostenträgerrechnung auf die Kostenträger weiterverrechnet.

Es lassen sich einseitige und wechselseitige innerbetriebliche Leistungsbeziehungen unterscheiden[10]. Bei **einseitigen Leistungsbeziehungen** können die Kostenstellen so angeordnet werden, daß jeweils vorgelagerte Stellen **nur** an nachgelagerte Kostenstellen liefern[11]. **Wechselseitige Leistungsbeziehungen** liegen dann vor, wenn mindestens zwei Kostenstellen sich direkt oder indirekt gegenseitig beliefern.

Abb. 13: Direkte und indirekte wechselseitige Leistungsbeziehungen

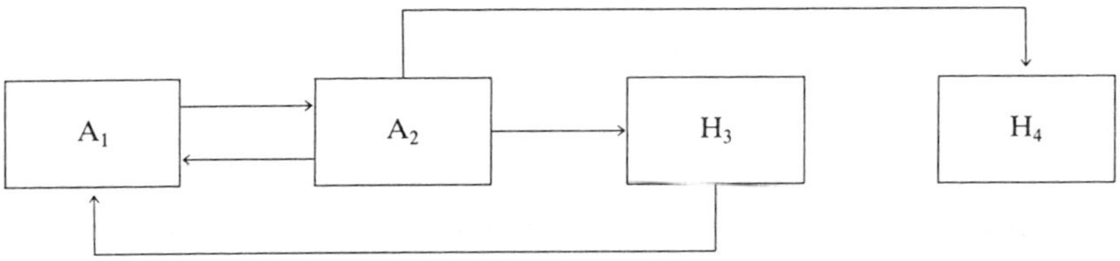

Zwischen den Allgemeinen Kostenstellen A_1 und A_2 bestehen **direkte** wechselseitige Leistungsbeziehungen, während zwischen der Allgemeinen Kostenstelle A_1 und der Hauptkostenstelle H_3 (über die Stelle A_2) **indirekte** wechselseitige Leistungsbeziehungen bestehen.

4.4.3.2 Verfahren der Verrechnung innerbetrieblicher Leistungen

Bei den Verfahren der Verrechnung innerbetrieblicher Leistungen sind sukzessive und simultane Verfahren zu unterscheiden. Die **sukzessiven** Verfahren zeichnen sich dadurch aus, daß nur einseitige Leistungsbeziehungen berücksichtigt werden, wobei die Kostenstellen in einer bestimmten Reihenfolge nacheinander (≡ sukzessiv) abgerechnet werden. Bei der **simultanen** (≡ gleichzeitigen) Leistungsverrechnung werden dagegen sämtliche Leistungsverflechtungen einschließlich der wechselseitigen Leistungsverflechtungen erfaßt.

---

10 Vgl. *Bergner, H.,* Leistungsverrechnung, innerbetriebliche, a. a. O., Sp. 2489.
11 *Münstermann, H.,* Unternehmungsrechnung, Wiesbaden 1969, S. 70.

Bei der Darstellung der Verfahren verwendete Symbolik:

ESK_j ≡ Endstellenkosten der Kostenstelle j

PSK_j ≡ Primäre (Erzeugnis-)Gemeinkosten (≡ primäre Stellenkosten) der Kostenstelle j

$SSKB_j$ ≡ Sekundäre Stellenkostenbelastungen der Kostenstelle j

$SSKE_j$ ≡ Sekundäre Stellenkostenentlastungen der Kostenstelle j

M_j ≡ Gesamtleistungsmenge der Kostenstelle j

L_j ≡ Gemeinkostenwert der Gesamtleistungsmenge der Kostenstelle j. Die Gesamtleistungsmenge einer Kostenstelle j (M_j) setzt sich aus innerbetrieblichen Leistungsmengen und/oder Endleistungsmengen zusammen. Die primären und sekundären Gemeinkosten, die auf der Kostenstelle j angefallen sind, um die Gesamtleistungsmenge M_j zu produzieren, stellen L_j dar ($L_j = PSK_j + SSKB_j$).

$\alpha_{jk} \cdot L_j$ ≡ Anteil der zu den Gemeinkosten, die für ihre Erstellung angefallen sind, bewerteten Gesamtleistungsmenge der Kostenstelle j, der von der Kostenstelle j an die Kostenstelle k geht und damit der Kostenstelle k zu belasten und der Kostenstelle j zu entlasten ist. Kürzer ausgedrückt: Anteil des Gemeinkostenwertes der Gesamtleistungsmenge der Kostenstelle j, der der empfangenden Kostenstelle k zu belasten und der abgebenden Kostenstelle j zu entlasten ist.

$\alpha_{kj} \cdot L_k$ ≡ Anteil des Gemeinkostenwertes der Gesamtleistungsmenge der Kostenstelle k, der der empfangenden Kostenstelle j zu belasten und der abgebenden Kostenstelle k zu entlasten ist.

k und j ≡ Kostenstellenindices ($k = 1, 2, \ldots, r$; $j = 1, 2, \ldots, r$). Der erste Index bezeichnet die liefernde, der zweite die empfangende Stelle.

r ≡ Anzahl der Kostenstellen.

4.4.3.2.1 Simultane Leistungsverrechnung (Mathematisches Verfahren)

Allein die simultane Leistungsverrechnung führt bei **jeder** Art von innerbetrieblichen Leistungsbeziehungen zu einer verursachungsgerechten Gemeinkostenverteilung[12]. Bestehen zwischen den betrieblichen Kostenstellen wechselseitige Leistungsbeziehungen, dann sind die Sekundärkosten der betreffenden Kostenstellen voneinander abhängig, wie es das folgende Beispiel zeigt:

Beispiel:

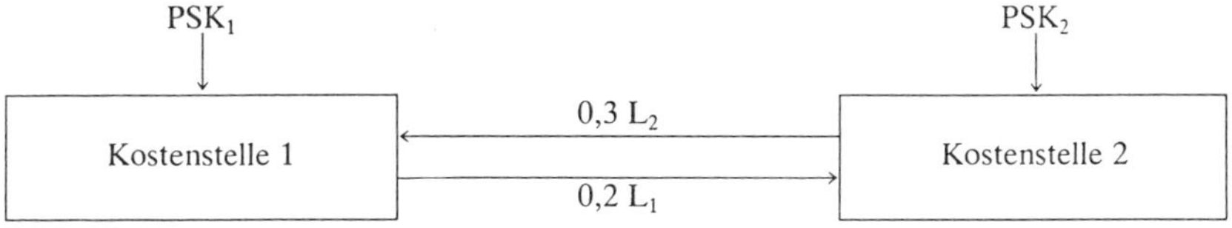

Es gilt:

① $SSKB_1 = 0{,}3\ L_2$

② $SSKB_2 = 0{,}2\ L_1$

12 Natürlich nur unter der Voraussetzung, daß **alle** die Leistungsverrechnung bestimmenden Größen **der Wirklichkeit entsprechend** erfaßt werden und in die Rechnung eingehen.

Da ferner gilt:
③ $L_1 = PSK_1 + SSKB_1$
④ $L_2 = PSK_2 + SSKB_2$

wird aus

① u. ④ → ⑤ $SSKB_1 = 0{,}3\,(PSK_2 + SSKB_2)$
② u. ③ → ⑥ $SSKB_2 = 0{,}2\,(PSK_1 + SSKB_1)$

Wegen der gegenseitigen Abhängigkeit der Sekundärkosten bei wechselseitigen Leistungsbeziehungen kann eine verursachungsgerechte Gemeinkostenverteilung nur simultan vorgenommen werden. Dazu ist ein lineares Gleichungssystem aufzustellen, dem in dem hier vorgestellten Ansatz folgender Tatbestand zugrunde liegt:

Die Endstellenkosten einer Kostenstelle j (ESK_j) ergeben sich aus den primären Stellenkosten (PSK_j) zuzüglich der Belastungen mit sekundären Stellenkosten für den Empfang innerbetrieblicher Leistungen ($SSKB_j$) und abzüglich der Entlastungen mit sekundären Stellenkosten für die Abgabe innerbetrieblicher Leistungen ($SSKE_j$).

In allgemeiner Form gilt also:

① $ESK_j = PSK_j + SSKB_j - SSKE_j$

Da gilt:

② $$SSKB_j = \sum_{k=1}^{r} \alpha_{kj} \cdot L_k$$

In Worten: Die Belastung der Kostenstelle j mit sekundären Stellenkosten ist gleich der Summe der von den Kostenstellen k ($k = 1, 2, \ldots, r$) auf die Kostenstelle j verrechneten Anteile der Gemeinkostenwerte der Gesamtleistungsmengen der Kostenstellen k.

③ $$SSKE_j = \sum_{k=1}^{r} \alpha_{jk} \cdot L_j$$

In Worten: Die Entlastung der Kostenstelle j von sekundären Stellenkosten ist gleich der Summe der von der Kostenstelle j auf die Kostenstellen k verrechneten Anteile des Gemeinkostenwertes der Gesamtleistungsmenge der Kostenstelle j.

Aus ① bis ③ folgt:

④ $$ESK_j = PSK_j + \sum_{k=1}^{r} \alpha_{kj} \cdot L_k - \sum_{k=1}^{r} \alpha_{jk} \cdot L_j$$

Für einen Betrieb mit **drei** Kostenstellen ergibt sich also folgendes Gleichungssystem in allgemeiner Form:

$$ESK_1 = PSK_1 + \alpha_{11} \cdot L_1 + \alpha_{21} \cdot L_2 + \alpha_{31} \cdot L_3 - \alpha_{11} \cdot L_1 - \alpha_{12} \cdot L_1 - \alpha_{13} \cdot L_1$$
$$ESK_2 = PSK_2 + \alpha_{12} \cdot L_1 + \alpha_{22} \cdot L_2 + \alpha_{32} \cdot L_3 - \alpha_{21} \cdot L_2 - \alpha_{22} \cdot L_2 - \alpha_{23} \cdot L_2$$
$$ESK_3 = PSK_3 + \alpha_{13} \cdot L_1 + \alpha_{23} \cdot L_2 + \alpha_{33} \cdot L_3 - \alpha_{31} \cdot L_3 - \alpha_{32} \cdot L_3 - \alpha_{33} \cdot L_3$$

Dieses Gleichungssystem ist nicht lösbar, weil mit ESK_j (j = 1, 2, 3) und L_j (j = 1, 2, 3) doppelt soviel Unbekannte wie Gleichungen vorhanden sind. Daher sind zuerst die L_j über das folgende Gleichungssystem zu bestimmen:

$$L_1 = PSK_1 + \alpha_{11} \cdot L_1 + \alpha_{21} \cdot L_2 + \alpha_{31} \cdot L_3$$
$$L_2 = PSK_2 + \alpha_{12} \cdot L_1 + \alpha_{22} \cdot L_2 + \alpha_{32} \cdot L_3$$
$$L_3 = PSK_3 + \alpha_{13} \cdot L_1 + \alpha_{23} \cdot L_2 + \alpha_{33} \cdot L_3$$

Dieses Gleichungssystem ist u.a. nach dem modifizierten Gaußschen Algorithmus oder nach einem anderen Verfahren der Matrizen- oder Determinantenrechnung lösbar[13]. Durch Einsetzen der Ergebnisse für L_j (j = 1, 2, 3) in das ESK_j-Gleichungssystem erhält man unmittelbar die Endstellenkosten, ohne daß eine Verrechnung innerbetrieblicher Leistungen im BAB vorgenommen werden muß.

Beispiel:

Der Kostenstellenplan eines Betriebes weist zwei Allgemeine (Hilfs-)Kostenstellen A_1 und A_2 sowie drei Hauptkostenstellen H_3, H_4 und H_5 aus. Im Betriebsabrechnungsbogen ergeben sich als Ergebnis der Verteilung der primären (Erzeugnis-)Gemeinkosten auf die Kostenstellen folgende primären Stellenkosten je Kostenstelle j (PSK_j; j = 1, 2, ..., 5):

PSK_1 = 985 TDM; PSK_2 = 100 TDM; PSK_3 = 575 TDM;
PSK_4 = 260 TDM; PSK_5 = 1.315 TDM .

Die folgende Leistungsaustauschmatrix gibt die Leistungsverflechtungen zwischen den Kostenstellen an. Die innerbetrieblichen Leistungsabgaben einer Kostenstelle j werden in Anteilen des Gemeinkostenwertes der Kostenstelle j (L_j) angegeben.

Leistungsaustauschmatrix:

von \ nach	A_1	A_2	H_3	H_4	H_5	Σ
A_1		0,05 L_1	0,2 L_1	0,3 L_1	0,45 L_1	L_1
A_2	0,1 L_2		0,3 L_2	0,4 L_2	0,2 L_2	L_2
H_3				0,2 L_3	0,05 L_3	0,25 L_3
H_4			0,1 L_4		0,2 L_4	0,3 L_4
H_5						—

Zu ermitteln sind die Gemeinkostenwerte der Endleistungsmengen (≡ Endstellenkosten) der Kostenstellen j (j = 1, 2, ..., 5)

13 Siehe dazu *Berg, C. C., Korb, U.-G.*, Mathematik für Wirtschaftswissenschaftler, Teil II, Lineare Algebra und Lineare Programmierung, Wiesbaden 1975. Sofern die Lösung des Gleichungssystems nicht dem Computer übertragen wird, empfiehlt sich in einfachen Fällen die Lösung durch „einfachere" Lösungsverfahren, wie z.B. durch Einsetzen von Gleichungen in andere Gleichungen des Systems.

Lösung:

① $ESK_1 = 985 + 0{,}1\ L_2 - L_1$
② $ESK_2 = 100 + 0{,}05\ L_1 - L_2$
③ $ESK_3 = 575 + 0{,}2\ L_1 + 0{,}3\ L_2 + 0{,}1\ L_4 - 0{,}25\ L_3$
④ $ESK_4 = 260 + 0{,}3\ L_1 + 0{,}4\ L_2 + 0{,}2\ L_3 - 0{,}3\ L_4$
⑤ $ESK_5 = 1.315 + 0{,}45\ L_1 + 0{,}2\ L_2 + 0{,}05\ L_3 + 0{,}2\ L_4$

– (1) **Bestimmung der L_j:**

⑥ $L_1 = 985 + 0{,}1\ L_2$
⑦ $L_2 = 100 + 0{,}05\ L_1$
⑧ $L_3 = 575 + 0{,}2\ L_1 + 0{,}3\ L_2 + 0{,}1\ L_4$
⑨ $L_4 = 260 + 0{,}3\ L_1 + 0{,}4\ L_2 + 0{,}2\ L_3$
⑩ $L_5 = 1.315 + 0{,}45\ L_1 + 0{,}2\ L_2 + 0{,}05\ L_3 + 0{,}2\ L_4$

Bestimmung von L_1 durch Einsetzen von ⑦ in ⑥:

$$L_1 = 985 + 0{,}1\,(100 + 0{,}05\ L_1)$$
$$0{,}995\ L_1 = 995$$
$$L_1 = \underline{\underline{1.000}}$$

Bestimmung von L_2 durch Einsetzen des Ergebnisses für L_1 in ⑦:

$$L_2 = 100 + 0{,}05 \cdot 1000$$
$$L_2 = \underline{\underline{150}}$$

Bestimmung von L_3 durch Einsetzen der Ergebnisse für L_1, L_2 und von ⑨ in ⑧:

$$L_3 = 575 + 0{,}2 \cdot 1.000 + 0{,}3 \cdot 150 + 0{,}1\,(260 + 0{,}3 \cdot 1.000 + 0{,}4 \cdot 150 + 0{,}2 \cdot L_3)$$
$$L_3 = 575 + 200 + 45 + 26 + 30 + 6 + 0{,}02\ L_3$$
$$0{,}98\ L_3 = 882$$
$$L_3 = \underline{\underline{900}}$$

Bestimmung von L_4 durch Einsetzen der Ergebnisse für L_1, L_2 und L_3 in ⑨:

$$L_4 = 260 + 0{,}3 \cdot 1.000 + 0{,}4 \cdot 150 + 0{,}2 \cdot 900$$
$$L_4 = \underline{\underline{800}}$$

Bestimmung von L_5 durch Einsetzen der Ergebnisse für L_1, L_2, L_3, L_4 in ⑩:

$$L_5 = 1.315 + 0{,}45 \cdot 1.000 + 0{,}2 \cdot 150 + 0{,}05 \cdot 900 + 0{,}2 \cdot 800$$
$$L_5 = \underline{\underline{2.000}}$$

– (2) **Bestimmung der ESK_j** durch Einsetzen der Ergebnisse für die L_j in die Gleichung ① bis ⑤, dabei ergibt sich:

$ESK_1 = \underline{\underline{0}}$; $ESK_2 = \underline{\underline{0}}$; $ESK_3 = \underline{\underline{675}}$; $ESK_4 = \underline{\underline{560}}$; $ESK_5 = \underline{\underline{2.000}}$

Die Ergebnisse der ESK_j erhält man auch unmittelbar als Rest der L_j, der jeweils nach Abzug des Gemeinkostenwertes der abgegebenen innerbetrieblichen Leistungen verbleibt; denn dieser Rest stellt den Gemeinkostenwert der Endleistungsmenge dar. Da die Allgemeinen Kostenstellen nur innerbetriebliche Leistungen abgeben, sind ihre Endstellenkosten gleich Null. Für die Stellen H_3 und H_4 gilt: $ESK_3 = 0{,}75\ L_3$ und $ESK_4 = 0{,}7\ L_4$. Da die Stelle H_5 **nur** Endleistungen abgibt, gilt hier: $ESK_5 = L_5$.

Die Ermittlung der Endstellenkosten kann auch mittels eines BAB vorgenommen werden, nachdem in einer Nebenrechnung lediglich die L_j-Werte der Kostenstellen bestimmt worden sind, zwischen denen wechselseitige Leistungsbeziehungen bestehen. Der BAB stellt sich wie folgt dar:

BAB	A_1	A_2	H_3	H_4	H_5
PSK: 3.235	985	100	575	260	1.315
Verrechnung		+ 50	+ 200	+ 300	+ 450
innerbe-		L_2 = 150			
trieblicher Leistungen	+ 15	- 150	+ 45	+ 60	+ 30
SSKE (-)	L_1 = 1.000				
SSKB (+)	- 1.000				
				+ 180	+ 45
				L_4 = 800	
			+ 80	- 240	+ 160
			L_3 = 900		
			- 225		
ESK: 3.235	—	—	675	560	L_5 = 2.000

4.4.3.2.2 Sukzessive Verrechnung innerbetrieblicher Leistungen

Die sukzessiven Verfahren (Anbauverfahren, Treppenverfahren und Sprungverfahren) sollen anhand des nachstehenden Beispiels erläutert werden.

Beispiel:

Eine Unternehmung wird abrechnungstechnisch in drei Allgemeine (Hilfs-)Kostenstellen A_1, A_2, A_3 und drei Hauptkostenstellen H_4, H_5 und H_6 gegliedert. Der Betriebsabrechnungsbogen weist als Ergebnis der Verteilung der primären (Erzeugnis-)Gemeinkosten auf die Kostenstellen folgende primären Stellenkosten je Kostenstelle j (PSK_j; $j = 1, 2, \ldots, 6$) aus:

$PSK_1 = 270$ TDM; $PSK_2 = 280$ TDM; $PSK_3 = 300$ TDM;
$PSK_4 = 490$ TDM; $PSK_5 = 520$ TDM; $PSK_6 = 570$ TDM

Die folgende Leistungsaustauschmatrix gibt die Leistungsverflechtungen zwischen den Kostenstellen an. Die innerbetrieblichen Leistungsabgaben einer Kostenstelle j werden in Anteilen des Gemeinkostenwertes der Gesamtleistungsmenge der Kostenstelle j (L_j) angegeben.

Leistungsaustauschmatrix:

von \ nach	A_1	A_2	A_3	H_4	H_5	H_6	Σ
A_1		$0{,}1\ L_1$		$0{,}2\ L_1$	$0{,}3\ L_1$	$0{,}4\ L_1$	L_1
A_2			$0{,}2\ L_2$	$0{,}5\ L_2$		$0{,}3\ L_2$	L_2
A_3	$0{,}1\ L_3$	$0{,}3\ L_3$			$0{,}2\ L_3$	$0{,}4\ L_3$	L_3
H_4					$0{,}1\ L_4$	$0{,}05\ L_4$	$0{,}15\ L_4$
H_5							
H_6					$0{,}15\ L_6$		$0{,}15\ L_6$

Zu ermitteln sind die Gemeinkostenwerte der **End**leistungsmengen (≡ Endstellenkosten).

4.4.3.2.2.1 Das Anbauverfahren

Das Anbauverfahren erfordert die Einrichtung von Allgemeinen (Hilfs-) Kostenstellen und Hilfskostenstellen, auf denen die Kosten der innerbetrieblichen Leistungen gesammelt werden. Eine Verrechnung innerbetrieblicher Leistungsströme zwischen Kostenstellen gleicher Kategorie, also zwischen Hilfskostenstellen oder zwischen Hauptkostenstellen erfolgt nicht. Auch innerbetriebliche Leistungsströme von Haupt- an Hilfskostenstellen werden nicht erfaßt.

Im vorliegenden Beispiel sind also nur die Lieferungen der Allgemeinen Kostenstellen A_1, A_2 und A_3 an die Hauptkostenstellen H_4, H_5 und H_6 zu erfassen.

Da den Allgemeinen Kostenstellen im Anbauverfahren keine sekundären Stellenkosten belastet werden, sind die Gemeinkostenwerte der Gesamtleistungsmengen der Allgemeinen Kostenstellen gleich den dort angefallenen primären Stellenkosten ($L_j = PSK_j$; $j = 1, 2, 3$). Allgemeine Kostenstellen geben ihre gesamte Leistungsmenge an die übrigen Kostenstellen ab, so daß sie auch von den Gemeinkostenwerten ihrer Gesamtleistungsmengen zu entlasten sind ($ESK_j = PSK_j - SSKE_j = 0$; $j = 1, 2, 3$). Weil hier zwischen Kostenstellen gleicher Kategorie keine Verrechnung innerbetrieblicher Leistungen stattfindet, muß der Anteil von L_1 der auf die Stelle A_2 entfällt, von den Stellen H_4, H_5 und H_6 mitgetragen werden. Er ist im Verhältnis der ursprünglich auf die Hauptkostenstellen entfallenden Anteile, d.h. im Verhältnis 2 : 3 : 4 auf diese umzulegen. Die endgültig auf die Hauptkostenstellen zu verrechnenden Anteile an L_1 betragen dann $^2/_9\ L_1$ bei H_4, $^3/_9\ L_1$ bei H_5 und $^4/_9\ L_1$ bei H_6. Entsprechend müssen die Kostenanteile der Lieferungen der Stelle A_2 an die Stelle A_3 und der Stelle A_3 an die Stellen A_1 und A_2 von den Hauptkostenstellen mitgetragen werden, die die übrigen Lieferungen der Stellen A_2 und A_3 erhalten. Die auf die Hauptkostenstellen zu verrechnenden Anteile an L_2 betragen dann $^5/_8\ L_2$ bei H_4 und $^3/_8\ L_2$ bei H_6. L_3 verteilt sich mit $^1/_3\ L_3$ auf die Stelle H_5 und mit $^2/_3\ L_3$ auf H_6.

Der BAB stellt sich dann wie folgt dar:

BAB	A_1	A_2	A_3	H_4	H_5	H_6
PSK: 2.430	270	280	300	490	520	570
Verrechnung innerbetrieblicher Leistungen SSKE (−) SSKB (+)	−270 →	−280 →	−300 →	+ 60 +175	+ 90 +100	+120 +105 +200
ESK: 2.430	—	—	—	725	710	995

Kritik: Das Anbauverfahren führt nur dann zu einer verursachungsgerechten Gemeinkostenverteilung, wenn **nur** Leistungsströme von Allgemeinen und (Hilfs-)Kostenstellen an Hauptkostenstellen fließen. Im vorliegenden Beispiel ist das nicht und in der betrieblichen Praxis nur selten der Fall.

4.4.3.2.2.2 Das Treppenverfahren (Stufenverfahren)

Diesem Verfahren entsprechend ist nur eine Verrechnung innerbetrieblicher Leistungen von vorgelagerten Kostenstellen an nachgelagerte Kostenstellen möglich, wobei die Verrechnung **stufenweise** (sukzessiv) beginnend bei der ersten Kostenstelle bis zur letzten Kostenstelle erfolgt. Dadurch entsteht optisch eine treppenförmige Umlage. Innerhalb dieses Rahmens werden auch im Gegensatz zum Anbauverfahren einseitige Leistungsbeziehungen zwischen Kostenstellen gleicher Kategorie verrechnet. Um möglichst viele Leistungsbeziehungen zu erfassen, sind die Kostenstellen so anzuordnen, daß die Reihe der Kostenstellen beginnt mit den Stellen, die ausschließlich oder überwiegend innerbetriebliche Leistungen abgeben, und daß sie mit den Stellen endet, die in erster Linie (hauptsächlich) innerbetriebliche Leistungen empfangen.

Für das Beispiel (siehe S. 123f.) sind die Kostenstellen in der Reihenfolge $A_3 - A_1 - A_2 - H_4 - H_6 - H_5$ anzuordnen. Bei dieser Reihenfolge wird nur ein einziger Leistungsfluß, der Fluß von A_2 an A_3, nicht berücksichtigt, da zwischen A_2 und A_3 eine wechselseitige Leistungsbeziehung besteht. Die eigentlich auf A_3 entfallenden Gemeinkosten (0,2 L_2) müssen daher von den Hauptkostenstellen H_4 und H_6 mitgetragen werden.

Die Verrechnung der innerbetrieblichen Leistungen gemäß Leistungsaustauschmatrix stellt sich im BAB wie folgt dar:

BAB	A_3	A_1	A_2	H_4	H_6	H_5
PSK: 2.430	$L_3 = 300$	270	280	490	570	520
Verrechnung der	− 300→	+ 30	+ 90		+ 120	+ 60
innerbetrieblichen		$L_1 = 300$				
Leistungen		− 300→	+ 30	+ 60	+ 120	+ 90
SSKE (−)			$L_2 = 400$			
SSKB (+)			− 400→	+ 250	+ 150	
				$L_4 = 800$		
				− 120→	+ 40	+ 80
					$L_6 = 1.000$	
					− 150→	+ 150
ESK: 2.430	—	—	—	680	850	$L_5 = 900$

Kritik: Im Falle wechselseitiger Leistungsbeziehungen ist keine verursachungsgerechte Gemeinkostenverteilung möglich (siehe Beispiel).

4.4.3.2.2.3 Das Sprungverfahren

Beim Sprungverfahren werden zunächst Schlüssel ermittelt – wobei wie beim Treppenverfahren vorgegangen wird – für die Verteilung der **primären** Stellenkosten der Allgemeinen und Hilfskostenstellen auf die Hauptkostenstellen und für die Verteilung der primären Stellenkosten der Hauptkostenstellen, die auf die unter den Hauptkostenstellen ausgetauschten innerbetrieblichen Leistungen entfallen. Die Verteilung der sekundären Stellenkosten erfolgt dabei implizit über die Schlüsselbildung, bei der einseitige Leistungsbeziehungen zwischen den Kostenstellen berücksichtigt werden.

Für das Beispiel (siehe S. 123 f.) wird die Schlüsselbildung für die an erster Stelle stehende Kostenstelle A_3 dargestellt:

A_3	A_1	A_2	H_4	H_6	H_5
1					
−1→	1 · 0,1	1 · 0,3		1 · 0,4	1 · 0,2
	0,1				
	−0,1 · 1 →	0,1 · 0,1	0,1 · 0,2	0,1 · 0,4	0,1 · 0,3
		0,31			
		−0,31 · 1 →	0,31 · 0,625	0,31 · 0,375	
			0,214		
			−0,214 · 0,15 →	0,214 · 0,05	0,214 · 0,1
				0,566	
				−0,566 · 0,15 →	0,566 · 0,15
Von den primären Stellenkosten der Kostenstelle A_3 (DM 300,–) entfallen auf die Hauptkostenstellen:			0,214 · 0,85 0,182 (18,2%)	0,566 · 0,85 0,481 (48,1%)	0,337 (33,7%)

In entsprechender Weise sind die Schlüssel für die Umlage der anderen Kostenstellen zu bilden. Aufgrund dieser Schlüssel ergibt sich folgende Verrechnung der innerbetrieblichen Leistungen:

BAB	A_3	A_1	A_2	H_4		H_6		H_5	
PSK: 2.430	300	270	280		490		570		520
Verrechnung	-300			18,2%	+ 54,60	48,1%	+144,30	33,7%	+101,10
der innerbe-		-270		22,3%	+ 60,21	38,3%	+103,41	39,4%	+106,38
trieblichen Leistungen			-280	53,1%	+148,68	34,5%	+ 96,60	12,4%	+ 34,72
SSKE (-)					753,49		914,31		762,20
SSKB (+)				+0,15·490	- 73,50	+0,0425·490	+ 20,83	+0,1075·490	+ 52,67
						-0,15 · 570	- 85,50	+0,15 · 570	+ 85,50
ESK: 2.430	-	-	-		679,99		849,64		900,37

Kritik: Wie das Beispiel zeigt, führt das Sprungverfahren zu dem gleichen Ergebnis wie das Treppenverfahren (Abweichungen sind bedingt durch Rundungsfehler). Da die Bildung der Schlüssel relativ arbeitsaufwendig ist, werden die einmal ermittelten Schlüssel für mehrere Perioden angewendet. Eine verursachungsgerechte Gemeinkostenverteilung ist nur dann gegeben, wenn erstens nur einseitige Leistungsbeziehungen bestehen und zweitens bei Weiterverwendung der Schlüssel keine Veränderung in der Struktur der innerbetrieblichen Leistungsbeziehungen stattfindet.

4.4.3.3 Die Problematik der Erfassung und Messung innerbetrieblicher Leistungen

4.4.3.3.1 Kostenstellenbildung und Verrechnung innerbetrieblicher Leistungen

Alle durch den Verbrauch innerbetrieblicher Leistungen entstehenden sekundären Stellenkosten lassen sich letztlich auf primäre (Erzeugnis-)Gemeinkosten zurückführen. Denn soweit primäre (Erzeugnis-)Gemeinkosten zur Erstellung innerbetrieblicher Leistungen angefallen sind, verwandeln sie sich im Zuge der Verrechnung innerbetrieblicher Leistungen in sekundäre Stellenkosten[14]. Bei der Durchführung der innerbetrieblichen Leistungsverrechnung stellt sich daher zunächst das Problem der Verteilung der primären (Erzeugnis-)Gemeinkosten auf die Kostenstellen, das nicht unabhängig von der innerbetrieblichen Leistungsverrechnung gesehen werden darf. Unter diesem Aspekt sind die von Kosiol unterschiedenen Vorgehensweisen zur Verrechnung innerbetrieblicher Leistungen einzuordnen[15]:

---

14 Vgl. *Bergner, H.,* Leistungsverrechnung, innerbetriebliche, a.a.O., Sp. 2486f.; siehe auch S. 56 u. 61.

15 Siehe *Kosiol, E.,* Kostenrechnung, a.a.O., S. 191–198.

- (1) **Kostenartenverfahren:** Die den innerbetrieblichen Leistungen direkt zurechenbaren Kosten, also die Einzelkosten der innerbetrieblichen Leistungen (≡ Gemeinkosten-Einzelkosten[16]) werden als **primäre** Kosten direkt den die Leistungen empfangenden Stellen belastet. Die für die Produktion der innerbetrieblichen Leistungen angefallenen nicht direkt zurechenbaren Kosten (≡ Gemeinkosten-Gemeinkosten) verbleiben auf den die innerbetrieblichen Leistungen hervorbringenden Stellen.

- (2) **Kostenstellenumlageverfahren:** Für die innerbetrieblichen Leistungen werden eigene Allgemeine oder Hilfskostenstellen gebildet, auf denen die für ihre Erstellung angefallenen primären Kosten als primäre Stellenkosten erfaßt werden. Ihre Weiterverrechnung als sekundäre Stellenkosten auf die empfangenden Stellen kann simultan oder nach einem sukzessiven Verfahren erfolgen.

- (3) **Kostenstellenausgleichsverfahren:** Für die Produktion innerbetrieblicher Leistungen werden keine eigenen Kostenstellen gebildet. Die Kostenstellen, die an der Erstellung von innerbetrieblichen Leistungen beteiligt sind, geben ihren jeweiligen Anteil an den Kosten der innerbetrieblichen Leistungen direkt an die empfangenden Stellen ab[17]. Auch hier kann die Verrechnung simultan oder nach einem sukzessiven Verfahren erfolgen.

- (4) **Kostenträgerverfahren:** Für die innerbetrieblichen Leistungen werden Ausgliederungsstellen „Kostenträger innerbetriebliche Leistungen" bzw. Kostenträgerkonten eingerichtet, auf denen die den innerbetrieblichen Leistungen direkt zurechenbaren Kosten (Gemeinkosten-Einzelkosten) erfaßt werden und auf die ferner die auf den Kostenstellen zur Produktion der innerbetrieblichen Leistungen angefallenen Gemeinkosten weiterverrechnet werden. Das Kostenträgerverfahren ist für die innerbetrieblichen Leistungen anzuwenden, die nicht (ganz) in der Periode ihrer Entstehung verbraucht werden, da sie erst in der Periode ihres Verbrauchs als Kosten zu verrechnen sind. Soweit die als „Kostenträger" behandelten innerbetrieblichen Leistungen noch in der gleichen Periode verbraucht werden, werden ihre Kosten aus der Ausgliederungsstelle bzw. dem Kostenträgerkonto auf die verbrauchende Kostenstelle übernommen bzw. umgebucht. Auch hier kann die Verrechnung simultan oder nach einem sukzessiven Verfahren erfolgen.

Je nach den speziellen Gegebenheiten wird man zweckmäßigerweise eine Kombination der geschilderten Vorgehensweisen anwenden (wie es auch Kosiol in seinen Beispielen macht).

---

16 Gemeinkosten-Einzelkosten sind zwar Stelleneinzelkosten, eine Gleichsetzung mit dem Begriff Stelleneinzelkosten – wie es manchmal in der Literatur geschieht – ist jedoch nicht richtig, weil es neben den Gemeinkosten-Einzelkosten im Sinne Kosiols noch andere Arten von Stelleneinzelkosten gibt.

17 Vgl. S. 112 f.

4.4.3.3.2 Die Messung der Leistungsabgabe

Bei der Darstellung der Verfahren der innerbetrieblichen Leistungsverrechnung wurden die relativen Anteile am Gemeinkostenwert der Gesamtleistungsmenge einer Kostenstelle j (α_{jk}), die an andere Kostenstellen zu verrechnen waren, als gegeben betrachtet. Diese sind jedoch vor Durchführung der innerbetrieblichen Leistungsverrechnung zu ermitteln[18]. Dabei ist eine der folgenden Vorgehensweisen anzuwenden:

– (1) Erzeugt eine Kostenstelle nur **eine** homogene Leistungsart, die zudem mengenmäßig erfaßbar, d.h. quantifizierbar ist, wie z.B. Strom in kWh, aus eigener Brunnenanlage gewonnenes Wasser in m^3 usw., so lassen sich – weil gleiche Leistungseinheiten auch gleiche Kosten pro Einheit bedingen – die relativen Anteile am Gemeinkostenwert der Gesamtleistungsmenge einer Stelle j (α_{jk}) wie folgt bestimmen:

$$\alpha_{jk} = \frac{m_{jk}}{M_j}$$

Zusätzliche Symbolik:

$m_{jk} \equiv$ innerbetriebliche Leistungsmenge, die von der Stelle j an die Stelle k geht

$$\left(M_j = \sum_{k=1}^{r} m_{jk}\right)$$

Beispiel:

Von der Kostenstelle A_1 (= Brunnenanlage) wurden in der Abrechnungsperiode insgesamt 5.000 m^3 Wasser an die anderen Kostenstellen geliefert, davon an A_2 50 m^3, H_3 4.000 m^3, H_4 950 m^3. Damit gilt: $\alpha_{12} = 0{,}01$; $\alpha_{13} = 0{,}8$; $\alpha_{14} = 0{,}19$.

– (2) Erzeugt eine Kostenstelle zwar mengenmäßig meßbare, aber heterogene Leistungen, deren Unterschiedlichkeit sich mittels Äquivalenzziffern erfassen läßt, so lassen sich die α_{jk} wie folgt bestimmen:

$$\alpha_{jk} = \frac{\sum_{l=1}^{\bar{l}} m_{ljk} \cdot ä_{lj}}{\sum_{k=1}^{r} \sum_{l=1}^{\bar{l}} m_{ljk} \cdot ä_{lj} + \sum_{l=1}^{\bar{l}} e_{lj} \cdot ä_{lj}}$$

In Worten: α_{jk} = Summe der innerbetrieblichen Leistungsmengen von den Leistungsarten l (l = 1,2, . . ., $\bar{l}$), die von der Kostenstelle j an die Kostenstelle k geliefert werden, gewichtet mit den Äquivalenzziffern der jeweiligen Leistungsart, dividiert durch die Summe der innerbetrieblichen Leistungsmengen von den Leistungsarten l, die von der Kostenstelle j an die Kostenstellen k (k = 1, 2, . . ., r) gehen, gewichtet mit den Äquivalenzziffern der jeweiligen Leistungsart, und die Summe der Mengen der Leistungsarten l, die Endleistungsmengen sind, gewichtet mit den Äquivalenzziffern der jeweiligen Leistungsart.

18 Zu einer alternativen Vorgehensweise bei den sukzessiven Verfahren siehe S. 132.

Zusätzliche Symbolik:

m_{ljk} ≡ innerbetriebliche Leistungsmenge von der Leistungsart l, die von der Kostenstelle j an die Kostenstelle k geliefert wird

e_{lj} ≡ Endleistungsmenge von der Leistungsart l der Kostenstelle j

$ä_{lj}$ ≡ Äquivalenzziffer der Leistungsart l der Kostenstelle j

Beispiel:

Ein Betrieb besteht aus den Kostenstellen A_1, H_2 und H_3. Die Kostenstelle A_1 erzeugt zwei unterschiedliche Leistungsarten, deren Unterschiede im Kostenanfall sich durch Äquivalenzziffern erfassen lassen. Für die Lieferungen von A_1 an H_2 und H_3 gilt:

↓ Leistungsarten der Kostenstelle A_1 / Empfangende Kostenstelle →	H_2	H_3
1	$m_{112} = 100$ ME	$m_{113} = 50$ ME
2	$m_{212} = 50$ ME	$m_{213} = 100$ ME

Die Leistung der Art 2 verursacht dreimal soviel Kosten wie die Leistung der Art 1; daraus folgt: $ä_{11} = 1$; $ä_{21} = 3$

Für die Ermittlung der α_{jk} gilt:

$$\alpha_{12} = \frac{m_{112} \cdot ä_{11} + m_{212} \cdot ä_{21}}{m_{112} \cdot ä_{11} + m_{212} \cdot ä_{21} + m_{113} \cdot ä_{11} + m_{213} \cdot ä_{21}}$$

$$\alpha_{12} = \frac{100\text{ ME} \cdot 1 + 50\text{ ME} \cdot 3}{100\text{ ME} \cdot 1 + 50\text{ ME} \cdot 3 + 50\text{ ME} \cdot 1 + 100\text{ ME} \cdot 3}$$

$$\alpha_{12} = \frac{5}{\underline{\underline{12}}}$$

$$\alpha_{13} = \frac{m_{113} \cdot ä_{11} + m_{213} \cdot ä_{21}}{m_{112} \cdot ä_{11} + m_{212} \cdot ä_{21} + m_{113} \cdot ä_{11} + m_{213} : ä_{21}}$$

$$\alpha_{13} = \frac{50\text{ ME} \cdot 1 + 100\text{ ME} \cdot 3}{100\text{ ME} \cdot 1 + 50\text{ ME} \cdot 3 + 50\text{ ME} \cdot 1 + 100\text{ ME} \cdot 3}$$

$$\alpha_{13} = \frac{7}{\underline{\underline{12}}}$$

– (3) Erzeugt eine Kostenstelle Leistungen, die nicht in technischen Dimensionen eindeutig mengenmäßig erfaßbar sind, wie z.B. die Dienstleistung „Bereitstellung der Werkstoffe“ durch die Materialkostenstelle(n), so sind die

Kosten dieser innerbetrieblichen Leistungen im Rahmen einer Zuschlagsrechnung zu bestimmen. Der relative Anteil am Gemeinkostenwert der innerbetrieblichen Leistungen einer abgebenden Kostenstelle j, die Bestandteil einer aus verschiedenen innerbetrieblichen Leistungen zusammengesetzten innerbetrieblichen Leistung werden, die auf der Kostenstelle k verbraucht wird, bestimmt sich wie folgt:

$$\alpha_{jk} = \frac{\text{Wert der Bezugsgröße der von der Stelle k verbrauchten, zusammengesetzten innerbetrieblichen Leistung, für die die Gemeinkosten der Teilleistungen der abgebenden Stelle j zu kalkulieren sind}}{\text{Anzahl der Bezugsbasiseinheiten auf der abgebenden Kostenstelle j}}$$

Bei dieser Vorgehensweise sind die den innerbetrieblichen „Teil"-Leistungen direkt zurechenbaren Kosten (≡ Gemeinkosten-Einzelkosten) neben den nach obiger Form ermittelten, nicht direkt zurechenbaren Kosten (Gemeinkosten-Gemeinkosten) den empfangenden Stellen direkt gemäß dem Kostenartenverfahren zu belasten, womit sie nicht in die L_j der die innerbetrieblichen Teilleistungen liefernden Stellen, sondern unmittelbar in die L_j der empfangenden Stellen eingehen. Die L_j der liefernden Stellen setzen sich daher nur aus den den innerbetrieblichen Teilleistungen nicht direkt zurechenbaren Kosten (≡ Gemeinkosten-Gemeinkosten) zusammen.

Beispiel:

In einem Betrieb mit den Kostenstellen Material (= H_1), Fertigung (= H_2) und Verwaltung (= H_3) wird auf der Kostenstelle H_3 von der Stelle H_2 eine Reparatur ausgeführt, zu der die Stelle H_1 die notwendigen Werkstoffe (Ersatzteile) liefert. Es gelten folgende Daten:

Den Absatzleistungen direkt zurechenbare Werkstoffkosten (≡ Materialeinzelkosten)	9.500,–
Der innerbetrieblichen Leistung „Reparatur" direkt zurechenbare Werkstoffkosten (≡ Gemeinkosten-Einzelkosten Material)	500,–
Den Absatzleistungen direkt zurechenbare Löhne (≡ Fertigungseinzelkosten)	39.000,–
Der innerbetrieblichen Leistung „Reparatur" direkt zurechenbare Löhne (≡ Gemeinkosten-Einzelkosten Fertigung)	1.000,–

Die α_{jk} ermitteln sich dann:

$$\alpha_{13} = \frac{500 \text{ DM}}{10.000 \text{ DM}} = \underline{\underline{0{,}05}}; \qquad \alpha_{23} = \frac{1.000 \text{ DM}}{40.000 \text{ DM}} = \underline{\underline{0{,}025}}$$

– (4) In den Fällen, in denen die gelieferte innerbetriebliche Leistung nicht kalkulierbar ist, wie z. B. die Verwaltungsarbeiten der allgemeinen Kostenstelle Grundstücks- und Gebäudeverwaltung, sind die α_{jk} mittels Schlüsselgrößen zu bestimmen. Im gegebenen Beispiel kann z.B. eine Umlage nach dem Verhältnis der Raumflächen und/oder des umbauten Raumes der die Leistungen „empfangenden“ Stellen k ($k = 1, 2, \ldots, r$) erfolgen

$$\left(\alpha_{jk} = \frac{\text{Raumfläche der Kostenstelle k}}{\text{Gesamtraumfläche}} \right)$$

Bei den sukzessiven Verfahren, wo der Wert L_j einer abzurechnenden Kostenstelle j vor ihrer Umlage bekannt ist, lassen sich auch unmittelbar die anteiligen Gemeinkosten für eine abgegebene Leistungseinheit über eine Kalkulation ermitteln, wenn die innerbetrieblichen Leistungen im Fall 1 und 2 bzw. die zusammengesetzte innerbetriebliche Leistung im Fall 3 mengenmäßig erfaßbar ist. So könnte z.B. im Fall 1 der Gemeinkostenwert einer Leistungseinheit der Stelle j ($\equiv q_j$) ermittelt werden als:

$$q_j = \frac{L_j}{M_j}$$

Da bei homogenen meßbaren Leistungen gilt:

$$① \quad \alpha_{jk} = \frac{m_{jk}}{M_j} \quad \text{und ②} \quad q_j = \frac{L_j}{M_j}$$

gilt auch:

$$③ \quad \alpha_{jk} \cdot L_j = \frac{m_{jk}}{M_j} \cdot L_j = m_{jk} \cdot \frac{L_j}{M_j} = m_{jk} \cdot q_j$$

Es kann bei sukzessiven Verfahren unter Umständen zweckmäßiger sein, die Umlagebeträge über die q_j zu bestimmen (siehe die Umlage der Kostenstellen A_1 und A_2 im nachstehenden BAB-Beispiel).

4.4.4 Beispiel zum Betriebsabrechnungsbogen

Die primären Stelleneinzelkosten (PSEK) werden aufgrund unmittelbarer Aufzeichnungen lt. Materialentnahmescheinen, Anlageabrechnung, Lohn- und Gehaltsabrechnung und sonstiger Verbrauchsbelege den Kostenstellen direkt zugerechnet.

Die primären Stellengemeinkosten (PSGK) werden den Kosten mittels Schlüsselgrößen zugerechnet.

		Gesetzliche und freiwillige Sozialkosten 420.000,- DM	Vermögensteuer, Gewerbekapitalsteuer, Feuerversicherung 19.800,- DM	Grundsteuer, Gebäudeabschreibungen, Reinigungskosten (Fa. Putz Reinigungsdienst) 61.500,- DM
Schlüsselgröße Summe		Lohn- u. Gehaltssumme, insgesamt 4.200.000,- DM	Betriebsnotwendiges Vermögen, insgesamt 3.300.000,- DM	Raumfläche, insgesamt 15.000 qm
Verteilung der Schlüsselgrößen auf die Kostenstellen	A_1	6.000,- DM	210,000,- DM	1.000 qm
	A_2	4.000,- DM	200.000,- DM	2.000 qm
	A_3	90.000,- DM	20.000,- DM	500 qm
	H_4	2.415.000,- DM	810.000,- DM	3.000 qm
	H_5	1.430.000,- DM	920.000,- DM	3.500 qm
	H_6	33.000,- DM	810.000,- DM	3.000 qm
	H_7	222.000,- DM	330.000,- DM	2.000 qm
Kosten je Schlüsselgrößeneinheit		$\frac{0,10 \text{ DM}}{1,-- \text{ DM}}$	$\frac{0,006 \text{ DM}}{1,-- \text{ DM}}$	$4,10 \frac{\text{DM}}{\text{qm}}$

Da nur einseitige Leistungsbeziehungen bestehen, können die Kostenstellen stufenweise (Treppenverfahren) abgerechnet werden.

	Produzierte Menge (M_j)	Verbrauch auf den Kostenstellen (m_{jk})					
		A_2	A_3	H_4	H_5	H_6	H_7
Stromversorgung A_1	298.250 kWh	30.000 kWh	11.250 kWh	130.000 kWh	105.000 kWh	12.000 kWh	10.000 kWh
Reparaturwerkstatt A_2	663 Reparaturstunden		33 Std.	200 Std.	350 Std.	50 Std.	30 Std.
Fertigungshilfskostenstelle A_3	Nicht quantifizierbar: Umlage des L_3 nach der Anzahl der Arbeitsprozesse auf H_4 und H_5			800	1.200		

Gemeinkostenwerte je abgegebene Leistungseinheit der Kostenstelle j (j = 1, 2, 3):

$$q_1 = \frac{L_1}{M_1} = \frac{23.860 \text{ DM}}{298.250 \text{ kWh}} = 0{,}08 \frac{\text{DM}}{\text{kWh}}; \quad q_2 = \frac{L_2}{M_2} = \frac{26.520 \text{ DM}}{663 \text{ Std.}} = 40{,}- \frac{\text{DM}}{\text{Std.}}$$

Bestimmung der relativen Anteile der Stellen 4 und 5 an L_3:

$$\alpha_{34} = \frac{800}{2.000} = 0{,}4; \quad \alpha_{35} = \frac{1.200}{2.000} = 0{,}6$$

Anmerkung: $\alpha_{jk} \cdot L_j = m_{jk} \cdot q_j$ (siehe S. 132)

Abb. 14: Beispiel zur Kostenstellenrechnung im Betriebsabrechnungsbogen (BAB)

BAB	Kostenstellen / (Erzeugnis-) Gemeinkosten	Zeilensumme	Allg. Kostenstelle Stromversorgung (A_1)	Allg. Kostenstelle Reparaturwerkstatt (A_2)	Fertigungshilfskostenstelle Arbeitsvorbereitung (A_3)	Fertigungskostenstelle I (H_4)	Fertigungskostenstelle II (H_5)	Materialkostenstelle (H_6)	Kostenstelle Verwaltung und Vertrieb (H_7)
TEIL I	Betriebs- u. Hilfsstoffverbrauch	50.300	5.900	4.000	200	8.000	13.000	3.300	15.900
	Kalk. Abschreibungen auf Maschinen und maschinelle Anlagen	699.800	5.800	4.620	1.000	205.464	409.916	42.000	31.000
	Gehälter und Hilfslöhne	394.400	6.000	4.000	90.000	15.000	24.400	33.000	222.000
	Sonstige Stelleneinzelkosten	34.300	200	1.700	9.600	800	1.700	300	20.000
	(Spalten-) Summe $PSEK_j$	1.178.800	17.900	14.320	100.800	229.264	449.016	78.600	288.900
	gesetzliche und freiwillige Sozialkosten	420.000	600	400	9.000	241.500	143.000	3.300	22.200
	Vermögensteuer und Gewerbekapitalsteuer, Feuerversicherung	19.800	1.260	1.200	120	4.860	5.520	4.860	1.980
	Grundsteuer, Gebäudeabschreibungen, Reinigungskosten (Fa. Putz Reinigungsdienst)	61.500	4.100	8.200	2.050	12.300	14.350	12.300	8.200
	(Spalten-) Summe $PSGK_j$	501.300	5.960	9.800	11.170	258.660	162.870	20.460	32.380
	(Spalten-) Summe PSK_j	1.680.100	$L_1 = 23.860$	24.120	111.970	487.924	611.886	99.060	321.280

Abb. 14 (Fortsetzung)

Teil									
TEIL II	a) Verteilung der Kosten der Kostenstelle A_1 −SSKE +SSKB		−23.860	+ 2.400	+ 900	+10.400	+ 8.400	+ 960	+ 800
	b) Verteilung der Kosten der Kostenstelle A_2 −SSKE +SSKB			L_2=26.520 −26.520	+ 1.320	+ 8.000	+14.000	+2.000	+1.200
	c) Verteilung der Kosten der Kostenstelle A_3 −SSKE +SSKB				L_3=114.190 −114.190	+45.676	+68.514		
	Ist-ESK	1.680.100	0	0	0	552.000	702.800	102.020	323.280
TEIL III						Fertigungseinzelkosten		Materialeinzelkosten	Herstellkosten der abgesetzten Mengen*
	Bezugsbasis für die Kalkulation der Gemeinkosten					2.400.000	1.405.600	1.020.200	
	Istzuschlagssatz $\left(= \frac{\text{Istendstellenkosten}}{\text{Bezugsbasis}}\right)$					23%	50%	10%	≈5,23%
	Normalzuschlagssatz (= Durchschnitt der Istzuschlagssätze vergangener Perioden)					22%	50%	11%	5%
	Normal-ESK (= Normalzuschlagssatz · Bezugsbasis)					528.000	702.800	112.222	308.441,1
	Kostenstellenabweichung (= Normalendstellenkosten − Istendstellenkosten) Überdeckung (+), Unterdeckung (−)					−24.000	±0	+10.202	−14.838,9

* Die Herstellkosten der abgesetzten Erzeugnisse betragen auf Istkostenbasis DM 6.182.620,– und auf Normalkostenbasis DM 6.168.822,–

Einzelheiten zur Ermittlung der Zuschlagssätze sind in Kapitel 5.2.2 „Die Zuschlagskalkulation“ dargestellt. Die weitere Verrechnung der Kostenstellenabweichungen wird in Kapitel 6.3 zur Durchführung der Kosten- und Leistungsrechnung nach dem Umsatzkostenverfahren behandelt.

5. Die Kostenträgerrechnung

5.1 Aufgaben der Kostenträgerrechnung

Die Kostenträgerrechnung als dritte und letzte Stufe der Kostenrechnung hat zwei verschiedene Erscheinungsformen:

- (1) die Kostenträgerzeitrechnung auch Betriebsergebnisrechnung oder kalkulatorische Periodenrechnung genannt
- (2) die Kostenträgerstückrechnung auch Kalkulation oder kalkulatorische Stückrechnung genannt

Bei der **Kostenträgerzeitrechnung** handelt es sich um eine periodenbezogene Betriebserfolgsrechnung. Ihre Aufgabe besteht darin, den aus der betrieblichen Tätigkeit in einem bestimmten Zeitraum erzielten Betriebserfolg (Betriebsgewinn oder Betriebsverlust) als Differenz zwischen Leistungen und Kosten zu bestimmen. Wird eine solche zeitraumbezogene Rechnung nicht nur jährlich, sondern vierteljährlich, monatlich oder wöchentlich durchgeführt, so spricht man von einer **kurzfristigen Erfolgsrechnung.**

Die Durchführung der Kostenträgerzeitrechnung kann nach zwei Verfahren erfolgen, die sich durch eine unterschiedliche Kostengliederung unterscheiden:

- a) das Gesamtkostenverfahren
- b) das Umsatzkostenverfahren

Die Aufgabe der **Kostenträgerstückrechnung** besteht demgegenüber in der Ermittlung der Kosten, die für die Erstellung und den Absatz einer Leistungsmengeneinheit entstanden sind. Kostenträger innerhalb einer solchen Rechnung können sein:

- a) die für den Markt bestimmten Erzeugnisse (≡ Absatzleistungen), d.h. unfertige und fertige Erzeugnisse, Dienstleistungen und Handelswaren
- b) die im Betrieb wieder einzusetzenden innerbetrieblichen Leistungen, d.h. selbsterstellte Dienstleistungen, Verbrauchsgüter und Anlagen.

Bei der Kalkulation der Kosten für eine Mengeneinheit (ME) einer Erzeugnisart i ist zwischen den Herstellkosten und den Selbstkosten je Mengeneinheit zu unterscheiden. Deren Zusammensetzung ergibt sich wie folgt:

Materialeinzelkosten/ME	$\equiv k_{me_i}$	$\left.\begin{matrix} \\ \end{matrix}\right\} k_{m_i}$	
+ Materialgemeinkosten/ME	$\equiv k_{mg_i}$		
+ Fertigungseinzelkosten/ME	$\equiv k_{fe_i}$		$\left.\begin{matrix} \\ \\ \\ \end{matrix}\right\} k_{f_i}$
+ Fertigungsgemeinkosten/ME	$\equiv k_{fg_i}$		
+ Sondereinzelkosten der Fertigung/ME	$\equiv k_{sef_i}$	$\left.\begin{matrix} \\ \end{matrix}\right\} k_{sf_i}$	
+ Sondergemeinkosten der Fertigung/ME	$\equiv k_{sgf_i}$		
[+ Forschungs- und Entwicklungsgemeinkosten/ME]			
= Herstellkosten/ME	$\equiv k_{h_i}$		
+ Verwaltungs(gemein)kosten/ME	$\equiv k_{wg_i} \equiv k_{w_i}$		$\left.\begin{matrix} \\ \\ \end{matrix}\right\} k_{wv_i}$
+ Sondereinzelkosten des Vertriebs/ME	$\equiv k_{sev_i}$	$\left.\begin{matrix} \\ \end{matrix}\right\} k_{v_i}$	
+ Vertriebsgemeinkosten/ME	$\equiv k_{vg_i}$		
= Gesamtkosten/ME ($\equiv$ Selbstkosten)	$\equiv k_{s_i}$		

Anmerkung zur Symbolik: Soweit das Symbol für Kosten in Kleinbuchstaben ausgedrückt wird, handelt es sich um Kosten pro Mengeneinheit (siehe obige Symbole), soweit Großbuchstaben verwendet werden, handelt es sich um Kosten der jeweiligen Abrechnungsperiode.

Beispiele:

K_{ME} $\equiv$ Gesamte Materialeinzelkosten der Periode

K_{ME_i} $\equiv$ Materialeinzelkosten der Periode, die zur Produktion der Erzeugnisse der Art i angefallen sind

k_{me_i} $\equiv$ Materialeinzelkosten pro Mengeneinheit der Erzeugnisart i.

Bei den **Materialeinzelkosten** handelt es sich um den den Kostenträgern direkt zugerechneten Materialverbrauch, in der Hauptsache also die Rohstoffkosten. Die **Materialgemeinkosten** stellen sich als Endstellenkosten der Kostenstelle(n) Material dar (ESK = PSK + SSKB − SSKE). In die primären Gemeinkosten gehen z. B. die Löhne und Gehälter der im Materialbereich Beschäftigten, die kalkulatorischen Abschreibungen auf im Materialbereich eingesetzte Betriebsmittel (Gabelstapler usw.), Kapitalkosten, soweit sie auf das im Materialbereich gebundene betriebsnotwendige Vermögen entfallen, sowie alle sonstigen Kostenarten, die anteilig dem Materialbereich zu belasten sind[1], ein.

Der Begriff „Materialgemeinkosten" darf nicht mit dem Begriff „Gemeinkostenmaterial" verwechselt werden. Unter „Gemeinkostenmaterial" ist der den Erzeugnissen nicht direkt zurechenbare Materialverbrauch zu verstehen, der in die Gemeinkosten der Kostenstellen eingerechnet wird, an denen er anfällt, wie z. B. in die Fertigungsgemeinkosten, soweit er im Fertigungsbereich anfällt. Lediglich der Materialverbrauch auf den Materialkostenstellen (z. B. Treibstoff für Gabelstapler) wird Bestandteil der Materialgemeinkosten.

1 Siehe auch die im Betriebsabrechnungsbogen auf S. 134 angeführten Beispiele.

Materialeinzelkosten und Materialgemeinkosten zusammengenommen stellen die **Materialkosten** dar. Dabei muß man sich immer bewußt sein, daß über die Materialgemeinkosten in den Materialkosten immer auch Kostenarten enthalten sind, die nicht Materialverbrauch sind, wie z. B. Arbeitskosten.

Bei den **Fertigungseinzelkosten** handelt es sich um alle den Kostenträgern direkt zugerechneten Arbeitskosten[2]. Bei den **Fertigungsgemeinkosten** handelt es sich um die Endstellenkosten der Kostenstelle(n) Fertigung, in die alle im Fertigungsbereich für die Produktion der Endleistungen des Fertigungsbereichs anfallenden primären und sekundären Gemeinkosten eingehen.

Der Begriff „Gemeinkostenlöhne" darf nicht mit dem Begriff „Fertigungsgemeinkosten" gleichgesetzt werden. Nur soweit Gemeinkostenlöhne (≡ den Kostenträgern nicht direkt zurechenbare Löhne) im Fertigungsbereich anfallen, liegen gleichzeitig Fertigungsgemeinkosten vor. Soweit sie an anderen Kostenstellen wie der Material- oder Vertriebskostenstelle anfallen, werden sie Teil der Material- bzw. Vertriebsgemeinkosten.

Als Sondereinzelkosten[3] werden alle Einzelkosten bezeichnet, die nicht Fertigungs- oder Materialeinzelkosten sind. Zu den im Produktionsbereich anfallenden Sondereinzelkosten (≡ **Sondereinzelkosten der Fertigung**) gehören z. B. Kosten für Modelle, Schnitte, Schablonen und Sonderanfertigungen. Bei den **Sondergemeinkosten der Fertigung** handelt es sich um von den „normalen" Gemeinkosten abgetrennte Gemeinkosten des Fertigungsbereiches, die auf einer Ausgliederungsstelle gesammelt und mit einem eigenen Zuschlag (Sonderzuschlag) auf die betroffenen Kostenträger kalkuliert werden.

Forschungs- und Entwicklungskosten stellen nur dann eine eigenständige Position im Kalkulationsschema dar, wenn die Kostenstelle, auf der sie gesammelt werden, als Hauptkostenstelle geführt wird. Wird sie dagegen als Fertigungshilfskostenstelle geführt, so werden die Forschungs- und Entwicklungskosten durch die Umlage Teil der Fertigungsgemeinkosten.

Fertigungseinzel- und -gemeinkosten sowie die Sondereinzel- und -gemeinkosten der Fertigung stellen die **Fertigungskosten** dar, die zusammen mit den Material- und ggfs. gesondert ausgewiesenen Forschungs- und Entwicklungskosten die **Herstellkosten** bilden.

Verwaltungskosten sind i. d. R. Gemeinkosten; sie stellen sich als Endstellenkosten der Kostenstelle Verwaltung dar und werden üblicherweise den abgesetzten Erzeugnissen zugerechnet. (In Ausnahmefällen sind auch Sondereinzelkosten der Verwaltung denkbar.) Soweit in den Verwaltungskosten Kosten enthalten sind, die durch den Produktions- und nicht durch den Absatzprozeß verursacht worden sind, sind sie abweichend von dem üblichen Kalkulationsschema – soll verursachungsgerecht gerechnet werden – besser in die **Herstellkosten** einzubeziehen.

---

2 Siehe dazu 3.3.1, S. 58f.

3 Zu den Sonderkosten siehe *Bergner, H.*, Sonderkosten, in: HWR, Hrsg.: *Kosiol, E.*, Stuttgart 1970, Sp. 1596 – 1603.

Sondereinzelkosten des Vertriebs sind alle den abgesetzten Erzeugnissen direkt zurechenbaren Kosten des Vertriebsbereichs wie z.B. Verpackungsmaterial, Provisionen, Frachten. Zu den Sondereinzelkosten des Vertriebs gehört auch die Berechnete MWSt mit Kostencharakter. (Da die Bestimmung der Berechneten MWSt mit Kostencharakter schon in Kapitel 3.3.6.3.3.1.2 behandelt wurde, wird sie aus Vereinfachungsgründen in Kapitel 5 bei der Ermittlung der Selbstkosten nicht berücksichtigt.) Alle anderen Kosten des Vertriebsbereichs werden den abgesetzten Erzeugnissen als **Vertriebsgemeinkosten** (≡ Endstellenkosten der Vertriebskostenstelle(n) zugerechnet.

Herstellkosten, Verwaltungs(gemein)kosten und Vertriebskosten einer abgesetzten Erzeugniseinheit bilden zusammen ihre **Selbstkosten.**

Exkurs: Abgrenzung von Herstellkosten und Herstellungskosten

Bei den Herstellungskosten handelt es sich um einen Begriff des externen Rechnungswesens[4]. Herstellkosten und Herstellungskosten können sich insbesondere durch die folgenden Merkmale unterscheiden:

Einerseits können die Herstellkosten höher als die Herstellungskosten sein, weil in die Herstellungskosten nur aufwandsgleiche Kosten (Grundkosten) eingehen können, während in den Herstellkosten auch Zusatzkosten wie kalkulatorischer Unternehmerlohn, kalkulatorische Eigenkapitalzinsen sowie solche Zusatzkosten enthalten sein können, die sich aus der Bewertung der Einsatzgüter zu über den Anschaffungspreisen liegenden Wiederbeschaffungspreisen ergeben. Ferner sind hier die Wahlrechte bzw. Verbote des Ansatzes fixer Kostenbestandteile bei Ermittlung der Herstellungskosten zu erwähnen. Andererseits sind die Herstellungskosten insoweit höher als die Herstellkosten, als sie den Ansatz von anteiligen Verwaltungsgemeinkosten (und von Sondereinzelkosten des Vertriebs, soweit letztere schon für bereits verkaufte aber noch nicht ausgelieferte Waren angefallen sind[5]), gestatten (Wahlrecht).

5.2 Verfahren der Kostenträgerstückrechnung

5.2.1 Die Divisionskalkulation

Die Divisionskalkulation ist dadurch gekennzeichnet, daß die Kosten je Leistungseinheit derart ermittelt werden, daß man die **Gesamtkosten durch die Anzahl der Leistungsmengeneinheiten dividiert.** Die Anwendbarkeit der Divisionskalkulation hängt von der Art des Produktionsprogramms und dem Produktionsablauf ab.

Nach der Anzahl der **berücksichtigten** Produktionsstufen kann man die **einstufige** (≡ kumulative bzw. summarische) und die **mehrstufige** (≡ sukzessive) Divisionskalkulation unterscheiden. Wird die Divisionskalkula-

4 Siehe dazu *Bauch, G., Pfitzer, N.,* a.a.O., S. 110ff.

5 Wegen des generellen Aktivierungsverbotes der Vertriebskosten (§ 153 Abs. 2 AktG) ist der Ansatz der genannten Sondereinzelkosten des Vertriebs allerdings umstritten; nach Inkrafttreten des Bilanzrichtlinie-Gesetzes ist er in jedem Falle ausgeschlossen. Vgl. *Bauch, G., Pfitzer, N.,* a.a.O., S. 111.

tion nur für **ein** Produkt angewendet, so spricht man von einer **„einfachen[6] Divisionskalkulation“** (Einproduktunternehmung). Werden dagegen mehrere homogene Produkte in verschiedenen voneinander unabhängigen Fertigungsprozessen innerhalb einer Unternehmung erzeugt, so kann man die Kosten dieser (getrennten) Fertigungsprozesse für jedes Produkt gesondert in jeweils einer „einfachen Divisionskalkulation“ abrechnen. Es werden also ohne gegenseitige Einflußnahme nebeneinander mehrere „einfache Divisionskalkulationen“ durchgeführt. Man spricht dann von **„mehrfacher oder simultaner Divisionskalkulation“.** Sowohl die einstufige als auch die mehrstufige Divisionskalkulation lassen sich natürlich „einfach“ bzw. „mehrfach“ durchführen.

Zur Divisionskalkulation ist auch die Äquivalenzziffernrechnung zu zählen, die sich als einstufige und mehrstufige Rechnung selbstverständlich ebenfalls einfach bzw. mehrfach durchführen läßt.

5.2.1.1 Die einstufige Divisionskalkulation

5.2.1.1.1 Die einstufige Divisionskalkulation ohne Aufspaltung der Gesamtkosten nach Kostenarten

In dieser einfachsten Form werden die Stückselbstkosten wie folgt ermittelt:

$$k_s = \frac{K_T}{x}$$

Symbolik:

k_s ≡ (Stück-)Selbstkosten
K_T ≡ Gesamtkosten
x ≡ produzierte und abgesetzte Erzeugnismenge

Dabei müssen **drei Voraussetzungen** erfüllt sein:

– (1) Die Leistungseinheiten müssen völlig gleichartig sein **(Homogenitätsbedingung).** Das kann nur in Einproduktbetrieben gewährleistet sein.
– (2) Die Produktionsmenge muß mit der Absatzmenge der Periode übereinstimmen **(Absatzbedingung).** Es dürfen also keine Bestandsänderungen an Fertigerzeugnissen auftreten.
– (3) Es muß synchrone Fertigung vorliegen **(Mengenkontinuitätsbedingung).** Synchrone Fertigung bedeutet, daß keine Bestandsänderungen an unfertigen Erzeugnissen eintreten, d. h., es darf keine Änderung in der Höhe der Zwischenlägerbestände gegenüber dem Anfang der Periode stattfinden.

6 Das Adjektiv „einfach“ ist hier nicht im Sinne von „unkompliziert“ sondern als Gegensatz zu „mehrfach“ zu verstehen.

Wenn diese Bedingungen erfüllt sind, kann auch bei mehrstufigem Fertigungsprozeß die einstufige Divisionskalkulation zur Anwendung kommen, wie das folgende **Beispiel** zeigt:

In der Fertigungsstufe A fallen Kosten in Höhe von DM 4.000,– für die Produktion von 1.000 Mengeneinheiten eines unfertigen Erzeugnisses an, die in die Stufe B eingehen und dort unter Einsatz von DM 2.000,– Kosten zu 1.000 Mengeneinheiten des Fertigerzeugnisses verarbeitet werden, die noch in der gleichen Periode abgesetzt werden. Dieser Sachverhalt läßt sich durch folgende Abbildung wiedergeben:

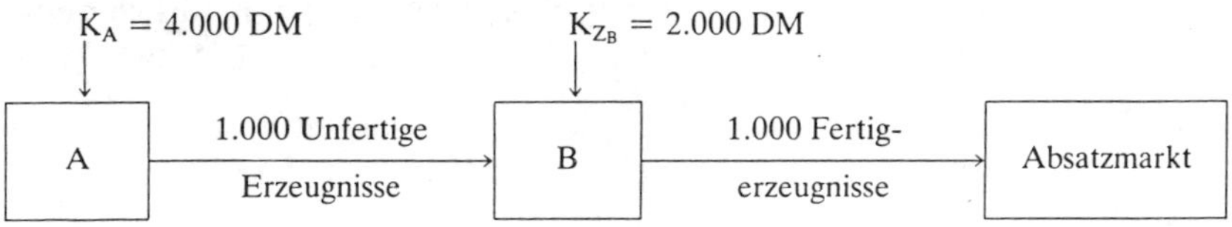

Symbolik:

K_A ≡ Kosten der Fertigungsstufe A
K_{Z_B} ≡ Zusätzliche, d. h. zur Weiterverarbeitung der Inputmenge auf B anfallende, Kosten der Stufe B
A, B ≡ Fertigungsstufe A, B

Die Selbstkosten einer Mengeneinheit (ME) des Fertigerzeugnisses ermitteln sich jetzt als:

$$k_s = \frac{6.000 \text{ DM}}{1.000 \text{ ME}} = 6 \frac{\text{DM}}{\text{ME}}$$

5.2.1.1.2 Die einstufige Divisionskalkulation bei Aufspaltung der Gesamtkosten in Herstellkosten sowie Verwaltungs- und Vertriebskosten

Ist die Absatzbedingung nicht erfüllt, gilt also:

$$\text{Produktionsmenge } (x_p) \neq \text{Absatzmenge } (x_a),$$

so muß eine Trennung der Stückselbstkosten (k_s) in die Stückherstellkosten (k_h) und die Stückverwaltungs- und Vertriebskosten (k_{wv}) vorgenommen werden, da Herstellkosten (K_H) auf die produzierte Menge (x_p) entfallen, die Verwaltungs- und Vertriebskosten (K_{WV}) jedoch auf die abgesetzte Menge (x_a) zu verrechnen sind. Es gilt jetzt:

$$k_s = \frac{K_H}{x_p} + \frac{K_{WV}}{x_a}$$

5.2.1.1.3 Die einstufige Divisionskalkulation bei Aufspaltung der Gesamtkosten in Kostenarten

Eine Erhöhung des Informationsgehaltes der Divisionskalkulation kann dadurch erreicht werden, daß man die gesamten Herstellkosten und Verwaltungs- und Vertriebskosten der Abrechnungsperiode nach Kostenarten oder nach Kostenartengruppen aufteilt, wobei letztere z. B. nach dem

Gesichtspunkt der Reagibilität auf Beschäftigungsänderungen gebildet werden können, die Gesamtkosten also in fixe und variable Kosten aufgeteilt werden. Auf diese Weise erhält man Aussagen über den Anteil der einzelnen Kostenarten oder Kostenartengruppen an den Kosten einer Erzeugniseinheit.

5.2.1.2 Die mehrstufige Divisionskalkulation

Sofern bei mehrstufiger Fertigung die Mengenkontinuitätsbedingung erfüllt ist, lassen sich – wie das Beispiel unter Kapitel 5.2.1.1.1 zeigt – die Stückselbstkosten „einstufig“ ermitteln. Schwieriger jedoch liegen die Dinge bei nicht-synchroner, mehrstufiger Fertigung, bei der sich die Bestände an Teilleistungen in den Zwischenlägern im Laufe der der Rechnung zugrunde liegenden Periode verändern, weil mehr (weniger) Teilleistungen von der jeweils vorgelagerten Stufe ausgebracht als in der nachgelagerten Stufe eingesetzt werden. Eine einfache Division der gesamten Herstellkosten der Periode durch die Anzahl der in der Periode hergestellten Fertigerzeugnisse würde in diesem Falle nicht zu korrekten, dem tatsächlich für die Produktion der Fertigerzeugnisse angefallenen Verbrauch entsprechenden Stückherstellkosten führen. Um den Einfluß schwankender Zwischenlägerbestände eliminieren zu können, bedient man sich einer mehrstufigen Divisionskalkulation.

5.2.1.2.1 Die mehrstufige Divisionskalkulation bei mengenmäßig gleichgroßem Teilleistungsinput und Teil- bzw. Endleistungsoutput

An dieser Stelle ist die mehrstufige Divisionskalkulation bei nicht-synchroner Fertigung unter der Voraussetzung abzuhandeln, daß in einer Einheit des Enderzeugnisses nur je eine Leistungseinheit der einzelnen der Endstufe vorgelagerten Fertigungsstufen enthalten ist. (Input-Output-Verhältnis jeder Stufe gleich 1).

Zur Veranschaulichung soll das folgende **Beispiel** dienen:

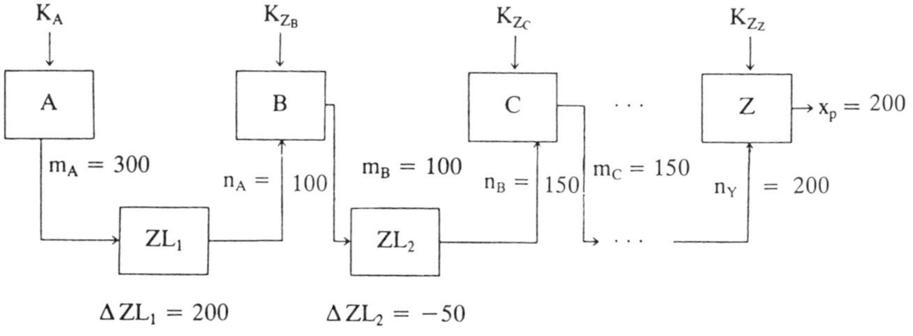

Zusätzliche Symbolik:

$m_A, m_B, \ldots, m_Z \equiv$ Teilleistungen der Fertigungsstufen A, B, ..., Z

$n_A, n_B, \ldots, n_Y \equiv$ aus A, B, ..., Y über $ZL_{1,2,\ldots}$ in B, C, ..., Z eingebrachte Teilleistungen der Fertigungsstufe A, B, ..., Y

$ZL_1 \equiv$ Zwischenlager 1

$\Delta ZL_1 \equiv$ Bestandsveränderung im Zwischenlager 1

$f_{B(C,D\ldots)} \equiv$ in der Stufe B (C, D, ...) einzusetzende Mengen an Teilleistungen der Vorstufe A (B, C, ...) zur Erstellung einer Mengeneinheit der Teilleistung der Stufe B (C, D, ...). **Kurz:** Input-Outputverhältnis ($\equiv$ Fertigungskoeffizient) der Stufe B (C, D, ...)

$K_{Z_B(Z_C,\ldots,Z_Z)} \equiv$ Zusätzliche, d.h. zur Weiterverarbeitung der Inputmenge auf B (C, ..., Z) anfallende Kosten der Stufe B (C, ..., Z).

Anmerkung: Die gemachte Voraussetzung ist erfüllt, da die in eine Fertigungsstufe eingebrachte Teilleistungsmenge gleich der von dieser Stufe ausgebrachten Teilleistungsmenge ist

$$\left(f_B = \frac{n_A}{m_B} = \frac{100}{100} = \underline{\underline{1}};\ f_C = \frac{n_B}{m_C} = \frac{150}{150} = \underline{\underline{1}};\ \ldots;\ f_Z = \frac{n_Y}{x_p} = \frac{200}{200} = \underline{\underline{1}}\right);$$

die Fertigungskoeffizienten jeder Stufe haben also den Wert 1.

Die Herstellkosten einer Einheit des Fertigerzeugnisses ergeben sich dann wie folgt:

$$k_h = \frac{K_A}{m_A} + \frac{K_{Z_B}}{m_B} + \frac{K_{Z_C}}{m_C} + \ldots + \frac{K_{Z_Z}}{x_p}$$

5.2.1.2.2 Die mehrstufige Divisionskalkulation bei mengenmäßig nicht gleichgroßem Input und Output der Fertigungsstufen

Die im vorhergehenden Abschnitt gegebene Voraussetzung, daß eine Mengeneinheit der jeweiligen Teilleistungen einer Mengeneinheit des Endproduktes entsprechen muß, wird hier aufgehoben. Das Endprodukt kann also durchaus mehr oder weniger als eine Mengeneinheit der jeweiligen Teilprodukte (Vorprodukte) enthalten. Dieser Fall ist weit häufiger; so z.B. auch in der chemischen Industrie, wo auf den einzelnen Fertigungsstufen Mengengewinne und Mengenverluste auftreten können.

Zur Veranschaulichung soll der folgende dreistufige Fertigungsprozeß dienen:

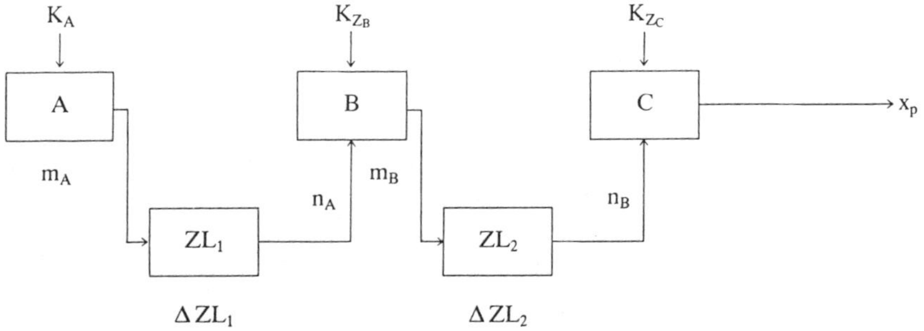

Dabei gilt: $m_A \neq n_A$; $n_A \neq m_B$; $m_B \neq n_B$; $n_B \neq x_p$

Die Herstellkosten einer Einheit des Fertigerzeugnisses (k_h) ergeben sich dann – in einem dreistufigen Prozeß – wie folgt:

$$k_h = \left(\frac{K_A}{m_A} \cdot \frac{n_A}{m_B} + \frac{K_{Z_B}}{m_B}\right) \cdot \frac{n_B}{x_p} + \frac{K_{Z_C}}{x_p}.$$

Im folgenden soll diese Gleichung schrittweise erklärt werden:

$\frac{K_A}{m_A}$ ≡ Kosten für eine Leistungseinheit der Stufe A

$\frac{K_A}{m_A} \cdot n_A$ ≡ Kostenwert der in die Stufe B eingehenden Leistungen der Vorstufe A

$\frac{K_A}{m_A} \cdot \frac{n_A}{m_B}$ ≡ Kosten des Einsatzes aus der Vorstufe A pro Leistungseinheit (Outputeinheit) der Stufe B

$\frac{K_{Z_B}}{m_B}$ ≡ Zusätzliche, d.h. zur Weiterverarbeitung der Inputmenge auf der Stufe B anfallende Kosten pro Leistungseinheit (Outputeinheit) der Stufe B

$\frac{K_A}{m_A} \cdot \frac{n_A}{m_B} + \frac{K_{Z_B}}{m_B}$ ≡ Gesamte Kosten pro Leistungseinheit (Outputeinheit) der Stufe B

$\left(\frac{K_A}{m_A} \cdot \frac{n_A}{m_B} + \frac{K_{Z_B}}{m_B}\right) \cdot n_B$ ≡ Kostenwert der in die Stufe C eingehenden Leistungen der Vorstufe B

$\left(\frac{K_A}{m_A} \cdot \frac{n_A}{m_B} + \frac{K_{Z_B}}{m_B}\right) \cdot \frac{n_B}{x_p}$ ≡ Kosten des Einsatzes aus der Vorstufe B pro Leistungseinheit (Outputeinheit) der Stufe C, also pro Einheit des Fertigerzeugnisses

$\frac{K_{Z_C}}{x_p}$ ≡ Zusätzliche, d.h. zur Weiterverarbeitung der Inputmenge auf der Stufe C anfallende Kosten pro Leistungseinheit, also – da die Stufe C Endstufe ist – pro Einheit des Fertigerzeugnisses

$\left(\frac{K_A}{m_A} \cdot \frac{n_A}{m_B} + \frac{K_{Z_B}}{m_B}\right) \cdot \frac{n_B}{x_p} + \frac{K_{Z_C}}{x_p}$ ≡ Gesamte Kosten pro **produzierte** Einheit des Fertigerzeugnisses (≡ Herstellkosten pro Einheit des Fertigerzeugnisses ≡ k_h)

Da gilt:

$$\frac{n_A}{m_B} = f_B \quad \text{und} \quad \frac{n_B}{x_p} = f_C$$

läßt sich obige Gleichung wie folgt schreiben:

$$k_h = \left(\frac{K_A}{m_A} \cdot f_B + \frac{K_{Z_B}}{m_B}\right) \cdot f_C + \frac{K_{Z_C}}{x_p}$$

bzw.

$$k_h = \frac{K_A}{m_A} \cdot f_B \cdot f_C + \frac{K_{Z_B}}{m_B} \cdot f_C + \frac{K_{Z_C}}{x_p}$$

In analoger Weise lassen sich die Herstellkosten des Erzeugnisses in einem z-stufigen Fertigungsprozeß ermitteln[7]:

$$k_h = \frac{K_A}{m_A} \cdot f_B \cdot f_C \cdot f_D \cdot \ldots \cdot f_Z + \frac{K_{Z_B}}{m_B} \cdot f_C \cdot f_D \cdot \ldots \cdot f_Z$$
$$+ \frac{K_{Z_C}}{m_C} \cdot f_D \cdot \ldots \cdot f_Z + \ldots + \frac{K_{Z_Y}}{m_Y} \cdot f_Z + \frac{K_{Z_Z}}{x_p}$$

Diese Form der Divisionskalkulation ist anwendbar bei Monoproduktion mit mehrstufiger, nicht-synchroner Fertigung und Mengengewinnen bzw. -verlusten auf den einzelnen Fertigungsstufen[8].

Beispiel:

In einer Zementfabrik wurden im Monat August die folgenden Daten registriert. Kosten der Zwischenläger sind in den Kosten der Fertigungsstufen enthalten.

Herstellkosten:

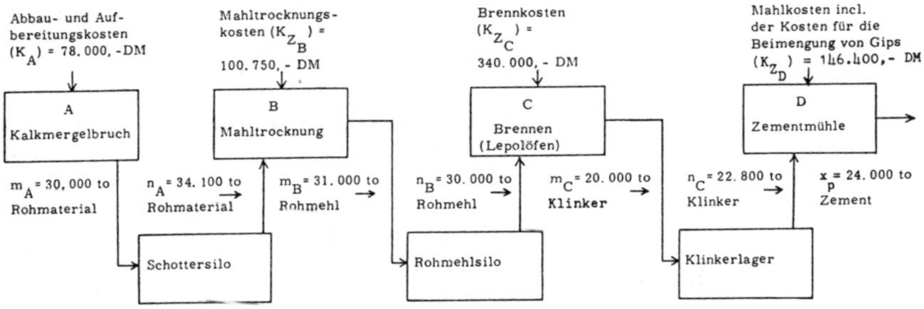

Verwaltungs- und Vertriebskosten:

Abfüllanlage und Versand:

- Sondereinzelkosten des Vertriebs pro 50 Kilo-Sack: $0{,}30 \frac{\text{DM}}{\text{Sack}}$
- Verwaltungs- und Vertriebsgemeinkosten gleichmäßig auf abgepackten und lose verkauften Zement zu verteilen: 55.000,— DM
- Absatzmenge: – 200.000 Sack à 50 kg (= 10.000 to)
  – 15.000 to lose Verladung

---

7 Die im vorherigen Abschnitt 5.2.1.2.1 dargestellte Formel ergibt sich unmittelbar aus dieser allgemeinen Formel, da unter der in 5.2.1.2.1 geltenden Bedingung die Fertigungskoeffizienten (f) immer den Wert 1 haben.

8 Die oben dargestellte Formel entspricht der Darstellungsweise *von Kortzfleischs,* bei der „die in eine Stufe (..) eingehenden Leistungen der Vorstufe (..) mit den durch Division ermittelten Kosten pro Leistungseinheit dieser Vorstufe (..) zu bewerten sind" (*von Kortzfleisch, G.,* Divisionskalkulation, in: HWR, a.a.O., Sp. 428); ein formaler Unterschied liegt lediglich darin, daß die bei *von Kortzfleisch* vorgenommene stufenweise Ermittlung hier in einer Gleichung zusammengefaßt worden ist (siehe ebenda, Sp. 427–429). Der bei der stufenweisen Ermittlung explizit gegebene Ausweis der Stückkosten der Leistungen jeder Stufe kann zu Kontrollzwecken erwünscht sein. Das nachfolgende konkrete Beispiel wird nach beiden Vorgehensweisen gerechnet werden, womit verdeutlicht wird, daß es sich nur um einen formalen Unterschied handelt.

Lösung:

– (1) **Ermittlung der Herstellkosten pro Tonne (k_h)**

– a) in einer Gleichung zusammengefaßt:

$$k_h = \frac{78.000\ \text{DM}}{30.000\ \text{to}} \cdot 1{,}1 \cdot 1{,}5 \cdot 0{,}95 + \frac{100.750\ \text{DM}}{31.000\ \text{to}} \cdot 1{,}5 \cdot 0{,}95 + \frac{340.000\ \text{DM}}{20.000\ \text{to}} \cdot 0{,}95 + \frac{146.400\ \text{DM}}{24.000\ \text{to}}$$

$$\underline{\underline{k_h \approx 30{,}96\ \frac{\text{DM}}{\text{to}}}}$$

– b) stufenweise:

$$k_{h_{m_A}} = \frac{78.000\ \text{DM}}{30.000\ \text{to}} = 2{,}60\ \frac{\text{DM}}{\text{to}}$$

$$k_{h_{m_B}} = \frac{34.100\ \text{to} \cdot 2{,}60\ \frac{\text{DM}}{\text{to}} + 100.750\ \text{DM}}{31.000\ \text{to}} = 6{,}11\ \frac{\text{DM}}{\text{to}}$$

$$k_{h_{m_C}} = \frac{30.000\ \text{to} \cdot 6{,}11\ \frac{\text{DM}}{\text{to}} + 340.000\ \text{DM}}{20.000\ \text{to}} = 26{,}165\ \frac{\text{DM}}{\text{to}}$$

$$k_h = \frac{22.800\ \text{to} \cdot 26{,}165\ \frac{\text{DM}}{\text{to}} + 146.400\ \text{DM}}{24.000\ \text{to}} \approx \underline{\underline{30{,}96\ \frac{\text{DM}}{\text{to}}}}$$

– (2) **Ermittlung der Selbstkosten**

– a) pro Sack (k_{s_1}):

$$k_{s_1} = k_{h_1} + k_{sev_1} + k_{wvg_1}$$

$$= \frac{30{,}96\ \text{DM}}{20\ \text{Sack}} + 0{,}3\ \frac{\text{DM}}{\text{Sack}} + \frac{55.000\ \text{DM}}{25.000\ \text{to} \cdot 20\ \frac{\text{Sack}}{\text{to}}}$$

$$\underline{\underline{k_{s_1} \approx 1{,}96\ \frac{\text{DM}}{\text{Sack}}}}$$

– b) pro Tonne lose Verkauf (k_{s_2}):

$$k_{s_2} = k_{h_2} + k_{wvg_2} = 30{,}96\ \frac{\text{DM}}{\text{to}} + \frac{55.000\ \text{DM}}{25.000\ \text{to}}$$

$$\underline{\underline{k_{s_2} = 33{,}16\ \frac{\text{DM}}{\text{to}}}}$$

5.2.1.3 Die Äquivalenzziffernrechnung (Divisionskalkulation mit Äquivalenzziffern)

Die Divisionskalkulation läßt sich auch dann anwenden, wenn die Homogenitätsbedingung (Erzeugung nur eines Produktes) nicht erfüllt ist, sofern mehrere Produkte mit ähnlicher Fertigungs- und Kostenstruktur hergestellt werden, deren kostenrechnerische Verschiedenartigkeit sich mittels Äquivalenzziffern erfassen läßt.

Eine Äquivalenzziffer ist ein Umrechnungsfaktor (Gewichtungsfaktor, Gleichwertigkeitsfaktor), der im Rahmen der Kalkulation das Kostenverhältnis der einzelnen Produkte wiedergibt. Wenn dem Produkt 1 die Äquivalenzziffer 3 und dem Produkt 2 die Äquivalenzziffer 1,5 zugeordnet ist, bedeutet dies, daß eine Mengeneinheit des Produktes 1 mit doppelt soviel Kosten wie eine Mengeneinheit des Produktes 2 zu belasten ist.

Bei der Bestimmung der Äquivalenzziffern müssen Bezugsgrößen gefunden werden, zu denen sich die zu verteilenden Kosten der Produkte proportional verhalten. Die Äquivalenzziffern der Erzeugnisse i $(i = 1, 2, \ldots, e, \ldots, \bar{i})$ werden dadurch bestimmt, daß die Bezugsgrößenwerte o_i der Erzeugnisse i jeweils zum Bezugsgrößenwert o_e des Einheitserzeugnisses e ins Verhältnis gesetzt werden:[9]

$$ä_1 = \frac{o_1}{o_e}\,; \quad ä_2 = \frac{o_2}{o_e}\,; \quad \ldots; \quad ä_e = \frac{o_e}{o_e} = 1\,; \quad \ldots; \quad ä_{\bar{i}} = \frac{o_{\bar{i}}}{o_e}$$

Symbolik:

$ä_i \equiv$ Äquivalenzziffer der Erzeugnisart i $(i = 1, 2, \ldots, e, \ldots, \bar{i})$
$o_i \equiv$ Wert der Bezugsgröße der Erzeugnisart i

Bezugsgröße können z. B. Fertigungszeiten, Materialverbrauch, Produktabmessungen (Länge, Dicke, Breite), Gewichte der Produkte oder der eingesetzten Rohstoffe etc. sein.

Die Divisionskalkulation mit Äquivalenzziffern als Verhältniszahlen der Kostenbelastung für die gleiche Ausbringungsmenge verwandter Erzeugnisse kommt vorwiegend in der Sortenfertigung (Blechwalzwerke, Ziegeleien, Brauereien, Webereien etc.) zur Anwendung.

Die Kalkulation der Stückherstellkosten verläuft in der einstufigen Äquivalenzziffernrechnung in folgenden Schritten:

9 Vgl. *von Kortzfleisch, G.*, Äquivalenzziffernkalkulation, in: HWR, a. a. O., Sp. 42.

– (1) Bestimmung der Herstellkosten einer Einheit des Einheitserzeugnisses e (k_{h_e}) durch Division der gesamten Herstellkosten (K_H) durch die mit den Äquivalenzziffern gewichteten Produktionsmengen der einzelnen Erzeugnisarten i (x_{p_i}):

$$k_{h_e} = \frac{K_H}{x_{p_1} \cdot ä_1 + x_{p_2} \cdot ä_2 + \ldots + x_{p_e} \cdot 1 + \ldots + x_{p_{\bar{i}}} \cdot ä_{\bar{i}}} = \frac{K_H}{\sum_{i=1}^{\bar{i}} x_{p_i} \cdot ä_i}$$

– (2) Ermittlung der Stückherstellkosten der übrigen Erzeugnisse wie folgt:

$$k_{h_i} = k_{h_e} \cdot ä_i \quad \text{für} \quad i = 1, 2, \ldots, \bar{i}$$

Die Verwaltungs- und Vertriebskosten werden auf die abgesetzten Mengen bei gleichem Kostenanfall mittels Division durch die insgesamt abgesetzten Mengen (partielle Divisionskalkulation), bei unterschiedlicher Verwaltungs- und Vertriebskostenverursachung durch die einzelnen Erzeugnisarten mittels einer eigenen Äquivalenzziffernrechnung oder mittels eines Zuschlags auf die Herstellkosten der abgesetzten Mengen (partielle Zuschlagskalkulation) verteilt.

Beispiel:

In einer Ziegelei werden Ziegelsteine gleicher Beschaffenheit in unterschiedlichen Größen gefertigt. Es wurde festgestellt, daß die Material- und Fertigungskosten sowie die Verwaltungs- und Vertriebskosten sich proportional zum Gewicht der eingesetzten Rohstoffe verhalten. In der Abrechnungsperiode gelten folgende Daten:

Sorte	Rohstoffgewicht [kg/Stck]	Äquivalenzziffern ($ä_i$)	produzierte Mengen (x_{p_i}) [Stck]	Einheitsmengen der Produktion ($x_{p_i} \cdot ä_i$) [Stck]	abgesetzte Mengen (x_{a_i}) [Stck]	Einheitsmengen des Absatzes ($x_{a_i} \cdot ä_i$) [Stck]
1	3	1	400.000	400.000	350.000	350.000
2	4,5	1,5	320.000	480.000	300.000	450.000
3	6	2	270.000	540.000	270.000	540.000
4	9	3	80.000	240.000	100.000	300.000
				$\sum_{i=1}^{4}$ 1.660.000		$\sum_{i=1}^{4}$ 1.640.000

Die Gesamtkosten der Periode betragen DM 182.400,– einschließlich DM 16.400,– Verwaltungs- und Vertriebskosten.

– (1) **Ermittlung der Herstellkosten pro Stück der Erzeugnisarten i:**

$$k_{h_e} = k_{h_1} = \frac{K_H}{\sum_{i=1}^{4} x_{p_i} \cdot ä_i} = \frac{166.000 \text{ DM}}{1.660.000 \text{ Stck}} = 0,10 \frac{\text{DM}}{\text{Stck}}$$

$$k_{h_2} = 0,10 \frac{\text{DM}}{\text{Stck}} \cdot 1,5 = 0,15 \frac{\text{DM}}{\text{Stck}}$$

$$k_{h_3} = 0,10 \frac{\text{DM}}{\text{Stck}} \cdot 2 = 0,20 \frac{\text{DM}}{\text{Stck}}$$

$$k_{h_4} = 0,10 \frac{\text{DM}}{\text{Stck}} \cdot 3 = 0,30 \frac{\text{DM}}{\text{Stck}}$$

– (2) **Ermittlung der Verwaltungs- und Vertriebskosten pro Stück der Erzeugnisarten i:**

$$k_{wv_e} = k_{wv_1} = \frac{K_{WV}}{\sum_{i=1}^{4} x_{a_i} \cdot ä_i} = \frac{16.400 \text{ DM}}{1.640.000 \text{ Stck}} = 0,01 \frac{\text{DM}}{\text{Stck}}$$

$$k_{wv_2} = 0,015 \frac{\text{DM}}{\text{Stck}}; \quad k_{wv_3} = 0,02 \frac{\text{DM}}{\text{Stck}}; \quad k_{wv_4} = 0,03 \frac{\text{DM}}{\text{Stck}}$$

Damit ergeben sich die **Selbstkosten** pro Stück der Erzeugnisarten i ($k_{s_i} = k_{h_i} + k_{wv_i}$):

$$k_{s_1} = 0,11 \frac{\text{DM}}{\text{Stck}}; \quad k_{s_2} = 0,165 \frac{\text{DM}}{\text{Stck}}; \quad k_{s_3} = 0,22 \frac{\text{DM}}{\text{Stck}}; \quad k_{s_4} = 0,33 \frac{\text{DM}}{\text{Stck}}$$

Die dargestellte Grundform der Äquivalenzziffernrechnung kann zu einer mehrstufigen Rechnung erweitert werden, bei der die Veränderungen der Zwischenlägerbestände und die unterschiedliche Kostenwertigkeit der Produkte auf den einzelnen Fertigungsstufen ggfs. getrennt nach Kostenarten oder Kostenartengruppen sowie andere Gegebenheiten berücksichtigt werden können[10].

5.2.2 Die Zuschlagskalkulation

In vielen Fällen stellen Unternehmungen sehr unterschiedliche Erzeugnisse her, so daß es nicht mehr möglich ist, die verschiedenen Erzeugnisse mit Hilfe von Äquivalenzziffern in ein Einheitserzeugnis umzurechnen. In diesen Fällen bedient man sich der Zuschlagskalkulation.

---

10 Siehe *von Kortzfleisch, G.*, Äquivalenzziffernkalkulation, a.a.O., Sp. 45–50.

Die Zuschlagskalkulation basiert ihrem Wesen nach auf der Trennung der Gesamtkosten in die Einzelkosten und die Gemeinkosten je Leistungsmengeneinheit. Die Ermittlung der Stückselbstkosten (k_{s_i}) vollzieht sich in zwei Rechenschritten: Zunächst sind die Stückeinzelkosten zu bestimmen. Daran anschließend sind die Stückgemeinkosten unter Verwendung eines (→ Summarische Zuschlagskalkulation) oder mehrerer Gemeinkostenzuschlagssätze (→ Elektive Zuschlagskalkulation) zu berechnen. Ein **Zuschlagssatz** gibt das Verhältnis aller Gemeinkosten oder einer bestimmten Gemeinkostenart zu einer zweckadäquaten Bezugsgröße (Bezugsbasis) an.

Die Gemeinkosten pro Mengeneinheit der Erzeugnisart i (k_{g_i}) ergeben sich jeweils durch Multiplikation des Zuschlagssatzes z mit der Anzahl der für eine Einheit des Erzeugnisses i angefallenen Bezugsbasiseinheiten.

Im folgenden Beispiel bilden sämtliche Einzelkosten der Periode (K_E) die Bezugsbasis für sämtliche Gemeinkosten der Periode (K_G). Es gilt in diesem Falle:

$$k_{g_i} = k_{e_i} \cdot z$$

wobei hier gilt:

$$z = \frac{K_G}{K_E} = \frac{300\ \text{TDM}}{200\ \text{TDM}} = \underline{\underline{\frac{3}{2}}}$$

Werden die Stückeinzelkosten des Erzeugnisses i (k_{e_i}) mit DM 4,– ermittelt, so errechnen sich die Stückselbstkosten (k_{s_i}) wie folgt:

$$k_{s_i} = 4\,\frac{\text{DM}}{\text{ME}} + 4\,\frac{\text{DM}}{\text{ME}} \cdot \frac{3}{2} = \underline{\underline{10\,\frac{\text{DM}}{\text{ME}}}}$$

Entsprechend dem allgemeinen Kalkulationsschema setzen sich die Einzelkosten einer Erzeugniseinheit i (k_{e_i}) wie folgt zusammen:

$$k_{e_i} = k_{me_i} + k_{fe_i} + k_{sef_i} + k_{sev_i}$$

Symbolik: Siehe S. 138

Kennt man aufgrund entsprechender Aufschreibungen (Materialentnahmescheine, Lohnzettel etc.) die für die jeweiligen Produktionsmengen der einzelnen Erzeugnisarten angefallenen Einzelkostenarten, so lassen sich die Stückeinzelkosten der jeweiligen Einzelkostenarten durch Divisionskalkulation ermitteln. Oder aber die Einzelkosten je Einheit werden durch direkte Ermittlung an einer Leistungseinheit festgestellt, wie z.B. durch Feststellen der Fertigungszeit und damit der Fertigungslöhne pro Mengeneinheit oder des Werkstoffverbrauchs durch direkte Messung (Feststellung) an einer Leistungseinheit.

Die Gemeinkosten je Erzeugnisart i (k_{g_i}) setzen sich entsprechend wie folgt zusammen:

$$k_{g_i} = k_{mg_i} + k_{fg_i} + k_{sgf_i} + k_{wg_i} + k_{vg_i}$$

Symbolik: Siehe S. 138

Die Berechnung der Zuschlagssätze für die Ermittlung der anteiligen Stückgemeinkosten kann auf der Grundlage sehr verschiedener Bezugsbasen vorgenommen werden. Als Bezugsbasen kommen in Frage

- (1) die Produktmenge (→ Divisionskalkulation)[11]
- (2) die Materialmenge (mengenmäßiger Werkstoffverbrauch)
- (3) die Fertigungszeit
- (4) die Materialeinzelkosten
- (5) die Fertigungseinzelkosten
- (6) die Sondereinzelkosten des Vertriebs
- (7) die Herstell**einzel**kosten ausschließlich der Sonderfertigungseinzelkosten
- (8) die Herstellkosten ausschließlich der Sonderfertigungskosten
- (9) die gesamten Einzelkosten
- (10) Kombinationen verschiedener obiger Bezugsbasen
- (11) andere zweckadäquate Größen[12]

Da die Zuschlagssätze Allgemeingültigkeit für alle damit kalkulierten Leistungen haben müssen, scheiden Sonderkosten der Fertigung, die nur für ganz wenig Produkteinheiten anfallen, als Bezugsgröße aus.

In allgemeiner Form stellt sich der Gemeinkostenzuschlagssatz wie folgt dar:

$$z = \frac{\text{Gemeinkosten einer bestimmten Art}^{13} \text{ in der Periode}}{\text{Anzahl der Bezugsbasiseinheiten in der Periode}}$$

Wie später noch anhand eines Beispiels deutlich gemacht wird, darf die Wahl der Bezugsbasis nicht willkürlich erfolgen. Es muß vielmehr die Bezugsbasis gewählt werden, bei der unter Anwendung des damit ermittelten Zuschlagssatzes die einzelnen Erzeugnisarten möglichst verursachungsgerecht mit Gemeinkosten belegt werden. Dies ist dann gewährleistet, wenn zwischen der gewählten Bezugsbasis und dem Kostenanfall Proportionalität besteht.

---

11 In diesem Falle wird die Zuschlagskalkulation zur Divisionskalkulation. Die Divisionskalkulation stellt damit eine spezielle Art der Zuschlagskalkulation dar.

12 Es können unter Umständen alle der im Kapitel 4.4.2 auf S. 116 f. genannten Schlüsselgrößen auch als Bezugsbasen für das Bilden von Zuschlagssätzen herangezogen werden, sofern damit eine „verursachungsgerechte" Gemeinkostenzurechnung auf die zu kalkulierenden Erzeugnisarten erreicht wird.

13 Unter den Gemeinkosten einer bestimmten Art können dabei auch alle Gemeinkosten verstanden werden.

5.2.2.1 Summarische Zuschlagskalkulation

Bei der summarischen Zuschlagskalkulation werden sämtliche Gemeinkosten mit Hilfe eines einzigen Zuschlagssatzes auf die Erzeugnisse verrechnet:

$$z_{sum} = \frac{\text{Sämtliche Gemeinkosten der Periode } (K_G)}{\text{Anzahl der Bezugsbasiseinheiten der Periode}}$$

Bei Anwendung der summarischen Zuschlagskalkulation bedarf es keiner Kostenstellenrechnung, um die Gemeinkosten den Erzeugnissen zuzurechnen, da eine Differenzierung der Gemeinkosten in Material-, Fertigungs-, Verwaltungs- und Vertriebsgemeinkosten nicht erfolgt.

Beispiel:

Die anteiligen Gemeinkosten in einem Zweiproduktbetrieb seien als Zuschlag auf die Fertigungseinzelkosten (K_{FE}) zu verrechnen. Für den Abrechnungszeitraum werden folgende Daten ermittelt:

$$z_{sum} = \frac{K_G}{K_{FE}} = 0{,}8$$

$$k_{me_1} = 1{,}50\,\frac{DM}{ME}, \quad k_{fe_1} = 5{,}\text{–}\,\frac{DM}{ME}, \quad k_{sev_1} = 0{,}50\,\frac{DM}{ME}$$

$$k_{me_2} = 3{,}\text{–}\,\frac{DM}{ME}, \quad k_{fe_2} = 1{,}\text{–}\,\frac{DM}{ME}, \quad k_{sev_2} = 0{,}20\,\frac{DM}{ME}$$

Die Selbstkosten pro Erzeugniseinheit i (i = 1, 2) ermitteln sich dann wie folgt:

$$k_{s_i} = k_{e_i} + k_{g_i}$$

$$k_{s_i} = k_{e_i} + k_{fe_i} \cdot \frac{K_G}{K_{FE}}$$

$$k_{s_i} = k_{e_i} + k_{fe_i} \cdot z_{sum}$$

$$k_{s_1} = 7{,}\text{–}\,\frac{DM}{ME} + 5{,}\text{–}\,\frac{DM}{ME} \cdot 0{,}8 = \underline{\underline{11{,}\text{–}\,\frac{DM}{ME}}}$$

$$k_{s_2} = 4{,}20\,\frac{DM}{ME} + 1{,}\text{–}\,\frac{DM}{ME} \cdot 0{,}8 = \underline{\underline{5{,}\text{–}\,\frac{DM}{ME}}}$$

Wie das Beispiel zeigt, wird bei der summarischen Zuschlagskalkulation unterstellt, daß alle Erzeugnisse im gleichen relativen Maße Gemeinkosten verursachen. Das ist jedoch in den wenigsten Fällen gegeben.

Der Gemeinkostenzuschlag auf Basis der Fertigungseinzelkosten wie im letzten Beispiel ist dann gerechtfertigt, wenn die lohnintensiven Erzeugnisse tatsächlich mehr Gemeinkosten verursachen als die nicht-lohnintensiven Erzeugnisse, weil hier die lohnintensiven Erzeugnisse (Erzeugnis 1) mit mehr Gemeinkosten absolut und in bezug auf den relativen Anteil der Stückgemeinkosten an den gesamten Stückkosten als die nicht-lohnintensiven Erzeugnisse (Erzeugnis 2) belastet werden. Umgekehrt würden, wenn man die Materialeinzelkosten zur Zuschlagsbasis machen würde, materialintensive Erzeugnisse ceteris paribus mit höheren anteiligen Gemeinkosten als die lohnintensiven Erzeugnisse belastet werden.

Verursachen lohnintensive und materialintensive Erzeugnisse gleichermaßen Gemeinkosten (und sind nicht alle Erzeugnisse gleich lohn- bzw. materialintensiv), dann bietet sich als Ausweg aus dem Dilemma ein Gemeinkostenzuschlag auf Basis von Material- und Fertigungseinzelkosten ($K_{ME} + K_{FE}$) an. Zuschlagsbasis sind also jetzt die Herstelleinzelkosten (K_{HE}) ohne die Sondereinzelkosten der Fertigung (K_{SEF}), da ja gilt $K_{ME} + K_{FE} = K_{HE} - K_{SEF}$.

Jetzt ermitteln sich die Selbstkosten eines Erzeugnisses i (k_{s_i}) wie folgt:

$$k_{s_i} = k_{e_i} + (k_{me_i} + k_{fe_i}) \cdot \frac{K_G}{K_{ME} + K_{FE}}$$

Jetzt ergibt sich in bezug auf die Stückmaterial- und -fertigungseinzelkosten ein gleicher proportionaler Anteil der Stückgemeinkosten.

Kritik: Für alle Produkte, deren Stückgemeinkostenkalkulation aufgrund des gleichen Zuschlagssatzes erfolgt, gilt bzw. wird unterstellt, daß sie in gleichem relativen Maße in bezug auf die gewählte Bezugsbasis Gemeinkosten verursachen, weshalb sie dann auch mit den gleichen relativen Gemeinkosten pro Mengeneinheit in bezug auf die gewählte Bezugsbasis belegt werden. Bei der summarischen Zuschlagskalkulation werden die Gemeinkosten aller Erzeugnisse mit dem gleichen Zuschlagssatz kalkuliert und damit über den gleichen „Leisten geschlagen". Wegen des Verzichts auf eine nach Kostenstellen differenzierende Gemeinkostenzurechnung ist sie als grob und ungenau einzustufen. Selbst wenn in produktions- und vertriebstechnischer Hinsicht eine (relative) Gleichverursachung von Gemeinkosten durch die einzelnen Erzeugnisarten im Einzelfall gegeben sein sollte, muß darüber hinaus noch die Bedingung der absatzsynchronen Fertigung erfüllt sein, da nur hier alle Gemeinkosten, die ja aus den Fertigungs-, Material-, Verwaltungs- und Vertriebsgemeinkosten bestehen, auf die gleiche Mengenbasis (Produktionsmenge = Absatzmenge) zu verteilen sind. Die summarische Zuschlagskalkulation ist daher nur bei absatzsynchroner Fertigung anwendbar.

5.2.2.2 Elektive Zuschlagskalkulation

Bei der elektiven oder differenzierten Zuschlagskalkulation werden die Gemeinkosten nicht mehr summarisch, sondern nach Kostenstellen oder

Kostenplätzen differenziert zugeschlagen. Die elektive Zuschlagskalkulation trennt entsprechend die Gemeinkosten in die Material-, Fertigungs-, Verwaltungs- und Vertriebsgemeinkosten.

Gibt **eine** Kostenstelle j ihre Endleistungen[14] e_j nur an **eine** Erzeugnisart i (Absatzleistungsart i) ab, so können die Gemeinkosten der Stelle j pro Einheit des Erzeugnisses i unmittelbar durch Division der Endstellenkosten ESK_j durch die Anzahl der Erzeugnisse der Art i (x_i) ermittelt werden (partielle Divisionskalkulation).

Gibt dagegen eine Kostenstelle j an verschiedene Erzeugnisarten i homogene Leistungen (Endleistungen) ab und sind die Endleistungen mengenmäßig meßbar, so können die Gemeinkosten der Stelle j pro Endleistungsmengeneinheit durch Division der Endstellenkosten ESK_j durch die Endleistungsmenge e_j ermittelt werden. Der Zuschlagssatz für die Gemeinkosten der Stelle j lautet damit:

$$z_j = \frac{ESK_j}{e_j}$$

Kennt man ferner die Anzahl der für eine Einheit des Erzeugnisses i verbrauchten Endleistungsmengeneinheiten der Stelle j, so ergeben sich die anteiligen Gemeinkosten pro Einheit der Erzeugnisart i durch Multiplikation von z_j mit der Anzahl der für eine Einheit der Erzeugnisart i verbrauchten Endleistungsmengeneinheiten der Stelle j.

Geben jedoch die einzelnen Kostenstellen ihre Leistungen nicht nur an eine sondern an mehrere Erzeugnisarten i ab und sind darüber hinaus die abgegebenen Leistungen nicht mengenmäßig faßbar, so müssen andere Wege der Gemeinkostenzurechnung auf die Kostenträger genommen werden. Im folgenden sollen einige der in diesen Fällen für die einzelnen Gemeinkostenarten gebräuchlichsten Zuschlagssätze genannt werden:

Materialgemeinkosten

- Zuschlag auf die Materialeinzelkosten:

$$z_{mg} = \frac{K_{MG}}{K_{ME}} \quad \rightarrow \quad k_{mg_i} = z_{mg} \cdot k_{me_i}$$

- Zuschlag auf den **mengenmäßigen,** den produzierten Erzeugnissen direkt zugerechneten Werkstoffverbrauch:

$$z_{mg} = \frac{K_{MG}}{\text{direkt zugerechneter Werkstoffverbrauch}}$$

$$\rightarrow k_{mg_i} = z_{mg} \cdot \begin{pmatrix}\text{direkt einer Mengeneinheit der Erzeug-}\\ \text{nisart i zugerechneter Werkstoffverbrauch}\end{pmatrix}$$

14 Zum Begriff „Endleistung“ siehe 4.3 und 4.4.3.1.

Fertigungsgemeinkosten

- Zuschlag auf Fertigungseinzelkosten:

$$z_{fg} = \frac{K_{FG}}{K_{FE}} \qquad \rightarrow k_{fg_i} = z_{fg} \cdot k_{fe_i}$$

- Zuschlag nach Fertigungszeit:

$$z_{fg} = \frac{K_{FG}}{T_F} \qquad \rightarrow k_{fg_i} = z_{fg} \cdot t_{f_i}$$

Vertriebsgemeinkosten

- Zuschlag auf die Herstellkosten der **abgesetzten** Mengen ausschließlich der Sonderkosten der Fertigung:

$$z_{vg} = \frac{K_{VG}}{\sum_{i=1}^{\bar{i}} x_{a_i} \cdot (k_{h_i} - k_{sf_i})} \qquad \rightarrow k_{vg_i} = z_{vg} \cdot (k_{h_i} - k_{sf_i})$$

- Zuschlag auf die Sondereinzelkosten des Vertriebs (jedoch ohne Berechnete MWSt mit Kostencharakter):
  (Dieser Zuschlagssatz ist nur dann anwendbar, wenn für alle Erzeugnisse, für die Vertriebsgemeinkosten entstehen, auch Sondereinzelkosten des Vertriebs anfallen.)

$$z_{vg} = \frac{K_{VG}}{K_{SEV}} \qquad \rightarrow k_{vg_i} = z_{vg} \cdot k_{sev_i}$$

Verwaltungs(gemein)kosten

- Zuschlag auf die Herstellkosten der **abgesetzten** Mengen ohne Sonderkosten der Fertigung:

$$z_{wg} = \frac{K_{WG}}{\sum_{i=1}^{\bar{i}} x_{a_i} \cdot (k_{h_i} - k_{sf_i})} \qquad \rightarrow k_{wg_i} = z_{wg} \cdot (k_{h_i} - k_{sf_i})$$

- Zuschlag auf die Herstellkosten der **abgesetzten** Mengen ohne Sonderkosten der Fertigung zuzüglich aller Vertriebskosten:

$$z_{wg} = \frac{K_{WG}}{\sum_{i=1}^{\bar{i}} x_{a_i} \cdot (k_{h_i} - k_{sf_i} + k_{v_i})} \qquad \rightarrow k_{wg_i} = z_{wg} \cdot (k_{h_i} - k_{sf_i} + k_{v_i})$$

Es ist zu beachten, daß die Material- und Fertigungsgemeinkosten stets den im Abrechnungszeitraum produzierten (hergestellten) Erzeugnissen, die Verwaltungs- und Vertriebsgemeinkosten dagegen den in der Periode abgesetzten Erzeugnissen zu belasten sind. Soweit die jeweiligen Einzelkosten als Zuschlagsbasis dienen, ist der Bezug auf die gleiche Mengenbasis automatisch gegeben. Werden z.B. die Fertigungseinzelkosten als Zuschlagsbasis für die Fertigungsgemeinkosten gewählt, so ist der Bezug der

Fertigungsgemeinkosten auf die in der Periode produzierten Mengen automatisch gegeben, da die Fertigungseinzelkosten ja nur durch die in dieser Periode produzierten Erzeugnisse verursacht worden sind. Da andererseits die Sondereinzelkosten des Vertriebs nur durch die in der Periode abgesetzten Erzeugnisse verursacht werden, ergibt sich damit, wenn sie als Zuschlagsbasis für die Vertriebsgemeinkosten dienen, automatisch der notwendige Bezug der Vertriebsgemeinkosten auf die abgesetzten Mengen. Dienen dagegen die Herstellkosten als Bezugsbasis für die Verwaltungs- und/oder Vertriebsgemeinkosten, so dürfen bei nicht-absatzsynchroner Fertigung nicht die in der Periode angefallenen Herstellkosten als Bezugsbasis herangezogen werden, da diese sich auf die in der Periode produzierten Mengen beziehen, sondern es müssen die Herstellkosten der abgesetzten Erzeugnisse als Zuschlagsbasis herangezogen werden.

Ein höherer Genauigkeitsgrad der Zuschlagskalkulation kann dadurch erreicht werden, daß man den gesamten Materialbereich in mehrere Materialkostenstellen und insbesondere den gesamten Fertigungsbereich in mehrere Fertigungskostenstellen aufteilt und die Zuschlagssätze für die Gemeinkosten der einzelnen Kostenstellen jeweils mittels einer eigenen zweckgerechten Zuschlagsbasis bestimmt werden. Auf diese Weise gelingt es, der unterschiedlichen Inanspruchnahme der Material- und Fertigungskostenstellen durch die verschiedenen Erzeugnisarten Rechnung zu tragen. Hier zeigt sich, daß die Erfordernisse der Kostenträgerstückrechnung auf die Ausgestaltung der Kostenstellenrechnung zurückwirken.

Um eine möglichst verursachungsgerechte Gemeinkostenverrechnung auf die Kostenträger zu erreichen, müßte für jede unterschiedliche Verrichtungstätigkeit eine eigene Kostenstelle gebildet werden, da jede unterschiedliche Verrichtung auch in unterschiedlichem Maße Gemeinkosten verursacht. Damit würde aber bei der Vielzahl der dadurch bedingten Kostenstellen die Kostenstellenrechnung nicht mehr oder nur unter sehr großem Organisationsaufwand durchführbar sein (Problem der optimalen Information). Es werden daher immer verschiedenartige, aber dennoch irgendwie gleichartige Verrichtungstätigkeiten zu einer Kostenstelle zusammengefaßt werden müssen.

5.2.2.3 Die Verfeinerung der elektiven Zuschlagskalkulation durch die Platzkostenrechnung

Auch im Rahmen der soeben dargestellten elektiven oder differenzierten Zuschlagskalkulation kann eine Fertigungskostenstelle stark heterogene Kostenstrukturen aufweisen, wenn

- (1) verschiedene Verrichtungen (Leistungen) in einer Fertigungsstelle erbracht werden, z. B. Drehen und Schweißen, und/oder
- (2) verschiedene Tätigkeitsarten wie z. B. Hand- und Maschinenarbeit – wobei bei letzterer wieder unterschiedliche Maschinentypen eingesetzt sein können – zur Erstellung gleicher Leistungen in einer Kostenstelle ausgeführt werden.

Bildet man in einem solchen Falle mehrere Maschinen- und/oder Handarbeitskostenplätze innerhalb einer Fertigungskostenstelle, so spricht man von einer Maschinen- bzw. Handarbeitsplatzkostenrechnung.

Kennzeichnend für die Platzkostenrechnung ist eine zweistufige Zurechnung der Gemeinkosten auf die Erzeugniseinheit: Im ersten Schritt werden dem Erzeugnis nach Maßgabe einer zweckadäquaten Bezugsgröße wie z. B. der Fertigungszeit oder verbrauchter Werkstoffmengen auf dem betreffenden Kostenplatz anteilige Platzfertigungsgemeinkosten belastet. Im zweiten Schritt werden dem einzelnen Erzeugnis nach Maßgabe der Fertigungseinzelkosten in der Kostenstelle anteilige Restfertigungsgemeinkosten eben dieser Kostenstelle zugerechnet. Die Restfertigungsgemeinkosten der Stelle sind diejenigen Gemeinkosten, die den einzelnen Plätzen in der Stelle nicht verursachungsgerecht zugeordnet werden können.

Zur Verteilung der Platzfertigungsgemeinkosten muß zunächst der Kostenbetrag je Bezugsbasiseinheit ermittelt werden, der sich ergibt als

$$z_p = \frac{\text{Gemeinkosten des Platzes in der Periode}}{\text{Anzahl der Bezugsbasiseinheiten des Platzes in der Periode}}$$

Die Platzkosten einer Erzeugniseinheit i ergeben sich durch Multiplikation des für den Platz ermittelten Zuschlagssatzes z_p mit der Anzahl der Bezugsbasiseinheiten, die für eine Einheit des Erzeugnisses i anfallen.

Wird als Bezugsbasis die Fertigungszeit des Platzes in der Periode gewählt, so wird der sich ergebende Zuschlagssatz auch als Maschinenminutensatz bzw. Maschinenstundensatz oder als Handarbeitsminuten- bzw. -stundensatz bezeichnet, je nachdem, ob es sich um einen Maschinenarbeitsplatz oder einen Handarbeitsplatz handelt. In diesem Falle ergeben sich die Platzkosten je Erzeugniseinheit durch Multiplikation des Minuten- bzw. Stundensatzes mit der Anzahl der Fertigungsminuten bzw. -stunden, die zur Produktion einer Erzeugniseinheit benötigt werden.

Beispiel:

In einer Abrechnungsperiode sind in einer Unternehmung je 1.000 ME der beiden Produkte 1 und 2 hergestellt worden. Der Absatz dieser Periode beträgt x_{a_1} = 800 ME und x_{a_2} = 600 ME. Aufgrund des komplizierten Fertigungsprozesses werden die Stückselbstkosten im Rahmen einer Platzkostenrechnung bestimmt. Die Fertigungshauptkostenstelle wird dabei in zwei Kostenplätze unterteilt.

Es gelten folgende Daten:

	Kostenstelle Fertigung			Kostenstelle Material	Kostenstelle Verwaltung und Vertrieb
	Platz I	Platz II	Restfertigungs-gemeinkosten		
Zu verteilende Gemeinkosten	K_{FG_I} = 36.000,-DM	$K_{FG_{II}}$ = 18.000,-DM	K_{RFG} = 34.000,-DM	K_{MG} = 25.000,-DM	K_{WVG} = 17.390,-DM
Bezugsgröße	Fertigungszeit T_F = 300 Stunden	Oberfläche der bearbeiteten Produkte OF = 60.000 m^2	Fertigungseinzelkosten K_{FE} = 85.000,-DM	Materialeinzelkosten K_{ME} = 50.000,-DM	Herstellkosten der abgesetzten Erzeugnisse

Für die beiden Produkte sind die folgenden Werte der Bezugsgrößen je Leistungseinheit zugrunde zulegen:

Produkt	Platz I	Platz II	Restfertigungs-gemeinkosten	Kostenstelle Material
1	$t_{f_1} = 10 \frac{Min}{ME}$	$of_1 = 20 \frac{m^2}{ME}$	$k_{fe_1} = 55,- \frac{DM}{ME}$	$k_{me_1} = 15,- \frac{DM}{ME}$
2	$t_{f_2} = 8 \frac{Min}{ME}$	$of_2 = 40 \frac{m^2}{ME}$.	$k_{fe_2} = 30,- \frac{DM}{ME}$	$k_{me_2} = 35,- \frac{DM}{ME}$

Zu ermitteln sind die Stückselbstkosten der beiden Produkte.

– (1) **Ermittlung der Zuschlagssätze der Fertigungs- und Materialkostenstelle**

$$\text{Platz I: } z_{p_I} = \frac{K_{FG_I}}{T_F} = \frac{36.000,\text{– DM}}{300 \text{ Stunden}} = 120,\text{–}\frac{\text{DM}}{\text{Stunde}} = \underline{\underline{2,\text{–}\frac{\text{DM}}{\text{Min.}}}}$$

$$\text{Platz II: } z_{p_{II}} = \frac{K_{FG_{II}}}{OF} = \frac{18.000,\text{– DM}}{60.000 \text{ m}^2} = \underline{\underline{0{,}30 \frac{\text{DM}}{\text{m}^2}}}$$

$$\text{Restfertigungsgemeinkosten: } z_{rfg} = \frac{K_{RFG}}{K_{FE}} = \frac{34.000,\text{– DM}}{85.000,\text{– DM}} = \underline{\underline{0{,}4}}$$

$$\text{Kostenstelle Material: } z_{mg} = \frac{K_{MG}}{K_{ME}} = \frac{25.000,\text{– DM}}{50.000,\text{– DM}} = \underline{\underline{0{,}5}}$$

– (2) **Ermittlung der Stückherstellkosten (k_h) der beiden Produkte**

Produkt 1	Produkt 2
k_{me_1} = 15,-- $\frac{DM}{ME}$	k_{me_2} = 35,-- $\frac{DM}{ME}$
$k_{mg_1} = k_{me_1} \cdot z_{mg} = 15,-\frac{DM}{ME} \cdot 0{,}5 = 7{,}50\frac{DM}{ME}$	$k_{mg_2} = k_{me_2} \cdot z_{mg} = 35,-\frac{DM}{ME} \cdot 0{,}5 = 17{,}50\frac{DM}{ME}$
k_{fe_1} = 55,-- $\frac{DM}{ME}$	k_{fe_2} = 30,-- $\frac{DM}{ME}$
$k_{fg_{I_1}} = t_{f_1} \cdot z_{p_I} = 10\frac{Min}{ME} \cdot 2,-\frac{DM}{Min} = 20,--\frac{DM}{ME}$	$k_{fg_{I_2}} = t_{f_2} \cdot z_{p_I} = 8\frac{Min}{ME} \cdot 2,-\frac{DM}{Min} = 16,--\frac{DM}{ME}$
$k_{fg_{II_1}} = of_1 \cdot z_{p_{II}} = 20\frac{m^2}{ME} \cdot 0{,}3\frac{DM}{m^2} = 6,--\frac{DM}{ME}$	$k_{fg_{II_2}} = of_2 \cdot z_{p_{II}} = 40\frac{m^2}{ME} \cdot 0{,}3\frac{DM}{m^2} = 12,--\frac{DM}{ME}$
$k_{rfg_1} = k_{fe_1} \cdot z_{rfg} = 55,-\frac{DM}{ME} \cdot 0{,}4 = 22,--\frac{DM}{ME}$	$k_{rfg_2} = k_{fe_2} \cdot z_{rfg} = 30,-\frac{DM}{ME} \cdot 0{,}4 = 12,--\frac{DM}{ME}$
k_{h_1} = 125,50 $\frac{DM}{ME}$	k_{h_2} = 122,50 $\frac{DM}{ME}$

– (3) **Ermittlung des Zuschlagssatzes der Verwaltungs- und Vertriebskostenstelle**
Herstellkosten der abgesetzten Erzeugnisse

$$K_{H_{a_1}} = 800 \text{ ME} \cdot 125{,}50 \frac{\text{DM}}{\text{ME}} = 100.400{,}\text{– DM}$$

$$K_{H_{a_2}} = 600 \text{ ME} \cdot 122{,}50 \frac{\text{DM}}{\text{ME}} = \underline{73.500{,}\text{– DM}}$$

$$\sum_{i=1}^{2} K_{H_{a_i}} = \underline{\underline{173.900{,}\text{– DM}}}$$

$$z_{wvg} = \frac{K_{WVG}}{\sum_{i=1}^{2} K_{H_{a_i}}} = \frac{17.390{,}\text{– DM}}{173.900{,}\text{– DM}} = \underline{\underline{0{,}1}}$$

– (4) **Ermittlung der Stückselbstkosten (k_s) der beiden Produkte**

$$k_{s1} = k_{h_1} + k_{h_1} \cdot z_{wvg} = 125{,}50 \frac{\text{DM}}{\text{ME}} + 125{,}50 \frac{\text{DM}}{\text{ME}} \cdot 0{,}1 = \underline{\underline{138{,}05 \frac{\text{DM}}{\text{ME}}}}$$

$$k_{s2} = k_{h_2} + k_{h_2} \cdot z_{wvg} = 122{,}50 \frac{\text{DM}}{\text{ME}} + 122{,}50 \frac{\text{DM}}{\text{ME}} \cdot 0{,}1 = \underline{\underline{134{,}75 \frac{\text{DM}}{\text{ME}}}}$$

5.2.3 Die Kalkulation von Kuppelprodukten

Unter Kuppelproduktion ist ein industrieller Fertigungsprozeß zu verstehen, der aus zwingenden natürlichen oder technischen Gründen zur Entstehung mehrerer Erzeugnisse führt. Kuppelprodukte fallen u.a. in Raffinerien (Heizöl, Benzin, etc.) oder in Kokereien (Gas, Koks, Teer) an. Aber auch Produktionsprozesse, bei denen neben den eigentlichen (Haupt-)Produkten verwertbare Abfallstoffe anfallen (z.B. Sägespäne in einem Sägewerk), sind der Kuppelproduktion zuzuordnen.

Kuppelprodukte durchlaufen wenigstens teilweise einen gemeinsamen Produktionsprozeß, den Kuppelprozeß. Die Kosten, die während dieses Prozesses anfallen, können den Kuppelprodukten nicht verursachungsgerecht zugerechnet werden, da der Anteil eines jeden Produktes an den Kosten der gemeinsamen Produktion nicht erfaßbar ist. Will man dennoch für bestimmte kostenrechnerische Zwecke (u.a. Bewertung selbsterstellter Vermögensgüter) die Stückkosten von Kuppelprodukten bestimmen, kann entweder die Verteilungs- oder die Restwert- bzw. Subtraktionsmethode zur Anwendung kommen.

5.2.3.1 Die Verteilungsmethode

Bei der Verteilungsmethode erfolgt die Verteilung der Kosten des Kuppelprozesses entweder durch eine einfache Divisionskalkulation oder durch Äquivalenzziffernrechnung.

Die **Kostenverteilung durch Division** der Kosten des Kuppelprozesses durch die gesamte produzierte Menge an Kuppelprodukten ist nur möglich, wenn alle Produkte dieselbe Dimension (z. B. nur kg oder m^3 etc.) besitzen. Es gilt dann

$$k_{kp_i} = \frac{K_{KP}}{x_{p_1} + x_{p_2} + \ldots + x_{p_{\bar{i}}}} \quad \text{für} \quad i = 1, 2, \ldots, \bar{i}$$

Zusätzliche Symbolik:

$K_{KP} \equiv$ Kosten des Kuppelprozesses
$k_{kp_i} \equiv$ anteilige Stückkosten der Erzeugnisart i aus dem Kuppelprozeß

Die Stückselbstkosten eines Kuppelproduktes erhält man, wenn man den anteiligen Stückkosten aus dem Kuppelprozeß die Weiterverarbeitungskosten pro Einheit sowie die Verwaltungs- und Vertriebskosten pro Einheit unter Anwendung der üblichen Kalkulationsverfahren hinzurechnet.

Werden die Kosten des Kuppelprozesses mittels **Äquivalenzziffernrechnung** verteilt, sind zunächst Äquivalenzziffern zu bilden. Bei der Kalkulation von Kuppelprodukten werden neben technischen Werten vor allem Marktpreise bzw. Erlöse als Äquivalenzziffern verwendet. Die Kosten werden in diesem Fall nach dem Prinzip der Kostentragfähigkeit auf die Erzeugnisse verteilt, d.h. je mehr Erlöse ein Erzeugnis erbringt, um so mehr wird es mit Kosten belastet. Für die Verteilung der Kosten des Kuppelprozesses bei Verwendung der Marktpreise vermindert um Weiterverarbeitungs-, Verwaltungs- und Vertriebskosten[15] gilt dann[16]:

$$k_{kp_e} = \frac{K_{KP}}{x_{p_1} \cdot ä_1 + x_{p_2} \cdot ä_2 + \ldots + x_{p_i} \cdot ä_i} \quad \text{mit} \quad ä_i = p_i - k_{z_i} - k_{wv_i}$$

Daraus folgt: $k_{kp_i} = k_{kp_e} \cdot ä_i$

Zusätzliche Symbolik:

$k_{kp_e} \equiv$ anteilige Stückkosten des **fiktiven** Einheitserzeugnisses e aus dem Kuppelprozeß. Für dieses fiktive Einheitserzeugnis e gilt hier: $p_e - k_{z_e} - k_{wv_e} = 1$.
$k_{z_i} \equiv$ (Zusätzliche) Kosten der Weiterverarbeitung pro Einheit der Erzeunigsart i

Auch hier sind den anteiligen Kosten der Kuppelproduktion mit den üblichen Kalkulationsverfahren weitere Kosten hinzuzurechnen, um die Herstell- bzw. Selbstkosten der Kuppelprodukte zu ermitteln.

15 Die Kostentragfähigkeit für Kosten aus dem Kuppelprozeß wird durch Weiterverarbeitungskosten etc. beeinflußt. Vgl. *Kilger, W.*, Einführung in die Kostenrechnung, a. a. O., S. 362.

16 Vgl. 5.2.1.3.

Beispiel:

In einer Unternehmung werden vier Erzeugnisse in Kuppelproduktion hergestellt, deren Marktpreise vorgegeben sind. Die Kosten des Kuppelprozesses betragen DM 300.000,–.

Erzeugnis	x_{p_i} $[m^3]$	p_i $\left[\frac{DM}{m^3}\right]$	$k_{z_i} + k_{wv_i}$ $\left[\frac{DM}{m^3}\right]$	$ä_i$	$x_{p_i} \cdot ä_i$ $[m^3]$	$k_{kp_i} = k_{kp_e} \cdot ä_i$ $\left[\frac{DM}{m_3}\right]$	k_{s_i} $\left[\frac{DM}{m^3}\right]$
1	22.000	26,50	11,—	15,50	341.000	4,65	15.65
2	10.000	37,40	15,50	21,90	219.000	6,57	22,07
3	12.000	23.20	6,80	16,40	196.800	4,92	11,72
4	16.000	25,—	9,80	15,20	243.200	4,56	14,36
					Σ 1.000.000		

bei:

$$k_{kp_e} = \frac{K_{KP}}{x_{p_1} \cdot ä_1 + x_{p_2} \cdot ä_2 + x_{p_3} \cdot ä_3 + x_{p_4} \cdot ä_4} = \frac{300.000 \text{ DM}}{1.000.000 \text{ m}^3} =$$

$$= \underline{\underline{0{,}30 \frac{DM}{m^3}}}$$

5.2.3.2 Die Restwertmethode

Die Restwertmethode wird dann angewendet, wenn bei der Kuppelproduktion Produkte unterschiedlicher ökonomischer Bedeutung anfallen, so daß Haupt- und Nebenprodukte unterschieden werden. So fallen in vielen Produktionsprozessen neben einem oder mehreren Hauptprodukten verwertbare Abfallprodukte an (z. B. Sägespäne in einem Sägewerk).

Die Restwertmethode ist dadurch charakterisiert, daß die Erlöse der Nebenprodukte – vermindert um die Weiterverarbeitungs-, Verwaltungs- und Vertriebskosten der Nebenprodukte und, sofern man den Nebenprodukten einen Teil des Gewinns zurechnen will, um einen kalkulatorischen Gewinnaufschlag – von den Kosten des Kuppelprozesses abgezogen werden. Der verbleibende Restwert wird dann bei einem Hauptprodukt durch einfache Divisionskalkulation gleichmäßig den erzeugten Mengen belastet. Bei mehreren Hauptprodukten erfolgt eine Verteilung entsprechend der Vorgehensweise bei der Verteilungsmethode.

Für $\bar{i}$ Produkte, von denen die Produkte $i = 1, 2, \ldots, h$ Hauptprodukte und $i = h + 1, \ldots, \bar{i}$ Nebenprodukte darstellen, gilt bei $x_{p_i} = x_{a_i}$ für $i = h + 1, \ldots, \bar{i}$:

$$K_R = K_{KP} - \sum_{i=h+1}^{\bar{i}} x_i \cdot (p_i - k_{z_i} - k_{wv_i} - g_i)$$

Zusätzliche Symbolik:

K_R ≡ verbleibende Restkosten des Kuppelprozesses
g_i ≡ kalkulatorischer Gewinnzuschlag pro Einheit der Erzeugnisart i

Daraus folgt bei Verteilung der Restkosten des Kuppelprozesses auf die Hauptprodukte mittels **Divisionskalkulation:**

$$k_{r_i} = \frac{K_R}{x_{p_1} + x_{p_2} + \ldots + x_{p_h}} \quad \text{für} \quad i = 1, 2, \ldots, h \quad \text{bzw.}$$

bei Verteilung durch eine **Äquivalenzziffernrechnung:**

$$k_{r_e} = \frac{K_R}{x_{p_1} \cdot ä_1 + x_{p_2} \cdot ä_2 + \ldots + x_{p_h} \cdot ä_h} \quad \text{und}$$

$$k_{r_i} = k_{r_e} \cdot ä_i \quad \text{für} \quad i = 1, 2, \ldots, h$$

Zusätzliche Symbolik:

k_{r_i} ≡ anteilige Reststückkosten der Erzeugnisart i aus dem Kuppelprozeß
k_{r_e} ≡ anteilige Reststückkosten des **fiktiven** Einheitserzeugnisses e aus dem Kuppelprozeß

Beispiel:

Von vier Produkten, die in Kuppelproduktion hergestellt werden, stellen die Produkte 1 und 2 Hautprodukte dar, die Produkte 3 und 4 Nebenprodukte. Es gelten folgende Daten:

Erzeugnis	x_{p_i} [kg]	p_i $\left[\frac{DM}{kg}\right]$	$k_{z_i} + k_{wv_i}$ $\left[\frac{DM}{kg}\right]$	$ä_i$	g_i $\left[\frac{DM}{kg}\right]$
1	7.000	20,–	10,–	10	—
2	9.000	30,–	13,–	17	—
3	1.000	10,–	4,–	—	2,–
4	500	5,–	2,–	—	1,–

Die Kosten des Kuppelprozesses betragen DM 183.400,–.

$$K_R = 183.400\ \text{DM} - \left[1.000\ \text{kg} \cdot \left(10\,\frac{\text{DM}}{\text{kg}} - 4\,\frac{\text{DM}}{\text{kg}} - 2\,\frac{\text{DM}}{\text{kg}}\right)\right.$$

$$\left. + 500\ \text{kg} \cdot \left(5\,\frac{\text{DM}}{\text{kg}} - 2\,\frac{\text{DM}}{\text{kg}} - 1\,\frac{\text{DM}}{\text{kg}}\right)\right]$$

$$= 183.400\ \text{DM} - 4.000\ \text{DM} - 1.000\ \text{DM} = \underline{\underline{178.400\ \text{DM}}}$$

Die Verteilung der Restkosten des Kuppelprozesses erfolgt mittels Äquivalenzziffernrechnung:

$$k_{r_e} = \frac{178.400\ \text{DM}}{7.000\ \text{kg} \cdot 10 + 9.000\ \text{kg} \cdot 17} = \frac{178.400\ \text{DM}}{223.000\ \text{kg}} = \underline{\underline{0{,}80\ \frac{\text{DM}}{\text{kg}}}}$$

$$k_{r_1} = 0{,}80\ \frac{\text{DM}}{\text{kg}} \cdot 10 = \underline{\underline{8\ \frac{\text{DM}}{\text{kg}}}}; \quad k_{s_1} = 8\ \frac{\text{DM}}{\text{kg}} + 10\ \frac{\text{DM}}{\text{kg}} = \underline{\underline{18\ \frac{\text{DM}}{\text{kg}}}}$$

$$k_{r_2} = 0{,}80\ \frac{\text{DM}}{\text{kg}} \cdot 17 = \underline{\underline{13{,}60\ \frac{\text{DM}}{\text{kg}}}}; \quad k_{s_2} = 13{,}60\ \frac{\text{DM}}{\text{kg}} + 13\ \frac{\text{DM}}{\text{kg}} = \underline{\underline{26{,}60\ \frac{\text{DM}}{\text{kg}}}}.$$

5.3 Verfahren der Kostenträgerzeitrechnung (Kurzfristige Erfolgsrechnung)

5.3.1 Das Gesamtkostenverfahren

5.3.1.1 Das Gesamtkostenverfahren ohne Berücksichtigung von Bestandsänderungen an unfertigen und fertigen Leistungen

Die **gesamten Kosten** der Rechnungsperiode werden dem **gesamten (Umsatz-) Erlös** der Periode gegenübergestellt:

S	Betriebsergebniskonto	H
Gesamtkosten der Periode, gegliedert nach Kostenarten		(Umsatz-)Erlös der Periode
Betriebsgewinn	bzw.	Betriebsverlust[17]

Mangel: Die Kosten beziehen sich auf die **erzeugten,** der (Umsatz-)Erlös (≡ Umsatz) dagegen auf die **abgesetzten** Produktmengen. Das Verfahren führt nur dann zum richtigen Betriebsergebnis (≡ Betriebserfolg), wenn alle während einer Periode produzierten Erzeugnisse auch immer in der gleichen Periode verkauft werden. Erzeugung und Absatz der Periode müssen mengenmäßig übereinstimmen (≡ absatzsynchrone Fertigung), was bei Produktion nicht lagerfähiger Güter, wie z.B. Strom und Dienstleistungen, automatisch gegeben ist.

5.3.1.2 Das Gesamtkostenverfahren mit Berücksichtigung von Bestandsänderungen an unfertigen und fertigen Leistungen

Bei nicht absatzsynchroner Fertigung führt das Gesamtkostenverfahren mit Berücksichtigung von Bestandsänderungen zum exakten Betriebsergebnis. Dabei sind zwei Fälle zu unterscheiden:

17 Der Saldo als Differenz zwischen dem Umsatzerlös und der Summe aller Kostenarten stellt entweder Betriebsgewinn oder Betriebsverlust dar.

– (1) **Endbestand > Anfangsbestand**
Sind in einer Periode mehr unfertige und/oder fertige Leistungen produziert als abgesetzt bzw. verbraucht worden, so hat eine Bestandszunahme stattgefunden. Die Bestandszunahmen wirken sich dahingehend aus, daß die Endbestände an unfertigen und fertigen Erzeugnissen sowie innerbetrieblichen Leistungen entsprechend höher als die Anfangsbestände sind. Die in der Periode angefallenen Kosten beziehen sich – soweit die einzelnen Kostenarten Bestandteil der Herstellkosten sind – auf die produzierte Menge, während sich die Umsatzerlöse auf die kleinere abgesetzte Menge beziehen. Der Teil der Herstellkosten, der in dieser Periode zur Produktion dieser Bestandszunahmen angefallen ist, muß zur Ermittlung eines korrekten Periodenerfolges dadurch kompensiert werden, daß die Bestandszunahme bewertet zu den darin steckenden Herstellkosten neben den Umsatzerlösen als Leistung zu verbuchen ist. Damit wird der gleiche Mengenbezug hergestellt. Die Herstellkosten haben jetzt nur insoweit Einfluß auf das Betriebsergebnis, als sie für die Produktion der **abgesetzten** Mengen angefallen sind.

– (2) **Endbestand < Anfangsbestand**
Sind dagegen in einer Periode weniger unfertige und/oder fertige Leistungen produziert als abgesetzt bzw. verbraucht worden, so war dies nur möglich, weil Lagerbestände abgebaut worden sind. Die Endbestände sind jetzt entsprechend niedriger als die Anfangsbestände. Den Umsatzerlösen stehen jetzt zunächst zu geringe Herstellkosten gegenüber. Insoweit als in dieser Periode Erzeugnisse abgesetzt wurden, die in früheren Perioden produziert worden sind, sind daher die in der Periode angefallenen Kosten nach oben um die Herstellkosten der in früheren Perioden produzierten, aber jetzt erst verkauften Lagerbestände zu korrigieren. Damit wird der gleiche Mengenbezug hergestellt. Den Umsatzerlösen für die abgesetzten Erzeugnisse stehen jetzt die für diese Erzeugnisse insgesamt angefallenen Kosten gegenüber.

Das Betriebsergebniskonto stellt sich beim Gesamtkostenverfahren mit Berücksichtigung von Bestandsänderungen wie folgt dar:

S	Betriebsergebniskonto H
Gesamtkosten der Periode, gegliedert nach Kostenarten	Umsatz der Periode
Lagerbestandsabnahme an: unfertigen Erzeugnissen fertigen Erzeugnissen unfertigen innerbetrieblichen Leistungen fertigen innerbetrieblichen Leistungen bewertet zu Herstellkosten	Lagerbestandszunahme an: unfertigen Erzeugnissen fertigen Erzeugnissen unfertigen innerbetrieblichen Leistungen fertigen innerbetrieblichen Leistungen bewertet zu Herstellkosten
Betriebsgewinn bzw.	Betriebsverlust

Beim Gesamtkostenverfahren mit Berücksichtigung von Bestandsänderungen wirken sich durch die Bestandsänderungen nicht mehr die gesamten in der Periode angefallenen Kosten erfolgsrechnerisch, d. h. im Hinblick auf den Saldo des Betriebsergebniskontos (= Betriebsgewinn oder -verlust), aus. Sie werden jeweils nach unten (Fall der Bestandszunahme) bzw. oben (Fall der Bestandsabnahme) korrigiert, um den Bezug der Kosten auf die abgesetzten Mengen herzustellen, wie das bei den Umsatzerlösen automatisch der Fall ist. Daher handelt es sich eigentlich schon um ein „Umsatzkostenverfahren besonderer Art".

Darstellung in mathematischer Form:

$$G_B = \sum_{i=1}^{\bar{i}} x_{a_i} \cdot p_i + \sum_{i=1}^{\bar{i}} (x_{p_i} - x_{a_i})\, k_{h_i} - \sum_{y=1}^{\bar{y}} K_y$$

Zusätzliche Symbolik:

G_B ≡ Betriebsergebnis (Betriebsgewinn bzw. -verlust)
p_i ≡ Preis je Einheit einer Erzeugnisart i nach Abzug von Erlösschmälerungen wie Rabatten, Skonti etc.
K_y ≡ Kostenart y

Anmerkung: Wenn nicht ausdrücklich anderes gesagt wird, wird unter der Bezeichnung „Gesamtkostenverfahren" immer das Verfahren mit Berücksichtigung der Bestandsänderungen verstanden. Das gilt auch für die Literatur.

Kritik des Gesamtkostenverfahrens

Vorteile:

Das Konto „Betriebsergebnis" ist beim Gesamtkostenverfahren nach genau den gleichen Kriterien wie das G + V-Konto der Finanzbuchhaltung gegliedert. Unter der Voraussetzung, daß für alle Geschäftsvorfälle Aufwand = Kosten gilt, es also keine neutralen Erträge und Aufwendungen und keine Zusatzleistungen und Zusatzkosten gibt – womit dann natürlich das Konto „Neutrales Ergebnis" überflüssig wird –, entspricht das Konto „Betriebsergebnis" genau dem Gewinn- und Verlustkonto des externen Rechnungswesens. Das Gesamtkostenverfahren eignet sich daher bestens für die Durchführung von Finanzbuchhaltung und Kosten- und Leistungsrechnung **in ein und demselben** Buchungskreis (→ Einkreissystem). Durch Konsolidierung (Zusammenfassen) der Konten „Betriebsergebnis" und „Neutrales Ergebnis" erhält man unmittelbar das nach Aufwendungen und Erträgen gegliederte Gewinn- und Verlustkonto (G + V-Konto) des externen Rechnungswesens. Konsolidierung bedeutet, daß alle Positionen der zu konsolidierenden Konten „Betriebsergebnis" und „Neutrales Ergebnis" in das konsolidierte Konto – also in das G + V-Konto – übernommen werden, soweit sie sich nicht gegenseitig aufheben. Zur Verdeutlichung soll die folgende beispielhafte Darstellung dienen:

Kurzdarstellung „Gesamtkostenverfahren im Einkreissystem“[18]:

S	Betriebsergebniskonto		H
Werkstoffverbrauch	25.000	Umsatz	70.000
Löhne	20.000	Bestandserhöhung an Erzeugnissen	5.000
Kalk. Abschreibungen	**12.000**	**Selbsterstelltes Patent**	**3.000**
Kalk. Unternehmerlohn	**3.000**		

S	Konto Neutrales Ergebnis		H
Betriebsfremder Aufwand	3.000	Erträge aus Finanzanlagen	2.000
Bil. Abschreibungen	10.000	**Verr. kalk. Abschreibungen**	**12.000**
Verr. Leistung Patent	**3.000**	**Verr. kalk. Unternehmerlohn**	**3.000**

S	G + V-Konto		H
Werkstoffverbrauch	25.000	Umsatz	70.000
Löhne	20.000	Bestandserhöhung an	
Betriebsfremder Aufwand	3.000	Erzeugnissen[19]	5.000
Bil. Abschreibungen	10.000	Erträge aus Finanzanlagen	2.000
Gewinn	19.000		
	77.000		77.000

Nachteile:

Das Gesamtkostenverfahren liefert keine Informationen für die Erfolgsanalyse der einzelnen Erzeugnisarten. Man kann nicht erkennen, in welchem Umfang die verschiedenen Produkte zur Erzielung des Betriebserfolgs beitragen. Daher ist die Aussagefähigkeit bei Mehrproduktfertigung gering.

Für eine Bewertung der Bestandsänderungen an Erzeugnissen und sonstigen zu „aktivierenden“ Leistungen müssen die Herstellkosten je Produkteinheit bekannt sein. Somit kann hier im Falle von Bestandsänderungen auf eine Verteilung der Kosten auf Kostenträger nicht verzichtet werden. Obwohl die Periodenkosten nach Kostenarten gegliedert werden, bedarf es (auch hier) der Kostenträger**stück**rechnung, um die Herstellkosten der Bestandsänderung durch Multiplikation der jeweiligen Stückherstellkosten mit der mengenmäßigen Bestandsänderung bestimmen zu können $\left(\sum_{i=1}^{\bar{I}} (x_{p_i} - x_{a_i}) \cdot k_{h_i}\right)$. Zur Ermittlung der mengenmäßigen Bestandsänderungen an Erzeugnissen aller Art ist jeweils eine Inventur oder

18 Zur Durchführung der Betriebsabrechnung nach dem Gesamtkostenverfahren im Einkreissystem vgl. 6.4.

19 In diesem Beispiel wird unterstellt, daß die Herstellkosten gleich den Herstellungskosten sind. Ist das nicht der Fall, so müssen entsprechende Korrekturbuchungen vorgenommen werden, da im G + V-Konto die Bestandsänderungen bewertet zu **Herstellungskosten** auszuweisen sind (vgl. dazu das Buchungsbeispiel Nr. 12, S. 193).

eine laufende Erfassung der Zu- und Abgänge notwendig. Ferner ist für die Ermittlung der Umsatzsteuer mit Kostencharakter die Kenntnis der Selbstkosten der abgesetzten Erzeugnisse erforderlich[20].

5.3.2 Das Umsatzkostenverfahren

Nach dem Umsatzkostenverfahren wird das Betriebsergebnis durch Gegenüberstellung der Umsätze der einzelnen Erzeugnisarten i ($i = 1, 2, 3, \ldots, \bar{i}$) und der für die jeweiligen Umsätze angefallenen Selbstkosten ermittelt:

$$G_B = \sum_{i=1}^{\bar{i}} x_{a_i} \cdot p_i - \sum_{i=1}^{\bar{i}} x_{a_i} \cdot k_{s_i} \quad \text{bzw.} \quad G_B = \sum_{i=1}^{\bar{i}} x_{a_i} \cdot (p_i - k_{s_i})$$

Das Betriebsergebniskonto stellt sich wie folgt dar:

S	Betriebsergebniskonto	H
Selbstkosten der in der Periode abgesetzten Erzeugnisse (≡ Umsatzkosten), gegliedert nach Erzeugnisarten		(Umsatz-)Erlöse der in der Periode abgesetzten Erzeugnisse (≡ Umsätze), gegliedert nach Erzeugnisarten
Betriebsgewinn	bzw.	Betriebsverlust

Kritik des Umsatzkostenverfahrens

Vorteile:

Beim Umsatzkostenverfahren wird der Erfolgsbeitrag jeder einzelnen Erzeugnisart aufgezeigt[21]. Ferner entfällt hier die Notwendigkeit der Inventur bzw. einer laufenden Lagerbuchhaltung zur Feststellung der Bestandsänderungen betrieblicher Erzeugnisse aller Art.

Nachteile:

Zur notwendigen Ermittlung der Stückselbstkosten der einzelnen Erzeugnisarten ist eine ausgeprägte Kostenträger**stück**rechnung erforderlich. Dieser Nachteil wiegt jedoch gering, wenn man bedenkt, daß auch das Gesamtkostenverfahren nicht ohne Kostenträgerstückrechnung auskommt.

---

20 Siehe dazu 3.3.6.3.3.1, insb. S. 99 ff.

21 Sofern die Kalkulation der Selbstkosten auf Vollkostenbasis erfolgt – d.h. alle Kosten, unabhängig von ihrer Reagibilität auf Beschäftigungsänderungen, werden den Erzeugnissen zugerechnet –, darf jedoch bei einem negativen Erfolgsbeitrag eines Produktes nicht voreilig seine Produktion eingestellt werden (siehe dazu 7.3).

Das Gesamtkostenverfahren (mit Berücksichtigung von Bestandsänderungen!) und das Umsatzkostenverfahren führen beide zum richtigen Betriebsergebnis. Da es nur ein richtiges Betriebsergebnis geben kann, müssen beide Verfahren zum gleichen Ergebnis führen. Das läßt sich auch dadurch beweisen, daß man – wie es im folgenden geschieht – die Gleichung für das Gesamtkostenverfahren durch mathematische Umformungen in die Gleichung für das Umsatzkostenverfahren überführt.

Behauptung:
Gesamt- und Umsatzkostenverfahren führen zum gleichen Betriebsergebnis.

Beweis[22]**:**

$$① \quad G_B = \sum_{i=1}^{\bar{i}} x_{a_i} \cdot p_i + \sum_{i=1}^{\bar{i}} (x_{p_i} - x_{a_i}) \cdot k_{h_i} - \sum_{y=1}^{\bar{y}} K_y$$

Da gilt: ②
$$\sum_{y=1}^{\bar{y}} K_y = \sum_{i=1}^{\bar{i}} x_{p_i} \cdot k_{h_i} + \sum_{i=1}^{\bar{i}} x_{a_i} \cdot k_{wv_i}$$

wird aus ① und ② → ③

$$③ \quad G_B = \sum_{i=1}^{\bar{i}} x_{a_i} \cdot p_i + \sum_{i=1}^{\bar{i}} x_{p_i} \cdot k_{h_i} - \sum_{i=1}^{\bar{i}} x_{a_i} \cdot k_{h_i} - \sum_{i=1}^{\bar{i}} x_{p_i} \cdot k_{h_i} - \sum_{i=1}^{\bar{i}} x_{a_i} \cdot k_{wv_i}$$

Da gilt: ④ $k_{s_i} = k_{h_i} + k_{wv_i}$

wird aus ③ und ④ → ⑤

$$⑤ \quad G_B = \sum_{i=1}^{\bar{i}} x_{a_i} \cdot p_i - \sum_{i=1}^{\bar{i}} x_{a_i} \cdot k_{s_i}$$

Beispiel zur Kostenträgerzeitrechnung

In einer Zweiproduktunternehmung wurden in der abzurechnenden Periode 10.000 ME der Erzeugnisart 1 und 4.000 ME der Erzeugnisart 2 produziert. Abgesetzt wurden 8.000 ME der Erzeugnisart 1 zu einem Stückpreis von DM 9,– und 5.000 ME der Erzeugnisart 2 zu einem Stückpreis von DM 12,–.

Die Kostenartenrechnung weist für den Abrechnungszeitraum Kosten von insgesamt DM 116.000,– aus. Die Herstellkosten je Mengeneinheit der Erzeugnisart 1 betragen DM 5,–, die Herstellkosten je Mengeneinheit der Erzeugnisart 2 betragen DM 10,–. Die Stückherstellkosten der in den vorhergehenden Perioden auf Lager produzierten Erzeugnisse der Art 2 sind um DM 2,– niedriger als die Stückherstellkosten dieser Erzeugnisse in der abzurechnenden Periode. Die Stückverwaltungs- und -vertriebskosten betragen für beide Erzeugnisse DM 2,–

Das Betriebsergebnis ist nach dem Gesamtkostenverfahren (mit Berücksichtigung von Bestandsänderungen) und nach dem Umsatzkostenverfahren zu ermitteln.

---

22 Vgl. auch *Kilger, W.*, Kurzfristige Erfolgsrechnung, a.a.O., S. 36–38.

Lösung:

– (1) **Gesamtkostenverfahren**

$$G_B = \sum_{i=1}^{\bar{i}} x_{a_i} \cdot p_i + \sum_{i=1}^{\bar{i}} (x_{p_i} - x_{a_i}) \cdot k_{h_i} - \sum_{y=1}^{y} K_y =$$

$$= 8.000\ ME \cdot 9 \frac{DM}{ME} + 5.000\ ME \cdot 12 \frac{DM}{ME} + (10.000\ ME - 8.000\ ME) \cdot$$

$$\cdot\ 5 \frac{DM}{ME} + (4.000\ ME - 5.000\ ME) \cdot 8 \frac{DM}{ME} - 116.000\ DM$$

$$= 72.000\ DM + 60.000\ DM + 10.000\ DM - 8.000\ DM - 116.000\ DM$$

$$= \underline{\underline{18.000\ DM}}$$

Darstellung in Kontoform:

S — Betriebsergebniskonto — H

S			H
$\sum_{y=1}^{y} K_y$	116.000	$\sum_{i=1}^{2} x_{a_i} \cdot p_i$	132.000
G_B (Saldo)	18.000	$\sum_{i=1}^{2} (x_{p_i} - x_{a_i}) \cdot k_{h_i}$	2.000
	134.000		134.000

– (2) **Umsatzkostenverfahren**

$$G_B = \sum_{i=1}^{\bar{i}} x_{a_i} \cdot (p_i - k_{s_i})$$

$$k_{s_i} = k_{h_i} + k_{wv_i}\ ; \quad k_{s1} = 7 \frac{DM}{ME}\ ; \quad k_{s2(alt)} = 10 \frac{DM}{ME}\ ; \quad k_{s2(neu)} = 12 \frac{DM}{ME}$$

$$G_B = 8.000\ ME \cdot \left(9 \frac{DM}{ME} - 7 \frac{DM}{ME}\right) + 4.000\ ME \cdot \left(12 \frac{DM}{ME} - 12 \frac{DM}{ME}\right)$$

$$+ 1.000\ ME \cdot \left(12 \frac{DM}{ME} - 10 \frac{DM}{ME}\right) = 16.000\ DM + 0\ DM + 2.000\ DM =$$

$$= \underline{\underline{18.000\ DM}}$$

Darstellung in Kontoform:

S		Betriebsergebniskonto	H
$x_{a_1} \cdot k_{s_1}$	56.000	$x_{a_1} \cdot p_1$	72.000
$x_{a_{2(neu)}} \cdot k_{s_{2(neu)}}$	48.000	$x_{a_{2(neu)}} \cdot p_2$	48.000
$x_{a_{2(alt)}} \cdot k_{s_{2(alt)}}$	10.000	$x_{a_{2(alt)}} \cdot p_2$	12.000
G_B (Saldo)	18.000		
	132.000		132.000

Literaturhinweise zu Kapitel 5

Bergner, H., Sonderkosten, in HWR, Hrsg.: *Kosiol, E.*, Stuttgart 1970, Sp. 1596–1603; *Beste, Th.*, Die kurzfristige Erfolgsrechnung, 2. Aufl., Köln und Opladen 1962; *Kilger, W.*, Kurzfristige Erfolgsrechnung, Wiesbaden 1962; *von Kortzfleisch, G.*, Äquivalenzziffernkalkulation, in: HWR, Hrsg.: *Kosiol, E.*, Stuttgart 1970, Sp. 41–49; ders., Divisionskalkulation, in: HWR, Hrsg.: *Kosiol, E.*, Stuttgart 1970, Sp. 418–430; *Vormbaum, H.*, Kalkulationsarten und Kalkulationsverfahren – Kalkulationslehre, 2. Aufl., Stuttgart 1970.

6. Die organisatorische Durchführung der Kosten- und Leistungsrechnung

6.1 Eingliederung der Betriebsbuchhaltung in das Rechnungswesen

6.1.1 Ein- und Zweikreissystem als Organisationsformen des Rechnungswesens

Finanzbuchhaltung und Betriebsbuchhaltung lassen sich organisatorisch in einem einzigen und in zwei voneinander unabhängigen, getrennten Buchungskreisen durchführen. Im ersten Fall liegt ein **Einkreissystem,** im zweiten Fall ein **Zweikreissystem** vor.

Das Zweikreissystem hat gegenüber dem Einkreissystem den Nachteil, daß es buchungstechnisch mehr Aufwand erfordert (Notwendigkeit der Führung von insgesamt mehr Konten; alle Buchungen, die sowohl die Finanz- als auch die Betriebsbuchhaltung betreffen, sind doppelt auszuführen: einmal im Buchungskreis Finanzbuchhaltung und zum anderen im Buchungskreis Kosten- und Leistungsrechnung wie z.B. die Verbuchung der Umsatzerlöse). Andererseits bietet aber das Zweikreissystem gegenüber dem Einkreissystem drei entscheidende Vorteile:

- (1) die Möglichkeit, Finanzbuchhaltung und Betriebsbuchhaltung unabhängig voneinander abzuschließen;
- (2) die Möglichkeit, jeden der beiden Rechnungskreise auf seine spezifischen Bedürfnisse auszurichten;
- (3) die Möglichkeit, im Buchungskreis Kosten- und Leistungsrechnung neben der Ermittlung des Betriebsergebnisses zusätzlich eine Kontrolle der Richtigkeit des finanzbuchhalterischen Gewinns, d.h. des Gesamtergebnisses durchzuführen.

Neben den genannten Vor- und Nachteilen kann die Entscheidung für oder wider Einkreis- bzw. Zweikreissystem letztlich nur von dem gewählten Verfahren der Kostenträgerzeitrechnung abhängig gemacht werden.

6.1.2 Die wechselseitige Abhängigkeit der Organisationsform des Rechnungswesens und der Verfahren der Kostenträgerzeitrechnung

6.1.2.1 Das Gesamtkostenverfahren im Ein- und Zweikreissystem

Soll das Gesamtkostenverfahren zur Anwendung kommen, was in einer Einproduktunternehmung naheliegt, bei der sich eine Erfolgsanalyse nach Erzeugnisarten erübrigt, empfiehlt sich das Einkreissystem insoweit, als es weniger Buchungsaufwand erfordert und man unmittelbar durch Konsolidierung der Konten Betriebsergebnis und Neutrales Ergebnis das G + V-Konto in der gesetzlich vorgeschriebenen Form erhält. Das liegt daran, daß die Aufwendungen nach Verbrauchsarten (Art der verbrauchten Güter) und die Erträge nach Ertragsarten zu gliedern sind und damit die G + V-Rechnung dem gleichen Gliederungsprinzip wie das Gesamtkostenverfahren bei der Gliederung von Kosten und Leistungen folgt[1].

Aus diesem Grunde beschränkt sich bei Durchführung des Gesamtkostenverfahrens im Buchungskreis Kosten- und Leistungsrechnung eines Zweikreissystems der über die Finanzbuchhaltung hinausgehende Informationswert darauf, daß neutrale Aufwendungen und Erträge aus der Betriebsergebnisrechnung ferngehalten und Zusatzkosten und Zusatzleistungen berücksichtigt werden. Da das Gesamtkostenverfahren im Einkreissystem bei geringerem Buchungsaufwand genau die gleichen Informationen gibt wie das Gesamtkostenverfahren im Zweikreissystem, ist es diesem vorzuziehen, wenn man auf die Kontrollfunktion des Zweikreissystems verzichten will. (Daher wird im weiteren auf die modellhafte Darstellung des Gesamtkostenverfahrens im Zweikreissystem verzichtet[2].)

6.1.2.2 Das Umsatzkostenverfahren im Ein- und Zweikreissystem

Das Umsatzkostenverfahren empfiehlt sich in der Mehrproduktunternehmung, weil es den Erfolgsbeitrag der einzelnen Erzeugnisarten aufzeigt[3]. Bei Durchführung des Umsatzkostenverfahrens im Einkreissystem entfällt jedoch – wegen der Gliederung der Kosten nach verkauften Erzeugnisarten – die Möglichkeit durch Konsolidierung der Konten Betriebsergebnis und Neutrales Ergebnis das G + V-Konto in der gesetzlich vorgeschriebenen Form zu erhalten. Um dies zu erreichen, muß praktisch nochmals ein eigener Abschluß durchgeführt werden. Insofern ergibt sich jetzt kaum weniger Arbeitsaufwand, als wenn man externes Rechnungswesen und Kosten- und Leistungsrechnung in getrennten Buchungskreisen durchführt. Daher empfiehlt sich, wenn die Betriebsergebnisrechnung nach dem Umsatzkostenverfahren durchgeführt werden soll, das Zweikreissystem

1 Siehe 5.3.1.2, S. 166f. und das Modell in 6.4.
2 Bei Interesse kann dieses Modell direkt von den Verfassern bezogen werden.
3 Siehe 5.3.2, S. 168 und das Modell in 6.3.1.

mit seinen Vorteilen (siehe 6.1.1) oder eine Durchführung des Umsatzkostenverfahrens außerhalb der Buchhaltung. (Aus diesem Grund wird im weiteren auf die modellhafte Darstellung des Umsatzkostenverfahrens im Einkreissystem verzichtet[4].)

6.2 Kontenrahmen und Kontenpläne

6.2.1 Begriffe und Funktionen

Dem Rechnungswesen einer Unternehmung kommt die Aufgabe zu, die internen und externen Wertbewegungen zu erfassen und in übersichtlicher, entscheidungsrelevanter Form darzustellen. Die Durchführung erfolgt in der Regel mit Hilfe von Konten und unter Heranziehung des Prinzips der „doppelten Buchhaltung“. Die Vielzahl der Konten, die dabei Verwendung finden, macht eine geordnete Übersicht erforderlich. Das geordnete Kontenverzeichnis der Buchhaltung einer Unternehmung wird allgemein als **Kontenplan** bezeichnet. Der Begriff „Kontenplan“ stellt somit auf die individuelle Kontenorganisation einer Unternehmung ab.

Da man davon ausgehen kann, daß viele Tatbestände und Vorgänge in den meisten Unternehmungen eine gewisse Gleichartigkeit aufweisen, liegt es nahe, ein für möglichst viele Unternehmungen einheitliches und allgemein verwendbares Ordnungsschema zu entwerfen. Ein solches – nach bestimmten Kriterien abgeleitetes – Ordnungsschema wird **Kontenrahmen** genannt. Ein Kontenrahmen stellt also ein mehr oder weniger ausführliches Grundkonzept für die Ausgestaltung der individuellen Kontenpläne der einzelnen Unternehmungen dar, das lediglich Modellcharakter besitzt.

6.2.2 Die Ausgestaltung eines Kontenrahmens nach funktionalen Ordnungskriterien

In formaler Hinsicht ist ein Kontenrahmen in der Regel nach dem dekadischen Prinzip gegliedert. In funktionaler Hinsicht kann eines der folgenden Gliederungskriterien zugrunde gelegt werden:

- (1) Bilanz- bzw. Abschlußgliederungsprinzip
- (2) Prozeß- bzw. Ablaufgliederungsprinzip
- (3) Duales Gliederungsprinzip.

Beim **Bilanz- bzw. Abschlußgliederungsprinzip** wird der Aufbau des Kontenrahmens unmittelbar aus der vorgeschriebenen Gliederung von Bilanz und Gewinn- und Verlustrechnung abgeleitet. Struktur und

4 Bei Interesse kann dieses Modell direkt von den Verfassern bezogen werden.

Bezeichnungen der Konten entsprechen den Positionen der Bilanz und der Gewinn- und Verlustrechnung, so daß der Kontenabschluß direkt zum Jahresabschluß in der gesetzlich vorgeschriebenen Form führt[5]. Dieser Konzeption entsprechen z. B. die **Klassen 0 bis 8** des Industrie-Kontenrahmens (IKR). Das Bilanz- bzw. Abschlußgliederungsprinzip wird dem Bedürfnis einer schnellen Erstellung des Jahresabschlusses aus der Finanzbuchhaltung gerecht.

Beim **Prozeß- bzw. Ablaufgliederungsprinzip** ist der Kontenrahmen entsprechend den Ablaufphasen des Transformationsprozesses in einer Unternehmung gegliedert. Dies gilt beispielsweise für den Gemeinschafts-Kontenrahmen der Industrie (GKR). Dieses Gliederungsprinzip entspricht mehr den Bedürfnissen der Kosten- und Leistungsrechnung als dem Teil des Rechnungswesens, der den Leistungserstellungsprozeß erfassen soll.

Das **duale Gliederungsprinzip** vereinigt die beiden erstgenannten Gliederungsprinzipien. Es liegt zum Beispiel dem IKR zugrunde, dessen Klassen 0 bis 8 (Rechnungskreis Finanzbuchhaltung) nach dem Abschlußgliederungsprinzip aufgebaut sind, während in der Klasse 9, die der Kosten- und Leistungsrechnung vorbehalten ist, das Ablaufgliederungsprinzip verwirklicht ist. Damit wird sowohl den Bedürfnissen des externen Rechnungswesens als auch denen der Kosten- und Leistungsrechnung Rechnung getragen.

6.3 Die Durchführung der Kosten- und Leistungsrechnung nach dem Umsatzkostenverfahren im Zweikreissystem, dargestellt am Beispiel des Industrie-Kontenrahmens (IKR)

Der vom betriebswirtschaftlichen Ausschuß des Bundesverbandes der Deutschen Industrie entwickelte Industrie-Kontenrahmen (IKR) ist als Zweikreissystem konzipiert. Die aus den aktienrechtlichen Gliederungsvorschriften für Bilanz und Gewinn- und Verlustrechnung (§§ 151 und 157 AktG) abgeleiteten Klassen 0 bis 8 sind der Finanzbuchhaltung vorbehalten. Die Klasse 9 mit ihren Gruppen 90 bis 99 hingegen dient der Durchführung der Kosten- und Leistungsrechnung.

Die Klasse 9 des IKR wird im folgenden bei Durchführung der Betriebsabrechnung nach dem Umsatzkostenverfahren anhand eines Modells dargestellt, dem ein Industriebetrieb zugrunde liegt, der lagerfähige Güter

5 Die Positionen des G + V-Kontos sind dann lediglich zur Veröffentlichung des aktienrechtlichen Jahresabschlusses entsprechend der nach § 157 AktG vorgeschriebenen Staffelform zu gruppieren.

herstellt. Die Stückherstellkosten gehen als vorgegebene Daten in das Modell ein. Ihre Ermittlung im Rahmen der Kostenträgerstückrechnung wird nicht dargestellt. Wegen der kontengruppenweisen Abhandlung ist die numerische Reihenfolge der Buchungsfälle nicht in jedem Falle mit deren zeitlichem Anfallen identisch.

Die Gruppen 90 und 91, die die Gegenbuchungen der Buchungen auf dem Konto „Neutrales Ergebnis“, das in der Gruppe 99 geführt wird, aufnehmen, dienen letztlich der Ermittlung des Gesamtergebnisses, das sich aus dem Neutralen Ergebnis und dem Betriebsergebnis zusammensetzt. Diese Ermittlung des Gesamtergebnisses, das gleich dem Erfolg der Finanzbuchhaltung sein muß, wenn beide Rechnungskreise richtig abgerechnet wurden, dient lediglich Kontrollzwecken und entfällt, wenn die Kosten- und Leistungsrechnung nur das Betriebsergebnis ermitteln soll. Daher erfolgt die Darstellung des Kontos „Neutrales Ergebnis“ und damit auch der Gruppen 90 und 91 im Anschluß an das Modell zur Ermittlung des Betriebsergebnisses.

6.3.1 Die Ermittlung des Betriebsergebnisses im Buchungskreis Kosten- und Leistungsrechnung des Zweikreissystems

Die eigentliche Durchführung der Betriebsergebnisrechnung vollzieht sich in den Gruppen 92ff.

Gruppe „92 Verrechnete Leistungen und Kosten“

In der Gruppe 92 werden im Soll die Gegenbuchungen zu den Leistungsbuchungen und im Haben die Gegenbuchungen zu den Kostenbuchungen aufgenommen (Spiegelbildkonto). Bei Führung nur eines Kontos in der Gruppe 92 stellt sich dieses in allgemeiner Form wie folgt dar:

S	Gruppe 92 H
Umsatzerlöse (Gruppe 98)	Primäre Kostenarten (Herstelleinzelkosten Gruppe 94; Sondereinzelkosten des Vertriebs Gruppe 97; Gemeinkosten Gruppe 93)
Bestandserhöhungen an UE und unfertigen i. L. (Gruppe 94)	Bestandsminderung an UE und unfertigen i. L. (Gruppe 94)
Bestandserhöhungen an FE (Gruppe 95) und fertigen i. L. (Gruppe 96)	Bestandsminderungen an FE (Gruppe 95) und fertigen i. L. (Gruppe 96)

Da hier im Haben alle Kostenarten zum Ausweis gelangen, wird der Gruppe 92 auch die Funktion der Kostenartenrechnung beigemessen. (Siehe auch die Ausführungen zum Konto „Betriebsergebnis II“ in der Gruppe 99.)

Anmerkung: In der Praxis wird es sinnvoll sein, in der Gruppe 92 für jede verrechnete Kosten- und Leistungsart ein eigenes Konto zu bilden (z. B. 921 Verrechnete Löhne; 928 Verrechnete Bestandserhöhung UE usw.). Hier im Modell wird nur ein Sammelkonto „92 Verrechnete Leistungen und Kosten" geführt.

Gruppe „93 Kostenstellen"

Die Gruppe 93 dient der Kostenstellenrechnung. Ihre Ausgestaltung hängt davon ab, ob die Betriebsabrechnung halbtabellarisch oder vollkontenmäßig durchgeführt wird.

Bei **halbtabellarischer Betriebsabrechnung,** bei der die Kostenstellenrechnung außerhalb der kontenmäßigen Darstellung mittels eines Betriebsabrechnungsbogens (BAB) durchgeführt wird, genügt es, in der Gruppe 93 nur ein „Abstimmungskonto KSR" zu führen[6], das im Soll die in die Kostenstellenrechnung (BAB) eingehenden Gemeinkosten aufnimmt; die Gegenbuchung erfolgt im Haben der Gruppe 92, soweit es sich um primäre Gemeinkosten handelt bzw. in der Gruppe 96, soweit es sich um den Verbrauch solcher i.L. handelt, die nicht oder nur teilweise in der Periode ihrer Fertigstellung verbraucht werden und daher wie die für den Absatz bestimmten Erzeugnisse zu behandeln sind. Die Verteilung der primären Gemeinkosten auf die Kostenstellen und die innerbetriebliche Leistungsverrechnung erfolgen im BAB (siehe S.185).

Bei dieser halbtabellarischen Betriebsabrechnung ist im Modell lediglich zu buchen:

1a) Den Erzeugnissen nicht direkt zurechenbarer Verbrauch an Hilfs- und Betriebsstoffen DM 9.000,–
BS: 93 Abstimmungskonto KSR/92 Verr. L.u.K. DM 9.000,–

1b) Abschreibungen auf Gebäude DM 4.500,–
BS: 93 Abstimmungskonto KSR/92 Verr. L.u.K. DM 4.500,–

1c) Abschreibungen auf fremdbezogene maschinelle Anlagen DM 7.500,–
BS: 93 Abstimmungskonto KSR/92 Verr. L.u.K. DM 7.500,–

1d) Abschreibungen auf selbsterstellte Anlagen in Höhe von DM 700,–; davon entfallen DM 500,– auf in früheren Perioden produzierte Anlagen und DM 200,– auf in dieser Periode fertiggestellte selbsterstellte Anlagen. (Die bilanzielle Abschreibung beträgt ebenfalls DM 700,–.)
BS: 93 Abstimmungskonto KSR/960 Fertiggest. s.A. DM 700,–

(Zur Ausführung der Buchungen siehe Kontenübersicht S. 186.)

Anmerkung: Würde man die Kosten aus dem Verbrauch von in früheren Perioden erstellten nicht zum Sofortverbrauch bestimmten i.L. bei den „primären" Kostenarten erfassen (Gegenbuchung in Gruppe 92), so würden die Salden der Konten in Gruppe 96 nicht die in den jeweiligen Perioden tatsächlich stattfindenden Bestandsänderungen selbsterstellter nicht oder nur teilweise in der Periode der Fertigstellung verbrauchter i.L. ausweisen. (Darüber hinaus würde die Kostenartenrechnung neben den primären Kosten auch sekundäre Kosten und damit Mischkosten enthalten.)

Aus dem Haben des Abstimmungskontos KSR werden dann entsprechend der Inanspruchnahme der Kostenstellen durch die Kostenträger die Gemeinkosten ins Soll der Kostenträgerkonten (Gruppe 94) eingebucht.

---

6 Selbstverständlich können auch bei halbtabellarischer Abrechnung mehrere Konten geführt werden. Das ist aber nicht notwendig, da alle entsprechenden Informationen durch den BAB gegeben werden.

Statt einer halbtabellarischen Betriebsabrechnung ist aber auch eine vollkontenmäßige Abrechnung möglich, bei der für alle Kostenstellen, also auch für die Allgemeinen und Hilfskostenstellen, Konten eingerichtet werden müssen. Die Kostenstellenkonten sind mit den auf den jeweiligen Kostenstellen anfallenden Gemeinkosten zu belasten.

Im Modell gilt dann folgendes:

1a) Den Erzeugnissen nicht direkt zurechenbarer Verbrauch an Hilfs- und Betriebsstoffen auf den Kostenstellen DM 9.000,–

BS:	930 Allg. Kostenstelle	2.000,–		
	931 Fertigungshilfskostenstelle	1.000,–		
	932 Kostenst. Fertigung	4.000,–		
	933 Kostenst. Material	500,–		
	934 Kostenst. Verw. und Vertrieb	1.500,–	/92 Verr. L. u. K.	9.000,–

1b) Abschreibungen auf Gebäude DM 4.500,–

BS:	930 Allg. Kostenstelle	500,–		
	931 Fertigungshilfskostenstelle	250,–		
	932 Kostenst. Fertigung	2.000,–		
	933 Kostenst. Material	1.000,–		
	934 Kostenst. Verw. und Vertrieb	750,–	/92 Verr. L. u. K.	4.500,–

1c) Abschreibungen auf fremdbezogene maschinelle Anlagen DM 7.500,–

BS:	930 Allg. Kostenstelle	2.000,–		
	931 Fertigungshilfskostenstelle	1.000,–		
	932 Kostenst. Fertigung	3.500,–		
	933 Kostenst. Material	500,–		
	934 Kostenst. Verw. und Vertrieb	500,–	/92 Verr. L. u. K.	7.500,–

1d) Abschreibungen auf selbsterstellte Anlagen DM 700,–

BS:	932 Kostenst. Fertigung/		960 Fertiggest. s. A.	700,–

2a) Verrechnung der Leistungen der Allgemeinen Kostenstelle DM 4.500,–

BS:	931 Fertigungshilfskostenstelle	750,–		
	932 Kostenst. Fertigung	3.000,–		
	933 Kostenst. Material	500,–		
	934 Kostenst. Verw. und Vertrieb	250,–	/930 Allg. Kostenst.	4.500,–

Das Konto 930 ist damit abgeschlossen

2b) Verrechnung der Leistungen der Fertigungshilfskostenstelle DM 3.000,–
BS: 932 Kostenst. Fertigung/931 Fertigungshilfskostenstelle 3.000,–
Damit ist das Konto 931 abgeschlossen.

Aus dem Haben der Kostenstellenkonten werden dann entsprechend der Inanspruchnahme der Kostenstellen durch die Kostenträger die Gemeinkosten ins Soll der Kostenträgerkonten (Gruppe 94) eingebucht.

Gruppe „94 Kostenträger"

In der Gruppe 94 werden die auf die Kostenträger zu verrechnenden Herstellkosten im Soll der betreffenden Kostenträgerkonten belastet. Die Fertigungs- und Material**einzelkosten** werden ebenso wie die Sonder**einzelkosten** der Fertigung **direkt** im Soll der betreffenden Kostenträgerkonten belastet. Die Gegenbuchung erfolgt in Gruppe „92 Verrechnete Leistungen und Kosten".

3) An Löhnen und Material sind direkt zuzurechnen: Kostenträger A DM 25.000,–; Kostenträger B DM 16.000,– und Kostenträger s. A. DM 2.500,–
BS: 940 Kostentr. A 25.000,–
941 Kostentr. B 16.000,–
942 Kostentr. s. A. 2.500,–/92 Verr. L. u. K. 43.500,–

Anmerkung: In der Praxis wird man das Beispiel getrennt nach den Kostenarten Löhne, Material usw. buchen (vgl. auch die Anmerkung zur Gruppe 92).

Die nur **indirekt,** d.h. die nur über die Kostenstellen auf die Kostenträger zurechenbaren Kosten (≡ **Gemeinkosten**) werden entsprechend ihrer Verteilung auf die einzelnen Kostenträger bei der halbtabellarischen Abrechnung aus dem Haben des Abstimmungskontos KSR bzw. bei der vollkontenmäßigen Abrechnung aus dem Haben der Kostenstellenkonten der Gruppe 93 ins Soll der Kostenträgerkonten der Gruppe 94 eingebucht.

4) Die Fertigungsgemeinkosten auf **Normalkostenbasis** verteilen sich auf die Kostenträger wie folgt: Kostenträger A DM 10.000,–; Kostenträger B DM 6.500,– und Kostenträger s. A. DM 1.000,–.
BS: 940 Kostentr. A 10.000,–
941 Kostentr. B 6.500,–
942 Kostentr. s. A. 1.000,–/93 Abstimmungskto. KSR bzw.
932 Kostenstelle Fertigung 17.500,–

5) Die Materialgemeinkosten auf **Normalkostenbasis** verteilen sich auf die Kostenträger wie folgt: Kostenträger A DM 800,–; Kostenträger B DM 700,– und Kostenträger s. A. DM 700,–.
BS: 940 Kostentr. A 800,–
941 Kostentr. B 700,–
942 Kostentr. s. A. 700,–/93 Abstimmungskto. KSR bzw.
933 Kostenst. Material 2.200,–

In diesem Modell erfolgt die Verrechnung der Gemeinkosten auf die Kostenträger auf Normalkostenbasis. Sie werden Bestandteil der Herstellkosten und Selbstkosten, die insoweit Normalkosten darstellen.

Wie die Beispiele 3 bis 5 zeigen, werden im Soll der Kostenträgerkonten die Herstellkosten der Periode eingebucht. Andererseits werden die Herstellkosten der in der Periode **fertiggestellten** Erzeugnisse aus dem Haben der jeweiligen Kostenträgerkonten ins Soll der entsprechenden Fertigerzeugniskonten der Gruppe 95 übernommen (Bsp. 6 und 7); die fertiggestellten nicht zum Sofortverbrauch bestimmten i.L. werden ins Soll der Gruppe „96 Fertiggestellte nicht zum Sofortverbrauch bestimmte i.L." übernommen (Bsp. 8).

6) In der betrachteten Periode sind 10.000 ME Fertigerzeugnisse A erstellt worden. Die Herstellkosten pro ME betragen DM 4,–.
BS: 950 FE A /940 Kostentr. A 40.000,–

7) In der Periode sind 500 ME Fertigerzeugnisse B mit DM 44,– Herstellkosten pro ME erstellt worden.
BS: 951 FE B /941 Kostentr. B 22.000,–

8) In der Periode wurden selbsterstellte Anlagen mit Herstellkosten von DM 4.000,– fertiggestellt.
BS: 960 Fertiggestellte s. A. /942 Kostentr. s. A. 4.000,–

Anmerkung: Das Beispiel 8 muß zeitlich vor dem Beispiel 1d erfolgt sein, denn ein Verbrauch von i.L. kann erst erfolgen, wenn solche zuvor fertiggestellt worden sind, es sei denn, daß Lagerbestände an fertigen nicht zum Sofortverbrauch bestimmten i.L. aus früheren Rechnungsperioden vorhanden sind, was hier bei den selbsterstellten Anlagen nur teilweise der Fall ist. (Lagerbestände aus früheren Perioden (Anfangsbestände) kommen in den Konten der Gruppe 95 und 96 nicht zum Ausweis; vgl. die Anmerkung zur Gruppe 96.)

Nach der Einbuchung der gesamten bei der betrieblichen Leistungserstellung während der Periode angefallenen Herstellkosten ins Soll der Kostenträgerkonten (Bsp. 3 bis 5) sowie der Ausbuchung der Herstellkosten der in der Periode fertiggestellten Erzeugnisse und nicht zum Sofortverbrauch bestimmten i.L. im Haben der Kostenträgerkonten (Bsp. 6 bis 8), ergibt sich als Saldo auf den Kostenträgerkonten der Wert der **Bestandsänderung** an UE und unfertigen nicht zum Sofortverbrauch bestimmten i.L. Die Gegenbuchungen der jeweiligen Salden erfolgen in der Gruppe 92, wobei wegen der spiegelbildlichen Führung eine Bestandserhöhung im Soll und eine Bestandsminderung im Haben der Gruppe 92 ausgewiesen wird (Bsp. 9 bis 11).

9) Da die Herstellkosten der fertiggestellten Erzeugnisse A höher sind als die im Laufe der Periode zur Produktion des Erzeugnisses A angefallenen Herstellkosten, mußte bei der Fertigstellung der Erzeugnisse A auf in früheren Perioden produzierte unfertige Erzeugnisse von der Art A zurückgegriffen werden, die somit erst in der Abrechnungsperiode als Bestandteile fertiggestellter Erzeugnisse ihre endgültige Bestimmung gefunden haben. Der Saldo des Kontos 940 stellt also hier die Bestandsminderung an unfertigen Erzeugnissen von der Art A dar:
BS: 940 Kostentr. A /92 Verr. L. u. K. 4.200,–

10) Auf dem Konto „941 Kostenträger B" ergibt sich ein Überschuß der auf der Sollseite eingebuchten, während der Periode zur Produktion des Erzeugnisses B angefallenen Herstellkosten über die auf der Habenseite ausgebuchten Herstellkosten der fertiggestellten Erzeugnisse B. Der Saldo stellt also die im Laufe der Periode erfolgte Bestandserhöhung an unfertigen Erzeugnissen von der Art B dar:
BS: 92 Verr. L. u. K. /941 Kostentr. B 1.200,–

11) Beim Konto „942 Kostenträger selbsterstellte Anlagen" verhält es sich wie bei 10. Der Sollüberschuß stellt die Bestandserhöhung an solchen unfertigen Erzeugnissen dar, die in späteren Perioden Bestandteile von selbsterstellten Anlagen werden:
BS: 92 Verr. L. u. K. /942 Kostentr. s. A. 200,–

Die Konten 940, 941, 942 sind damit abgeschlossen.

Gruppe „95 Erzeugnisse"

Wie die Beispiele 6 und 7 zeigen, stehen auf den Konten dieser Gruppe im Soll die aus den Konten der Gruppe 94 übernommenen Herstellkosten der in der Periode **fertiggestellten** Erzeugnisse. Im Haben erscheinen demgegenüber die ins Soll der Gruppe „97 Umsatzkosten" übertragenen Herstellkosten der in der Periode **abgesetzten** fertigen Erzeugnisse (Bsp. 12 und 13).

12) Die Herstellkosten der in der Periode abgesetzten Fertigerzeugnisse A betragen insgesamt DM 42.000,–
BS: 970 Umsatzkosten FE A /950 FE A 42.000,–

13) Die Herstellkosten der in der Periode abgesetzten Fertigerzeugnisse B betragen insgesamt DM 20.000,–
BS: 971 Umsatzkosten FE B /951 FE B 20.000,–

Die jeweiligen Salden der Gruppe 95 stellen den Herstellkostenwert der Bestandsänderungen an fertigen Erzeugnissen dar, die nach den gleichen Grundsätzen wie die Salden der Gruppe 94 in der Gruppe 92 gegenzubuchen sind (Bsp. 14 und 15).

14) Der Saldo des Kontos „950 Fertigerzeugnisse A" stellt die im Laufe der Periode erfolgte Bestandsminderung an Fertigerzeugnissen A bewertet zu Herstellkosten dar; denn die während der Periode abgesetzten Erzeugnisse A übersteigen die während der Periode produzierten Erzeugnisse A jeweils bewertet zu Herstellkosten um DM 2.000,–. Es sind also im Herstellkostenwert von DM 2.000,– Fertigerzeugnisse A in der Abrechnungsperiode verkauft worden, die in früheren Perioden auf Lager produziert worden waren.
BS: 950 FE A /92 Verr. L. u. K. 2.000,–
15) Wie der Saldo des Kontos „951 Fertigerzeugnisse B" zeigt, sind während der Periode im Herstellkostenwert von DM 2.000,– mehr Erzeugnisse produziert als abgesetzt worden. Es hat also eine Bestandserhöhung zum Herstellkostenwert von DM 2.000,– an Fertigerzeugnissen B stattgefunden:
BS: 92 Verr. L. u. K /951 FE B 2.000,–

Die Konten 950 und 951 sind damit abgeschlossen.

Gruppe „96 Fertiggestellte (nicht zum Sofortverbrauch bestimmte) innerbetriebliche Leistungen"[7]

Wie das Beispiel 8 zeigt, werden im Soll dieser Gruppe die aus dem Haben der entsprechenden Kostenträgerkonten „nicht zum Sofortverbrauch bestimmte innerbetriebliche Leistungen" der Gruppe 94 übernommenen Herstellkosten der in der Periode fertiggestellten i. L. erfaßt. Auf der Habenseite wird dagegen der Verbrauch an i. L. bewertet zu Herstellkosten ausgebucht; die Belastung erfolgt auf den Konten der Kostenstellen, die diese i. L. verbrauchen (Bsp. 1d). Der Saldo gibt jeweils die Bestandsänderung an fertiggestellten i. L. bewertet zu Herstellkosten an.

16) Wie der Saldo des Kontos „960 Fertiggestellte selbsterstellte Anlagen" zeigt, hat in der Periode eine Bestandserhöhung selbsterstellter Anlagen in Höhe von DM 3.300,– bewertet zu Herstellkosten stattgefunden:
BS: 92 Verr. L. u. K. /960 Fertiggestellte s. A. 3.300,–

Das Konto 960 ist damit abgeschlossen.

Anmerkung: Da es im Buchungskreis Kosten- und Leistungsrechnung nichts gibt, das einer Bilanz entspricht, werden ins Soll der Konten der Gruppen 95 und 96 auch keine Anfangsbestände aus der Vorperiode übernommen, wie das bei den gleichlautenden aktiven Bestandskonten im Einkreissystem der Fall ist, wo dann auch bei Durchführung des Umsatzkostenverfahrens die Salden nicht die Bestandsänderungen sondern die in das Schlußbilanzkonto zu übernehmenden Endbestände darstellen.

Gruppe „97 Umsatzkosten"

Die Umsatzkosten werden in der Gruppe 97 ausgewiesen. Dabei ist zu unterscheiden zwischen den Umsatzkosten der abgesetzten Fertigerzeugnisse und den Umsatzkosten der abgesetzten Handelswaren.

---

7 Anstelle der Bezeichnung „Innerbetriebliche Leistungen" werden auch die Begriffe „Interne Lieferungen und Leistungen", „Eigen-" oder „Einsatzleistungen" verwendet.

Die Herstellkosten der abgesetzten Fertigerzeugnisse werden – wie die Beispiele 12 und 13 zeigen – vom Haben der Konten der Gruppe „95 Fertigerzeugnisse" ins Soll der Konten der Gruppe „97 Umsatzkosten" übertragen. Die Anschaffungs- bzw. Wiederbeschaffungskosten der Handelswaren werden demgegenüber direkt im Soll eines oder mehrerer Konten „Umsatzkosten Handelswaren" erfaßt und im Haben der Gruppe „92 Verrechnete Leistungen und Kosten" gegengebucht.

17) Die Anschaffungskosten der verkauften Handelswaren betragen DM 4.000,–. Die Wiederbeschaffungskosten sind gleich den Anschaffungskosten.

Die Verwaltungs- und Vertriebsgemeinkosten werden bei halbtabellarischer Betriebsabrechnung aus dem Abstimmungskonto KSR bzw. bei der vollkontenmäßigen Betriebsabrechnung aus dem Kostenstellenkonto der Kostenstelle „Verwaltung und Vertrieb" entsprechend ihrer Verteilung auf die einzelnen Umsatzarten ins Soll der Gruppe 97 eingebucht.

18) Von den im BAB bzw. im Soll des Kontos „934 Kostenstelle Verwaltung und Vertrieb" ausgewiesenen Verwaltungs- und Vertriebsgemeinkosten entfallen DM 200,– auf die Umsätze Handelswaren, der Rest zu gleichen Teilen auf die Umsätze der Erzeugnisse A und B.

BS:	970 Umsatzkosten FE A	1.400,–		
	971 Umsatzkosten FE B	1.400,–		
	972 Umsatzk. Handelsw.	200,–/93	Abstimmungskto. KSR bzw.	
			934 Kostenst. Verw. u. Vertrieb	3.000,–

Das Konto 934 ist damit abgeschlossen (keine Kostenstellenüber- bzw. -unterdeckung).

Soweit die Berechnete Mehrwertsteuer Kostencharakter besitzt[8], ist sie als Sondereinzelkosten des Vertriebs ins Soll der Konten der Gruppe 97 einzubuchen und im Haben der Gruppe 92 gegenzubuchen.

19) Die Selbstkosten ohne Mehrwertsteuer mit Kostencharakter (≡Übrige Selbstkosten) der verkauften Fertigerzeugnisse A betragen DM 43.400,– (siehe BS 12 und 18), der verkauften Fertigerzeugnisse B DM 21.400,– (siehe BS 13 und 18). Die Mehrwertsteuer mit Kostencharakter beträgt daher bei Erzeugnis A DM 4.774,– (= 0,11 · 43.400,– DM), bei Erzeugnis B DM 2.354,– (= 0,11 · 21.400,– DM). Da höchstens die tatsächlich anfallende Mehrwertsteuer Kostencharakter haben kann und bei den verkauften Handelswaren die Umsatzerlöse ohne Mehrwertsteuer (= Nettoerlöse) in Höhe von DM 3.000,– (siehe Bsp. 20) die Übrigen Selbstkosten nicht decken, ist hier nur ein Betrag von DM 330,– als Mehrwertsteuer mit Kostencharakter anzusetzen.

BS:	970 Umsatzkosten FE A	4.774,–		
	971 Umsatzkosten FE B	2.354,–		
	972 Umsatzk. Handelsw.	330,–/92	Verr. L. u. K.	7.458,–

Gruppe „98 Umsätze"

In dieser Gruppe werden die Umsätze im Haben verbucht, die Gegenbuchung erfolgt im Soll der Gruppe „92 Verrechnete Leistungen und Kosten".

---

8 Siehe 3.3.6.3.3.1.2. In den in Kapitel 6 dargestellten Modellen wird von dem bis 31. 12. 1977 geltenden MWSt-Satz von 11 % ausgegangen.

20) Die Umsatzerlöse der Abrechnungsperiode betragen inclusive 11% MWSt[9] DM 49.950,– bei den Fertigerzeugnissen A, DM 27.750,– bei den Fertigerzeugnissen B und DM 3.330,– bei den Handelswaren.

BS: 92 Verr. L. u. K.	81.030,–/	980 Umsätze FE A	49.950,–
		981 Umsätze FE B	27.750,–
		982 Umsätze Handelsw.	3.330,–

Gruppe „99 Ergebnisausweise"

Diese Gruppe ist der Feststellung der Ergebnisse vorbehalten. Dabei erfolgt ein stufenweiser Ergebnisausweis. Man unterscheidet insgesamt vier verschiedene Ergebnisse: Betriebsergebnis I und II und für den erwähnten Kontrollzweck Neutrales Ergebnis und Gesamtergebnis.

Betriebsergebnis I

Auf das Konto Betriebsergebnis I werden die Konten der Gruppe 97 und 98 abgeschlossen.

21) Gegenbuchung der Salden der Konten der Gruppe 97 auf Konto „990 Betriebsergebnis I":

BS: a)	990 Betriebsergebnis I/970 Umsatzkosten FE A	48.174,–
b)	990 Betriebsergebnis I/971 Umsatzkosten FE B	23.754,–
c)	990 Betriebsergebnis I/972 Umsatzk. Handelsw.	4.530,–

22) Gegenbuchung der Salden der Konten der Gruppe 98 auf Konto „990 Betriebsergebnis I":

BS: a)	980 Umsätze FE A/990 Betriebsergebnis I	49.950,–
b)	981 Umsätze FE B/990 Betriebsergebnis I	27.750,–
c)	982 Umsätze Handelsw./990 Betriebsergebnis I	3.330,–

Die Konten der Gruppen 97 und 98 sind damit abgeschlossen.

Auf dem Konto „Betriebsergebnis I" stehen also im Soll die Umsatzkosten (≡ Selbstkosten der abgesetzten Fertigerzeugnisse und Handeswaren) den Umsatzerlösen (≡ verkaufte Fertigerzeugnisse und Handelswaren bewertet zu ihren Preisen incl. MWSt) im Haben gegenüber, jeweils getrennt nach Erzeugnisarten. Der Saldo des Kontos „Betriebsergebnis I" stellt den Betriebserfolg auf Basis von Normalkosten insoweit dar, als in den Umsatzkosten Gemeinkosten enthalten sind. Er wird auf das Konto „Betriebsergebnis II" übertragen.

23) Verbuchung des Betriebsgewinnes I in Höhe von DM 4.572,–
BS: 990 Betriebsergebnis I/991 Betriebsergebnis II 4.572,–

Betriebsergebnis II

Auf dem Abstimmungskonto KSR bzw. den Kostenstellenkonten der Gruppe 93 sind im Soll die vollen, auf den jeweiligen Kostenstellen tatsächlich entstandenen Kosten (≡ Istkosten) belastet worden (vgl. Bsp. 1), die im Zuge der Verrechnung innerbetrieblicher Leistungen sämtlich auf die Hauptkostenstellen verteilt worden sind (siehe BAB bzw. BS 2a u. 2b). Die

9 Die Umsatzerlöse sind in der Kosten- und Leistungsrechnung brutto zu buchen (siehe 3.3.6.3.3.1).

Entlastung der Fertigungs- und Materialkostenstelle durch Weiterverrechnung der Gemeinkosten auf die Kostenträger erfolgte hier im Modell auf Normalkostenbasis (vgl. Bsp. 4 und 5), so daß die Be- und Entlastungen dieser Konten differieren können. Auf der Kostenstelle Fertigung (siehe BAB bzw. Konto 932) sind tatsächlich Kosten (≡ Istkosten) entstanden von DM 16.200,–, weiterverrechnet wurden auf Basis von Normalkosten aber DM 17.500,–. Hier liegt also eine Kostenstellenüberdeckung von DM 1.300,– vor. Auf der Kostenstelle Material hingegen sind DM 2.500,– Ist-Gemeinkosten entstanden, auf Basis von Normalkosten wurden den Kostenträgern jedoch nur DM 2.200,– belastet. Hier liegt eine Unterdeckung von DM 300,– vor. Die Kostenstelle Verwaltung und Vertrieb ist ausgeglichen; hier wurden weder mehr noch weniger Kosten auf die Konten „Umsatzkosten" weiterverrechnet als angefallen sind.

Soweit von den Kostenstellen weniger (mehr) als die tatsächlich entstandenen Kosten (≡ Istkosten) weiterverrechnet worden sind, wird dies durch direkte Einbuchung der Kostenstellenunter- bzw. -überdeckungen in das Konto „Betriebsergebnis II" nachgeholt (rückgängig gemacht).

24) Bei halbtabellarischer Betriebsabrechnung stellt der Saldo des Abstimmungskontos KSR die Summe aller Kostenstellenüber- bzw. -unterdeckungen dar. Im Modell sind insgesamt DM 1.000,– mehr Gemeinkosten weiterverrechnet worden als tatsächlich entstanden sind.
BS: 93 Abstimmungskonto KSR/991 Betriebsergebnis II 1.000,–

Bei vollkontenmäßiger Abrechnung gilt folgendes:

a) Vom Konto „932 Kostenstelle Fertigung" wurden DM 1.300,– mehr Normalkosten weiterverrechnet, als tatsächlich Kosten entstanden sind.
BS: 932 Kostenst. Fertigung/991 Betriebsergebnis II 1.300,–

b) Vom Konto „933 Kostenstelle Material" wurden DM 300,– weniger Normalkosten weiterverrechnet, als Istkosten entstanden sind.
BS: 991 Betriebsergebnis II/933 Kostenst. Material 300,–

Der Saldo des Kontos „Betriebsergebnis II" stellt den Betriebserfolg auf Basis der Istkosten dar. Der Saldo der Gruppe 92 muß immer gleich dem Saldo des Kontos „Betriebsergebnis II" sein. Denn in der Gruppe 92 werden alle primären Kostenarten, alle Umsatzerlöse und die Bestandsänderungen an unfertigen und fertigen Erzeugnissen und nicht zum Sofortverbrauch bestimmten i. L., die sich als Salden der Konten in den Gruppen 94, 95 und 96 ergeben, gegengebucht. Damit ergibt sich in der Gruppe 92 das Betriebsergebnis, wie es nach dem Gesamtkostenverfahren ermittelt wird (wobei Kosten und Leistungen spiegelbildlich ausgewiesen werden).

Dient die Kosten- und Leistungsrechnung nur der Ermittlung des Betriebsergebnisses, so wird der Buchungskreis Kosten- und Leistungsrechnung durch die Salden von Gruppe 92 und Konto „Betriebsergebnis II", die die Abschlußbuchung bilden, geschlossen.

25) In diesem Fall lautet bei einem Betriebsgewinn II von DM 5.572,– die Schlußbuchung:
BS: 991 Betriebsergebnis II/92 Verr. L. u. K. 5.572,–

Soll die Kosten- und Leistungsrechnung zusätzlich dem oben erwähnten Kontrollzweck dienen, so ist der Saldo des Kontos „Betriebsergebnis II“ auf das Konto „Gesamtergebnis“ zu übernehmen[10].

Betriebsabrechnungsbogen bei halbtabellarischer Betriebsabrechnung nach dem Umsatzkostenverfahren im IKR

		Allgemeine Kostenstelle (930)	Fertg.-hilfskostenstelle (931)	Kostenstelle Fertigung (932)	Kostenstelle Material (933)	Kostenstelle Verw. und Vertrieb (934)	Abrechn.-techn. Stelle f. Verbrauch fertiggest. s.A. (960)
Hilfs- und Betriebsstoffverbrauch	9.000,--	2.000,--	1.000,--	4.000,--	500,--	1.500,--	
Abschreibung auf Gebäude	4.500,--	500,--	250,--	2.000,--	1.000,--	750,--	
Abschreibung auf fremdbezogene maschinelle Anlagen	7.500,--	2.000,--	1.000,--	3.500,--	500,--	500,--	
Σ	21.000,--	4.500,--	2.250,--	9.500,--	2.000,--	2.750,--	
Allg. Kostenstelle							
Entlastung		-4.500,--					
Belastung			750,--	3.000,--	500,--	250,--	
Fertg.-hilfskostenst.			3.000,--				
Entlastung			-3.000,--				
Belastung				3.000,--			
Verbrauch fertiggestellter s. A.							
Entlastung							-700,--
Belastung				700,--			
Ist-Endstellenkosten	21.000,--	0	0	16.200,--	2.500,--	3.000,--	-700,--
Verr. Normal-Endstellenkosten				17.500,--	2.200,--	3.000,--	
Kostenstellenunter- und -überdeckungen				+1.300,--	-300,--	±0	

10 Diese Vorgehensweise ist bei der Abhandlung des Kontos „Neutrales Ergebnis“ und der Gruppen 90 und 91 dargestellt; siehe dazu S. 187ff.

Kontenübersicht zur halbtabellarischen und vollkontenmäßigen Betriebsabrechnung nach dem Umsatzkostenverfahren im IKR

GRUPPE 92

92 Verrechnete Leistungen u. Kosten

S		H	
10) 941	1.200	1a) 93(930-4)*	9.000
11) 942	200	1b) 93(930-4)*	4.500
15) 951	2.000	1c) 93(930-4)*	7.500
16) 960	3.300	3) 940-2	43.500
20) 980-2	81.030	9) 940	4.200
		14) 950	2.000
		17) 972	4.000
		19) 970-2	7.458
		25) 991 (S)	5.572
	87.730		87.730

GRUPPE 93

a) bei halbtabellarischer Betriebsabrechnung

93 Abstimmungskonto KSR

S		H	
1a) 92	9.000	4) 940-2	17.500
1b) 92	4.500	5) 940-2	2.200
1c) 92	7.500	18) 970-2	3.000
1d) 960	700		
24) 991 (S)	1.000		
	22.700		22.700

b) **bei vollkontenmäßiger Betriebsabrechnung**

930 Allgemeine Kostenstelle

S		H	
1a) 92	2.000	2a) 931-4	4.500
1b) 92	500		
1c) 92	2.000		
	4.500		4.500

931 Fertigungshilfskostenstelle

S		H	
1a) 92	1.000	2b) 932	3.000
1b) 92	250		
1c) 92	1.000		
2a) 930	750		
	3.000		3.000

932 Kostenstelle Fertigung

S		H	
1a) 92	4.000	4) 940-2	17.500
1b) 92	2.000		
1c) 92	3.500		
1d) 960	700		
2a) 930	3.000		
2b) 931	3.000		
24a) 991 (S)	1.300		
	17.500		17.500

933 Kostenstelle Material

S		H	
1a) 92	500	5) 940-2	2.200
1b) 92	1.000	24b) 991 (S)	300
1c) 92	500		
2a) 930	500		
	2.500		2.500

934 Kostenstelle Verw. u. Vertrieb

S		H	
1a) 92	1.500	18) 970-2	3.000
1b) 92	750		
1c) 92	500		
2a) 930	250		
	3.000		3.000

GRUPPE 94

940 Kostenträger A

S		H	
3) 92	25.000	6) 950	40.000
4) 93(932)*	10.000		
5) 93(933)*	800		
9) 92 (S)	4.200		
	40.000		40.000

941 Kostenträger B

S		H	
3) 92	16.000	7) 951	22 000
4) 93(932)*	6.500	10) 92 (S)	1.200
5) 93(933)*	700		
	23.200		23.200

942 Kostenträger s. A.

S		H	
3) 92	2.500	8) 960	4.000
4) 93(932)*	1.000	11) 92 (S)	200
5) 93(933)*	700		
	4.200		4.200

GRUPPE 95

950 Fertigerzeugnisse A

S		H	
6) 940	40.000	12) 970	42.000
14) 92 (S)	2.000		
	42.000		42.000

951 Fertigerzeugnisse B

S		H	
7) 941	22.000	13) 971	20.000
		15) 92 (S)	2.000
	22.000		22.000

GRUPPE 96

960 Fertiggestellte s. A.

S		H	
8) 942	4.000	1d) 93(932)*	700
		16) 92 (S)	3.300
	4.000		4.000

GRUPPE 97

970 Umsatzkosten FE A

S		H	
12) 950	42.000	21a) 990 (S)	48.174
18) 93(934)*	1.400		
19) 92	4.774		
	48.174		48.174

971 Umsatzkosten FE B

S		H	
13) 951	20.000	21b) 990 (S)	23.754
18) 93(934)*	1.400		
19) 92	2.354		
	23.754		23.754

972 Umsatzkosten Handelswaren

S		H	
17) 92	4.000	21c) (S)	4.530
18) 93(934)*	200		
19) 92	330		
	4.530		4.530

GRUPPE 98

980 Umsätze FE A

S		H	
22a) 990 (S)	49.950	20) 92	49.950

981 Umsätze FE B

S		H	
22b) 990 (S)	27.750	20) 92	27.750

982 Umsätze Handelswaren

S		H	
22c) 990 (S)	3.330	20) 92	3.330

GRUPPE 99

990 Betriebsergebnis I

S		H	
21a) 970	48.174	22a) 980	49.950
21b) 971	23.754	22b) 981	27.750
21c) 972	4.530	22c) 982	3.330
23) 991 (S)	4.572		
	81.030		81.030

a) Betriebsergebnis II bei halbtabellarischer Betriebsabrechnung

991 Betriebsergebnis II

S		H	
25) 92 (S)	5.572	23) 990	4.572
		24) 93	1.000
	5.572		5.572

b) **Betriebsergebnis II bei vollkontenmäßiger Betriebsabrechnung**

991 Betriebsergebnis II

S		H	
24b) 933	300	23) 990	4.572
25) 92 (S)	5.572	24a) 932	1.300
	5.872		5.872

* Die in den Konten der Gruppen 92, 94, 95 und 97 in ( ) gesetzten Gegenkonten geben die **Gegenbuchungen bei vollkontenmäßiger Betriebsabrechnung an.**

(S) ≡ Saldo eines Kontos

6.3.2 Die Kontrolle des Gesamtergebnisses im Buchungskreis Kosten- und Leistungsrechnung des Zweikreissystems

Neben der Ermittlung des Betriebsergebnisses hat die Kosten- und Leistungsrechnung im IKR auch die Funktion, den im Buchungskreis Finanzbuchhaltung ausgewiesenen Unternehmenserfolg (≡ Gesamtergebnis) auf seine Richtigkeit hin zu überprüfen. Um auch in der Klasse 9 des IKR zum Ausweis des Gesamtergebnisses zu gelangen, ist ein Konto „Neutrales Ergebnis" zu führen, über das im Soll die neutralen Aufwendungen und im Haben die neutralen Erträge gesamterfolgsrechnerisch aufgenommen und ferner die Zusatzkosten und Zusatzleistungen im Hinblick auf das Gesamtergebnis dadurch storniert werden, daß man den Zusatzkosten (Zusatzleistungen) rechentechnisch bedingte neutrale Erträge (Aufwendungen) im Haben (Soll) des Kontos „Neutrales Ergebnis" in gleicher Höhe gegenüberstellt. Zusatzkosten und Zusatzleistungen haben dann keinen Einfluß auf den Saldo des Kontos „Gesamtergebnis", da sowohl das Konto „Neutrales Ergebnis" als **jetzt** auch das Konto „Betriebsergebnis" auf das Konto „Gesamtergebnis" abgeschlossen werden. In diesem Fall lautet Buchung 25 wie folgt:

25*) Abschluß des Kontos „Betriebsergebnis II" auf das Konto „Gesamtergebnis":
BS: 991 Betriebsergebnis II/993 Gesamtergebnis 5.572,–

Die Gegenbuchungen zum Konto „Neutrales Ergebnis" erfolgen in den Gruppen 90 und 91 des IKR. Daher werden in diesen Gruppen Aufwendungen und Erträge spiegelbildlich ausgewiesen. Die Gegenbuchungen werden vorgenommen:

– a) in der **Gruppe „90 Abgrenzungen zur Geschäftsbuchführung"**, soweit es sich um Geschäftsvorfälle handelt, die in voller Höhe neutral sind (Bsp. 26 und 27);

26) Spende an Caritas durch Banküberweisung DM 100,–
BS: 992 Neutrales Ergebnis/90 Abgr. z. Geschäftsb. 100,–
27) Rückerstattung einer im Vorjahr zu hoch entrichteten Kostensteuer durch Bankgutschrift DM 300,–
BS: 90 Abgr. z. Geschäftsb./992 Neutrales Ergebnis 300,–

– b) in der **Gruppe „91 Kostenrechnerische Korrekturen"**, soweit es sich
  – ba) um Geschäftsvorfälle handelt, die nur teilweise neutral sind (Bsp. 28 und 29)
  – bb) um das Storno von Zusatzkosten (Bsp. 30 und 31) und Zusatzleistungen (Bsp. 32) handelt.

28)	Bilanzielle Abschreibungen auf Gebäude	DM 6.000,–
	Kalkulatorische Abschreibungen auf Gebäude *	DM 4.500,–
	Aufwand, nicht Kosten (≡ neutraler Aufwand)	DM 1.500,–
	BS: entweder Nettoverbuchung:	
	992 Neutrales Ergebnis/91 Kostenr. Korr.	1.500,–
	oder Bruttoverbuchung:	
	a) 91 Kostenr. Korr./992 Neutrales Ergebnis	4.500,–
	b) 992 Neutrales Ergebnis/91 Kostenr. Korr.	6.000,–

* Siehe obige Buchung 1b.

29) Bestandszunahme selbsterstellter Anlagen (nach Abzug der Abschreibungen) bewertet zu

Herstellungskosten	DM 5.300,–
Herstellkosten *	DM 3.300,–
Ertrag, nicht Leistung (≡ neutraler Ertrag)	DM 2.000,–
BS: entweder Nettoverbuchung:	
91 Kostenr. Korr./992 Neutrales Ergebnis	2.000,–
oder Bruttoverbuchung:	
a) 992 Neutrales Ergebnis/91 Kostenr. Korr.	3.300,–
b) 91 Kostenr. Korr./992 Neutrales Ergebnis	5.300,–

* Siehe obige Buchung 16.

30) Abschreibungen auf fremdbezogene maschinelle Anlagen

bilanziell	DM 7.000,–
kalkulatorisch *	DM 7.500,–
Kosten, nicht Aufwand (≡ Zusatzkosten)	DM 500,–
BS: entweder Nettoverbuchung:	
91 Kostenr. Korr./992 Neutrales Ergebnis	500,–
oder Bruttoverbuchung:	
a) 91 Kostenr. Korr./992 Neutrales Ergebnis	7.500,–
b) 992 Neutrales Ergebnis/91 Kostenr. Korr.	7.000,–

* Siehe obige Buchung 1c.

31) Mehrwertsteuer darf in der Finanzbuchhaltung nicht als Aufwand angesetzt werden. Daher ist die Mehrwertsteuer mit Kostencharakter gesamterfolgsrechnerisch zu stornieren.
BS: 91 Kostenr. Korr./992 Neutrales Ergebnis 7.458,–
(Zur Verbuchung der Mehrwertsteuer mit Kostencharakter siehe obige Buchung 19)

32) Die Umsatzerlöse, die in der Kosten- und Leistungsrechnung brutto gebucht werden (siehe obige Buchung 20), dürfen in der Finanzbuchhaltung nur netto gebucht werden. Die in den Bruttoerlösen enthaltene Mehrwertsteuer ist daher gesamterfolgsrechnerisch zu stornieren.
BS: 992 Neutrales Ergebnis/91 Kostenr. Korr. 8.030,–

Anmerkung: In den Gruppen 90 und 91 ist jeweils eine Differenzierung in mehrere Konten möglich, aber auch eine Zusammenfassung beider Gruppen zu einem Konto.

Abschluß des Kontos „Neutrales Ergebnis" auf das Konto „Gesamtergebnis" (BS 33)

33) Es ergibt sich ein neutraler Gewinn in Höhe von DM 628,–
BS: 992 Neutrales Ergebnis/993 Gesamtergebnis 628,–

Anmerkung: Da die Gruppen 90 und 91 die Gegenbuchungen zu den Buchungen auf dem Konto „Neutrales Ergebnis" aufnehmen, müssen die zusammengefaßten Salden von 90 und 91 wertmäßig gleich dem Saldo des Kontos „Neutrales Ergebnis" sein.

Der Buchungskreis Kosten- und Leistungsrechnung wird jetzt durch die Salden der Gruppen 90, 91 und 92 und des Kontos „Gesamtergebnis" geschlossen (BS 34).

34) Die Schlußbuchung lautet hier im Modell bei einem Gesamtgewinn (≡ Unternehmensgewinn) von DM 6.200,–

BS: 993 Gesamtergebnis 6.200,–/	90 Abgr. z. Geschäftsb.	200,–
	91 Kostenr. Korr.	428,–
	92 Verr. L. u. K.	5.572,–

Kontenübersicht zur Kontrollrechnung im Buchungskreis Kosten- und Leistungsrechnung des IKR

GRUPPEN 90, 91, 92

S 90 Abgrenzg. z. Geschäftsbuchführung H

S		H	
27) 992	300	26) 992	100
		34) 993 (S)	200
	300		300

S 91 Kostenr. Korrekturen H

S		H	
29) 992	2.000	28) 992	1.500
30) 992	500	32) 992	8.030
31) 992	7.458	34) 993 (S)	428
	9.958		9.958

S 92 Verr. Leistungen u. Kosten H

S		H	
Summe aller Buchg. ++	87.730	Summe aller Buchg. ++	82.158
		34) 993 (S)	5.572
	87.730		87.730

GRUPPE 99

S 991 Betriebsergebnis II H

S		H	
25+) 993 (S)	5.572	23) 990	4.572
		24) 93(932-3)	1.000
	5.572		5.572

S 992 Neutrales Ergebnis H

S		H	
26) 90	100	27) 90	300
28) 91	1.500	29) 91	2.000
32) 91	8.030	30) 91	500
33) 993 (S)	628	31) 91	7.458
	10.258		10.258

S 993 Gesamtergebnis H

S		H	
34) 90/91/92 (S)	6.200	25+) 991	5.572
		33) 992	628
	6.200		6.200

++ Vor Buchung des Saldos (S) von Kto. 92 (siehe S. 184)

Kontenübersicht zum Buchungskreis Finanzbuchhaltung des IKR in den Klassen 0 bis 8

S 01 Grundstücke mit Gebäuden H

S		H	
AB	300.000	3) 66	6.000
		16a) 89 (S)	294.000
	300.000		300.000

S 050 Maschinelle Anlagen H

S		H	
AB	50.000	4) 66	7.000
		16b) 89 (S)	43.000
	50.000		50.000

S 057 Fertiggestellte s. A. H

S		H	
AB	10.000	5) 66	700
12a) 51 (S)	6.000	11a) 89	15.300
	16.000		16.000

S 08 Unfertige s. A. H

S		H	
AB	1.500	11b) 89	1.700
12b) 51 (S)	200		
	1.700		1.700

S 16 Bank H

S		H	
AB	40.200	1) 78	100
2) 59	300	6) 200, 281	16.650
10) 50, 481	81.030	9) 62/63	23.500
		16e) 89 (S)	81.280
	121.530		121.530

S 200 Rohstoffe H

S		H	
AB	10.000	7) 600	20.000
6) 16	15.000	16c) 89 (S)	5.000
	25.000		25.000

S 201 Hilfs- und Betriebsstoffe H

S		H	
AB	12.000	8) 601	9.000
		16d) 89 (S)	3.000
	12.000		12.000

S 210 UE A H

S		H	
AB	7.000	11c) 89	2.800
		12c) 51 (S)	4.200
	7.000		7.000

S 211 UE B H

S		H	
AB	1.000	11d) 89	2.200
12d) 51 (S)	1.200		
	2.200		2.200

S 220 FE A H

S		H	
AB	5.000	11e) 89	3.000
		12e) 51 (S)	2.000
	5.000		5.000

S 221 FE B H

S		H	
AB	4.000	11f) 89	6.000
12f) 51 (S)	2.000		
	6.000		6.000

S 227 Handelswaren H

S		H	
AB	4.000	12g) 607	4.000

S 281 Vorsteuer H

S		H	
6) 16	1.650	15a) 428	1.650

S 300 Eigenkapital H

S		H	
16f) 89 (S)	444.700	AB	444.700

S 481 Berechnete MWSt H

S		H	
15b) 482	8.030	10) 16	8.030

S 482 Verrechnungskonto MWSt H

S		H	
15a) 281	1.650	15b) 481	8.030
16g) 89 (S)	6.380		
	8.030		8.030

S 50 Umsatzerlöse H

S		H	
13a) 88 (S)	73.000	10) 16	73.000

S 51 Bestandsveränderungen H

S		H	
12c) 210	4.200	12a) 057	6.000
12e) 220	2.000	12b) 08	200
13b) 88 (S)	3.200	12d) 211	1.200
		12f) 221	2.000
	9.400		9.400

S 59 Sonstige Erträge H

S		H	
13c) 88 (S)	300	2) 16	300

S 600 Aufwendungen für Rohstoffe H

S		H	
7) 200	20.000	13d) 88 (S)	20.000

S 601 Aufwend.f.Hilfs-u.Betriebsst. H

S		H	
8) 201	9.000	13e) 88 (S)	9.000

S 607 Aufwendungen für Handelswaren H

S		H	
12g) 227	4.000	13f) 88 (S)	4.000

S 62/63 Löhne und Sozialabgaben H

S		H	
9) 16	23.500	13g) 88 (S)	23.500

S 66 Abschreibg. auf Sachanlagen H

S		H	
3) 01	6.000	13h) 88 (S)	13.700
4) 050	7.000		
5) 057	700		
	13.700		13.700

S 78 Sonstige Aufwendungen H

S		H	
1) 16	100	13i) 88 (S)	100

S 80 Eröffnungsbilanz H

S		H	
Bebaute Grd.-stücke	300.000	Eigen-kapital	444.700
masch. Anlagen	50.000		
Fertiggest. s. A.	10.000		
unfertg. s.A.	1.500		
Rohstoffe	10.000		
Hilfs- und Betr.-stoffe	12.000		
UE A	7.000		
UE B	1.000		
FE A	5.000		
FE B	4.000		
Handelswaren	4.000		
Bank	40.200		
	444.700		444.700

S 88 Gewinn- und Verlustkonto H

S		H	
13d) 600	20.000	13a) 50	73.000
13e) 601	9.000	13b) 51	3.200
13f) 607	4.000	13c) 59	300
13g) 62/63	23.500		
13h) 66	13.700		
13i) 78	100		
14) 89 (S)	6.200		
	76.500		76.500

S 89 Schlußbilanzkonto H

S		H	
16a) 01	294.000	16f) 300	444.700
16b) 050	43.000	16g) 482	6.380
11a) 057	15.300	14) 88	6.200
11b) 08	1.700		
16c) 200	5.000		
16d) 201	3.000		
11c) 210	2.800		
11d) 211	2.200		
11e) 220	3.000		
11f) 221	6.000		
16e) 16	81.280		
	457.280		457.280

Anmerkung: Wie die Kontenübersichten zur Kontrollrechnung im Buchungskreis Kosten- und Leistungsrechnung (S. 189) und zum Buchungskreis Finanzbuchhaltung (S. 190) zeigen, ist der Gesamtgewinn in beiden Buchungskreisen gleich hoch, d.h. DM 6.200,–.

Der Buchungskreis Finanzbuchhaltung weist im Gegensatz zur Kosten- und Leistungsrechnung auch die nicht erfolgswirksamen Geschäftsvorfälle des Aktiv- bzw. Passivtausches und der Bilanzverlängerung bzw. -verkürzung aus. Darunter fällt im Modell die Buchung 6 im Buchungskreis Finanzbuchhaltung: Einkauf von Rohstoffen im Wert von DM 16.650,– incl. MWSt gegen Banküberweisung. Bei gegebener Anfangsbilanz wurde die Eröffnung der Konten ohne ein Eröffnungsbilanzgegenkonto durch die Buchung (in allgemeiner Form): „Alle Aktivkonten an alle Passivkonten" vorgenommen. Die Buchungssätze zu den in der Kontenübersicht Finanzbuchhaltung aufgeführten Buchungen sind nicht explizit dargestellt.

6.4 Die Durchführung der Kosten- und Leistungsrechnung nach dem Gesamtkostenverfahren im Einkreissystem, dargestellt am Beispiel des Gemeinschafts-Kontenrahmens der Industrie (GKR)

Für die gleiche Unternehmung, für die zuvor das Betriebsergebnis und das Gesamtergebnis im Zweikreissystem ermittelt worden sind, sollen im folgenden Finanzbuchhaltung und Kosten- und Leistungsrechnung in einem integrierten Buchungskreis (Einkreissystem) nach dem Gesamtkostenverfahren durchgeführt werden. Der Gemeinschafts-Kontenrahmen der Industrie (GKR) ist jeweils dem zugrunde gelegten Verfahren der Kostenträgerzeitrechnung entsprechend auszugestalten. Beim Gesamtkostenverfahren bleiben die Klassen 5 und 6 frei, in der Klasse 8 sind Konten für Bestandsänderungen an unfertigen und fertigen Erzeugnissen und nicht zum Sofortverbrauch bestimmten i.L. zu führen[11].

Bei gegebener Anfangsbilanz erfolgt die Eröffnung der Konten im folgenden Modell ohne Eröffnungsbilanzgegenkonto durch die in allgemeiner Form wie folgt lautende Buchung: Alle Aktivkonten an alle Passivkonten. Nach Eröffnung der Konten sind die Geschäftsvorfälle wie folgt zu verbuchen:

1) Spende an die Caritas durch Banküberweisung: DM 100,–
   BS: 200 Betriebsfremde Aufwendg./113 Bank — 100,–
2) Rückerstattung einer im Vorjahr zu hoch entrichteten Kostensteuer durch Bankgutschrift: DM 300,–
   BS: 113 Bank/269 Betriebl. periodenfremde Erträge — 300,–
3) Kalkulatorische Abschreibungen auf Gebäude — DM 4.500,–
   Bilanzielle Abschreibungen auf Gebäude — DM 6.000,–
   BS: a) 480 Kalk. Abschr./280 Verr. kalk. Kosten — 4.500,–
   b) 230 Bilanzielle Abschr./003 Gebäude — 6.000,–

11 Beim Umsatzkostenverfahren sind in der Klasse 5 Kostenstellenkonten einzurichten. Die in der Klasse 7 geführten aktiven Bestandskonten für die unfertigen Erzeugnisse und die unfertigen nicht zum Sofortverbrauch bestimmten i.L. können gleichzeitig die Funktion der Kostenträgerkonten übernehmen, sofern man nicht in der Klasse 6 eigene Kostenträgerkonten einrichtet, die dann auf die genannten Konten der Klasse 7 abzuschließen sind. In der Klasse 8 sind anstelle der Konten für Bestandsänderungen Konten für die Umsatzkosten einzurichten.

In der Gruppe „28 Verrechnete kalkulatorische Kosten und Leistungen" werden Gegenkonten geführt für die Buchungen solcher „kalkulatorischen" Kostenarten und Leistungen, die in der Regel nicht oder nicht in gleicher Höhe Aufwand bzw. Ertrag darstellen [12]. Durch die Gegenbuchung auf den entsprechenden Konten der Gruppe 28 werden diesen Kosten bzw. Leistungen rechentechnisch bedingte neutrale Erträge bzw. Aufwendungen in gleicher Höhe gegenübergestellt. Damit ergibt sich eine erfolgsrechnerische Stornierung dieser Kosten und Leistungen im Hinblick auf das Gesamtergebnis, da die Konten der Kostenverbuchungen und die Konten der Leistungsverbuchungen über das Konto „Betriebsergebnis" sowie die Gegenkonten in der Gruppe 28 über das Konto „Neutrales Ergebnis" auf das G + V-Konto abgeschlossen werden [13]. Einfluß auf das Gesamtergebnis (≡ Saldo des G + V-Kontos) haben damit nur die entsprechenden ebenfalls in der Klasse 2 des GKR vorgenommenen „neutralen" Aufwands- und Ertragsbuchungen, hier im Beispiel 3 die bilanziellen Abschreibungen, die nur insoweit neutral sind als ihnen keine Kosten gegenüberstehen (DM 1.500,–). Diese Vorgehensweise der Verbuchung jeweils der Bruttobeträge und nicht einfach nur der kalkulatorischen Differenz entspricht der Bruttoverbuchung, wie sie bei Abhandlung der Gruppe 91 des IKR dargestellt ist.

4) Abschreibungen auf fremdbezogene maschinelle Anlagen
kalkulatorisch: DM 7.500,–
bilanziell: DM 7.000,–
BS: a) 480 Kalk. Absch./280 Verr. kalk. Kosten 7.500,–
b) 230 Bilanzielle Abschr./010 Masch. Anlagen 7.000,–
Abschreibungen auf selbsterstellte Anlagen
kalkulatorisch: DM 700,–
bilanziell: DM 700,–
BS: c) 480 Kalk. Absch./280 Verr. kalk. Kosten 700,–
d) 230 Bilanzielle Abschr./792 Fertiggest. s. A. 700,–

Anmerkung: Im externen Rechnungswesen sind Wertminderungen auf selbsterstellte Anlagen als Abschreibungen und nicht als Bestandsminderungen auszuweisen. Daher werden hier im Einkreissystem die nutzungsbedingten Bestandsminderungen an selbsterstellten Anlagen als Betriebsmittelkosten und nicht als Bestandsminderung ausgewiesen. Damit wird wegen der Erfordernisse des externen Rechnungswesens die Aufnahme von sekundären Kosten in die Kostenartenrechnung und damit der Ausweis von Mischkosten in Kauf genommen.

5) Verbrauch von Hilfs- und Betriebsstoffen DM 9.000,–
BS: 401 Hilfs- u. Betriebsstoffverbrauch/301 Hilfs- u. Betriebsstoffe 9.000,–
6) Verbuchung der Fertigungslöhne, die durch Banküberweisung ausgezahlt wurden DM 23. 500,–
BS: 430 Löhne/113 Bank 23.500,–
7) Kauf von Rohstoffen gegen Banküberweisung in Höhe von DM 16.650,– incl. MWSt
BS: 300 Rohstoffe 15.000,–
158 Vorsteuer 1.650,–/113 Bank 16.650,–
8) Verbrauch von Rohstoffen DM 20.000,–
BS: 400 Rohstoffverbrauch/300 Rohstoffe 20.000,–

---

12 Vgl. dazu Kapitel 2 Exkurs: Zum Begriff „Kalkulatorische" Kosten, S. 45ff.

13 Trotz nahezu gleicher Bezeichnung für die **Gruppe 28** des GKR und **Gruppe 92** des IKR haben sie völlig unterschiedliche Funktionen.

9) Verbuchung der Anschaffungskosten der verkauften Handelswaren
BS: 409 Wareneinsatz/390 Handelswaren 4.000,–

10) Da die Mehrwertsteuer mit Kostencharakter nur bei Kenntnis der Übrigen Selbstkosten der verkauften Erzeugnisse und der Umsatzerlöse zu ermitteln ist, müssen bei Durchführung der Betriebsabrechnung nach dem Gesamtkostenverfahren nicht nur die Herstellkosten zur Bewertung der Bestandsänderungen, sondern auch die Übrigen Selbstkosten der verkauften Erzeugnisse in einer Kostenträgerstückrechnung bestimmt werden.
BS: 462 MWSt mit Kostench./280 Verr. kalk. Kosten 7.458,–

Anmerkung: Die in der Klasse 4 des GKR erfaßten Kostenarten werden nicht wie beim Umsatzkostenverfahren auf Kostenstellen und Kostenträger weiterverrechnet, sondern sofort in das Betriebsergebniskonto übernommen.

11) Die Endbestände der unfertigen und fertigen Erzeugnisse und selbsterstellten Anlagen werden mittels Inventur ermittelt und zu Herstellungskosten bewertet in das Schlußbilanzkonto übernommen.

BS: a)	999/780	2.800,–
b)	999/781	2.200,–
c)	999/782	1.700,–
d)	999/790	3.000,–
e)	999/791	6.000,–
f)	999/792	15.300,–

12) Soweit Abweichungen von Herstellkosten und Herstell**ungs**kosten auftreten, ist eine Korrekturbuchung über Konto 229 vorzunehmen.
BS: 792 Fertiggestellte s. A./229 Wertdifferenzen von Herstellkosten und Herstellungskosten 2.000,–

13) Die Salden der Bestandskonten der Klasse 7 geben hier, da die Endbestände der UE, FE und s. A. vorgegeben sind (siehe Bsp. 11), die Bestandsänderungen an unfertigen und fertigen Erzeugnissen und nicht zum Sofortverbrauch bestimmten i. L. bewertet zu Herstellkosten an. Die Gegenbuchung erfolgt auf dem Konto Bestandsänderungen in der Klasse 8.

BS: a)	890/780	4.200,–
b)	781/890	1.200,–
c)	782/890	200,–
d)	890/790	2.000,–
e)	791/890	2.000,–
f)	792/890	4.000,–

Anmerkung: Für den Fall, daß zunächst die durch eine Lagerbuchhaltung ermittelten Bestandsänderungen an UE, FE und s. A. verbucht werden, ergeben sich in den Bestandskonten der Klasse 7 nach entsprechenden Korrekturbuchungen (siehe Bsp. 12) dann als Salden die Endbestände bewertet zu Herstell**ungs**kosten.

14) Verbuchung der Umsatzerlöse von DM 81.030,– incl. MWSt
BS: 113 Bank 81.030,–/ 83 Umsätze 73.000,–
1780 Berechnete MWSt 8.030,–

15) Da in der Finanzbuchhaltung die Umsatzerlöse netto (ohne MWSt), in der Kosten- und Leistungsrechnung hingegen brutto (incl. MWSt) zu buchen sind, müssen die in der Gruppe 83 netto ausgewiesenen Umsatzerlöse um eine Zusatzleistung in Höhe der auf die Nettoumsatzerlöse entfallenden Mehrwertsteuer erhöht werden[14]. Diese Zusatzleistung ist gesamterfolgsrechnerisch zu stornieren durch die Gegenbuchung im Soll des Kontos „289 Verrechnete kalkulatorische Leistungen“.
BS: 289 Verr. kalk. Leist./83 Umsätze 8.030,–

14 Vgl. dazu 3.3.6.3.3.1.2 und die Ausführungen zu Buchung 32, S. 188.

16)	Abschluß der Konten der Klasse 4 auf das Konto „Betriebsergebnis"	
	BS: a) 981/400	20.000,–
	b) 981/401	9.000,–
	c) 981/409	4.000,–
	d) 981/430	23.500,–
	e) 981/462	7.458,–
	f) 981/480	12.700,–
17)	Abschluß der Konten der Klasse 8 auf das Konto „Betriebsergebnis"	
	BS: a) 83/981	81.030,–
	b) 890/981	1.200,–
18)	Abschluß der Konten der Klasse 2 auf das Konto „Neutrales Ergebnis"	
	BS: a) 987/200	100,–
	b) 229/987	2.000,–
	c) 987/230	13.700,–
	d) 269/987	300,–
	e) 280/987	20.158,–
	f) 987/289	8.030,–
19)	Übertragung des Saldos des Kontos „Betriebsergebnis" auf das G + V-Konto	
	BS: 981 Betriebsergebnis/989 G + V-Konto	5.572,–
20)	Übertragung des Saldos des Kontos „Neutrales Ergebnis" auf das G + V-Konto	
	BS: 987 Neutrales Ergebnis/989 G + V-Konto	628,–
21)	Übertragung des Saldos des G + V-Kontos auf das Schlußbilanzkonto (Es könnte bei bestimmten Rechtsformen einer Unternehmung auch direkt auf das Eigenkapitalkonto gebucht werden.)	
	BS: 989 G + V-Konto/999 Schlußbilanzkonto	6.200,–
22)	Übertragung der Salden der Konten „Vorsteuer" und „Berechnete MWSt" auf das Verrechnungskonto MWSt	
	BS: a) 1780 Berechnete MWSt/1781 Verr.-konto MWSt	8.030,–
	b) 1781 Verr.-konto MWSt/158 Vorsteuer	1.650,–
23)	Abschluß der aktiven und passiven Bestandskonten auf das Schlußbilanzkonto	
	BS: a) 999/003	294.000,–
	b) 999/010	43.000,–
	c) 999/300	5.000,–
	d) 999/301	3.000,–
	e) 999/113	81.280,–
	f) 07/999	444.700,–
	g) 1781/999	6.380,–

Durch **Konsolidierung des Betriebsergebniskontos und des Kontos „Neutrales Ergebnis" ermitteltes G + V-Konto** zu nebenstehender Kontenübersicht[15]

S	989 G + V-Konto		H
Rohstoffverbrauch (16a)	20.000	Umsatzerlöse (17a, netto[16])	73.000
Hilfs- und Betriebs-stoffverbrauch (16b)	9.000	Bestandserhöhung (17b, 18b)	3.200
Wareneinsatz (16c)	4.000	Betr. periodenfremde Erträge (18d)	300
Löhne (16d)	23.500		
Betriebsfremde Aufwendungen (18a)	100		
Bil. Abschreibungen (18c)	13.700		
Gewinn	6.200		
	76.500		76.500

15 Vgl. auch Kap. 5.3.1.2, S. 164f.
16 Vgl. die Ausführungen zu Buchung 15, S. 193.

Kontenübersicht zur in einem Buchungskreis integrierten Finanzbuchhaltung und Betriebsabrechnung nach dem Gesamtkostenverfahren im GKR

S	003 Gebäude		H
AB	300.000	3b) 230	6.000
		23a) 999 (S)	294.000
	300.000		300.000

S	010 fremdbezogene masch. Anlagen		H
AB	50.000	4b) 230	7.000
		23b) 999 (S)	43.000
	50.000		50.000

S	07 Eigenkapital		H
23f) 999 (S)	444.700	AB	444.700

S	113 Bank		H
AB	40.200	1) 200	100
2) 269	300	6) 430	23.500
14) 83/1780	81.030	7) 300/158	16.650
		23e) 999 (S)	81.280
	121.530		121.530

S	158 Vorsteuer		H
7) 113	1.650	22b) 1781 (S)	1.650

S	1780 Berechnete MWSt		H
22a) 1781 (S)	8.030	14) 113	8.030

S	1781 Verr.-kto. MWSt		H
22b) 158	1.650	22a) 1780	8.030
23g) 999 (S)	6.380		
	8.030		8.030

S	200 Betriebsfremde Aufwendg.		H
1) 113	100	18a) 987 (S)	100

S	229 Wertdifferenzen von Herstellkosten u. Herstellungskosten		H
18b) 987 (S)	2.000	12) 792	2.000

S	230 Bilanzielle Abschreibungen		H
3b) 003	6.000	18c) 987 (S)	13.700
4b) 010	7.000		
4d) 792	700		
	13.700		13.700

S	269 Betr. periodenfremde Erträge		H
18d) 987 (S)	300	2) 113	300

S	280 Verr. kalk. Kosten		H
18e) 987 (S)	20.158	3a) 480	4.500
		4a) 480	7.500
		4c) 480	700
		10) 462	7.458
	20.158		20.158

S	289 Verr. kalk. Leistg.		H
15) 83	8.030	18f) 987 (S)	8.030

S	300 Rohstoffe		H
AB	10.000	8) 400	20.000
7) 113	15.000	23c) 999 (S)	5.000
	25.000		25.000

S	301 Hilfs- u. Betriebsstoffe		H
AB	12.000	5) 401	9.000
		23d) 999 (S)	3.000
	12.000		12.000

S	390 Handelswaren		H
AB	4.000	9) 409	4.000

S	400 Rohstoffverbrauch		H
8) 300	20.000	16a) 981 (S)	20.000

S	401 Hilfs- u. Betriebsstoffverbrauch		H
5) 301	9.000	16b) 981 (S)	9.000

S	409 Wareneinsatz		H
9) 390	4.000	16c) 981 (S)	4.000

S	430 Löhne (incl. Sozialkosten)		H
6) 113	23.500	16d) 981 (S)	23.500

S	462 MWSt mit Kostencharakter		H
10) 280	7.458	16e) 981 (S)	7.458

S	480 Kalkulatorische Abschreibungen		H
3a) 280	4.500	16f) 981 (S)	12.700
4a) 280	7.500		
4c) 280	700		
	12.700		12.700

S	780 UE A		H
AB	7.000	11a) 999	2.800
		13a) 890 (S)	4.200
	7.000		7.000

S	781 UE B		H
AB	1.000	11b) 999	2.200
13b) 890 (S)	1.200		
	2.200		2.200

S	782 unfertige s. A.		H
AB	1.500	11c) 999	1.700
13c) 890 (S)	200		
	1.700		1.700

S	790 FE A		H
AB	5.000	11d) 999	3.000
		13d) 890	2.000
	5.000		5.000

S	791 FE B		H
AB	4.000	11e) 999	6.000
13e) 890 (S)	2.000		
	6.000		6.000

S	792 Fertiggestellte s. A.		H
AB	10.000	11f) 999	15.300
12) 229	2.000	4d) 230	700
13f) 890 (S)	4.000		
	16.000		16.000

S	83 Umsätze		H
17a) 981 (S)	81.030	14) 113	73.000
		15) 289	8.030
	81.030		81.030

S	890 Bestandsänderungen		H
13a) 780	4.200	13b) 781	1.200
13d) 790	2.000	13c) 782	200
17b) 981 (S)	1.200	13e) 791	2.000
		13f) 792	4.000
	7.400		7.400

S	981 Betriebsergebnis		H
16a) 400	20.000	17a) 83	81.030
16b) 401	9.000	17b) 890	1.200
16c) 409	4.000		
16d) 430	23.500		
16e) 462	7.458		
16f) 480	12.700		
19) 989 (S)	5.572		
	82.230		82.230

S	987 Neutrales Ergebnis		H
18a) 200	100	18b) 229	2.000
18c) 230	13.700	18d) 269	300
18f) 289	8.030	18e) 280	20.158
20) 989 (S)	628		
	22.458		22.458

S	989 G+V-Konto		H
21) 999 (S)	6.200	19) 981	5.572
		20) 987	628
	6.200		6.200

S	998 Eröffnungsbilanz		H
Gebäude	300.000	Eigenkapital	444.700
masch. Anlagen	50.000		
Fertiggest. s. A.	10.000		
unfertg. s. A.	1.500		
Rohstoffe	10.000		
H.-B.-stoffe	12.000		
UE A	7.000		
UE B	1.000		
FE A	5.000		
FE B	4.000		
Handelswaren	4.000		
Bank	40.200		
	444.700		444.700

S	999 Schlußbilanzkonto		H
23a) 003	294.000	23f) 07	444.700
23b) 010	43.000	23g) 1781	6.380
11f) 792	15.300	21) 989	6.200
11c) 782	1.700		
23c) 300	5.000		
23d) 301	3.000		
11a) 780	2.800		
11b) 781	2.200		
11d) 790	3.000		
11e) 791	6.000		
23e) 113	81.280		
	457.280		457.280

7. Kostenrechnungssysteme

7.1 Arten von Kostenrechnungssystemen

Die Kosten- und Leistungsrechnung hat als Informationsinstrument der Unternehmensführung verschiedenen Zwecken zu dienen (z.B. der Bestimmung von Preisen und Preisgrenzen, der Bewertung selbsterstellter Vermögensgüter, der Kostenplanung und -kontrolle, der Programmplanung usw.).

Zur Erfüllung dieser unterschiedlichen Aufgaben sind eine Reihe von Kostenrechnungssystemen entwickelt worden, die durch folgende Merkmale charakterisiert werden können:

- (1) **Kostenbegriff:** Nach dem Zeitbezug der verrechneten Kosten kann man
  - a) Istkostenrechnungen,
  - b) Normalkostenrechnungen und
  - c) Plankostenrechnungen

unterscheiden, je nachdem ob die tatsächlich angefallenen Kosten, die durchschnittlichen Kosten vergangener Perioden oder geplante bzw. prognostizierte Kosten verrechnet werden.

Die besonderen Kostenbegriffe (Ist-, Normal- und Plankosten) stellen Unterbegriffe des allgemeinen zweckorientierten Kostenbegriffes dar, dessen Merkmale „leistungsbezogener, bewerteter Güterverbrauch" durch ein zusätzliches Merkmal „Zeitbezug der verrechneten Kosten" spezifiziert werden.

- (2) **Ausmaß der verrechneten Kosten:** Zu unterscheiden sind
  - a) Vollkostenrechnungen und
  - b) Teilkostenrechnungen

je nachdem, ob alle oder nur ein Teil der Kosten den Kostenträgern zugerechnet werden.

Alle Kostenrechnungssysteme werden erst durch beide Merkmale, also „verwendeter Kostenbegriff" und „Ausmaß der Kostenverrechnung", charakterisiert. Aus diesem Grunde können grundsätzlich sechs verschiedene Kostenrechnungssysteme unterschieden werden; diese sechs Systeme sind in der folgenden Abbildung zusammengestellt:

Abb. 15: Kostenrechnungssysteme

Kostenbegriff / Ausmaß der Kostenverrechnung	vergangenheitsorientiert		zukunftsorientiert
	ISTKOSTENRECHNUNG tatsächlich angefallen	NORMALKOSTENRECHNUNG durchschnittlich angefallen	PLANKOSTENRECHNUNG
VOLLKOSTENRECHNUNG (alle Kosten werden auf die Kostenträger verteilt)	Ist-Vollkostenrechnung	Normal-Vollkostenrechnung	Plan-Vollkostenrechnung (≡ Vollplankostenrechnung)
TEILKOSTENRECHNUNG (nur ein Teil der Kosten wird auf die Kostenträger verteilt)	Ist-Teilkostenrechnung	Normal-Teilkostenrechnung	Grenzplankostenrechnung

Selbstverständlich sind Mischformen möglich. So werden z.B. die Kosten als Produkt von Istpreisen und durchschnittlichen Verbrauchsmengen oder durchschnittlichen Preisen und Istverbrauchsmengen ermittelt. Ferner können die Einzelkosten als Istkosten und die Gemeinkosten als normalisierte Kosten oder die Einzelkosten als geplante und die Gemeinkosten als normalisierte Kosten verrechnet werden.

Die **Ist-Vollkostenrechnung** stellt die traditionelle Form der Kostenrechnung dar. Im Mittelpunkt steht die Nachkalkulation, bei der man alle in einer Abrechnungsperiode angefallenen Kosten (= Istverbrauchsmengen · Istpreise[1]) auf die Erzeugnisse verrechnet.

Die unterschiedlichen Informationsaufgaben lassen sich im Rahmen einer Ist-Vollkostenrechnung kaum lösen, da dieses Kostenrechnungssystem eine Reihe schwerwiegender Mängel besitzt, die zu Fehlinformationen bzw. Fehlentscheidungen führen können. Diese Mängel resultieren einmal daraus, daß dieses System eine **Istkostenrechnung** darstellt, zum anderen aus seiner Eigenschaft als **Vollkostenrechnung.**

7.2 Kostenrechnungssysteme und Kostenkontrolle

7.2.1 Kritik der Istkostenrechnung unter dem Gesichtpunkt der Kostenkontrolle

Eine Kritik der Istkostenrechnung trifft auf alle Istkostenrechnungssysteme, also neben der Ist-Vollkostenrechnung auch auf die Ist-Teilkostenrechnung zu. Die Kritik setzt an der Tatsache an, daß eine wirksame

1 Bei den Istpreisen kann es sich um tatsächliche Anschaffungspreise oder tatsächliche Wiederbeschaffungspreise oder andere Tagespreise handeln.

Kostenkontrolle im Rahmen einer Istkostenrechnung nicht möglich ist. Gegenstand der Abrechnung sind in einer Abrechnungsperiode tatsächlich angefallene Kosten. Für Kontrollzwecke ist zwar ein Vergleich von Istkosten mehrerer Perioden oder mehrerer Betriebe möglich, ohne daß daraus jedoch hinreichende Informationen über die Wirtschaftlichkeit einer Unternehmung, über die Ursachen von Unwirtschaftlichkeiten oder über notwendige Maßnahmen zur Beseitigung solcher Unwirtschaftlichkeiten gewonnen werden könnten.

Dazu ist die Kenntnis der Kosten nötig, die bei einer wirtschaftlichen Durchführung des Leistungserstellungsprozesses anfallen (Plan- bzw. Sollkosten). Erst aus der Analyse der Abweichungen zwischen den tatsächlich anfallenden Kosten (≡ Istkosten) und den vorgegebenen Sollkosten können Unwirtschaftlichkeiten festgestellt und auf ihre Ursachen zurückgeführt werden. Nur wenn diese Ursachen, wie etwa Preisschwankungen, Beschäftigungsschwankungen, Änderungen der Produktionsfaktorqualität, um nur einige der Kostenbestimmungsfaktoren zu nennen[2], bekannt sind, können notwendige Maßnahmen zur Kostensenkung ergriffen werden.

7.2.2 Normalkostenrechnung und Kostenkontrolle

Eine Kostenkontrolle ist auch im Rahmen einer Normalkostenrechnung als einer Weiterentwicklung der Istkostenrechnung nur beschränkt möglich. Denn unabhängig davon, in welchem Umfang normalisierte Kosten verrechnet werden (also z.B. nur normalisierte Gemeinkosten oder Gesamtkosten), können durch einen Vergleich der verrechneten Normalkosten mit den Istkosten keine ausreichenden Informationen über Unwirtschaftlichkeiten und ihre Ursachen gewonnen werden. Normalkosten werden nämlich aus den Istkosten mehrerer vergangener Abrechnungsperioden durch Durchschnittsbildung abgeleitet (durchschnittliche Verbrauchsmengen (Normalmengen) der Vergangenheit · durchschnittliche Preise der Vergangenheit (Normalpreise)). Sie stellen also keine bei wirtschaftlicher Produktion zu erwartenden Kosten dar und können Unwirtschaftlichkeiten enthalten.

Wesentlicher Vorteil der Normalkostenrechnung ist die vereinfachte Betriebsabrechnung, der aber als Nachteil der Wegfall der Nachkalkulation gegenübersteht, d. h. es wird in der Regel nicht ermittelt, welche Kosten pro Leistungseinheit tatsächlich angefallen sind; Kostenabweichungen beispielsweise auf den Kostenstellen werden en bloc ins Betriebsergebnis übernommen.

---

2 Vgl. *Kilger, W.*, Flexible Plankostenrechnung und Deckungsbeitragsrechnung, 8., völlig neu bearbeitete Aufl., Wiesbaden 1981, S. 136.

7.2.3 Die Plankostenrechnung und ihr Beitrag zur Kostenkontrolle

7.2.3.1 Die starre Plankostenrechnung

Die Grundform aller Plankostenrechnungssysteme[3] ist die starre Plankostenrechnung. In diesem Kostenrechnungssystem werden alle Kosten, also Einzel- und Gemeinkosten, als geplante Kosten auf die Kostenträger verrechnet. Auch hier entfällt i.d.R. eine Nachkalkulation.

Bei der Kostenplanung werden zunächst die bei wirtschaftlichem Verbrauch anfallenden **Einzelkosten** pro Leistungseinheit als Plankosten ermittelt. Die Planung der **Gemeinkosten** erfolgt dann in folgenden Schritten:

- (1) Festlegung der Bezugsgrößenart (z. B. Fertigungsstunden oder Erzeugnismenge nach Anzahl oder Gewicht) für alle Kostenstellen des Betriebes;
- (2) Festlegung der Planbeschäftigung für jede Kostenstelle als Planbezugsgröße (z. B. 1.000 Fertigungsstunden oder 3.000 to Ausbringungsmenge pro Monat);
- (3) Ermittlung der einer wirtschaftlichen Fertigung angemessenen Verbrauchsmengen bei Planbeschäftigung;
- (4) Bewertung der geplanten Verbrauchsmengen mit festen Verrechnungspreisen (→ Plankosten);
- (5) Ermittlung des Plankostenverrechnungssatzes (Planzuschlagssatzes) durch Division der geplanten Kosten einer Kostenstelle durch die Planbezugsgröße.

Zwischen den Istkosten im Sinne der Plankostenrechnung (≡ Istkosten^{PKR} = Istverbrauch bewertet zu [geplanten] **Festpreisen**) und den verrechneten Plankosten können Einzelkostenverbrauchsabweichungen und Kostenstellenabweichungen auftreten. Werden nur variable Kosten als Einzelkosten verrechnet, so geben die Einzelkostenverbrauchsabweichungen die tatsächlichen mengenmäßigen Abweichungen an. Der Aussagewert der Kostenstellenabweichungen für die Kostenkontrolle ist in der starren Plankostenrechnung dagegen als gering zu betrachten. Das folgende Beispiel soll diese Aussage veranschaulichen:

Beispiel:

Planbeschäftigung: $x_{p\ gepl.} = 5.000$ to

Plankosten der Kostenstelle j bei Planbeschäftigung: $K_{G_j gepl.} = 100.000,-$ DM

Planzuschlagssatz: $$Z_{gepl.} = \frac{K_{G_j gepl.}}{x_{p\ gepl.}} = \frac{100.000,-\ \text{DM}}{5.000\ \text{to}} = 20,- \frac{\text{DM}}{\text{to}}$$

Istbeschäftigung: $x_p = 3.000$ to

Istkosten ^{PKR} der Kostenstelle j: $K_{G_j ist} = 90.000,-$ DM

3 Die Darstellung der Plankostenrechnungssysteme lehnt sich an *Kilger, W.*, Flexible Plankostenrechnung und Deckungsbeitragsrechnung, a.a.O., S. 48–89 an.

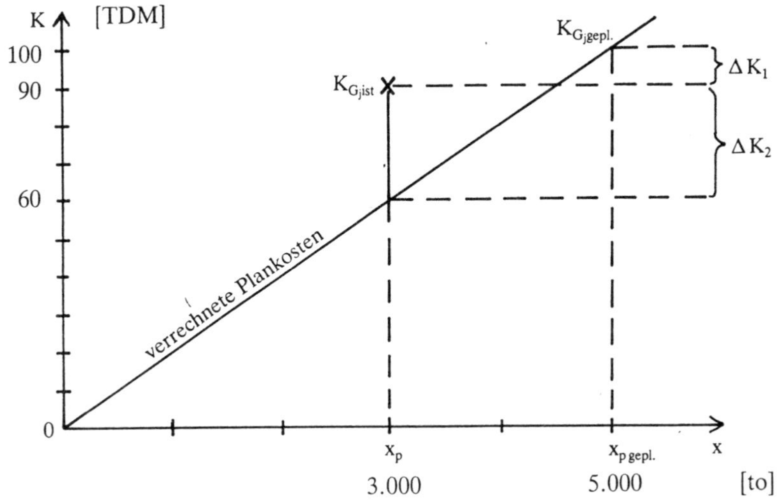

Ein Vergleich der Istkosten $K_{G_j ist}$ mit den Plankosten $K_{G_j gepl.}$ ($\rightarrow \Delta K_1$ = 10.000,– DM) ist ohne Aussagewert, weil sie sich auf eine unterschiedliche Bezugsgröße (Ist- bzw. Planbeschäftigung) beziehen. Auch ein Vergleich zwischen den Istkosten und den bei Istbeschäftigung verrechneten Plankosten (= Planzuschlagssatz · Istbeschäftigung, d.h. $20{,}\text{–}\,\frac{\text{DM}}{\text{to}} \cdot 3.000\,\text{to}$ = 60.000,– DM) ($\rightarrow \Delta K_2$ = 30.000,– DM) führt zu keiner für eine Kostenkontrolle brauchbaren Information, da hier bei der Verrechnung von Plankosten Fixkostenbestandteile proportionalisiert werden, obwohl sie sich nicht entsprechend der Beschäftigung verändern. Eine wirksame Kostenkontrolle ist durch eine starre Plankostenrechnung nicht möglich, da Kostenabweichungen nicht auf ihre Ursachen zurückgeführt werden können.

7.2.3.2 Die flexible Plankostenrechnung auf Vollkostenbasis

In der flexiblen Plankostenrechnung werden neben den Plankosten bei einer bestimmten Planbeschäftigung auch die für andere Beschäftigungsgrade bei wirtschaftlichem Verbrauch der Kostengüter zu erwartenden Kosten – Sollkosten genannt – ermittelt. Zunächst erfolgt die Kostenplanung wie bei der starren Plankostenrechnung geschildert; die ermittelten Plankosten werden dann aber in ihre variablen (proportionalen) und fixen Bestandteile aufgelöst, um die planmäßigen Veränderungen der Sollkosten bei Abweichungen vom Planbeschäftigungsgrad feststellen zu können. Denn nur die variablen bzw. proportionalen Kosten verändern sich bei einer Änderung des Beschäftigungsgrades, die fixen Kosten hingegen sind (kurzfristig) unveränderlich. Diese Auflösung ist notwendig unabhängig davon, ob die flexible Plankostenrechnung – wie hier skizziert – als Vollkostenrechnung oder als Grenzkostenrechnung durchgeführt wird.

Im Rahmen der Kostenkontrolle lassen sich jetzt die Istkosten im Sinne der Plankostenrechnung mit den Sollkosten beim Istbeschäftigungsgrad vergleichen. Die Differenz zwischen Soll- und Istkosten stellt die Verbrauchsabweichung ($\equiv \Delta V$) dar, deren Ursachen in einer tiefergehenden Analyse bestimmt werden können.

In der Kostenträgerrechnung werden wie bei der starren Plankostenrechnung Plankosten (Istbeschäftigung · Planzuschlagssatz [Plankostenverrechnungssatz]) verrechnet. Die Differenz zwischen Sollkosten und verrechneten Plankosten beim Istbeschäftigungsgrad gibt die Beschäftigungsabweichung ($\equiv \Delta B$) an. Sie zeigt, wieviel Fixkosten bei vom Planbeschäftigungsgrad abweichender Beschäftigung zuviel bzw. zu wenig kalkuliert worden sind. Die Beschäftigungsabweichung ist – wie Kilger betont – keine echte Kostenstellenabweichung, sondern nur ein Kalkulationsfehler, der durch die Proportionalisierung der Fixkosten bei der Ermittlung der verrechneten Plankosten entsteht.

Beispiel zur flexiblen Plankostenrechnung:

Ausgangspunkt ist das Beispiel zur starren Plankostenrechnung; unterstellt wird ein Fixkostenanteil von DM 40.000,–:

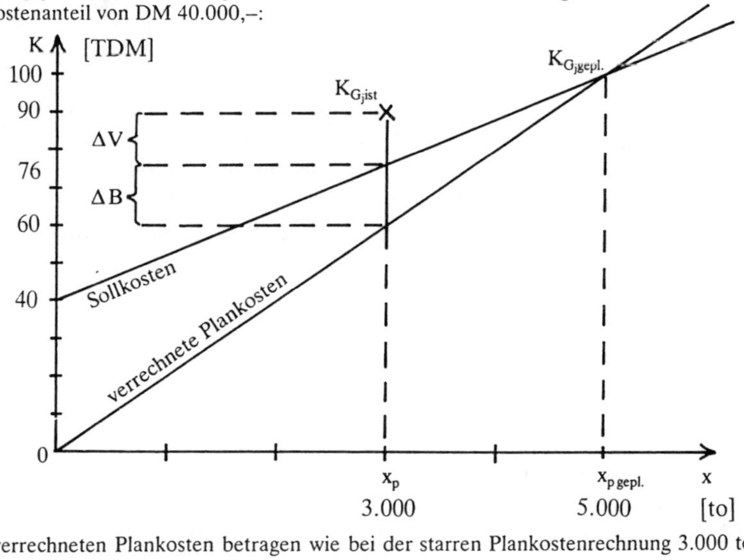

Die verrechneten Plankosten betragen wie bei der starren Plankostenrechnung 3.000 to $20 \frac{DM}{to} = 60.000,\!-$ DM. Die Sollkosten ergeben sich als Summe der fixen Kosten (DM 40.000,–) und der mit dem Beschäftigungsgrad (60%) multiplizierten variablen Kosten bei Planbeschäftigung (DM 60.000,–; d.h. 0,6 · 60.000,– DM = 36.000,– DM). Die Sollkosten bei 60% Beschäftigung betragen also DM 76.000,–.

Als Verbrauchsabweichung (ΔV) erhält man die Differenz von Istkosten^{PKR} (DM 90.000,–) und Sollkosten (DM 76.000,–), also DM 14.000,–, als Beschäftigungsabweichung (ΔB) die Differenz zwischen den Sollkosten und verrechneten Plankosten (DM 60.000,–), also DM 16.000,–.

Die flexible Plankostenrechnung (hier auf Vollkostenbasis) ermöglicht also eine wirksame Kostenkontrolle. Als Vollkostenrechnung ist sie jedoch nicht geeignet für die Unterstützung kurzfristiger unternehmerischer Entscheidungen und für die Kalkulation der betrieblichen Erzeugnisse. Die nachfolgende Kritik an der Vollkostenrechnung insgesamt soll dies näher erläutern.

7.3 Kritik der Vollkostenrechnung

Die Ursache für die Mängel der Vollkostenrechnung, die allen Vollkostenrechnungssystemen anhaften, ist in der Verrechnung aller (angefallenen, durchschnittlichen oder geplanten) Kosten einer Abrechnungsperiode auf die Kostenträger zu suchen.

7.3.1 Das Fixkostenproblem[4]

Soweit in den Kosten einer Periode fixe (≡ beschäftigungsunabhängige) Kosten enthalten sind, werden diese proportionalisiert, damit den variablen Kosten gleichgestellt und auf die Kostenträger verteilt. Diese nicht dem strengen Verursachungsprinzip entsprechende Kostenverteilung birgt die Gefahr von Fehlinformationen für kurzfristige Entscheidungen in allen Bereichen der Unternehmung, soweit Kosten Entscheidungsparameter darstellen, in sich. Fixkosten sind kurzfristig unveränderlich und daher für kurzfristige Entscheidungen nicht als entscheidungsrelevante Kosten zu betrachten. Die Darstellung eines Entscheidungsproblems aus dem Absatzbereich soll diesen Sachverhalt verdeutlichen:

Beispiel:

Eine Unternehmung produziert bei ausreichenden Produktionskapazitäten[5] drei Erzeugnisse. Am Ende einer Abrechnungsperiode liefert die Kosten- und Leistungsrechnung folgende Informationen:

Produktart	Menge	Vollkosten	Umsatzerlöse	Gewinn
1	500 ME	2.000,-- DM	2.500,-- DM	500,-- DM
2	300 ME	1.500,-- DM	1.800,-- DM	300,-- DM
3	500 ME	3.000,-- DM	2.800,-- DM	- 200,-- DM
Σ		6.500,-- DM	7.100,-- DM	600,-- DM

4 Der Begriff „fixe Kosten" wurde von Schmalenbach geprägt, der die Bedeutung des Fixkostenproblems als erster erkannte. Vgl. *Schmalenbach, E.*, a.a.O., S. 1ff.

5 Bei einem oder mehreren knappen Produktionsfaktoren sind zusätzlich Opportunitätskosten in der Rechnung zu berücksichtigen.

Aufgrund dieser Informationen entschließt sich die Unternehmung, das Produkt 3 aus dem Produktions- und Absatzprogramm zu streichen und stattdessen zu versuchen, den Absatz der Erzeugnisse 1 und 2 zu steigern. Erwartet wird – ceteris paribus – ein höherer Absatz von je 200 ME bei einem Betriebsgewinn von insgesamt DM 1.200,–

Am Ende der folgenden Abrechnung hat die Unternehmung zwar den erwarteten Absatz erzielt, aber mit einem Verlust von DM 400,– abgeschlossen. Die Ursache für dieses „überraschende" Ergebnis wird deutlich, wenn in der Rechnung, die dieser Fehlentscheidung zugrunde lag, eine Trennung der Kosten in variable und fixe Kostenbestandteile durchgeführt wird.

Produktart	Menge	Kosten			Umsatzerlöse	Deckungsbeitrag[6]
		variabel	fix	gesamt		
1	500 ME	1.500,--DM	500,--DM	2.000,--DM	2.500,--DM	1.000,--DM
2	300 ME	1.200,--DM	300,--DM	1.500,--DM	1.800,--DM	600,--DM
3	500 ME	1.000,--DM	2.000,--DM	3.000,--DM	2.800,--DM	1.800,--DM
Σ		3.700,--DM	2.800,--DM	6.500,--DM	7.100,--DM	3.400,--DM
				- Fixkosten:		-2.800,--DM
				= Betriebsergebnis		600,--DM

Aus der Darstellung wird ersichtlich, daß das Erzeugnis 3 den höchsten Beitrag zur Deckung der fixen Kosten leistet, daß es also nicht nur nicht aus dem Absatzprogramm gestrichen werden darf, sondern sein Absatz, soweit Produktionskapazitäten und Absatzmarkt es erlauben, noch zu erhöhen ist. Bei dem erwarteten Mehrabsatz der Erzeugnisse 1 und 2 reichen deren Deckungsbeiträge nicht aus, um die kurzfristig nicht veränderlichen fixen Kosten in voller Höhe zu decken.

Produktart	Menge	variable Kosten	Umsatzerlöse	Deckungsbeitrag
1	700 ME	2.100,-- DM	3.500,-- DM	1.400,-- DM
2	500 ME	2.000,-- DM	3.000,-- DM	1.000,-- DM
Σ		4.100,-- DM	6.500,-- DM	2.400,-- DM
			- Fixkosten:	- 2.800,-- DM
			= Betriebsergebnis:	- 400,-- DM

Generell ist zu kurzfristigen Entscheidungsproblemen (≡ Entscheidungen bei gegebenen betrieblichen Kapazitäten) dieser Art zu sagen, daß ein Produkt bei ausreichenden Kapazitäten und entsprechender Nachfrage

6 Unter dem Deckungsbeitrag eines Produktes ist die Differenz zwischen den Erlösen und den variablen Kosten zu verstehen, die zur Deckung der fixen Kosten einer Abrechnungsperiode beiträgt. Das Betriebsergebnis stellt sich dann als Differenz der Deckungsbeiträge aller Erzeugnisse und der Summe der Fixkosten dar.

auf dem Absatzmarkt solange produziert und abgesetzt wird, wie es noch einen Beitrag zur Deckung der Fixkosten leistet. Das ist dann der Fall, wenn der Stückerlös (≡ Preis) höher als die variablen Stückkosten ist. Die Preisuntergrenze wird also durch die variablen Stückkosten gebildet.

Es bleibt festzuhalten, daß kurzfristige Entscheidungen auf der Basis von Vollkosten von falschen Informationen geleitet werden, da nicht nur die entscheidungsrelevanten variablen Kosten, sondern auch die kurzfristig nicht veränderlichen Fixkosten in die Entscheidung mit einbezogen werden. Dies gilt nicht nur für Entscheidungsprobleme im Absatzbereich, also neben der im Beispiel betrachteten Gestaltung des Absatzprogrammes z. B. für Entscheidungen über Preise und Preisuntergrenzen oder über die Annahme oder Ablehnung eines Zusatzauftrages, sondern für alle Unternehmensbereiche, in denen Kosten Entscheidungsparameter darstellen, wie z. B. bei Entscheidungen über Eigen- oder Fremdfertigung von Erzeugnisteilen, Eigen- oder Fremdleistung in der Instandhaltung.

Langfristig hingegen sind auch die Fixkosten als relevante Kosten zu betrachten, da Produktionskapazitäten auf lange Sicht der Unternehmenslage angepaßt werden können. Hierbei sind auch die Möglichkeiten des Ersatzes fixer durch variable Kosten zu prüfen[7].

7.3.2 Die Schlüsselung von Gemeinkosten

Nicht nur die Verrechnung beschäftigungsunabhängiger Kosten auf die Erzeugnisse, sondern auch die Verrechnung von Gemeinkosten überhaupt (also einschließlich variabler Gemeinkosten) ist ein kritischer Punkt der Vollkostenrechnung.

Die Einzelkosten (i.d.R. Fertigungslöhne und Rohstoffkosten) können den Erzeugnissen direkt und verursachungsgerecht zugerechnet werden. Soweit hingegen echte (Erzeugnis-)Gemeinkosten vorliegen, ist eine Zurechnung nur mittels Schlüsselgrößen möglich. Dies trifft auch für variable, echte Gemeinkosten und nicht nur für die fixen Gemeinkosten zu. Im Verlauf der Verteilung echter (Erzeugnis-)Gemeinkosten ist teilweise sogar eine mehrfache Kostenschlüsselung notwendig. Im einzelnen **kann** eine Schlüsselung oder Zuordnung aufgrund geschätzter Daten notwendig werden:

- (1) in der Kostenartenrechnung, z.B. bei der Bestimmung der Betriebsmittelkosten mittels zeitabhängiger Abschreibungsverfahren
- (2) in der Kostenstellenrechnung
  - a) bei der Verteilung der (den Kostenstellen nicht direkt zurechenbaren) primären Stellengemeinkosten
  - b) bei der Verteilung der sekundären Stellenkosten

---

7 Siehe *Bergner, H.*, Der Ersatz fixer Kosten durch variable Kosten, in: ZfbF 1967, S. 141–162.

– (3) in der Kostenträgerrechnung bei der Verteilung der Gemeinkosten (≡ Endstellenkosten der Hauptkostenstellen) auf die Kostenträger

Eine verursachungsgerechte Verteilung von Gemeinkosten hängt davon ab, ob zwischen den Gemeinkosten und der gewählten Schlüssel- bzw. Bezugsgröße tatsächlich ein proportionaler Zusammenhang besteht. Nur wenn diese Bedingung bei **allen** notwendigen Schlüsselungen erfüllt ist, werden alle Kosten – nicht nur die Einzelkosten – den Kostenträgern verursachungsgerecht zugerechnet.

Im Fall der fixen Gemeinkosten ist eine solche verursachungsgerechte Schlüsselung nicht möglich, wie die Kritik an der Verteilung von Fixkosten gezeigt hat.

7.4 Teilkostenrechnungssysteme

Teilkostenrechnungssysteme vermeiden die Mängel der Vollkostenrechnung. Sie haben sich, abhängig vom Ansatzpunkt der Kritik an der Vollkostenrechnung, vor allem in zwei unterschiedlichen Varianten entwickelt. Man unterscheidet:

– (1) Teilkostenrechnungssysteme, bei denen nur die variablen Kosten auf die Kostenträger verteilt werden und
– (2) Teilkostenrechnungssysteme, bei denen nur die Einzelkosten den Kostenträgern zugerechnet werden.

Je nach Behandlung der Fixkosten bzw. Gemeinkosten im Rahmen der Betriebsergebnisrechnung können diese Systeme weiter untergliedert werden. Zum einen können die Fixkosten in einer Summe ins Betriebsergebnis übernommen und dort der Summe der Deckungsbeiträge (≡ Differenz von Erlösen und variablen Kosten) aller Erzeugnisse gegenübergestellt werden (Direct costing), zum anderen können sie aufgegliedert und in mehreren Stufen unterschiedlichen Deckungsbeiträgen gegenübergestellt werden (stufenweise Fixkostendeckungsrechnung). Entsprechendes gilt für Einzelkostenrechnungen und die Behandlung von Gemeinkosten. Im einzelnen lassen sich folgende Systeme unterscheiden:

Abb. 16: Teilkostenrechnungssysteme

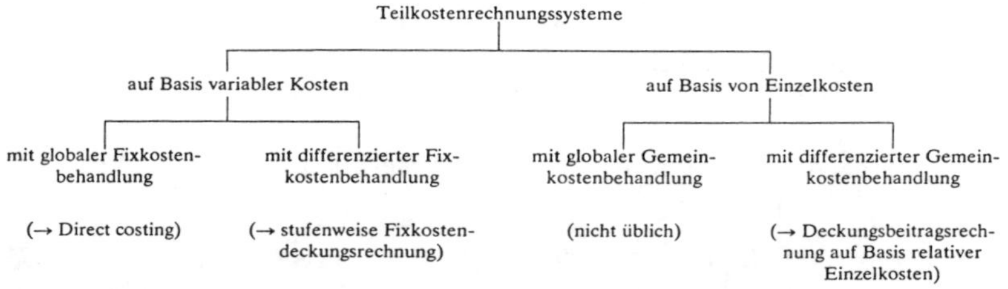

Alle Verfahren können mit Ist-, Normal- oder Plankosten durchgeführt werden. So stellt die Grenzplankostenrechnung die dem Direct costing entsprechende Form der Teilkostenrechnung mit Plankosten dar.

7.4.1 Das Direct costing

Das System des Direct costing ist eine Form der Teilkostenrechnung, die durch die Aufspaltung der Gesamtkosten einer Abrechnungsperiode in variable (proportionale) und fixe Kosten gekennzeichnet ist. Den Kostenträgern werden nur die variablen Kosten zugerechnet, während die Fixkosten en bloc ins Betriebsergebnis übernommen und dort den Deckungsbeiträgen aller Erzeugnisse gegenübergestellt werden.

Der Aufbau der Kosten- und Leistungsrechnung im Direct costing ist grundsätzlich der gleiche wie bei einer Vollkostenrechnung. Die in der Kostenartenrechnung erfaßten Kosten der Abrechnungsperiode werden, soweit sie (variable[8]) Einzelkosten darstellen, direkt den Kostenträgern zugerechnet; die Gemeinkosten werden zunächst auf die Kostenstellen verteilt, allerdings getrennt in fixe und variable Kostenbestandteile in bezug auf die Beschäftigung einer jeden Kostenstelle. Nur die variablen Kosten werden dann

- (1) im Zuge der innerbetrieblichen Leistungsverrechnung auf die Kostenstellen verteilt, die innerbetriebliche Leistungen empfangen und
- (2) im Rahmen der Kalkulation den Kostenträgern zugerechnet.

In der Kostenträgerzeitrechnung wird dann folgendermaßen verfahren: Der Betriebserfolg wird ermittelt als Differenz der Deckungsbeiträge aller Erzeugnisse und des Fixkostenblocks. Bei dieser dem Umsatzkostenverfahren entsprechenden Vorgehensweise gilt:

$$G_B = \sum_{i=1}^{\bar{i}} D_i - K_{T_{fix}} = \sum_{i=1}^{\bar{i}} (x_{a_i} \cdot p_i - x_{a_i} \cdot k_{s_{var_i}}) - K_{T_{fix}}$$

Zusätzliche Symbolik:

D_i ≡ Deckungsbeitrag einer Erzeugnisart i

$K_{T_{fix}}$ ≡ Fixkosten der Abrechnungsperiode

$k_{s_{var_i}}$ ≡ variable Selbstkosten je abgesetzte Mengeneinheit der Erzeugnisart i

---

8 Aus der Sicht der Teilkostenrechnung stellen Fixkosten niemals (Erzeugnis-)Einzelkosten dar, da eine direkte **und** verursachungsgerechte Zurechnung von Fixkosten auf die Erzeugniseinheiten nicht möglich ist.

Das entsprechende Betriebsergebniskonto hat die folgende Form

S	Betriebsergebniskonto	H
Variable Selbstkosten der abgesetzten Erzeugnisse, nach Erzeugnisarten gegliedert Fixkosten der Abrechnungsperiode		Umsatzerlöse nach Erzeugnisarten gegliedert
Betriebsgewinn	bzw.	Betriebsverlust

Finden in einer Abrechnungsperiode Lagerbestandsänderungen statt, so führt das Direct costing zu einem anderen Betriebsergebnis als die Vollkostenrechnung, da die Lagerbestandsänderungen nur zu variablen Kosten bewertet werden, während die Fixkosten der Periode angelastet werden, in der sie entstanden sind. Bei Lagerbestandsminderungen ist der Gewinn im Direct costing höher als bei Vollkostenrechnung, bei Lagerbestandserhöhungen niedriger.

Beispiel:

In einer Unternehmung, die drei Erzeugnisse herstellt, sollen die variablen Stückselbstkosten sowie das Betriebsergebnis ermittelt werden. In der Abrechnungsperiode sind folgende Daten festgestellt worden:

	Erzeugnis 1	Erzeugnis 2	Erzeugnis 3
Produzierte Menge (x_{p_i})	1.100 ME	1.000 ME	500 ME
Abgesetzte Menge (x_{a_i})	1.000 ME	1.100 ME	500 ME
Absatzpreise pro ME (p_i)	12.150 DM	14.400 DM	9.100 DM
Fertigungszeit pro ME (t_{f_i})	3,5 Std.	3,9 Std.	2,95 Std.
Variable Materialeinzelkosten pro ME ($k_{me_{var_i}}$)	4.000 DM	6.000 DM	3.520 DM
Variable Fertigungseinzelkosten pro ME ($k_{fe_{var_i}}$)	1.500 DM	1.320 DM	1.962 DM
Variable Sondereinzelkosten des Vertriebs pro ME ($k_{sev_{var_i}}$)	100 DM	200 DM	100 DM

Die Fixkosten der Abrechnungsperiode betragen 11.240.000 DM.

Der Kostenstellenplan der Unternehmung weist zwei Allgemeine (Hilfs-) Kostenstellen A_1 und A_2 und die Hauptkostenstellen Fertigung (H_3), Material (H_4) sowie Verwaltung und Vertrieb (H_5) aus. Nach der Verteilung der primären Erzeugnisgemeinkosten auf die Kostenstellen (getrennt nach in bezug auf die Beschäftigung einer Kostenstelle variablen und fixen Kostenbestandteilen) weisen die Kostenstellen die folgenden variablen primären Stellenkosten (PSK_{var_j}; j = 1, 2, . . ., 5) auf:

Kostenstelle j	1	2	3	4	5
PSK_{var_j} (in DM)	450.000	757.000	1.197.000	1.750.000	915.000

Der Austausch innerbetrieblicher Leistungen zwischen den Kostenstellen wird durch die folgende Leistungsaustauschmatrix wiedergegeben.

von \ nach	A_1	A_2	H_3	H_4	H_5	$\Sigma\alpha_{jk} \cdot L_{var_j}$
A_1		$0{,}15\ L_{var_1}$	$0{,}40\ L_{var_1}$		$0{,}45\ L_{var_1}$	L_{var_1}
A_2	$0{,}20\ L_{var_2}$		$0{,}30\ L_{var_2}$	$0{,}20\ L_{var_2}$	$0{,}30\ L_{var_2}$	L_{var_2}
H_3					$0{,}10\ L_{var_3}$	$0{,}10\ L_{var_3}$
H_4					$0{,}05\ L_{var_4}$	$0{,}05\ L_{var_4}$
H_5			$0{,}20\ L_{var_5}$			$0{,}20 \cdot L_{var_5}$

Bei der Bestimmung der variablen Fertigungs-, Material- sowie Verwaltungs- und Vertriebsgemeinkosten sind sämtliche – auch die wechselseitigen – innerbetrieblichen Leistungsströme zu berücksichtigen (Simultane Leistungsverrechnung).

Zur Ermittlung der variablen Gemeinkosten pro Mengeneinheit sind für die variablen Materialgemeinkosten die variablen Materialeinzelkosten, für die variablen Fertigungsgemeinkosten die Fertigungszeit und für die variablen Verwaltungs- und Vertriebsgemeinkosten die Herstellkosten der abgesetzten Erzeugnisse als Zuschlagsbasis zu wählen.

Lösung:

– (1) **Bestimmung der variablen Endstellenkosten ESK_{var_j}**[9]

① $ESK_{var_1} = 450.000 + 0{,}2\ L_{var_2} - L_{var_1}$
② $ESK_{var_2} = 757.000 + 0{,}15\ L_{var_1} - L_{var_2}$
③ $ESK_{var_3} = 1.197.000 + 0{,}4\ L_{var_1} + 0{,}3\ L_{var_2} + 0{,}2\ L_{var_5} - 0{,}1\ L_{var_3}$
④ $ESK_{var_4} = 1.750.000 + 0{,}2\ L_{var_2} - 0{,}05\ L_{var_4}$
⑤ $ESK_{var_5} = 915.000 + 0{,}45\ L_{var_1} + 0{,}3\ L_{var_2} + 0{,}1\ L_{var_3} + 0{,}05\ L_{var_4} - 0{,}2\ L_{var_5}$

– a) Bestimmung der L_{var_j}:

⑥ $L_{var_1} = 450.000 + 0{,}2\ L_{var_2}$
⑦ $L_{var_2} = 757.000 + 0{,}15\ L_{var_1}$
⑧ $L_{var_3} = 1.197.000 + 0{,}4\ L_{var_1} + 0{,}3\ L_{var_2} + 0{,}2\ L_{var_5}$
⑨ $L_{var_4} = 1.750.000 + 0{,}2\ L_{var_2}$
⑩ $L_{var_5} = 915.000 + 0{,}45\ L_{var_1} + 0{,}3\ L_{var_2} + 0{,}1\ L_{var_3} + 0{,}05\ L_{var_4}$

Bestimmung von L_{var_1} durch Einsetzen von ⑦ in ⑥:

$$L_{var_1} = 450.000 + 0{,}2\ (757.000 + 0{,}15\ L_{var_1})$$
$$0{,}97\ L_{var_1} = 601.400$$
$$L_{var_1} = \underline{\underline{620.000}}$$

---

9 Zur simultanen Verrechnung innerbetrieblicher Leistungen siehe 4.4.3.2.1.

Bestimmung von L_{var_2} durch Einsetzen des Ergebnisses für L_{var_1} in ⑦:

$L_{var_2} = 757.000 + 0,15 \cdot 620.000$
$L_{var_2} = \underline{\underline{850.000}}$

Bestimmung von L_{var_4} durch Einsetzen des Ergebnisses für L_{var_2} in ⑨:

$L_{var_4} = 1.750.000 + 0,2 \cdot 850.000$
$L_{var_4} = \underline{\underline{1.920.000}}$

Bestimmung von L_{var_3} durch Einsetzen von ⑩ und der Ergebnisse für L_{var_1}, L_{var_2} und L_{var_4} in ⑧:

$$L_{var_3} = 1.197.000 + 0,4 \cdot 620.000 + 0,3 \cdot 850.000 + 0,2\,(915.000 + 0,45 \cdot 620.000 + 0,3 \cdot 850.000 + 0,05 \cdot 1.920.000 + 0,1\,L_{var_3})$$
$$L_{var_3} = 1.197.000 + 248.000 + 255.000 + 183.000 + 55.800 + 51.000 + 19.200 + 0,02\,L_{var_3}$$
$$0,98\,L_{var_3} = 2.009.000$$
$$L_{var_3} = \underline{\underline{2.050.000}}$$

Bestimmung von L_{var_5} durch Einsetzen der Ergebnisse für L_{var_1} bis L_{var_4} in ⑩:

$$L_{var_5} = 915.000 + 0,45 \cdot 620.000 + 0,3 \cdot 850.000 + 0,1 \cdot 2.050.000 + 0,05 \cdot 1.920.000$$
$$L_{var_5} = \underline{\underline{1.750.000}}$$

– b) Bestimmung der ESK_{var_j} durch Einsetzen der Ergebnisse für die L_{var_j} ($j = 1, 2, \ldots, 5$) in die Gleichungen ① bis ⑤, dabei ergibt sich:

$ESK_{var_1} = \underline{\underline{0}}$; $ESK_{var_2} = \underline{\underline{0}}$; $ESK_{var_3} = \underline{\underline{1.845.000}}$; $ESK_{var_4} = \underline{\underline{1.824.000}}$; $ESK_{var_5} = \underline{\underline{1.400.000}}$.

– (2) **Ermittlung der Zuschlagssätze für die Fertigungs- und Materialkostenstelle[10]:**

Fertigungskostenstelle:

$$z_{f_g} = \frac{\text{Variable Fertigungsgemeinkosten } (= ESK_{var_3})}{\text{Gesamte Fertigungszeit}} = \frac{1.845.000,\text{– DM}}{9.225 \text{ Stunden}} = \underline{\underline{200,\text{–}\ \frac{\text{DM}}{\text{Stunde}}}}$$

Materialkostenstelle:

$$z_{mg} = \frac{\text{Variable Materialgemeinkosten } (= ESK_{var_4})}{\text{Gesamte variable Materialeinzelkosten}} = \frac{1.824.000,\text{– DM}}{12.160.000,\text{– DM}} = \underline{\underline{0,15}}$$

– (3) **Ermittlung der variablen Stückherstellkosten:**

	Erzeugnis 1	Erzeugnis 2	Erzeugnis 3
$k_{me_{var}} =$	4.000	6.000	3.520
$k_{mg_{var}} = k_{me_{var}} \cdot z_{mg} =$	600	900	528
$k_{fe_{var}} =$	1.500	1.320	1.962
$k_{fg_{var}} = t_f \cdot z_{fg} =$	700	780	590
$k_{h_{var}} =$	6.800	9.000	6.600

10 Zur Kalkulation siehe 5.2.2.2.

– (4) **Ermittlung des Zuschlagssatzes für die Verwaltungs- und Vertriebskostenstelle:**

– a) Ermittlung der variablen Herstellkosten der abgesetzten Mengen

$$1.000 \cdot 6.800 = 6.800.000$$
$$1.100 \cdot 9.000 = 9.900.000$$
$$500 \cdot 6.600 = 3.300.000$$
$$\Sigma x_{a_i} \cdot k_{h_{var_i}} = \underline{\underline{20.000.000}}$$

– b) Ermittlung des Zuschlagssatzes:

$$z_{wvg} = \frac{\text{Variable Verwaltungs- und Vertriebsgemeinkosten } (= ESK_{var_i})}{\text{Gesamte variable Herstellkosten der abgesetzten Mengen}} =$$

$$\frac{1.400.000,\text{– DM}}{20.000.000,\text{– DM}} = \underline{\underline{0,07}}$$

– (5) **Ermittlung der variablen Stückselbstkosten:**

	Erzeugnis 1	Erzeugnis 2	Erzeugnis 3
$k_{h_{var}}$ =	6.800	9.000	6.600
$k_{sev_{var}}$ =	100	200	100
$k_{wvg_{var}} = k_{h_{var}} \cdot z_{wvg}$ =	476	630	462
$k_{s_{var}}$ =	7.376	9.830	7.162

– (6) **Ermittlung des Betriebsergebnisses:**

S	Betriebsergebniskonto		H
Variable Selbstkosten der abgesetzten Erzeugnisse (≡ variable Umsatzkosten):		Umsatzerlöse:	
Erzeugnis 1	7.376.000	Erzeugnis 1	12.150.000
Erzeugnis 2	10.813.000	Erzeugnis 2	15.840.000
Erzeugnis 3	3.581.000	Erzeugnis 3	4.550.000
Fixkosten der Abrechnungsperiode	11.240.000	Betriebsverlust	470.000
	33.010.000		33.010.000

7.4.2 Die stufenweise Fixkostendeckungsrechnung

Die stufenweise Fixkostendeckungsrechnung nach Agthe und Mellerowicz ist ebenfalls eine Teilkostenrechnung auf der Basis von variablen Kosten. Sie unterscheidet sich vom Direct costing durch die differenzierte Behandlung der Fixkosten.

Die Fixkosten werden nicht mehr en bloc in das Betriebsergebnis übernommen, sondern stufenweise – je nach der Möglichkeit, sie einzelnen Erzeugnisarten, -gruppen oder Bereichen zurechnen zu können – den Deckungsbeiträgen der einzelnen Stufen gegenübergestellt. Man unterteilt die Fixkosten in diesem Zusammenhang u. a. in:

- (1) **Erzeugnisfixkosten,** die der Gesamtmenge einer bestimmten Erzeugnisart zugerechnet werden können (nicht aber einer einzelnen Erzeugniseinheit!)
- (2) **Erzeugnisgruppenfixkosten,** die für eine bestimmte Gruppe von Erzeugnissen anfallen
- (3) **Kostenstellenfixkosten**
- (4) **Bereichsfixkosten**
- (5) **Unternehmungsfixkosten,** die nur der Unternehmung als Ganzheit zugerechnet werden können.

Der Betriebserfolg wird in der stufenweisen Fixkostendeckungsrechnung dann z. B. bei vier Produkten wie folgt ermittelt:

Abb. 17: Ermittlung des Betriebserfolgs in der stufenweisen Fixkostendeckungsrechnung

	Erzeugnisse 1	2	3	4
Umsatzerlöse	$x_{a_1} p_1$	$x_{a_2} p_2$	$x_{a_3} p_3$	$x_{a_4} p_4$
– variable Umsatzkosten[11]	$x_{a_1} k_{s_{var_1}}$	$x_{a_2} k_{s_{var_2}}$	$x_{a_3} k_{s_{var_3}}$	$x_{a_4} k_{s_{var_4}}$
= Deckungsbeiträge der Erzeugnisse	D_{11}	D_{12}	D_{13}	D_{14}
– Erzeugnisfixkosten	K_{fix_1}	K_{fix_2}	K_{fix_3}	K_{fix_4}
= Deckungsbeiträge der Erzeugnisarten	D_{21}	D_{22}	D_{23}	D_{24}
– Erzeugnisgruppenfixkosten	$K_{fix_{1/2}}$		$K_{fix_{3/4}}$	
= Deckungsbeiträge der Erzeugnisgruppen	$D_{31/2}$		$D_{33/4}$	
– Unternehmungsfixkosten	K_{fix_U}			
= Betriebserfolg	G_B			

11 Variable Umsatzkosten ≡ Variable Selbstkosten der abgesetzten Erzeugnisse.

Beispiel:
In einer Unternehmung mit 8 Erzeugnisarten ergeben sich die nachfolgenden Daten:

	Umsatzerlöse abzügl. Erlösschmälerungen (Skonti etc.)	Variable Herstellkosten der abgesetzten Erzeugnisse	Variable Vertriebskosten
Erzeugnis 1	72.000	40.000	12.000
Erzeugnis 2	80.000	50.000	15.000
Erzeugnis 3	65.000	30.000	9.000
Erzeugnis 4	90.000	55.000	7.000
Erzeugnis 5	120.000	70.000	10.000
Erzeugnis 6	30.000	12.000	3.000
Erzeugnis 7	68.000	35.000	5.000
Erzeugnis 8	85.000	48.000	7.000

An Entwicklungs- und Designkosten bzw. Lizenzen, zeitabhängigen kalk. Abschreibungen auf Maschinen, Kosten für Schablonen sowie sonstigen Fixkosten, die nur für eine Erzeugnisart angefallen sind, werden ermittelt für Erz. 1 DM 3.000, Erz. 2 DM 1.500, Erz. 3 DM 5.200, Erz. 4 DM 2.800, Erz. 5 DM 5.000, Erz. 6 DM 1.000, Erz. 7 DM 4.200, Erz. 8 DM 6.000.

Die zeitabhängigen kalk. Abschreibungen für Maschinen und Werkzeuge, die für die Erzeugnisarten 1 und 2 gemeinsam eingesetzt werden, betragen DM 15.250; für die anderen entsprechend gebildeten Erzeugnisgruppen ergeben sich folgende zeitabhängige Abschreibungen für erzeugnisgruppenweise genutzte Betriebsmittel sowie sonstige erzeugnisgruppenweise anfallende Fixkosten: Erz. 3 + 4 DM 27.600, Erz. 5 + 6 DM 23.000, Erz. 7 + 8 DM 19.000.

Die Erzeugnisarten 1 bis 4 werden in der Kostenstelle I produziert. An dieser Kostenstelle fallen Fixkosten in Höhe von DM 19.000 an, die weder den einzelnen Erzeugnisarten 1 bis 4 noch den aus diesen Erzeugnissen gebildeten Erzeugnisgruppen zugerechnet werden können (z.B. Gehälter und Löhne für Kostenstellenleiter, Meister, Putzfrauen etc.). In der Kostenstelle II wird die Erzeugnisgruppe 5 + 6, in der Kostenstelle III die Erzeugnisgruppe 7 + 8 produziert. Da die Kostenstellen II und III von keinen anderen Erzeugnisarten in Anspruch genommen werden, konnten die entsprechenden Kosten dieser Stellen schon erzeugnisgruppenweise zugerechnet werden.

Die Kostenstellen I und II bilden zusammen einen Kostenbereich. Für diesen Kostenbereich fallen fixe Kosten in Höhe von DM 10.000 an (z.B. Gehalt für Kostenbereichsleiter, Abschreibung auf Transporteinrichtungen des Kostenbereiches etc.). Die Kostenstelle III bildet einen eigenen Kostenstellenbereich. Hier anfallende Kosten konnten daher schon auf vorgelagerter Ebene zugerechnet werden.

Die fixen Kosten für allgemeine Unternehmensverwaltung und Betriebsbewachung (Pförtner, Wachdienst etc.) betragen 18.000 DM.

Zu ermitteln sind die verschiedenen Deckungsbeiträge und das Betriebsergebnis!

Lösung:

<table>
<tr><th>Erzeugnisart</th><th>1</th><th>2</th><th>3</th><th>4</th><th>5</th><th>6</th><th>7</th><th>8</th></tr>
<tr><td>Umsatzerlöse abzüglich Erlösschmälerungen</td><td>72.000</td><td>80.000</td><td>65.000</td><td>90.000</td><td>120.000</td><td>30.000</td><td>68.000</td><td>85.000</td></tr>
<tr><td>– variable Herstellkosten der abgesetzten Erzeugnisse</td><td>40.000</td><td>50.000</td><td>30.000</td><td>55.000</td><td>70.000</td><td>12.000</td><td>35.000</td><td>48.000</td></tr>
<tr><td>– variable Vertriebskosten</td><td>12.000</td><td>15.000</td><td>9.000</td><td>7.000</td><td>10.000</td><td>3.000</td><td>5.000</td><td>7.000</td></tr>
<tr><td>= Deckungsbeitrag I</td><td>20.000</td><td>15.000</td><td>26.000</td><td>28.000</td><td>40.000</td><td>15.000</td><td>28.000</td><td>30.000</td></tr>
<tr><td>– Erzeugnisfixkosten</td><td>3.000</td><td>1.500</td><td>5.200</td><td>2.800</td><td>5.000</td><td>1.000</td><td>4.200</td><td>6.000</td></tr>
<tr><td>= Deckungsbeitrag II</td><td>17.000</td><td>13.500</td><td>20.800</td><td>25.200</td><td>35.000</td><td>14.000</td><td>23.800</td><td>24.000</td></tr>
<tr><td></td><td colspan="2">30.500</td><td colspan="2">46.000</td><td colspan="2">49.000</td><td colspan="2">47.800</td></tr>
<tr><td>– Erzeugnisgruppenfixkosten</td><td colspan="2">15.250</td><td colspan="2">27.600</td><td colspan="2">23.000</td><td colspan="2">19.000</td></tr>
<tr><td>= Deckungsbeitrag III</td><td colspan="2">15.250</td><td colspan="2">18.400</td><td colspan="2">26.000</td><td colspan="2">28.800</td></tr>
<tr><td></td><td colspan="4">33.650</td><td colspan="2"></td><td colspan="2"></td></tr>
<tr><td>– Kostenstellenfixkosten</td><td colspan="4">19.000</td><td colspan="2">—</td><td colspan="2">—</td></tr>
<tr><td>= Deckungsbeitrag IV</td><td colspan="4">14.650</td><td colspan="2">26.000</td><td colspan="2">28.800</td></tr>
<tr><td></td><td colspan="6">40.650</td><td colspan="2"></td></tr>
<tr><td>– Bereichsfixkosten</td><td colspan="6">10.000</td><td colspan="2">—</td></tr>
<tr><td>= Deckungsbeitrag V</td><td colspan="6">30.650</td><td colspan="2">28.800</td></tr>
<tr><td></td><td colspan="8">59.450</td></tr>
<tr><td>– Unternehmensfixkosten</td><td colspan="8">18.000</td></tr>
<tr><td>= Betriebsergebnis</td><td colspan="8">41.450</td></tr>
</table>

7.4.3 Die Grenzplankostenrechnung

Die Grenzplankostenrechnung ist in ihrer Grundform eine dem Direct costing entsprechende Weiterentwicklung der flexiblen Plankostenrechnung auf Vollkostenbasis. Die Grenzplankostenrechnung ermöglicht nicht nur eine wirksame Kostenkontrolle, wie sie schon in der flexiblen Plankostenrechnung auf Vollkostenbasis durchgeführt werden kann, sondern ist auch geeignet, die notwendigen Informationen über die relevanten Kosten für unternehmerische Entscheidungen zu liefern.

Grundlage der Grenzplankostenrechnung ist die konsequente Aufspaltung der Gesamtkosten in fixe Kosten und variable (proportionale) Kosten (es wird ein linearer Gesamtkostenverlauf unterstellt). Die Auflösung erfolgt nicht nur zwecks Ermittlung des Sollkostenverlaufs wie bei der flexiblen Plankostenrechnung auf Vollkostenbasis, sondern den Kostenträgern werden auch entsprechend dem Direct costing nur proportionale Kosten zugerechnet, während die Fixkosten en bloc (Direct costing) oder aufgegliedert entsprechend der stufenweisen Fixkostendeckungsrechnung in das Betriebsergebnis übernommen werden. Aus diesem Grund entfällt in der Grenzplankostenrechnung die Beschäftigungsabweichung, da bei jedem Beschäftigungsgrad die verrechneten (proportionalen) Plankosten gleich den (proportionalen) Sollkosten sind. Im Rahmen der Kostenkontrolle werden die proportionalen Soll- und Istkosten miteinander verglichen, deren Differenz die Verbrauchsabweichung darstellt. Zur Veranschaulichung des Sachverhaltes soll das folgende Beispiel dienen, das auf den Daten der Beispiele bei starrer und flexibler Plankostenrechnung basiert.

Beispiel:

Planbeschäftigung: $x_{p\ gepl.} = 5.000$ to

Plankosten der Kostenstelle j bei Planbeschäftigung: $K_{G_j gepl.} = 100.000,-$ DM, davon 40.000,– DM Fixkosten

Planzuschlagssatz für die proportionalen Kosten: $z_{var\ gepl.} = \frac{K_{G_{var_j}\ gepl.}}{x_{p\ gepl.}} = \frac{60.000 \text{ DM}}{5.000 \text{ to}}$

$= 12 \frac{\text{DM}}{\text{to}}$

Istkosten[PKR] der Kostenstelle j: $K_{G_j ist} = 90.000,-$ DM, davon 40.000,– DM Fixkosten

Istbeschäftigung: $x_p = 3.000$ to

Kostenverlauf bei Grenzplankostenrechnung:

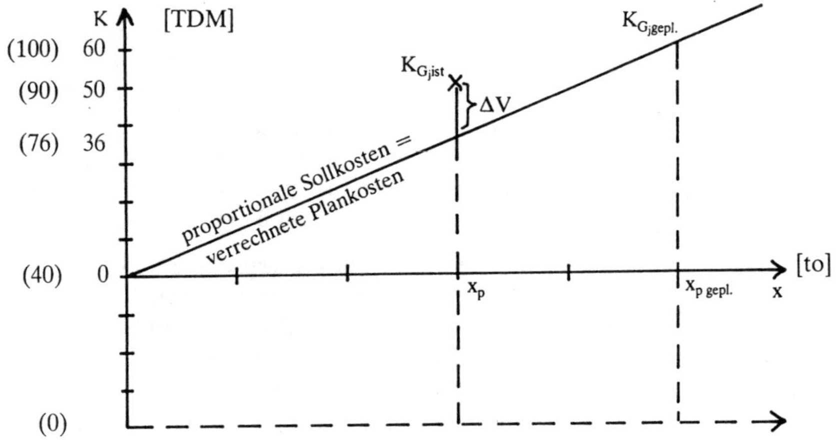

Die beim Istbeschäftigungsgrad von 60% auf die Kostenträger verrechneten Plankosten sind gleich den proportionalen Sollkosten $\left(= 12 \frac{DM}{to} \cdot 3.000 \text{ to} = 36.000 \text{ DM}\right)$. Die Verbrauchsabweichung (ΔV) erhält man als Differenz der proportionalen Ist- und Sollkosten (= 50.000 DM − 36.000 DM = 14.000 DM).

Da kurzfristig auf die Deckung der fixen Kosten verzichtet werden kann, stellen die variablen Kosten der Erzeugnisse die kurzfristigen Preisuntergrenzen dar[12]. Langfristig sind jedoch auch die fixen Kosten über die Umsatzerlöse zu decken. Entsprechend der Ermittlung des Betriebserfolges gemäß dem Direct costing oder der stufenweisen Fixkostendeckungsrechnung werden bei Ermittlung langfristiger Preisuntergrenzen und langfristiger Solldeckungsbeiträge die Fixkosten als Block oder stufenweise auf die Erzeugnisse umgelegt. Bei der stufenweisen Zurechnung ergeben sich abgestufte und verursachungsgerechtere Preisuntergrenzen bzw. Solldeckungsbeiträge. Neben den Fixkosten beziehen langfristige Preisuntergrenzen und Solldeckungsbeiträge auch (gewünschte) Gewinnspannen mit ein.

12 Die kurzfristigen Preisuntergrenzen können sich in Engpaßsituationen um Opportunitätskosten aufgrund entgangener Gewinne durch die Verdrängung anderer Produkte erhöhen. Zu dieser und anderen Formen spezieller Preisuntergrenzen vgl. *Kilger, W.*, Flexible Plankostenrechnung und Deckungsbeitragsrechnung, a.a.O., S. 755ff., ferner *Raffée, H.*, Kurzfristige Preisuntergrenzen als betriebswirtschaftliches Problem, Köln und Opladen 1961.

7.4.4 Betriebsergebnisrechnung nach dem Umsatz- und Gesamtkostenverfahren in Teilkostenrechnungssystemen auf Basis variabler Kosten

Wie allgemein üblich wird oben bei der Darstellung des Direct costing und der stufenweisen Fixkostendeckungsrechnung der Deckungsbeitrag eines Produktes ermittelt als Differenz zwischen Umsatzerlös und variablen Selbstkosten der **abgesetzten** Menge[13]. Diese Vorgehensweise entspricht dem Umsatzkostenverfahren[14].

Grundsätzlich lassen sich Ergebnisrechnungen in Teilkostenrechnungssystemen auch nach dem Gesamtkostenverfahren[15] aufbauen. Danach ermittelt sich der Deckungsbeitrag eines Erzeugnisses wie folgt:

Umsatzerlös
− Variable **Herstell**kosten der Periode (= der produzierten Menge)
± Bestandsänderung bewertet zu variablen Herstellkosten
− Variable Vertriebskosten

= Deckungsbeitrag (I)

Da sich die Herstellkosten der Periode auf die produzierte Menge beziehen, muß der Bezug auf das Mengengerüst des Umsatzerlöses, die Absatzmenge, durch die Berücksichtigung der Lagerbestandserhöhung (+) oder -minderung (−) hergestellt werden[16].

Weitergehende Deckungsbeiträge werden dann wie oben beschrieben ermittelt[17].

Beispiel zur Ermittlung der Erzeugnisdeckungsbeiträge (Deckungsbeiträge I) nach dem Gesamtkostenverfahren:

Für eine Periode liegen für drei Erzeugnisarten folgende Daten vor:

	Produkt 1	Produkt 2	Produkt 3
Umsatzerlöse abzügl. Erlösschmälerungen	120.000 DM	72.000 DM	80.000 DM
Variable Herstellkosten der Periode	77.000 DM	36.500 DM	50.000 DM
Variable Vertriebskosten der Periode	10.000 DM	12.000 DM	15.000 DM
Bestandsänderung der Periode	+ 100 ME	− 50 ME	
Variable Herstellkosten pro Mengeneinheit der Bestandsänderung	70 $\frac{DM}{ME}$	30 $\frac{DM}{ME}$	

---

13 Siehe 7.4.1 und 7.4.2.
14 Vgl. 5.3.2.
15 Siehe 5.3.1.2.
16 Vgl. 5.3.1.2.
17 Siehe 7.4.2.

Erzeugnisarten	1	2	3
Umsatzerlöse abzüglich Erlösschmälerungen	+ 120.000	+ 72.000	+ 80.000
Variable Herstellkosten der Periode	– 77.000	– 36.500	– 50.000
Variable Vertriebskosten	– 10.000	– 12.000	– 15.000
Bestandsänderung bewertet zu variablen Herstellkosten	+ 7.000	– 1.500	–
Variable Selbstkosten der abgesetzten Menge (≡ Variable Umsatzkosten)	– 80.000	– 50.000	– 65.000
Erzeugnisdeckungsbeitrag (Deckungsbeitrag I)	+ 40.000	+ 22.000	+ 15.000

7.4.5 Die Einzelkosten- und Deckungsbeitragsrechnung

Die Einzelkosten- und Deckungsbeitragsrechnung wurde von Riebel mit dem Ziel entwickelt, die Auswirkungen von Entscheidungen auf den Erfolg eines Unternehmens offenzulegen[18]. Zu diesem Zweck werden je nach Fragestellung unterschiedliche Deckungsbeiträge ermittelt. Als Kalkulationsobjekte kommen z. B. Erzeugniseinheiten, -arten und -gruppen, Kostenstellen und -bereiche oder bestimmte Abrechnungsperioden in Betracht.

Der **Deckungsbeitrag** eines Kalkulationsobjektes ist definiert als **Überschuß der Einzelerlöse über die Einzelkosten**. Dies sind solche Erlöse bzw. Kosten, die auf dieselbe, **identische** Entscheidung zurückgeführt werden können wie das betrachtete Kalkulationsobjekt[19]. Erlöse und Kosten, die von einer Entscheidung ausgelöst werden, die noch andere Kalkulationsobjekte betrifft, stellen Gemeinerlöse bzw. Gemeinkosten dar und dürfen nicht auf die einzelnen Kalkulationsobjekte verteilt werden.

Der Einzelkosten- und Deckungsbeitragsrechnung liegen pagatorische Rechengrößen zugrunde. Unter Erlösen (Kosten) versteht Riebel die Einnahmen (Ausgaben), die mit einer Entscheidung verbunden sind.

---

18 Zu einer tiefergehenden Darstellung der Einzelkosten- und Deckungsbeitragsrechnung siehe vor allem *Riebel, P.*, Einzelkosten- und Deckungsbeitragsrechnung, 4., wesentlich erweiterte Aufl., Wiesbaden 1982 und *Hummel, S., Männel, W.*, Kostenrechnung 2 – Moderne Verfahren und Systeme, 3. Auflage., Wiesbaden 1983.

19 Das der Kostenzurechnung zugrundeliegende Prinzip wird daher von *Riebel* auch als Identitätsprinzip bezeichnet; vgl. *Riebel, P.*, a.a.O., S. 75ff. und S. 286ff.

Die für die Erstellung von Deckungsbeitragsrechnungen benötigten Informationen werden in einer Grundrechnung der Erlöse bzw. der Kosten gesammelt. Die **Grundrechnung der Kosten** ersetzt die herkömmliche Kostenarten-, Kostenstellen- und Kostenträgerrechnung. In dieser Grundrechnung werden die nach Kostenkategorien untergliederten Kostenarten den für die Kostenauswertung interessierenden Kalkulationsobjekten zugerechnet. Die Art und Tiefe der Differenzierung sowohl der Kostenkategorien als auch der Bezugsobjekte hängt von den Informationsbedürfnissen des Unternehmens, dem Ausmaß der produktions- und absatzwirtschaftlichen Verflechtungen und Wirtschaftlichkeitserfordernissen ab.

Grundrechnungen können für jeden beliebigen Abrechnungszeitraum erstellt werden. Das vereinfachte Beispiel einer Jahresgrundrechnung der Kosten einschließlich der innerbetrieblichen Leistungsverrechnung zeigt Abb. 18[20]. In der Einzelkosten- und Deckungsbeitragsrechnung erfolgt zunächst eine Differenzierung der Kosten in Leistungskosten und Bereitschaftskosten[21]. **Leistungskosten** sind solche Kosten, die sich automatisch mit Art, Menge oder Wert der erstellten oder abgesetzten Leistungen ändern. **Bereitschaftskosten** entstehen aufgrund von Entscheidungen über die Bereitstellung von Kapazitäten wie z.B. Beschaffung einer Maschine, Abschluß eines Arbeitsvertrages oder eines Mietvertrages für ein Verwaltungsgebäude. Ihre **Abbaufähigkeit** richtet sich nach der **Bindungsdauer** (Nutzungsdauer einer Maschine, Kündigungsfrist von Verträgen).

Im Beispiel sind die Bereitschaftskosten daher je nach Bindungsdauer in Monats-, Quartals- und Jahreseinzelkosten untergliedert. Im Gegensatz zur üblichen Zuordnung als variable oder Leistungskosten werden Fertigungslöhne als Monatseinzelkosten ausgewiesen. Sie verändern sich in der Regel nämlich nicht mit der Produktionsmenge, sondern können nur durch Kündigung des Arbeitsvertrages abgebaut werden. Unterstellt ist – ebenso wie bei dem Vertrag mit der Reinigungsfirma Putz – eine monatliche Kündigungsfrist. Der Mietvertrag für das Lagerhaus ist nur zum Ende jedes Quartals kündbar; die Miete ist also unabhängig von ihrer Zahlungsweise als Quartalseinzelkosten zu betrachten. Entsprechendes gilt für die übrigen Bereitschaftskosten.

---

20 Die Abbildung entstand in Anlehnung an *Riebel, P.*, a.a.O., S. 167 und *Hummel, S., Männel, W.*, a.a.O., S. 71.

21 Diese Unterscheidung entspricht in etwa der Einteilung in variable und fixe Kosten, die von *Riebel* aber als zu grob und mehrdeutig beurteilt wird; siehe dazu *Riebel, P.*, a.a.O., S. 152f.

Abb. 18: Die Grundrechnung der Kosten (Abrechnungszeitraum: 1 Jahr)

Kostenkategorien		Zurechnungsobjekte	Hilfskostenstelle „Instandhaltung“	Fertigungskostenstellen F₁	Fertigungskostenstellen F₂	Materialkostenstelle
Leistungskosten	umsatzabhängige Kosten	Provisionen				
		Zölle				
	von sonstigen Faktoren im Absatzbereich abhängige Kosten	Frachtgebühren				
		Verpackung				
	produktionsmengenabhängige Kosten	Rohstoffe	1.000			
		Hilfsstoffe	500			
		Energie	500			
	Σ Leistungskosten		2.000	–	–	–
	Verrechnete Leistungskosten der Hilfskostenstelle „Instandhaltung“		−2.000	+ 400	+ 600	
	Σ Leistungskosten nach innerbetrieblicher Leistungsverrechnung		–	400	600	–
Bereitschaftskosten	Monatseinzelkosten	Fertigungslöhne	200	5.000	8.000	
		Beleuchtungsenergie	50	500	700	200
		Bürobedarf	5	50	100	150
		Reinigungskosten (Fa. Putz Reinigungsdienst)	10	300	400	100
	Quartalseinzelkosten	Lagerhausmiete				500
		Gehälter	50	100	250	400
	Jahreseinzelkosten	Miete für Verwaltungsgebäude				
		Vermögenssteuer Pauschallizenzen				
	Σ Bereitschaftskosten		315	5.950	9.450	1.350
	Verrechnete Leistungskosten der Hilfskostenstelle „Instandhaltung“			+ 500	+ 200	+ 200
	Σ Bereitschaftskosten nach innerbetrieblicher Leistungsverrechnung		315	6.450	9.650	1.550
	Σ Gesamtkosten		315	6.850	10.250	1.550

(Forts. **Abb. 18**)

Vertriebskostenstelle	Gesamtunternehmen	Erzeugnisgruppe A			Erzeugnisgruppe B			Σ
		A_1	A_2		B_1	B_2		
		1.000	1.500		1.200	1.600		5.300
		50	150					200
1.000								1.000
1.000								1.000
		6.000	8.000		4.000	7.000		26.000
		1.500	2.000		1.000	2.500		7.500
		1.500	3.000		1.000	1.800		7.800
2.000	–	10.050	14.500		7.350	12.900		48.800
								– 1.000
2.000	–	10.050	14.500		7.350	12.900		47.800
		550						13.750
150	400							2.000
500	600							1.405
250	500							1.560
								500
1.500	3.000							5.300
	4.000							4.000
	1.000							1.000
				1.000			2.000	3.000
2.400	9.500	550		1.000			2.000	32.515
+ 100								+ 1.000
2.500	9.500	550		1.000			2.000	33.515
4.500	9.500	10.600	14.500	1.000	7.350	12.900	2.000	81.315

Die **innerbetriebliche Leistungsverrechnung** wird nach folgenden Prinzipien durchgeführt:

- (1) Nur die Leistungskosten der Hilfskostenstellen werden auf die empfangenden Kostenstellen umgelegt.
- (2) Der Umlagebetrag ist entsprechend der Abhängigkeit der Kosten von den Leistungen der empfangenden Kostenstelle den Leistungs- oder Bereitschaftskosten dieser Kostenstelle zuzuordnen.
- (3) Für den Bereitschaftskosten darstellenden Teil der Umlage ist die Disponierbarkeit (die Bindungsdauer) zu untersuchen.

Im Beispiel sind in der Hilfskostenstelle „Instandhaltung" Einzelkosten der Instandhaltungsleistungen in Höhe von 2.000 Geldeinheiten angefallen. Die Hälfte dieses Betrages betrifft Reparaturleistungen, die von der Beanspruchung der reparierten Maschinen abhängen. Sie stellen Leistungskosten der empfangenden Fertigungskostenstellen F_1 und F_2 dar. Die andere Hälfte wurde durch regelmäßige jährliche Wartungsarbeiten verursacht. Daher handelt es sich um Jahreseinzelkosten der empfangenden Kostenstellen.

Bereitschaftskosten mit gegenüber dem Abrechnungszeitraum phasenverschobener Bindungsdauer (z. B. die Miete aus einem Mietvertrag vom 1.7. eines Jahres bis zum 30. 6. des folgenden Jahres) sowie **Bereitschaftskosten offener Perioden** (z. B. Investitionsausgaben für eine Maschine) können dem Abrechnungszeitraum nicht als Einzelkosten zugerechnet werden. Sie sollten aus der Periodenrechnung herausgenommen und in sogenannten **Zeitablaufrechnungen** ausgewiesen werden. In Abb. 19 ist eine solche Zeitablaufrechnung dargestellt[22]. Sie zeigt die Entwicklung der Periodengemeinkosten von der Gründung des Unternehmens bis zum Ende des dritten Jahres.

Neben der Grundrechnung der Kosten wird im System der Einzelkosten- und Deckungsbeitragsrechnung eine **Grundrechnung der Erlöse** als mehrdimensionale Umsatzstatistik erstellt. Hierbei werden die Umsatzerlöse nach z. B. Artikelgruppen, Auftragsarten, Kundengruppen, Absatzgebieten oder -wegen differenziert ausgewiesen[23].

Durch **Auswertung der Grundrechnungen** von Erlösen und Kosten werden stufenweise unterschiedliche Deckungsbeiträge ermittelt. Ausgangspunkt sind die Stückdeckungsbeiträge als Differenz der einer Erzeugniseinheit direkt zurechenbaren (Einzel-)Erlöse und (Einzel-)Kosten. Die Zusammenfassung spezieller Deckungsbeiträge zur Deckung gemeinsamer Kosten wird dann durch den jeweiligen Rechnungszweck bestimmt.

---

22 Die Abbildung wurde in veränderter Form entnommen aus *Riebel, P.*, a.a.O., S. 95.

23 Zur Problematik der Zurechnung von Erlösen auf unterschiedliche Kalkulationsobjekte vgl. *Riebel, P.*, a.a.O., S. 98-148.

Abb. 19: Beispiel einer Zeitablaufrechnung

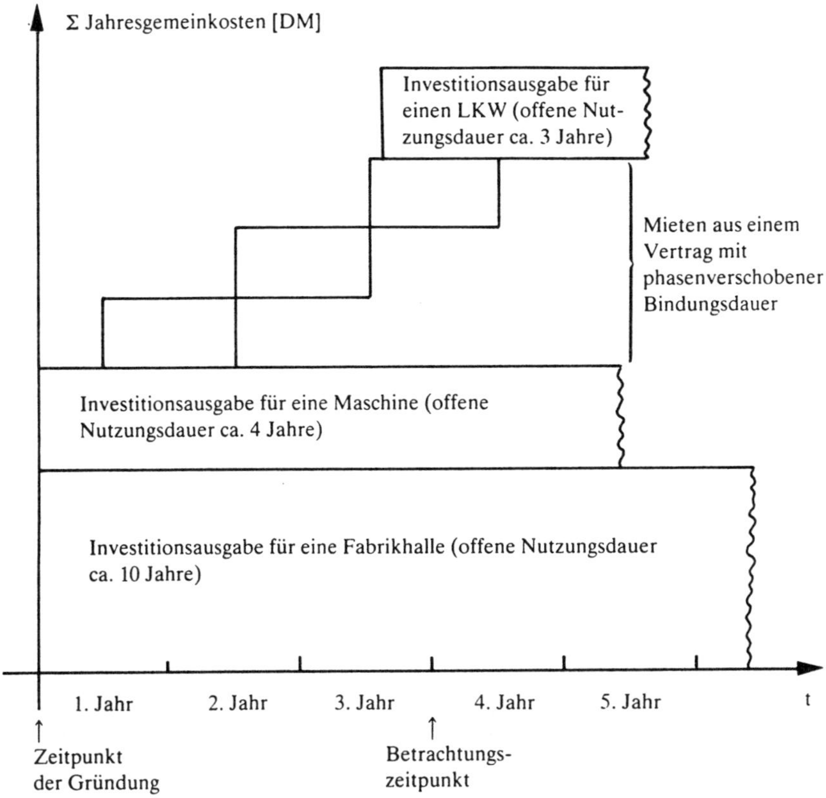

Über die Erzeugnisbeiträge, Erzeugnisgruppenbeiträge etc. gelangt man z. B. zum Periodenbeitrag des Gesamtunternehmens[24]. Dieser Betrag steht dem Unternehmen zur Deckung der Periodengemeinkosten und für den Gewinn zur Verfügung.

Die Ausführungen machen deutlich, daß in der Einzelkosten- und Deckungsbeitragsrechnung auf einen Ausweis von periodenbezogenen Nettoerfolgen verzichtet wird. Da nicht alle Bereitschaftskosten bestimmten Perioden als Einzelkosten zugerechnet werden können, verbietet sich nach dem Identitätsprinzip eine solche Erfolgsermittlung. Sie ist strenggenommen nur für die Totalperiode, d. h. die Gesamt-Lebensdauer des Unternehmens, möglich. Dennoch ist sowohl eine **Erfolgsplanung** über die Vorgabe sogenannter Deckungsbudgets als auch eine **Erfolgskontrolle**

24 Diese Vorgehensweise entspricht der stufenweisen Fixkostendeckungsrechnung, mit dem Unterschied, daß dort anstelle des Periodenbeitrages der Nettoerfolg (≡ Betriebsergebnis) der Periode ermittelt wird.

durch Gegenüberstellung der in der Zeitablaufrechnung erfaßten Periodengemeinkosten und der kumulierten Periodenbeiträge möglich.

Die besondere Problematik der Einzelkosten- und Deckungsbeitragsrechnung liegt in der Umsetzung ihrer Prinzipien in ein durchgängig praktikables Kostenrechnungssystem[25]. Eine Einführung in der Praxis sollte daher schrittweise, das vorhandene System ergänzend, erfolgen. Riebel's Prinzipien sind jedoch in Entscheidungsrechnungen zu beachten. Er hat deutlich herausgearbeitet, daß die in Entscheidungsrechnungen einzubeziehenden Kosten- und Leistungsgrößen, die entscheidungsrelevanten Rechengrößen, sich vom Zweck der Rechnung her bestimmen.

7.5 Die Technik der Kostenplanung und -kontrolle

7.5.1 Die Ermittlung der Abweichungen in der flexiblen Plankostenrechnung

7.5.1.1 Verbrauchsabweichungen

Verbrauchsabweichungen werden, wie schon dargestellt, als Differenz zwischen den Istkosten im Sinne der Plankostenrechnung und den Sollkosten ermittelt. Die Istkosten im Sinne der Plankostenrechnung (≡ Istkosten^{PKR}) stellen die tatsächliche Verbrauchsmenge eines Kostengutes bewertet zum **Plan**preis dar, während die Sollkosten die Planverbrauchsmenge bei Istbeschäftigung (≡ Sollverbrauchsmenge) ebenfalls bewertet zum Planpreis darstellen[26].

Mit dieser Vorgehensweise wird erreicht, daß die ermittelten Abweichungen nur auf eine Abweichung der Istverbrauchsmengen von den Sollverbrauchsmengen, nicht jedoch auf eine Änderung der Preise der Kostengüter zurückzuführen sind. Solche Preisänderungen werden gesondert als Preisabweichungen erfaßt, deren Darstellung im Kap. 7.5.1.2 erfolgt.

Soweit es sich um die Kontrolle von **Einzelkosten** (Material- und Fertigungseinzelkosten sowie Sondereinzelkosten der Fertigung und des Vertriebs) handelt, werden die Istkosten^{PKR} und die Sollkosten wie folgt ermittelt:

Istkosten^{PKR} = Istverbrauchsmenge · Planpreis

Sollkosten = Istanzahl der Kostenträger · Planeinzelkosten je Kostenträgereinheit
= Istanzahl der Kostenträger · Planverbrauchsmenge je Kostenträgereinheit · Planpreis
= Sollverbrauchsmenge · Planpreis

25 Zur Kritik der Einzelkosten- und Deckungsbeitragsrechnung vgl. im einzelnen *Kilger, W.*, Flexible Plankostenrechnung, a.a.O., S. 93-98.

26 Dies gilt unabhängig davon, welche der möglichen formal unterschiedlichen Vorgehensweisen zur Ermittlung der Sollkosten bei der Einzelkosten- und Gemeinkostenkontrolle angewendet werden.

Eine solche Vorgehensweise bei Ermittlung der Sollkosten ist möglich, weil die Planung der Einzelkosten **kostenträgerbezogen** erfolgt und unterstellt wird, daß die Einzelkosten in voller Höhe proportionale Kosten sind[27].

Bei der Kontrolle der **Gemeinkosten**, deren Planung **kostenstellenbezogen** erfolgt, wird folgendermaßen verfahren[28]:

Istkosten^{PKR} = [Istfixkosten^{PKR}][29] + Prop. Istkosten^{PKR}
= [Fixe Istverbrauchsmenge · Planpreis][29] + Prop. Istverbrauchsmenge · Planpreis

Sollkosten = [Geplante Fixkosten][29] + Prop. Sollkosten

Die Istfixkosten^{PKR} ergeben sich als Produkt aus fixer (fixen) Istverbrauchsmenge(n) und Planpreis(en). Da die fixen Kosten als kapazitätsabhängige Kosten sich relativ leicht planen lassen, sind vielfach die Istfixkosten^{PKR} identisch mit den geplanten Fixkosten. Eine Abweichung von Istfixkosten^{PKR} und geplanten Fixkosten für einen Abrechnungszeitraum kann jedoch bei in der Planung nicht vorhergesehenen Fixkostensprüngen (≡ Veränderungen der Fixkosten) eintreten. Fixkostensprünge treten durch Kapazitätsveränderungen auf wie z. B. bei Ersatz einer Maschine durch eine andere Maschine[30].

Die proportionalen Sollkosten lassen sich nach drei lediglich formal unterschiedlichen Vorgehensweisen ermitteln, wie anhand des folgenden Beispiels gezeigt wird.

Beispiel:
Der beschäftigungsabhängige Stromverbrauch einer Fertigungskostenstelle beträgt bei der Planbeschäftigung von 5.000 to (bei wirtschaftlicher Produktionsweise) 133 MWh. Der Planpreis beläuft sich auf 120 DM/MWh. Die Istbeschäftigung der Kontrollperiode beträgt 4.500 to.

Ermittlung der proportionalen Sollkosten nach den drei Verfahrensweisen:

1) Prop. Sollkosten = Prop. Soll(verbrauchs)menge · Planpreis

$$= \left(133\ \text{MWh} \cdot \frac{4.500\ \text{to}}{5.000\ \text{to}}\right)^{*} \cdot 120\ \frac{\text{DM}}{\text{MWh}}$$

$$= 119{,}7\ \text{MWh} \cdot 120\ \text{DM/MWh}$$

$$= \underline{\underline{14{,}4\ \text{TDM}}}$$

---

27 Zur Ermittlung der Verbrauchsabweichung bei den Materialeinzelkosten siehe 7.5.2.1 und bei den Fertigungseinzelkosten siehe 7.5.2.2.

28 Siehe auch 7.5.3.

29 Im System der Grenzplankostenrechnung entfallen die Fixkosten.

30 Siehe (später) 7.5.3 Fall β.

2) Prop. Sollkosten = Prop. Plankosten · Istbeschäftigungsgrad

$$= (133\text{ MWh} \cdot 120\ \frac{\text{DM}}{\text{MWh}})^{*} \cdot \frac{4.500\text{ to}}{5.000\text{ to}}$$

$$= 15.960\text{ DM} \cdot 0{,}9$$

$$= \underline{\underline{14{,}4\text{ TDM}}}$$

* Rechenklammern aus didaktischen Gründen

3) Prop. Sollkosten = Istbeschäftigung · Prop. Plankostenverrechnungssatz

$$= 4.500\text{ to} \cdot \frac{133\text{ MWh} \cdot 120\text{ DM/MWh}}{5.000\text{ to}}$$

$$= 4.500\text{ to} \cdot 3{,}192\text{ DM/to}$$

$$= \underline{\underline{14{,}4\text{ TDM}}}$$

7.5.1.2 Preisabweichungen

Obwohl in der Plankostenrechnung die Verbrauchsabweichungen im Vordergrund stehen, so ist dennoch die Ermittlung von Preisabweichungen nicht unwichtig. Zum einen zeigen Preisabweichungen eine notwendige Aktualisierung der Planpreise an, zum anderen läßt sich über die Analyse ihrer Ursachen eine beschränkte Kontrolle der Einkaufspolitik durchführen.

Preisabweichungen werden wie folgt ermittelt:

$$\begin{aligned}\Delta P &= \text{Istkosten i.e.S.} - \text{Istkosten}^{PKR}\\ &= \text{Istverbrauchsmenge} \cdot \text{Istpreis} - \text{Istverbrauchsmenge} \cdot \text{Planpreis}\\ &= \text{Istverbrauchsmenge} \cdot (\text{Istpreis} - \text{Planpreis})\end{aligned}$$

Preisabweichungen stellen also die Differenz zwischen den tatsächlich angefallenen Kosten und den Istkosten im Sinne der Plankostenrechnung dar.

Preisabweichungen bei Löhnen werden als Lohnsatz- oder Tarifabweichungen bezeichnet[31].

7.5.1.3 Abweichungen zweiten Grades

Wie dargestellt, kann die Abweichung zwischen den Istkosten i. e. S. und den Sollkosten grundsätzlich auf einer Änderung der Kostenwerte (Preise) oder der Verbrauchsmengen eines Kostengutes beruhen[32]. Aus

31 Siehe dazu (später) 7.5.2.2.

32 Die Änderung der Verbrauchsmengen kann wiederum auf verschiedene Ursachen zurückgeführt werden (z. B. Qualitätsabweichungen der Kostengüter; Intensitätsabweichungen etc.).

der multiplikativen Verknüpfung beider Größen ergibt sich das Problem sogenannter Abweichungen zweiten Grades, die nicht eindeutig einer Preis- oder Mengenänderung zugerechnet werden können.

Abb. 20: Abweichungen zweiten Grades

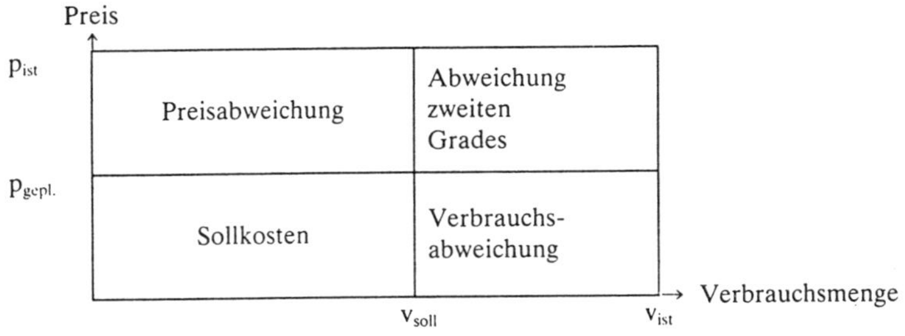

Das Problem wird gelöst, indem man die Abweichungen nacheinander bestimmt und die Abweichungen zweiten Grades jeweils der zuerst ermittelten Abweichungsart zurechnet (kumulative Abweichungsanalyse[33]). In der praktischen Durchführung der Abweichungsanalyse werden zunächst die Preisabweichungen ermittelt, wobei man, wie im Kap. 7.5.1.2 dargestellt, die tatsächliche Verbrauchsmenge zum einen mit dem Istpreis (→ Istkosten i. e. S.), zum anderen mit dem Planpreis (→ Istkosten^{PKR}) bewertet. Die Abweichung zweiten Grades geht somit in die Preisabweichung ein[34].

Abb. 21: Beseitigung der Abweichung zweiten Grades

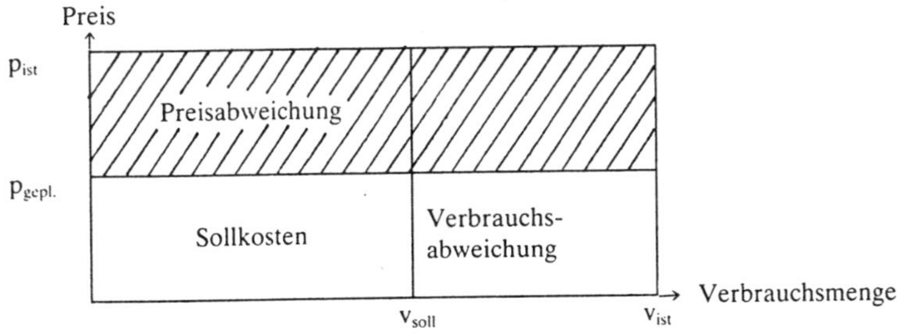

---

33 Vgl. *Kilger, W.*, Flexible Plankostenrechnung und Deckungsbeitragsrechnung, a.a.O., S. 173ff.

34 Zur Ermittlung der Preisabweichung bei Materialeinzelkosten siehe 7.5.2.1 und bei Fertigungseinzelkosten siehe 7.5.2.2.

7.5.2 Die Planung und Kontrolle der Einzelkosten

In der Entwicklung der Plankostenrechnung wurde stets besonderes Gewicht auf die Kontrolle der Gemeinkosten gelegt. Da die Einzelkosten in vielen Wirtschaftszweigen einen hohen Anteil an den Gesamtkosten besitzen, sollte jedoch auch die Kontrolle der Einzelkosten nicht vernachlässigt werden.

7.5.2.1 Die Planung und Kontrolle der Materialeinzelkosten

Die geplanten Materialeinzelkosten je Kostenträgereinheit und Werkstoffart erhält man als Produkt der Planverbrauchsmenge eines Werkstoffes je Kostenträgereinheit und des Planpreises.

Grundlage für die Ermittlung der Planverbrauchsmengen (≡ Verbrauchsmengen bei wirtschaftlicher Fertigungsweise) sind Stücklisten, Rezepturen und andere technische Aufzeichnungen, die Auskunft über die in den Kostenträgern enthaltenen Materialmengen geben. Diesen Nettoverbrauchsmengen wird ein Zuschlag für auch bei wirtschaftlicher Fertigung unvermeidbaren Abfall hinzugerechnet[35]. Es gilt also:

$$\begin{matrix}\text{Planverbrauchsmenge} \\ \text{je Kostenträgereinheit}\end{matrix} = \begin{matrix}\text{Nettoverbrauchsmenge} \\ \text{je Kostenträgereinheit}\end{matrix} + \begin{matrix}\text{Planabfallmenge} \\ \text{je Kostenträgereinheit}\end{matrix}$$

und damit:

$$\begin{matrix}\text{Gepl. Materialeinzelkosten} \\ \text{je Kostenträgereinheit}\end{matrix} = \begin{matrix}\text{Planverbrauchsmenge} \\ \text{je Kostenträgereinheit}\end{matrix} \cdot \text{Planpreis}$$

Bei der Ermittlung der Abweichungen wird wie folgt verfahren:

Preisabweichung:

$$\Delta P = \text{Istkosten i. e. S.} - \text{Istkosten}^{PKR}$$
$$= \text{Istverbrauchsmenge} \cdot \text{Istpreis} - \text{Istverbrauchsmenge} \cdot \text{Planpreis}$$

Verbrauchsabweichung:

$$\Delta V = \text{Istkosten}^{PKR} - \text{Sollkosten}$$

wobei gilt[36]:

Sollkosten = Istanzahl der Kostenträger · Gepl. Materialeinzelkosten je Kostenträgereinheit

Beispiel:[37]

In einer Konservenfabrik wurden im Abrechnungszeitraum für die Erzeugnisart „Weiße Bohnen“ folgende Daten ermittelt:

---

35 Unvermeidbarer Abfall entsteht z. B. beim Ausstanzen der Deckel von Konservendosen.

36 Vgl. 7.5.1.1.

37 Die Beispiele zur Kontrolle der Material- und der Fertigungseinzelkosten wurden in Anlehnung an *Hantke, H.,* Moderne Verfahren der Kostenrechnung II, Bonn 1974, S. 88ff. erstellt.

Für die Kostenträgereinheit „1 Karton à 30 Dosen Weiße Bohnen“ gelten folgende Plandaten:

Materialart	Planverbrauchsmenge	Planpreis $\left[\frac{DM}{ME}\right]$
Bohnen W Ia	15 kg*	0,30
Dosen	30	0,11
Deckel	30	0,045
Etiketten	30	0,001
Karton	1	2,50

* Hülsenfruchteinwaage 500 g pro Dose. Das beigegebene Wasser wird aus Wirtschaftlichkeitsgründen als (unechte) Erzeugnisgemeinkosten verrechnet.

Der Fertigungsablauf besteht aus den Arbeitsgängen Füllen der Dosen, Verschließen der Dosen, Garen, Etikettieren und Verpacken. Der Anfangsbestand an unfertigen Erzeugnissen in den Garungsbehältern betrug 1.500 Dosen, der Endbestand 1.350 Dosen. Die in der Periode produzierte Menge betrug 1.000 Kartons (Zugang auf dem Fertigwarenlager). Istverbrauchsmengen und Istpreise der Werkstoffarten zeigt die folgende Tabelle:

Materialart	Istverbrauchsmenge	Istpreis $\left[\frac{DM}{ME}\right]$
Bohnen W Ia	15.500 kg	0,31
Dosen	30.750	0,105
Deckel	30.600	0,047
Etiketten	31.000	0,001
Karton	1.010	2,55

Ermittlung der Preisabweichungen:

ΔP = Istkosten i. e. S. − Istkosten^{PKR}
= Istverbrauchsmenge · Istpreis − Istverbrauchsmenge · Planpreis
= Istverbrauchsmenge · (Istpreis − Planpreis)

$$\Delta P_1 = 15.500\ \text{kg} \cdot \left(0{,}31\frac{DM}{kg} - 0{,}30\frac{DM}{kg}\right) = 155{,}00\ DM$$

$$\Delta P_2 = 30.750\ \text{Dosen} \cdot \left(0{,}105\frac{DM}{Dose} - 0{,}11\frac{DM}{Dose}\right) = -153{,}75\ DM$$

$$\Delta P_3 - 30.600\ \text{Deckel} \cdot \left(0{,}047\frac{DM}{Deckel} - 0{,}045\frac{DM}{Deckel}\right) = 61{,}20\ DM$$

$$\Delta P_4 = 31.000\ \text{Etiketten} \cdot \left(0{,}001\frac{DM}{Etikett} - 0{,}001\frac{DM}{Etikett}\right) = \text{—}$$

$$\Delta P_5 = 1.010\ \text{Kartons} \cdot \left(2{,}55\frac{DM}{Karton} - 2{,}50\frac{DM}{Karton}\right) = 50{,}50\ DM$$

$$\Sigma\Delta P = 112{,}95\ DM$$

Die Preisabweichung der gesamten Materialeinzelkosten beträgt im Abrechnungszeitraum 112,95 DM.

Ermittlung der Verbrauchsabweichungen:

ΔV = Istkosten^{PKR} – Sollkosten
= Istverbrauchsmenge · Planpreis – Istanzahl der Kostenträger · Planverbrauchsmenge je Kostenträgereinheit · Planpreis
= Istverbrauchsmenge · Planpreis – Sollverbrauchsmenge · Planpreis
= (Istverbrauchsmenge – Sollverbrauchsmenge) · Planpreis

		Istkosten^{PKR}		Sollkosten		ΔV
$\Delta V_1 = 15.500\text{ kg} \cdot 0{,}30 \frac{\text{DM}}{\text{kg}} - 995\text{ Kartons} \cdot 15 \frac{\text{kg}}{\text{Karton}} \cdot 0{,}30 \frac{\text{DM}}{\text{kg}}$	=	4.650,00 DM	–	4.477,50 DM	=	172,50 DM
$\Delta V_2 = 30.750\text{ Dosen} \cdot 0{,}11 \frac{\text{DM}}{\text{Dose}} - 995\text{ Kartons} \cdot 30 \frac{\text{Dosen}}{\text{Karton}} \cdot 0{,}11 \frac{\text{DM}}{\text{Dose}}$	=	3.382,50 DM	–	3.283,50 DM	=	99,00 DM
$\Delta V_3 = 30.600\text{ Deckel} \cdot 0{,}045 \frac{\text{DM}}{\text{Deckel}} - 995\text{ Kartons} \cdot 30 \frac{\text{Deckel}}{\text{Karton}} \cdot 0{,}045 \frac{\text{DM}}{\text{Deckel}}$	=	1.377,00 DM	–	1.343,25 DM	=	33,75 DM
$\Delta V_4 = 31.000\text{ Etiketten} \cdot 0{,}001 \frac{\text{DM}}{\text{Etikett}} - 1.000\text{ Kartons} \cdot 30 \frac{\text{Etiketten}}{\text{Karton}} \cdot 0{,}001 \frac{\text{DM}}{\text{Etikett}}$	=	31,00 DM	–	30,00 DM	=	1,00 DM
$\Delta V_5 = 1.010\text{ Kartons} \cdot 2{,}50 \frac{\text{DM}}{\text{Karton}} - 1.000\text{ Kartons} \cdot 1 \cdot 2{,}50 \frac{\text{DM}}{\text{Karton}}$	=	2.525,00 DM	–	2.500,00 DM	=	25,00 DM
$\Sigma\Delta V$	=	11.965,50 DM	–	11.634,25 DM	=	331,25 DM

Die Verbrauchsabweichung der gesamten Materialeinzelkosten beträgt im Abrechnungszeitraum: 331,25 DM.

Damit ergibt sich eine Gesamtabweichung (= Istkosten i. e. S. – Sollkosten) von $\Delta P + \Delta V$ = 444,20 DM.

Die ermittelten Verbrauchsabweichungen sind mit dem Ziel auszuwerten, ihre Ursachen zu bestimmen und somit die Verantwortlichkeit für eine Abweichung eindeutig festlegen zu können. Nach den Ursachen lassen sich u. a. folgende Materialverbrauchsabweichungen unterscheiden:

- 1) Auftragsbedingte Abweichungen; das sind Abweichungen aufgrund außerplanmäßiger Produktgestaltung (ausgelöst z.B. durch technische Gründe oder besondere Kundenanforderungen);
- 2) Mischungsabweichungen aufgrund von Abweichungen der Materialzusammensetzung von den Standardmischungen (etwa in der chemischen Industrie);
- 3) Abweichungen infolge außerplanmäßiger Materialqualität (z.B. wenn der Eisengehalt von für die Stahlerzeugung eingesetzten Erzen geringer als geplant ist);
- 4) Abweichungen aufgrund unwirtschaftlicher Fertigung (z.B. Ausschuß); diese Abweichungen sind vom Kostenstellenleiter der Fertigungskostenstelle zu verantworten.

7.5.2.2 Die Planung und Kontrolle der Fertigungseinzelkosten

Auch die Planung der Fertigungseinzelkosten (≡ Fertigungslöhne[38]) erfolgt kostenträgerbezogen. Um die geplanten Fertigungslöhne je Kostenträgereinheit zu ermitteln, sind durch die Kostenplanung der Planlohnsatz (≡ Planpreis der Fertigungslöhne) und die geplanten Fertigungszeiten (≡ Planverbrauchsmengen bei Fertigungslöhnen) festzulegen.

Die Planung der Fertigungszeiten erfolgt hierbei nach arbeitswissenschaftlichen Erkenntnissen. Sie ist in Akkordlohnsystemen identisch mit der Festlegung der Vorgabezeiten für die einzelnen Arbeitsgänge[39]. Werden statt Akkordlöhnen Zeitlöhne gezahlt, sind die Fertigungszeiten je Kostenträgereinheit ebenfalls nach arbeitswissenschaftlichen Erkenntnissen festzulegen.

Es gilt also für jeden Arbeitsgang:

$$\frac{\text{Gepl. Fertigungslöhne}}{\text{je Kostenträgereinheit}} = \frac{\text{Gepl. Fertigungszeiten}}{\text{je Kostenträgereinheit}} \cdot \text{Planlohnsatz}$$

Bei der Ermittlung der Abweichungen wird wie folgt verfahren:

Lohnsatz- bzw. Tarifabweichung (≡ Preisabweichung bei Fertigungslöhnen):

---

38 Diese Gleichsetzung unterstellt, daß alle Fertigungslöhne den Kostenträgern direkt zugerechnet werden können.

39 In der Fertigungsplanung wird allerdings mit geringeren Zeiten pro Arbeitsgang geplant, da i. d. R. die Vorgabezeiten von den Arbeitern unterschritten werden.

ΔP = Istkosten i. e. S. – Istkosten^{PKR}
= Istarbeitszeit · Istlohnsatz – Istarbeitszeit · Planlohnsatz
= Istarbeitszeit · (Istlohnsatz – Planlohnsatz)

Unter Istarbeitszeit im Sinne der Plankostenrechnung ist die bezahlte Arbeitszeit zu verstehen. Da bei Akkordentlohnung je Arbeitsgang nur die Vorgabezeit vergütet wird, stimmt hier grundsätzlich die geplante Fertigungszeit je Kostenträgereinheit (≡ Vorgabezeit) mit der Istarbeitszeit (≡ bezahlte Arbeitszeit) überein.

Aufgrund verschiedener Ursachen ergeben sich dennoch Abweichungen zwischen Ist- und Sollarbeitszeit, die vom Betrieb vergütet werden. Als mögliche Ursachen sind u. a. zu nennen[40]:

- 1) Mindestlohngarantie; d.h., daß ein Arbeiter, dessen Leistungsgrad unter ein vereinbartes Niveau sinkt, einen bestimmten Garantielohn erhält;
- 2) materialbedingte Überschreitungen der Vorgabezeit;
- 3) auftragsbedingte Überschreitungen der Vorgabezeit;
- 4) nicht vom Arbeiter zu verantwortende Wartezeiten (Reparaturen, Verzögerungen im Materialfluß und sonstige Betriebsstörungen);
- 5) fehlerhafte Vorgabezeiten.

Die so entstehenden Kostenabweichungen werden als Zusatzlöhne[41] bezeichnet.

Zusatzlöhne (≡ Verbrauchsabweichungen (ΔV) bei Fertigungslöhnen im Akkordlohnsystem):

ΔV = Istkosten^{PKR} – Sollkosten

wobei gilt:

$$\text{Sollkosten} = \text{Istanzahl der Kostenträger} \cdot \frac{\text{Gepl. Fertigungslöhne}}{\text{je Kostenträgereinheit}}$$

$$= \text{Istanzahl der Kostenträger} \cdot \frac{\text{Gepl. Fertigungszeiten}}{\text{je Kostenträgereinheit}} \cdot \text{Planlohnsatz}$$

$$= \text{Sollarbeitszeit} \cdot \text{Planlohnsatz}$$

damit gilt:

ΔV = (Istarbeitszeit – Sollarbeitszeit) · Planlohnsatz

Werden Fertigungslöhne als **Zeitlöhne** gezahlt, entspricht die bezahlte Arbeitszeit der Anwesenheitszeit (Anwesenheitszeit = Bezahlte Arbeitszeit ≡ Istarbeitszeit). Eine zu Kostenabweichungen führende Differenz zwischen Istarbeitszeit und Sollarbeitszeit kann zum einen auf Wartezeiten, material- und auftragsbedingten Überschreitungen der geplanten

40 Vgl. *Kilger, W.*, Flexible Plankostenrechnung und Deckungsbeitragsrechnung, a.a.O., S. 284ff.

41 Zusatzlöhne sind nicht im Sinne von Zusatzkosten zu verstehen.

Fertigungszeit und anderen nicht vom Arbeiter zu verantwortenden Ursachen beruhen. Sie kann aber im Gegensatz zur Akkordentlohnung auch durch eine Abweichung zwischen bezahlter (≡ tatsächlicher) und geplanter Fertigungszeit je Kostenträgereinheit verursacht worden sein, die vom Arbeiter zu verantworten ist, weil seine Leistung von den Planwerten abweicht. Formal werden die Arbeitszeitabweichungen, wie die Verbrauchsabweichungen im Zeitlohnsystem genannt werden, auf die gleiche Weise wie die Zusatzlöhne bestimmt.

Die bezahlte Arbeitszeit unterscheidet sich bei Akkordentlohnung von der tatsächlichen Arbeitszeit (≡ Anwesenheitszeit), wenn der tatsächliche Leistungsgrad eines Arbeiters vom geplanten Leistungsgrad (≡ Normalleistungsgrad = 1 = 100 %) abweicht.

Leistungsgradabweichung:

$$\Delta LG = \text{Istleistungsgrad} - \text{Normalleistungsgrad}$$

$$= \frac{\text{Bezahlte Arbeitszeit}}{\text{Anwesenheitszeit}} - 1$$

Leistungsgradabweichungen führen nicht zu Kostenabweichungen. Gleichwohl werden sie in einer Leistungsgradanalyse ausgewertet, die Aufschluß über die tatsächliche Auslastung der Arbeitsplätze und Betriebsmittel sowie über die Notwendigkeit einer Korrektur der Vorgabezeiten gibt.

Bei Zeitlöhnen entfällt wegen der Gleichheit von bezahlter Arbeitszeit und Anwesenheitszeit die Leistungsgradabweichung.

Beispiel:

In einer Konservenfabrik gelten für die Erzeugnisart „Weiße Bohnen" (Kostenträgereinheit: 1 Karton à 30 Dosen) folgende Daten:

Arbeitsgang	Plandaten		Istdaten der Kontrollperiode			
	Planlohnsatz (incl. Sozialk.) $\left[\frac{DM}{Std.}\right]$	Planzeit $\left[\frac{Min.}{Kostenträgereinheit}\right]$	Lohnform[42]	Istlohnsatz (incl. Sozialk.) $\left[\frac{DM}{Std.}\right]$	Bezahlte Arbeitszeit [Std.]	Anwesenheitszeit [Std.]
1 Füllen der Dosen	8,40	12	AL	8,60	207	189
2 Verschließen der Dosen	9,60	6	AL	9,85	103,5	96
3 Beschicken des Garungsbehälters	7,50	3	ZTL	7,70	52	52
4 Entladen des Garungsbehälters	7,50	3	ZTL	7,70	53	53
5 Etikettieren der Dosen	7,80	9	AL	8,00	154,5	135
6 Verpacken in Kartons	6,60	6	AL	6,80	103	98

Im Abrechnungszeitraum werden für 995 Kartons die Arbeitsgänge 1 bis 3 und für 1.000 Kartons die Arbeitsgänge 4 bis 6 ausgeführt (vgl. die Aufgabenstellung zum Beispiel „Kontrolle der Materialeinzelkosten").

42 AL = Akkordlohn; ZTL = Zeitlohn.

Ermittlung der Leistungsgradabweichungen:

$$\Delta LG = \frac{\text{Bezahlte Arbeitszeit}}{\text{Anwesenheitszeit}} - 1$$

$$= \text{Istleistungsgrad} - \text{Normalleistungsgrad}$$

$$\Delta LG_1 = \frac{207\ \text{Std.}}{189\ \text{Std.}} - 1 = 0{,}095 = 9{,}5\,\%$$

$$\Delta LG_2 = \frac{103{,}5\ \text{Std.}}{96\ \text{Std.}} - 1 = 0{,}078 = 7{,}8\,\%$$

$$\Delta LG_3 = \frac{52\ \text{Std.}}{52\ \text{Std.}} - 1 = 0$$

$$\Delta LG_4 = \frac{53\ \text{Std.}}{53\ \text{Std.}} - 1 = 0$$

$$\Delta LG_5 = \frac{154{,}5\ \text{Std.}}{135\ \text{Std.}} - 1 = 0{,}144 = 14{,}4\,\%$$

$$\Delta LG_6 = \frac{103\ \text{Std.}}{98\ \text{Std.}} - 1 = 0{,}051 = 5{,}1\,\%$$

Ermittlung der Lohnsatzabweichungen:

$$\Delta P = \text{Istkosten i. e. S.} - \text{Istkosten}^{PKR}$$

$$= \text{Istarbeitszeit} \cdot \text{Istlohnsatz} - \text{Istarbeitszeit} \cdot \text{Planlohnsatz}$$

$$= \text{Istarbeitszeit} \cdot (\text{Istlohnsatz} - \text{Planlohnsatz})$$

$$\Delta P_1 = 207\ \text{Std.} \cdot \left(8{,}60\ \frac{\text{DM}}{\text{Std.}} - 8{,}40\ \frac{\text{DM}}{\text{Std.}}\right) = 41{,}40\ \text{DM}$$

$$\Delta P_2 = 103{,}5\ \text{Std.} \cdot \left(9{,}85\ \frac{\text{DM}}{\text{Std.}} - 9{,}60\ \frac{\text{DM}}{\text{Std.}}\right) = 25{,}875\ \text{DM}$$

$$\Delta P_3 = 52\ \text{Std.} \cdot \left(7{,}70\ \frac{\text{DM}}{\text{Std.}} - 7{,}50\ \frac{\text{DM}}{\text{Std.}}\right) = 10{,}40\ \text{DM}$$

$$\Delta P_4 = 53\ \text{Std.} \cdot \left(7{,}70\ \frac{\text{DM}}{\text{Std.}} - 7{,}50\ \frac{\text{DM}}{\text{Std.}}\right) = 10{,}60\ \text{DM}$$

$$\Delta P_5 = 154{,}5\ \text{Std.} \cdot \left(8{,}00\ \frac{\text{DM}}{\text{Std.}} - 7{,}80\ \frac{\text{DM}}{\text{Std.}}\right) = 30{,}90\ \text{DM}$$

$$\Delta P_6 = 103\ \text{Std.} \cdot \left(6{,}80\ \frac{\text{DM}}{\text{Std.}} - 6{,}60\ \frac{\text{DM}}{\text{Std.}}\right) = 20{,}60\ \text{DM}$$

$$\Sigma\Delta P = 139{,}775\ \text{DM}$$

Die gesamte Lohnsatzabweichung für alle Arbeitsgänge beträgt 139,775 DM.

Ermittlung der Zusatzlöhne und Arbeitszeitabweichungen:

ΔV = Istkosten[PKR] – Sollkosten
= Istarbeitszeit · Planlohnsatz – Istanzahl der Kostenträger · gepl. Fertigungslöhne je Kostenträgereinheit
= Istarbeitszeit · Planlohnsatz – Istanzahl der Kostenträger · gepl. Fertigungszeit je Kostenträgereinheit · Planlohnsatz
= Istarbeitszeit · Planlohnsatz – Sollarbeitszeit · Planlohnsatz
= (Istarbeitszeit – Sollarbeitszeit) · Planlohnsatz

		Istkosten[PKR]		Sollkosten		ΔV
$\Delta V_1 = 207\ \text{Std.} \cdot 8{,}40\ \frac{\text{DM}}{\text{Std.}} - 995\ \text{Kartons} \cdot 0{,}2\ \frac{\text{Std.}}{\text{Karton}} \cdot 8{,}40\ \frac{\text{DM}}{\text{Std.}}$	=	1.738,80 DM	–	1.671,60 DM	=	67,20 DM
$\Delta V_2 = 103{,}5\ \text{Std.} \cdot 9{,}60\ \frac{\text{DM}}{\text{Std.}} - 995\ \text{Kartons} \cdot 0{,}1\ \frac{\text{Std.}}{\text{Karton}} \cdot 9{,}60\ \frac{\text{DM}}{\text{Std.}}$	=	993,60 DM	–	955,20 DM	=	38,40 DM
$\Delta V_3 = 52\ \text{Std.} \cdot 7{,}50\ \frac{\text{DM}}{\text{Std.}} - 995\ \text{Kartons} \cdot 0{,}05\ \frac{\text{Std.}}{\text{Karton}} \cdot 7{,}50\ \frac{\text{DM}}{\text{Std.}}$	=	390,00 DM	–	373,125 DM	=	16,875 DM
$\Delta V_4 = 53\ \text{Std.} \cdot 7{,}50\ \frac{\text{DM}}{\text{Std.}} - 1.000\ \text{Kartons} \cdot 0{,}05\ \frac{\text{Std.}}{\text{Karton}} \cdot 7{,}50\ \frac{\text{DM}}{\text{Std.}}$	=	397,50 DM	–	375,00 DM	=	22,50 DM
$\Delta V_5 = 154{,}5\ \text{Std.} \cdot 7{,}80\ \frac{\text{DM}}{\text{Std.}} - 1.000\ \text{Kartons} \cdot 0{,}15\ \frac{\text{Std.}}{\text{Karton}} \cdot 7{,}80\ \frac{\text{DM}}{\text{Std.}}$	=	1.205,10 DM	–	1.170,00 DM	=	35,10 DM
$\Delta V_6 = 103\ \text{Std.} \cdot 6{,}60\ \frac{\text{DM}}{\text{Std.}} - 1.000\ \text{Kartons} \cdot 0{,}1\ \frac{\text{Std.}}{\text{Karton}} \cdot 6{,}60\ \frac{\text{DM}}{\text{Std.}}$	=	679,80 DM	–	660,00 DM	=	19,80 DM
$\Sigma\Delta V$	=	5.404,80 DM	–	5.204,925 DM	=	199,875 DM

Die Zusatzlöhne und Arbeitszeitabweichungen betragen insgesamt 199,875 DM. Damit ergibt sich eine Gesamtabweichung (= Istkosten i. e. S. – Sollkosten) von $\Delta P + \Delta V = 339{,}65$ DM.

7.5.3 Beispiel zur Gemeinkostenkontrolle mit und ohne Fixkostensprünge(n)

Das Beispiel soll die in den Kapiteln 7.2.3.2, 7.4.3 und 7.5.1.1 dargestellte Vorgehensweise zur Kontrolle von Gemeinkosten veranschaulichen.

Für eine Kostenstelle Fertigung ist der folgende monatliche Kostenplan aufgestellt worden:

Monatlicher Kostenplan der Kostenstelle Fertigung I					
Bezugsgröße: Ausbringung in to		Planbeschäftigung: $x_{p_{gepl.}}$ = 5.000 to			
Kostenarten	Planmenge	Planpreis	Plankosten		
			Gesamt	Fix	Proportional
Gemeinkostenlöhne	2.790 Std.	10,—	27.900	3.000	24.900
Gehälter	—	—	3.200	3.200	—
Sozialkosten	31.100 DM*	0,34	10.574	2.108	8.466
Hilfsstoffe	5.000 to	0,80	4.000	—	4.000
Fremdbez. Strom	145.000 kWh	0,17	24.650	2.016	22.634
Kalk. Abschreibungen	—	—	24.500	24.500	—
Kalk. Zinsen	—	—	5.176	5.176	—
Σ Plankosten bei Planbeschäftigung			100.000	40.000	60.000

* = Σ Gemeinkostenlöhne und Gehälter

Die Istbeschäftigung beträgt im Abrechnungszeitraum 3.000 to. Die nachstehende Übersicht zeigt die Istgemeinkosten^{PKR} für den Fall α (Istfixkosten^{PKR} geplante Fixkosten) und den Fall β (Istfixkosten^{PKR} $\neq$ geplante Fixkosten). Fall β unterscheidet sich von Fall α dadurch, daß hier im Verlauf des Planjahres der gewerbliche Produktionsstatistiker (Lohnempfänger) durch Todesfall ausschied und durch einen Angestellten ersetzt wurde. Daraus ergibt sich eine Verringerung der fixen Gemeinkostenlöhne von 2.500 DM, eine Erhöhung der Gehälter um 3.000,– DM sowie per Saldo eine Erhöhung der Sozialkosten um 170,– DM. (Bei den verbleibenden Gemeinkostenlöhnen handelt es sich um anteilige Kosten einer Putzfrau.)

Kostenarten	Istkosten^{PKR}		
	Fixe		Proportionale
	Fall α	Fall β	
Gemeinkostenlöhne	3.000	500	21.800
Gehälter	3.200	6.200	–
Sozialkosten	2.108	2.278	6.324
Hilfsstoffe	–	–	2.300
Fremdbez. Strom	2.016	2.016	19.576
Kalk. Abschreibungen	24.500	24.500	–
Kalk. Zinsen	5.176	5.176	–
Σ Gemeinkosten	40.000	40.670	50.000

a) Ermittlung der Verbrauchsabweichungen (ΔV) und der Beschäftigungsabweichung (ΔB) im System der flexiblen Plankostenrechnung auf Vollkostenbasis[43]

Fall α: ohne Fixkostensprünge (Istfixkosten^{PKR} = geplante Fixkosten)

ΔV = Istkosten^{PKR} – Sollkosten
= Istkosten^{PKR} – (Geplante Fixkosten + Proportionale Plankosten · Istbeschäftigungsgrad)

Soll-Ist-Vergleich Kostenstelle Fertigung I

Planbeschäftigung: $x_{P_{gepl.}} = 5.000$ to — Istbeschäftigung: $x_p = 3.000$ to

$$\text{Istbeschäftigungsgrad} = \frac{\text{Istbeschäftigung}}{\text{Planbeschäftigung}} \cdot 100 = \frac{3.000\text{ to}}{5.000\text{ to}} \cdot 100 = 60\,\%$$

Kostenarten	Istkosten^{PKR}	Sollkosten fixe	+	proportionale	=	volle	Verbrauchsabweichungen DM	%*
Gemeinkostenlöhne	24.800	3.000	+	24.900 · 0,6	=	17.940	6.860	38,24
Gehälter	3.200	3.200	+	0	=	3.200	—	—
Sozialkosten	8.432	2.108	+	8.466 · 0,6	=	7.187,60	1.244,40	17,31
Hilfsstoffe	2.300	0	+	4.000 · 0,6	=	2.400	– 100	– 4,17
Fremdbez. Strom	21.592	2.016	+	22.634 · 0,6	=	15.596,40	5.995,60	38,44
Kalk. Abschreibungen	24.500	24.500	+	0	=	24.500	—	—
Kalk. Zinsen	5.176	5.176	+	0	=	5.176	—	—
Σ Gemeinkosten	90.000	40.000	+	60.000 · 0,6	=	76.000	14.000	18,42

* bezogen auf die Sollkosten

Die Plankosten werden mit einem Planzuschlagssatz von 100.000 DM/5.000 to = 20 DM/to auf die Kostenträger weiterverrechnet; verrechnete Plankosten = 20 DM/to · 3.000 to = 60.000 DM. Es ergibt sich eine Beschäftigungsabweichung (= ΔB) zwischen Sollkosten und verrechneten Plankosten von 76.000 DM – 60.000 DM = 16.000 DM aufgrund der wegen ihrer Proportionalisierung zu wenig verrechneten Fixkosten.

43 Vgl. Beispiel und graphische Darstellung zur flexiblen Plankostenrechnung auf Vollkostenbasis in Kap. 7.2.3.2, wo die gleichen Kostensummen verwendet worden sind.

Fall β: mit Fixkostensprüngen (Istfixkosten ≠ geplante Fixkosten)

ΔV = Istkosten^{PKR} – Sollkosten
= Istkosten^{PKR} – (Fixkosten^{PKR} neu + Proportionale Plankosten · Istbeschäftigungsgrad)

Soll-Ist-Vergleich Kostenstelle Fertigung I

Planbeschäftigung: $X_{P_{gepl.}} = 5.000$ to — Istbeschäftigung = 3.000 to

$$\text{Istbeschäftigungsgrad} = \frac{\text{Istbeschäftigung}}{\text{Planbeschäftigung}} \cdot 100 = \frac{3.000 \text{ to}}{5.000 \text{ to}} = 60\%$$

	Istkosten^{PKR}	Fixkosten lt. Plan	Fixkosten Veränderung	Sollkosten fixe neu	+ proportionale	= volle	Verbrauchsabweichungen DM	Verbrauchsabweichungen %*
Gemeinkostenlöhne	22.300	3.000	– 2.500	500	+ 24.900 · 0,6	= 15.440	6.860	44,43
Gehälter	6.200	3.200	+ 3.000	6.200	+ 0	= 6.200	–	–
Sozialkosten	8.602	2.108	+ 170	2.278	+ 8.466 · 0,6	= 7.357,60	1.244,40	16,91
Hilfsstoffe	2.300	0	+ 0	0	+ 4.000 · 0,6	= 2.400	– 100	– 4,17
Fremdbez. Strom	21.592	2.016	+ 0	2.016	+ 22.634 · 0,6	= 15.596,40	5.995,60	38,44
Kalk. Abschreibungen	24.500	24.500	+ 0	24.500	+ 0	= 24.500	–	–
Kalk. Zinsen	5.176	5.176	+ 0	5.176	+ 0	= 5.176	–	–
Σ Gemeinkosten	90.670	40.000	+ 670	40.670	+ 60.000 · 0,6	= 76.670	14.000	18,26

* bezogen auf die Sollkosten

Treten während eines laufenden Jahres Fixkostensprünge auf, die in den Jahresplandaten anstehender Abrechnungsmonate nicht berücksichtigt sind, so bietet sich zu deren Berücksichtigung eine nachträgliche Änderung der Fixkostenplanansätze für diese Abrechnungszeiträume oder der oben dargestellte Weg an, bei dem die Fixkostenveränderungen explizit aufgezeigt werden.

Die dargestellte Vorgehensweise hat den Vorteil des expliziten Ausweises von Fixkostensprüngen, ohne dabei die Rechensystematik der Ermittlung der Verbrauchsabweichung zu verändern. In die Verbrauchsabweichung geht nur die Veränderung des Mengengerüstes der proportionalen Kosten ein. Die absoluten Werte der Verbrauchsabweichungen sind daher die gleichen wie oben im Fall α (ohne Fixkostensprünge) und nachfolgend bei der Darstellung des Beispieles in der Grenzplankostenrechnung. Da jedoch hier die Sollkosten die **neuen** Fixkosten beinhalten, ergeben sich beim Bezug der absoluten Verbrauchsabweichungen auf die Sollkosten andere Abweichungsprozentsätze als oben im Fall α und nachfolgend bei der Grenzplankostenrechnung.

Wie im Fall α belaufen sich auch hier die verrechneten Plankosten auf 60.000 DM. Die Beschäftigungsabweichung (Δ B) zwischen Sollkosten von jetzt 76.670 DM und verrechneten Plankosten von 60.000 DM beträgt 16.670 DM.

b) Ermittlung der Verbrauchsabweichungen (ΔV) im System der Grenzplankostenrechnung[44]

ΔV = Proportionale Istkosten^{PKR} – Proportionale Sollkosten
= Proportionale Istkosten^{PKR} – Proportionale Plankosten · Istbeschäftigungsgrad

Soll-Ist-Vergleich Kostenstelle Fertigung I				
Planbeschäftigung: $x_{p_{gepl.}}$ = 5.000 to		Istbeschäftigung: x_p = 3.000 to		Istbeschäftigungsgrad: 60 %
Kostenarten	Prop. Istkosten^{PKR}	Prop. Sollkosten	Verbrauchsabweichungen DM	Verbrauchsabweichungen %*
Gemeinkostenlöhne	21.800	24.900 · 0,6 = 14.940	6.860	45,92
Gehälter	—	—	—	—
Sozialkosten	6.324	8.466 · 0,6 = 5.079,60	1.244,40	24,50
Hilfsstoffe	2.300	4.000 · 0,6 = 2.400	– 100	– 4,17
Fremdbez. Strom	19.576	22.634 · 0,6 = 13.580,40	5.995,60	44,15
Kalk. Abschreibungen	—	—	—	—
Kalk. Zinsen	—	—	—	—
Σ Prop. Gemeinkosten	50.000	60.000 · 0,6 = 36.000	14.000	38,89

* bezogen auf die proportionalen Sollkosten

Da nur proportionale Kosten auf die Kostenträger weiterverrechnet werden und somit die verrechneten Plankosten gleich den prop. Sollkosten sind, entfällt die Beschäftigungsabweichung. Aus gleichem Grunde entfällt die Problematik der Berücksichtigung von Fixkostensprüngen. Bei Ermittlung **langfristiger** Preisuntergrenzen und Solldeckungsbeiträge sind jedoch die Fixkosten miteinzubeziehen. Insoweit stellt sich auch hier die Problematik der Berücksichtigung von Fixkostensprüngen.

44 Vgl. Beispiel und graphische Darstellung zur Grenzplankostenrechnung in Kap. 7.4.3.

7.6 Die Prozeßkostenrechnung als Instrument des Gemeinkostenmanagements

Rascher technischer Fortschritt verbunden mit kürzeren Produktlebenszyklen und eine wachsende Internationalisierung des Wettbewerbs beeinflussen den Unternehmenserfolg in immer stärkerem Maße. Sie führen zu veränderten Unternehmenstrukturen, in denen planende, steuernde und überwachende Tätigkeiten zunehmende Bedeutung erlangen und der Umfang **indirekter Leistungen** u. a. durch Forschung und Entwicklung, Einkauf, Logistik, Vertrieb und Verwaltung ständig wächst[45]. Als Folge dieser Entwicklung steigt der Anteil der Gemeinkosten am Kostenvolumen eines Unternehmens.

Zur Planung und Steuerung der Gemeinkosten sind die traditionellen Kostenrechnungssysteme nur bedingt geeignet. Die Budgetierung erfolgt aufgrund fehlender Transparenz zumeist nicht leistungsbezogen. Die Überprüfung, ob die Budgets eingehalten wurden, sagt nichts über die Wirtschaftlichkeit der erbrachten Leistungen aus. Zudem werden in der Kalkulation die Gemeinkosten den Produkten häufig nur mit pauschalen Zuschlagssätzen belastet. Der Beitrag dieser Produkte zur Gemeinkostenentstehung wird daher vielfach nicht erkennbar; es besteht die Gefahr von preis- und produktpolitischen Fehlentscheidungen[46].

Die **Prozeßkostenrechnung** soll die Basis für das Management der Gemeinkosten schaffen. Mit diesem System sollen die quer durch ein Unternehmen ablaufenden Prozesse abgebildet und ihre Kosten ermittelt werden. Ziel ist es, die Gemeinkosten mengenmäßig planen und steuern, Rationalisierungsmöglichkeiten erkennen und die Produktkalkulation aussagefähiger gestalten zu können[47].

7.6.1 Grundprinzipien der Prozeßkostenrechnung

Um die Gemeinkostenstrukturen transparent zu machen, werden die gemeinkostenauslösenden und i. d. R. **abteilungsübergreifenden** Aktivitäten identifiziert und kostenmäßig bewertet. Solche Aktivitäten werden

---

45 Vgl. *Fröhling, O., Krause, H.,* DV-gestützte Prozeßkostenrechnung – Integrationsaspekte und Umsetzung auf Standard-Softwarebasis, in: Handbuch Kostenrechnung, Hrsg.: *Männel, W.,* Wiesbaden 1992, S. 384.

46 Vgl. *Mayer, R.,* Prozeßkosten und Prozeßkostenmanagement: Konzept, Vorgehensweise und Einsatzmöglichkeiten, in: Prozeßkostenmanagement, Hrsg.: *IFUA Horváth & Partner GmbH,* München 1991, S. 81; *Fröhling, O., Krause, H.,* a. a. O., S. 384.

47 Zu Zielen und Gestaltung der Prozeßkostenrechnung bzw. des Activity-Based-Costing vgl. u. a. *Mayer, R.,* a. a. O., S. 73 – 99; *Cooper, R.,* Activity-Based Costing, in: Handbuch Kostenrechnung, Hrsg.: *Männel, W.,* a. a. O., S. 360 – 383. Der Aufsatz Mayers bildet die Grundlage für die nachfolgende Darstellung der Prozeßkostenrechnung. Dort wurden auch die Abbildungen entnommen.

als **Hauptprozesse** bezeichnet. Hauptprozesse stellen z. B. die Planung eines Produktes, die Abwicklung von Fertigungsaufträgen, die Durchführung von Produktänderungen oder die Betreuung von Händlern dar.

Hauptprozesse lassen sich als eine Abfolge einer Vielzahl von Tätigkeiten – **Teilprozessen** – beschreiben, die von verschiedenen Kostenstellen durchgeführt werden. Eine Kostenstelle wiederum führt in der Regel Tätigkeiten für mehrere Hauptprozesse aus.

Die Höhe des Gemeinkostenvolumens, das durch diese Prozesse entsteht, wird durch Faktoren beeinflußt, die in der Prozeßkostenrechnung als **Kostentreiber** (Cost Driver) bezeichnet werden. Hierzu zählen etwa die Anzahl von Fertigungsaufträgen, die Anzahl von Produktänderungen oder die Anzahl von Händlern. Kostentreiber entsprechen den Bezugsgrößen (Bezugsbasen) in den traditionellen Kostenrechnungssystemen.

Die Einführung eines Prozeßkostenrechnungssystems beginnt damit, Hypothesen über die Hauptprozesse und Kostentreiber aufzustellen. Sie sind notwendig, um die Aktivitäten in den einzelnen Kostenstellen sinnvoll strukturieren zu können. Ausgangspunkt der **Hypothesenbildung** sind hierbei die jeweiligen unternehmensspezifischen Gegebenheiten.

In einem zweiten Schritt werden durch eine **Tätigkeitsanalyse** die in einer Kostenstelle ablaufenden Teilprozesse identifiziert. Sie erfolgt in der Regel durch Befragung der Kostenstellenverantwortlichen. Zu unterscheiden ist je nach Abhängigkeit von dem durch eine Kostenstelle zu erbringenden Leistungsvolumen zwischen **leistungsmengeninduzierten** (lmi) und **leistungsmengenneutralen** (lmn) **Prozessen.** In der Kostenstelle Fertigungsplanung z. B. stellt das Ändern der Arbeitspläne einen leistungsmengeninduzierten, weil von der Anzahl vorgenommener Produkt- oder Verfahrensänderungen abhängigen Prozeß dar, während das Leiten der Kostenstelle als leistungsmengenneutral einzustufen ist. Zu jedem Teilprozeß wird eine geeignete Maßgröße (Kostentreiber) festgelegt, die seine Häufigkeit bestimmt, z. B. die Anzahl der Produktänderungen als Maßgröße für den Teilprozeß „Ändern der Arbeitspläne".

In der nächsten Stufe erfolgt die **Zuordnung von Kapazitäten und Kosten** zu den Teilprozessen einer Kostenstelle. Der Kapazitätsbedarf eines Teilprozesses wird zweckmäßigerweise durch den Arbeitsaufwand in Mannjahren charakterisiert. Dies gilt für alle Kostenstellen, in denen die Personalkosten den überwiegenden Anteil der Kosten ausmachen. Bei hohen Sachkosten, etwa im EDV-Bereich, können andere Kriterien der Kapazitäts- und damit Kostenzuordnung Anwendung finden (z. B. Rechnerzeiten)[48]. Grundlage für die Zuordnung kann eine analytische

---

48 Vgl. *Mayer, R.*, a. a. O., S. 90.

Planung sein[49]. Um den hierfür erforderlichen Arbeitsaufwand zu vermeiden, erfolgt jedoch zumeist eine Ableitung aus Vorjahres- und/oder Budgetwerten[50]. Die Kostenstellenkosten werden dann im Verhältnis der Mannjahre auf die Teilprozesse aufgeteilt. Durch Division der Kosten eines Teilprozesses durch die Menge der jeweiligen Maßgröße erhält man den **Prozeßkostensatz** als durchschnittliche Kosten einer einmaligen Durchführung dieses Prozesses. Abb. 22 illustriert diese Vorgehensweise am Beispiel der Kostenstellen Fertigungsplanung und Qualitätssicherung.

Abb. 22: Teilprozesse der Kostenstellen „Fertigungsplanung" und „Qualitätssicherung"

Kostenstelle 5501 Fertigungsplanung									
Teilprozesse		**Kostentreiber**		**Kosten-zurech-nung**	**Prozeßkosten**			**Prozeß-kosten-satz**	
Nr.	Bezeichnung	Art (Anzahl der...)	Menge	Basis	lmi	lmn	gesamt	lmi	gesamt
1	Arbeitspläne ändern	Produktänderungen	200	4 MJ	400.000,–	40.000,–	440.000,–	2.000,–	2.200,–
2	Fertigung betreuen	Varianten	100	6 MJ	600.000,–	60.000,–	660.000,–	6.000,–	6.600,–
3	Abteilung leiten			1 MJ		100.000,–			
				11 MJ			1.100.000,–		

Kostenstelle 5504 Qualitätssicherung									
Teilprozesse		**Kostentreiber**		**Kosten-zurech-nung**	**Prozeßkosten**			**Prozeß-kosten-satz**	
Nr.	Bezeichnung	Art (Anzahl der...)	Menge	Basis	lmi	lmn	gesamt	lmi	gesamt
1	Prüfpläne ändern	Produktänderungen	200	2 MJ	200.000,–	50.000,–	250.000,–	1.000,–	1.250,–
2	Produktqualität sichern	Varianten	100	6 MJ	600.000,–	150.000,–	750.000,–	6.000,–	7.500,–
3	Teilnahme Qualitätszirkel			1 MJ		100.000,–			
4	Abteilung leiten			1 MJ		100.000,–			
				10 MJ			1.000.000,–		

---

49 Darunter versteht man eine Kostenplanung mittels technisch-kostenwirtschaftlicher Analysen. Als Methoden werden u. a. Berechnungen, Messungen oder Funktionsanalysen angewandt. Vgl. dazu im einzelnen *Kilger, W.,* Flexible Plankostenrechnung, a. a. O., S. 358 ff.

50 Hier besteht allerdings die Gefahr, daß vorhandene Unwirtschaftlichkeiten für die Zukunft fortgeschrieben werden. Vgl. *Mayer, R.,* a. a. O., S. 90.

Den Abschluß des Einführungsprozesses bildet die **Verdichtung** der leistungsmengeninduzierten Prozesse **zu Hauptprozessen** (Abb. 23). Dadurch kann die Planung auf die wesentlichen kostenbestimmenden Prozesse beschränkt und so ihre Wirtschaftlichkeit und Handhabbarkeit erhöht werden. Im Beispiel werden die Teilprozesse der Kostenstellen Fertigungsplanung und Qualitätssicherung den Hauptprozessen „Produktänderungen vornehmen" und „Varianten betreuen" zugeordnet. Das kostenmäßige Ergebnis dieser Verdichtung zeigt Abb. 24.

Abb. 23: Hauptprozeßverdichtung

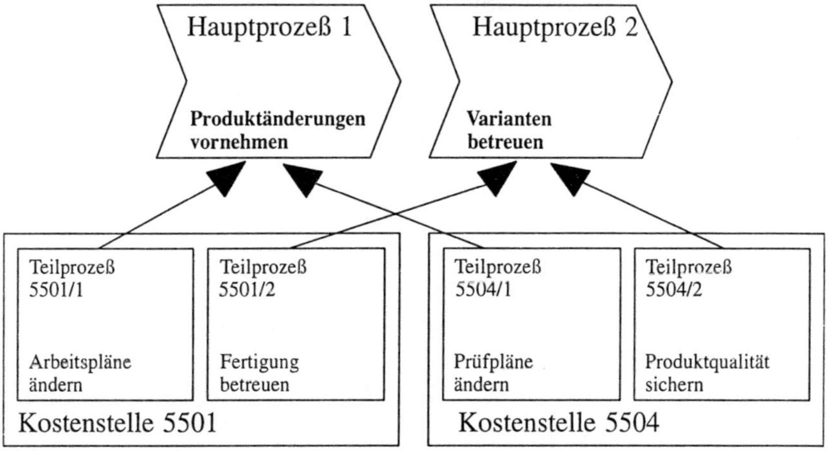

Abb. 24: Kosten der Hauptprozesse

Hauptprozesse	Kostentreiber Art	Kostentreiber Menge	Prozeß-kosten	Prozeß-kostensatz	% Kosten-volumen
1. Produktänderungen vornehmen	Produkt-änderungen	200	690.000,–	3.450,–	33 %
2. Varianten betreuen	Varianten	100	1.410.000,–	14.100,–	67 %

7.6.2 Prozeßkosteninformationen für Gemeinkostenmanagement und Kalkulation

Im Rahmen der jährlichen Planung erfolgt eine Überprüfung der Prozeßstruktur und gegebenenfalls eine Anpassung an veränderte organisatorische Abläufe. Zugleich werden die Prozeßkostensätze durch Berücksichtigung von Preissteigerungen aktualisiert. Auf der Basis der so ermittelten Hauptprozesse und Prozeßkosten werden die Prozeßmengen für das Planjahr ermittelt. Prozeßmengen und -kosten werden dann auf die Ebene der Teilprozesse heruntergebrochen, um die Kosten und erforderlichen Kapazitäten je Kostenstelle zu ermitteln, mit den Kostenstellenverantwortlichen zu diskutieren und – wenn notwendig – Korrekturen vorzunehmen.

Für die Kostensteuerung unerläßlich ist ein Soll-Ist-Vergleich. Da in den Gemeinkostenbereichen eine kurzfristige Kostenbeeinflussung aufgrund des überwiegenden Fixkostencharakters nur begrenzt möglich ist und um den Einfluß von Zufallsschwankungen in den Prozeßmengen auszuschalten, wird eine jährliche Gegenüberstellung der Soll- und Istkosten als ausreichend betrachtet. Ihre Ergebnisse bilden dann eine Grundlage für die Planung des Folgejahres.

Die Prozeßkostenrechnung unterstützt das **Gemeinkostenmanagement** in mehrfacher Weise. Zum einen werden schon in der Einführungsphase Rationalisierungspotentiale aufgedeckt, wenn im Rahmen der Tätigkeitsanalyse unwirtschaftliche Abläufe erkannt werden. Desweiteren werden durch den Soll-Ist-Vergleich Kapazitätsanspannungen oder Unterauslastungen sichtbar, so daß für die folgende Planperiode eine Anpassung an die geplanten Prozeßmengen möglich ist. Zusätzlich können Rationalisierungsziele für die einzelnen Prozesse vereinbart werden, z. B. die Kosten der Abwicklung eines Fertigungsauftrages um 5 % zu senken, etwa durch verstärkten EDV-Einsatz. Schließlich können mittel- bis langfristig wirksame Maßnahmen eingeleitet werden, um die Prozeßmengen zu reduzieren. So könnte beispielsweise durch konstruktive Änderungen die Teilevielfalt reduziert werden. Dadurch läßt sich u. a. die Anzahl der Bestellungen und die Höhe der Lagerbestände senken. Hierbei muß aber immer klar sein, daß mit der Verringerung der kostentreibenden Faktoren nicht automatisch eine Gemeinkostensenkung verbunden ist, sondern ein entsprechender Abbau der Kapazitäten der in den Hauptprozeß eingebundenen Kostenstellen, wie z. B. Einkauf und Materialverwaltung, erfolgen muß[51].

Eine weitere Zielsetzung der Prozeßkostenrechnung stellt die **verursachungsgerechte Verrechnung von Gemeinkosten** auf die Produkte dar. In der Praxis werden die Kosten der indirekten Bereiche zumeist als Zuschlag z. B. auf die Materialeinzelkosten (Einkauf, Rohstofflager, Materialeingangsprüfung u. ä.) oder die Herstellkosten (Vertrieb, Versand, Rechnungswesen u. s. w.) oder entsprechend den Fertigungszeiten (z. B. Fertigungsplanung und -steuerung) kalkuliert. Bei einer prozeßorientierten

---

51 Vgl. *Wäscher, D.,* Prozeßkostenrechnung als Instrument zur Reduzierung von Beständen, Logistikkosten und Durchlaufzeiten, in: krp Kostenrechnungspraxis, Sonderheft 1/92, Logistik-Controlling, Hrsg.: *Männel, W.,* S. 56.

Betrachtungsweise erfolgt die Verrechnung nach der Inanspruchnahme der gemeinkostentreibenden Faktoren. Diese Vorgehensweise macht den Verbrauch an Ressourcen durch die einzelnen Produkte deutlich. So werden z. B. zwei Produkte mit gleichen Fertigungszeiten bei unterschiedlicher Fertigungstiefe mit unterschiedlich hohen Kosten für die Fertigungssteuerung belastet, da der Steuerungs- und Koordinationsaufwand mit der Zahl der Fertigungsstufen (Kostentreiber) steigt.

Informationen aus prozeßorientierten Kalkulationen sind allerdings in erster Linie für strategische Entscheidungen von Bedeutung. So vermögen sie z. B. im Forschungs- und Entwicklungsbereich Hilfestellung bei Entscheidungen über konstruktive Alternativen zu leisten, indem sie die kostenmäßigen Konsequenzen einer hohen Teilevielfalt oder zahlreicher Produktvarianten aufzeigen. Zur Fundierung kurzfristiger Entscheidungen sind prozeßorientierte Kalkulationen wegen der Proportionalisierung von Fixkosten nicht geeignet[52].

Zielsetzung und Grundprinzipien der Prozeßkostenrechnung machen deutlich, daß sie weniger als Alternative denn als Ergänzung bestehender Systeme der Deckungsbeitragsrechnung betrachtet werden sollte[53]. Trotz der durch eine prozeßorientierte Betrachtungsweise erreichbaren höheren Transparenz der Gemeinkostenverursachung bleibt festzustellen, daß nicht alle indirekten Bereiche durch die Prozeßkostenrechnung erfaßt werden können. Dies gilt für solche Bereiche, in denen der Anteil repetitiver (sich häufig wiederholender) und daher standardisierbarer und quantifizierbarer Aktivitäten sehr gering ist[54]. Außerdem unterliegt auch die Gestaltung von Kostenrechnungssystemen wirtschaftlichen Gesichtspunkten (Problem der optimalen Information). Der mit der Einführung eines zusätzlichen Kostenrechnungssystems verbundene Aufwand läßt sich begrenzen, wenn nur solche Gemeinkostenbereiche in die Prozeßkostenrechnung einbezogen werden, deren Kostenvolumen sehr hoch ist und die sich zugleich durch eine mangelnde Transparenz der kostenbestimmenden Faktoren auszeichnen[55].

---

52 Siehe dazu 7.3.1.

53 Vorschläge für eine Integration finden sich u.a. bei *Fröhling, O., Krause, H.,* a. a. O., S. 387 ff.; *Olshagen, Ch.,* Prozeßkostenrechnung – Aufbau und Einsatz, Wiesbaden 1991, S. 54. Zu einer Kritik der Prozeßkostenrechnung vgl. z. B. *Lorson, P.,* Prozeßkostenrechnung versus Grenzplankostenrechnung, in: krp Kostenrechnungspraxis, Heft 1/92, S. 7 – 14.

54 Vgl. *Olshagen, Ch.,* a. a. O., S. 41 f.

55 Vgl. *Mayer, R.,* a. a. O., S. 98.

Literaturhinweise zu Kapitel 7

Agthe, K., Stufenweise Fixkostendeckung im System des Direct Costing, in: ZfB 1959, S. 404–418; *Böhm, H. H., Wille, F.*, Deckungsbeitragsrechnung, Grenzpreisrechnung und Optimierung, 5. Aufl., München 1974; *Hummel, S., Männel, W.*, Kostenrechnung 2 – Moderne Verfahren und Systeme, 3. Aufl., Wiesbaden 1983; *Jacobs, O. H.*, Aussagemöglichkeiten und Grenzen der industriellen Kostenrechnung aus kostentheoretischer Sicht, Köln und Opladen 1968; *Kilger, W.*, Flexible Plankostenrechnung und Deckungsbeitragsrechnung, 8., völlig neu bearbeitete Aufl., Wiesbaden 1981; *Mellerowicz, K.*, Neuzeitliche Kalkulationsverfahren, 6. Aufl., Freiburg 1977; *Plaut, H.-G.*, Die Grenzplankostenrechnung, in: ZfB 1953, S. 347–363 und S. 402–413; *Plaut, H.-G.*, Die Grenzplankostenrechnung in der Diskussion und ihrer weiteren Entwicklung, in: ZfB 1958, S. 251–266; *Plaut, H.-G.*, Unternehmenssteuerung mit Hilfe der Voll- oder Grenzplankostenrechnung, in: ZfB 1961, S. 460–482; *Plaut, H.-G., Müller, H., Medicke, W.*, Grenzplankostenrechnung und Datenverarbeitung, 3. Aufl., München 1973; *Mayer, R.*, Prozeßkosten und Prozeßkostenmanagement: Konzept, Vorgehensweise und Einsatzmöglichkeiten, in: Prozeßkostenmanagement, Hrsg.: *IFUA Horváth & Partner GmbH*, München 1991, S. 73 – 99; *Riebel, P.*, Einzelkosten- und Deckungsbeitragsrechnung, 4., wesentlich erweiterte Aufl., Wiesbaden 1982.

Anlage 1

Industrie-Kontenrahmen (IKR)

Aktiva — BILANZKONTEN — Passiva

KLASSE 0

Sachanlagen und immaterielle Anlagewerte

00 Frei
(bei Kapitalgesellschaften: Ausstehende Einlagen auf das Grund- oder Stammkapital)
01 Grundstücke und grundstücksgleiche Rechte mit Geschäfts-, Fabrik- und anderen Bauten
02 Grundstücke und grundstücksgleiche Rechte mit Wohnbauten
03 Grundstücke und grundstücksgleiche Rechte ohne (eigene) Bauten
04 Bauten auf fremden Grundstücken, die nicht zu den Kontengruppen 01 oder 02 gehören
05 Maschinen und maschinelle Anlagen
06 Betriebs- und Geschäftsausstattung
07 Frei
(z.B. für Festwertpositionen der Betriebs- und Geschäftsausstattung)
08 Anlagen in Bau und Anzahlungen auf Anlagen
09 Konzessionen, gewerbliche Schutzrechte und ähnliche Rechte sowie Lizenzen an solchen Rechten

KLASSE 1

Finanzanlagen und Geldkonten

10 Beteiligungen
11 Wertpapiere des Anlagevermögens, die nicht zu Kontengruppe 10 gehören
12 Ausleihungen mit einer Laufzeit von mindestens vier Jahren
13 Besitzwechsel
14 Schecks
15 Kassenbestand, Bundesbank- und Postscheckguthaben
16 Guthaben bei Kreditinstituten
17 Wertpapiere des Umlaufvermögens, die nicht zu den Kontengruppen 13, 14, 18 oder 19 oder zu 10, 11, 12 gehören
18 Frei
(bei Aktiengesellschaften: Eigene Aktien)
19 Frei
(bei Aktiengesellschaften: Anteile an einer herrschenden oder an der Gesellschaft mit Mehrheit beteiligten Kapitalgesellschaft oder bergrechtlichen Gewerkschaft)

KLASSE 2

Vorräte, Forderungen und aktive Rechnungsabgrenzungsposten

20 Roh-, Hilfs- und Betriebsstoffe
21 Unfertige Erzeugnisse
22 Fertige Erzeugnisse, Waren
23 Geleistete Anzahlungen für Gegenstände des Umlaufvermögens
24 Forderungen aus Lieferungen und Leistungen
25 Frei
(bei Aktiengesellschaften: Forderungen an verbundene Unternehmen)
26 Frei
(bei Aktiengesellschaften: Forderungen aus Krediten gemäß §§ 89 und 115 AktG)
27 Frei
28 Sonstige Vermögensgegenstände
29 Aktive Rechnungsabgrenzungsposten sowie Bilanzverlust

KLASSE 3

Eigenkapital, Wertberichtigungen und Rückstellungen

30–33 Eigenkapital
1. Unternehmen, die das Jahresergebnis über das Eigenkapitalkonto abschließen
30–33 Eigenkapitalkonten
2. Unternehmen, die das Jahresergebnis nicht über das Eigenkapitalkonto abschließen
30 Grund- oder Stammkapital
31 Gesetzliche Rücklage
32 Andere Rücklagen (freie Rücklagen)
33 Frei
34 Sonderposten mit Rücklageanteil
35 Wertberichtigungen zu Sachanlagen
36 Wertberichtungen zu Beteiligungen und zu Wertpapieren des Anlagevermögens
37 Pauschalwertberichtigung zu Forderungen
38 Pensionsrückstellungen
39 Andere Rückstellungen

KLASSE 4

Verbindlichkeiten und passive Rechnungsabgrenzungsposten

40 Anleihen mit einer Laufzeit von mindestens vier Jahren
41 Verbindlichkeiten gegenüber Kreditinstituten mit einer Laufzeit von mindestens vier Jahren
42 Sonstige Verbindlichkeiten mit einer Laufzeit von mindestens vier Jahren
43 Verbindlichkeiten aus Lieferungen und Leistungen
44 Schuldwechsel
45 Verbindlichkeiten gegenüber Kreditinstituten mit einer Laufzeit bis zu vier Jahren
46 Erhaltene Anzahlungen
47 Frei
(bei Aktiengesellschaften: Verbindlichkeiten gegenüber verbundenen Unternehmen)
48 Sonstige Verbindlichkeiten
49 Passive Rechnungsabgrenzungsposten sowie Bilanzgewinn

Industrie-Kontenrahmen (IKR)

ERFOLGSKONTEN

KLASSE 5

Erträge

50 Umsatzerlöse (und Erlösberichtigungen)
51 Erhöhung oder Verminderung des Bestands an fertigen und unfertigen Erzeugnissen
52 Andere aktivierte Eigenleistungen
53 Erträge aus Gewinngemeinschaften und aus Finanzanlagen
54 Sonstige Zinsen und ähnliche Erträge
55 Erträge aus dem Abgang von Gegenständen des Anlagevermögens und aus Zuschreibungen zu Gegenständen des Anlagevermögens
56 Erträge aus der Herabsetzung der Pauschalwertberichtigung zu Forderungen
57 Erträge aus der Auflösung von Rückstellungen
58 Erträge aus der Auflösung von Sonderposten mit Rücklageanteil
59 Sonstige Erträge sowie Erträge aus Verlustübernahme

KLASSE 6

Material- und Personalaufwendungen, Abschreibungen und Wertberichtigungen

60 Aufwendungen für Roh-, Hilfs- und Betriebsstoffe sowie für Waren
61 Frei
62 Löhne und Gehälter
63 Soziale Abgaben (gesetzlich vorgeschriebene Sozialaufwendungen)
64 Aufwendungen für Altersversorgung und Unterstützung
65 Sonstige Personalaufwendungen
66 Abschreibungen und Zuführungen zu Wertberichtigungen auf Sachanlagen und immaterielle Anlagewerte
67 Abschreibungen und Zuführungen zu Wertberichtigungen auf Finanzanlagen (ohne Einstellung in die Pauschalwertberichtigung zu Forderungen)
68 Verluste aus Wertminderungen oder dem Abgang von Gegenständen des Umlaufvermögens außer Vorräten und Einstellung in die Pauschalwertberichtigung zu Forderungen
69 Verluste aus dem Abgang von Gegenständen des Anlagevermögens

KLASSE 7

Zinsen, Steuern und sonstige Aufwendungen

70 Zinsen und ähnliche Aufwendungen
71 Steuern vom Einkommen, vom Ertrag und vom Vermögen
72 Sonstige Steuern und Lastenausgleichs-Vermögensabgabe
73 Aufwendungen aus Verlustübernahme
74 Einstellungen in Sonderposten mit Rücklageanteil
75–78 Sonstige Aufwendungen
79 Frei
(bei Aktiengesellschaften: Aufgrund einer Gewinngemeinschaft, eines Gewinnabführungs- und eines Teilgewinnabführungsvertrags abgeführte Gewinne)

ERÖFFNUNG UND ABSCHLUSS

KLASSE 8

Eröffnung und Abschluß

80 Eröffnungsbilanz
81–88 Abschluß der Gewinn- und Verlustrechnung
  81 Jahresüberschuß/Jahresfehlbetrag
  82 Gewinnvortrag/Verlustvortrag aus dem Vorjahr
  83 Entnahmen aus der gesetzlichen Rücklage
  84 Entnahme aus freien Rücklagen
  85 Einstellungen aus dem Jahresüberschuß in die gesetzliche Rücklage
  86 Einstellungen aus dem Jahresüberschuß in freie Rücklagen
  87 Bilanzgewinn/Bilanzverlust
  88 Frei
89 Schlußbilanz

KOSTEN- UND LEISTUNGSRECHNUNG

KLASSE 9

Kosten- und Leistungsrechnung
(Siehe auch Kapitel 6 insb. S. 175 ff.)

90 Abgrenzungen zur Geschäftsbuchführung
91 Kostenrechnerische Korrekturen
92 Verrechnete Leistungen und Kosten
93 Kostenstellen
94 Kostenträger
95 Erzeugnisse
96 Fertiggestellte (nicht zum Sofortverbrauch bestimmte) innerbetriebliche Leistungen
97 Umsatzkosten
98 Umsätze
99 Ergebnisausweise

Anlage 2

Gemeinschafts-Kontenrahmen der Industrie (GKR)*

KLASSE 0

Anlagevermögen und langfristiges Kapital

00 Grundstücke und Gebäude
 000 Unbebaute Grundstücke
 001 Bebaute Grundstücke
 003 Gebäude
 008 In Bau befindliche Gebäude
01/02 Maschinen und maschinelle Anlagen
 010 der Hauptbetriebe
 020 der Neben- und Hilfsbetriebe
 024 Transportanlagen
 028 In Bau befindliche Maschinen und Anlagen
03 Fahrzeuge, Werkzeuge, Betriebs- und Geschäftsausstattung
 030 Fahrzeuge
 034 Werkzeuge
 037 Betriebs- und Geschäftsausstattung
04 Sachanlagen – Sammelkonto
05 Sonstiges Anlagevermögen
06 Langfristiges Fremdkapital
 060 Anleihen
 061 Grundpfandschulden
 066 Andere langfristige Verbindlichkeiten
07 Eigenkapital
 070 Grund- bzw. Stammkapital
 072 Gesetzliche Rücklagen
 073 Freie Rücklagen
 079 Gewinn- und Verlustvortrag
08 Wertberichtigungen, Rückstellungen u. dgl.
 080/083 Wertberichtigung auf Anlagevermögen
 084 Wertberichtigung auf Außenstände
 085 Rückstellungen
09 Rechnungsabgrenzung
 098 Aktive Rechnungsabgrenzungsposten der Jahresbilanz
 099 Passive Rechnungsabgrenzungsposten der Jahresbilanz

KLASSE 1

Finanz – Umlaufvermögen und kurzfristige Verbindlichkeiten

10 Kasse
11 Geldanstalten
 110 Postscheck
 112 Landeszentralbank
 113 Banken
12 Schecks, Besitzwechsel
 120 Schecks
 125 Besitzwechsel
13 Wertpapiere des Umlaufvermögens
14 Forderungen auf Grund von Warenlieferungen und Leistungen
 140 Kundenforderungen
 149 Zweifelhafte Forderungen
15 Andere Forderungen
 150 Sonstige Forderungen
 151 Eigene Anzahlungen
 158 Vorsteuer
16 Verbindlichkeiten auf Grund von Warenlieferungen und Leistungen
17 Andere Verbindlichkeiten
 170 Sonstige Verbindlichkeiten
 171 Anzahlungen von Kunden
 174 Noch abzuführende Abgaben
 178 Umsatzsteuer
18 Schuldwechsel, Bankschulden
 180 Schuldwechsel
 182 Bankschulden
19 Durchgangs-, Übergangs- und Privatkonten
 190 Durchgangskonten für Rechnungen
 192 Durchgangskonten für Zahlungsverkehr
 195 Übergangskonten
 197 Privatkonten

KLASSE 2

Neutrale Aufwendungen und Erträge

20 Betriebsfremde Aufwendungen und Erträge
 200 Betriebsfremde Aufwendungen
 205 Betriebsfremde Erträge
21 Aufwendungen und Erträge für Grundstücke und Gebäude
 210 Haus- und Grundstücksaufwendungen
 215 Haus- und Grundstückserträge
22 Frei
23 Bilanzmäßige Abschreibungen
24 Zinsaufwendungen und -erträge
 240 Zins- und Diskontaufwendungen
 244 Skonto-Aufwendungen
 245 Zins- und Diskonterträge
 248 Skonto-Erträge
25 Betriebliche außerordentliche Aufwendungen und Erträge
 250 Betriebliche a.o. Aufwendungen
 255 Betriebliche a.o. Erträge
26 Betriebliche periodenfremde Aufwendungen und Erträge
 (mehrere oder andere Zeitabschnitte betreffend) z.B.
 260 Großreparaturen – im Bau befindliche Sachanlagen usw.
 269 Periodenfremde Erträge
27 Verrechnete Anteile betrieblicher periodenfremder Aufwendungen
28 Verrechnete kalkulatorische Kosten und Leistungen

KLASSE 3

Stoffe – Bestände

30/37 Roh-, Hilfs- und Betriebsstoffe
38 Bezogene Bestand- und Fertigteile, Auswärtige Bearbeitung
39 Handelswaren und auswärts bezogene Fertigerzeugnisse

* In gekürzter Fassung

Gemeinschafts-Kontenrahmen der Industrie (GKR)*

KLASSE 4

Kostenarten

40/42 Roh-, Hilfs- und Betriebsstoffverbrauch
43 Löhne und Gehälter
 431 Fertigungslöhne
 432 Hilfslöhne
 439 Gehälter
44 Sozialkosten
 440 Gesetzliche Sozialkosten
 447 Freiwillige Sozialkosten
45 Instandhaltung, verschiedene Leistungen u. dgl.
 450 Instandhaltung *(Masch. usw.)*
 456 Entwicklungs-, Versuchs- und Konstruktionskosten
46 Steuern, Gebühren, Beiträge, Versicherungsprämien u. dgl.
 460 Steuern
 464 Abgaben und Gebühren, Rechts- und Beratungskosten
 468 Beiträge
 469 Versicherungsprämien
47 Mieten, Verkehrs-, Büro-, Werbekosten (Verschied. Kosten) usw.
 470 Miete (Raumkosten)
 472 Verkehrskosten (Transport, Versand, Reise, Post)
 476 Bürokosten
 477 Werbe- und Vertreterkosten
 479 Kalk. Zinsen
48 Kalk. Abschreibungen
 480 Abschreibungen auf Anlagen
 481 Abschreibungen auf Forderungen
49 Sondereinzelkosten
 494 Sondereinzelkosten der Fertigung
 495 Sondereinzelkosten des Vertriebes

KLASSE 5/6

Kostenstellen

Frei für Kostenstellen- (und ggfs. Kostenträger-) kontierungen der Betriebsabrechnung

(Siehe Kapitel 6 insb. S. 191ff.)

KLASSE 7

Kostenträger
Bestände an unfertigen und fertigen Erzeugnissen

78 Betände an unfertigen Erzeugnissen
 (Unfertige Erzeugnisse)
79 Bestände an fertigen Erzeugnissen
 (Fertige Erzeugnisse)

KLASSE 8

Kostenträger
Erträge

83 Erlöse für Erzeugnisse und andere Leistungen
 (Umsatzerlöse)
85 Erlöse für Handelswaren
86 Erlöse aus Nebengeschäften
87 Eigenleistungen
88 Erlösberichtigungen
89 Bestandsveränderungen an unfertigen und fertigen Erzeugnissen

KLASSE 9

Abschluß

98 Ergebniskonten
 980 Betriebsergebnis
 986 Gewinnverteilung
 987 Neutrales Ergebnis
 989 Gewinn- und Verlustkonto
  (Gesamtergebnis)
99 Bilanzkonten
 998 Eröffnungsbilanzkonto
 999 Schlußbilanzkonto

Verzeichnis der verwendeten Symbole

A	steuerlich abziehbarer Aufwand
A*	steuerlich abziehbarer Aufwand ohne Gewerbeertragsteueraufwand
a_{PE}	Abschreibungsbetrag je verbrauchte Potentialeinheit eines Betriebsmittels
a_t	Abschreibungsbetrag der Periode t
$ä_i$	Äquivalenzziffer des Erzeugnisses i
$ä_{lj}$	Äquivalenzziffer der Leistungsart l der Kostenstelle j
AHK	Anschaffungs- oder Herstell(ungs)kosten
AL	Akkordlohn
b	Preissteigerungsrate der Aufwands- und Kostengüter
c	Faktor, mit dem die Verkaufspreise und damit die Erlöse bei gleichem mengenmäßigen Umsatz zu erhöhen sind
d	Degressionsbetrag
D_i	Deckungsbetrag einer Erzeugnisart i
E	Erlöse
e_{lj}	Endleistungsmenge von der Leistungsart l der Kostenstelle j
ESK_j	Endstellenkosten der Kostenstelle j
ESt	Einkommensteuer
$ESt_{m.K.}$	Einkommensteuer mit Kostencharakter
$ESt_{o.K.}$	Einkommensteuer ohne Kostencharakter
$f_{B\,(C,\ldots)}$	in der Stufe B (C,...) einzusetzende Mengen an Teilleistungen der Vorstufe A (B,...) zur Erstellung einer Mengeneinheit der Teilleistung der Stufe B (C,...); kurz: Input-Outputverhältnis (≡ Fertigungskoeffizient) der Stufe B (C,...)
FK	Summe aller Abweichungen des Gewerbeertrags vom nach EStG bzw. KStG zu versteuernden Gewinn
FR	fiktiver Restwert
G_B	Betriebsergebnis
$G_{B_{n.St.}}$	Betriebsergebnis nach Steuern
$G_{B_{o.St.}}$	Betriebsergebnis ohne Einkommensteuer
g_i	kalkulatorischer Gewinnzuschlag pro Einheit der Erzeugnisart i
$G_{n.St.}$	Gewinn nach Steuern
$G_{v.St.}$	steuerlicher Gewinn
gepl.	Suffix zur Kennzeichnung geplanter Größen (Kosten, Mengen etc.)
GewErtSt	Gewerbeertragsteuer
GNP	Gesamtnutzungspotential bzw. gesamte Substanzmenge (≡Totalkapazität)
H	zur Ausschüttung vorgesehene Geldmittel
i	Index der Erzeugnisart ($i = 1, 2, \ldots, \bar{i}$)
ist	Suffix zur Kennzeichnung tatsächlich eingetretener Größen (Kosten, Mengen etc.)
j	Kostenstellenindex ($j = 1, 2, \ldots, r$)

k	Kostenstellenindex ($k = 1, 2, \ldots, r$)
K_A	Kosten der Fertigungsstufe A
$K_E(k_{e_i})$	Einzelkosten der Periode (bzw. pro Mengeneinheit der Erzeugnisart i)
$K_F(k_{f_i})$	Fertigungskosten der Periode (bzw. pro Mengeneinheit der Erzeugnisart i)
$K_{FE}(k_{fe_i})$	Fertigungseinzelkosten der Periode (bzw. pro Mengeneinheit der Erzeugnisart i)
$K_{FG}(k_{fg_i})$	Fertigungsgemeinkosten der Periode (bzw. pro Mengeneinheit der Erzeugnisart i)
K_{fix_i}	Erzeugnis(gruppen)fixkosten
K_{fix_U}	Unternehmungsfixkosten
$K_G(k_{g_i})$	Gemeinkosten der Periode (bzw. pro Mengeneinheit der Erzeugnisart i)
K_{G_j}	Gemeinkosten der Kostenstelle j
$K_H(k_{h_i})$	Herstellkosten der Periode (bzw. pro Mengeneinheit der Erzeugnisart i)
$K_{H_{a_i}}$	Herstellkosten der abgesetzten Mengen der Erzeugnisart i
k_{h_e}	Herstellkosten einer Einheit des Einheitserzeugnisses e
$K_{HE}(k_{he_i})$	Herstelleinzelkosten der Periode (bzw. pro Mengeneinheit der Erzeugnisart i)
K_{KP}	Kosten des Kuppelprozesses
k_{kp_i}	anteilige Stückkosten der Erzeugnisart i aus dem Kuppelprozeß
k_{kp_e}	anteilige Stückkosten des fiktiven Einheitserzeugnisses e aus dem Kuppelprozeß
$K_M(k_{m_i})$	Materialkosten der Periode (bzw. pro Mengeneinheit der Erzeugnisart i)
$K_{ME}(k_{me_i})$	Materialeinzelkosten der Periode (bzw. pro Mengeneinheit der Erzeugnisart i)
$K_{MG}(k_{mg_i})$	Materialgemeinkosten der Periode (bzw. pro Mengeneinheit der Erzeugnisart i)
$K_{o.St.}$	Kosten ohne Einkommensteuer
K_R	verbleibende Restkosten des Kuppelprozesses
k_{r_i}	anteilige Reststückkosten der Erzeugnisart i aus dem Kuppelprozeß
k_{r_e}	anteilige Reststückkosten einer Einheit des fiktiven Einheitserzeugnisses e aus dem Kuppelprozeß
$K_{RFG}(k_{rfg_i})$	Restfertigungsgemeinkosten der Periode (bzw. pro Mengeneinheit der Erzeugnisart i)
k_{s_i}	Selbstkosten pro Mengeneinheit der Erzeugnisart i
$k_{s_{var_i}}$	variable Selbstkosten pro Mengeneinheit der Erzeugnisart i
$K_{SEF}(k_{sef_i})$	Sondereinzelkosten der Fertigung der Periode (bzw. pro Mengeneinheit der Erzeugnisart i)
$K_{SEV}(k_{sev_i})$	Sondereinzelkosten des Vertriebs der Periode (bzw. pro Mengeneinheit der Erzeugnisart i)
$K_{SF}(k_{sf_i})$	Sonderkosten der Fertigung der Periode (bzw. pro Mengeneinheit der Erzeugnisart i)

$K_{SGF}(k_{sgf_i})$	Sondergemeinkosten der Fertigung der Periode (bzw. pro Mengeneinheit der Erzeugnisart i)
K_T	Gesamtkosten der Periode
$K_{T_{fix}}$	gesamte Fixkosten der Periode
$K_V(k_{v_i})$	Vertriebskosten der Periode (bzw. pro Mengeneinheit der Erzeugnisart i)
$K_{VG}(k_{vg_i})$	Vertriebsgemeinkosten der Periode (bzw. pro Mengeneinheit der Erzeugnisart i)
$K_W(k_{w_i})$ $K_{WG}(k_{wg_i})$	Verwaltungs(gemein)kosten der Periode (bzw. pro Mengeneinheit der Erzeugnisart i)
$K_{WV}(k_{wv_i})$	Verwaltungs- und Vertriebskosten der Periode (bzw. pro Mengeneinheit der Erzeugnisart i)
k_{wv_e}	Verwaltungs- und Vertriebskosten einer Einheit des Einheitserzeugnisses e
$K_{WVG}(k_{wvg_i})$	Verwaltungs- und Vertriebsgemeinkosten der Periode (bzw. pro Mengeneinheit der Erzeugnisart i)
K_Y	gesamte Kosten der Kostenart y in der Abrechnungsperiode
k_{z_i}	(zusätzliche) Kosten der Weiterverarbeitung pro Mengeneinheit der Erzeugnisart i
$K_{Z_B}(z_C, \ldots)$	zusätzliche, d. h. zur Weiterverarbeitung der Inputmenge auf B (C,...) anfallende Kosten der Fertigungsstufe B (C,...)
l	Index der Leistungsart ($l = 1, 2, \ldots, \bar{l}$)
L_j	Gemeinkostenwert der Gesamtleistungsmenge der Kostenstelle j
M_j	Gesamtleistungsmenge der Kostenstelle j
m_{jk}	innerbetriebliche Leistungsmenge, die von der Kostenstelle j an die Kostenstelle k geht
m_{ljk}	innerbetriebliche Leistungsmenge von der Leistungsart l, die von der Kostenstelle j an die Kostenstelle k geht
$m_{A(B,\ldots)}$	Teilleistungen der Fertigungsstufe A (B,...)
n	Anzahl der Nutzungsperioden (Nutzungsdauer)
$n_{A(B,\ldots)}$	aus der Fertigungsstufe A (B,...) über $ZL_{1,2,\ldots}$ in Fertigungsstufe B (C,...) eingebrachte Teilleistungen der Fertigungsstufe A (B,...)
o_i	Wert der Bezugsgröße der Erzeugnisart i
P	Abschreibungsprozentsatz
p_i	Preis einer Mengeneinheit der Erzeugnisart i
$\bar{p}_i$	Preisuntergrenze des Erzeugnisses i
PE_t	Verbrauch an Potentialeinheiten in der Periode t (≡ Periodenkapazität)
$PSEK_j$	primäre Stelleneinzelkosten der Kostenstelle j
$PSGK_j$	primäre Stellengemeinkosten der Kostenstelle j
PSK_j	primäre (Erzeugnis-)Gemeinkosten (≡ primäre Stellenkosten) der Kostenstelle j
q_j	Gemeinkostenwert einer Leistungseinheit der Kostenstelle j
r	Anzahl der Kostenstellen

R_t	Restwert am Ende der Periode t
RW	Restwert (Schrottwert) im Sinne eines nicht abzuschreibenden Wiederveräußerungswertes
S	Abschreibungssumme
s	Steuersatz der Einkommen- bzw. Körperschaftsteuer
s_g	effektiver Gewerbeertragsteuersatz
$SSKB_j$	sekundäre Stellenkostenbelastungen der Kostenstelle j
$SSKE_j$	sekundäre Stellenkostenentlastungen der Kostenstelle j
t	Periodenindex (t = 1, 2,..., n)
$T_F(t_{f_i})$	Fertigungszeit pro Periode (bzw. pro Mengeneinheit der Erzeugnisart i)
$v_{ist, soll}$	Ist- bzw. Sollverbrauchmenge eines Kostengutes
var	Suffix zur Kennzeichnung variabler Kosten
W	zum Kapazitätsausbau (Wachstum) der Unternehmung notwendige Geldmittel
WHK	Wiederbeschaffungs- oder Wiederherstellkosten
x	produzierte und abgesetzte Menge
x_{a_i}	abgesetzte Menge der Erzeugnisart i
x_{p_i}	produzierte Menge der Erzeugnisart i
y	Kostenartenindex (y = 1, 2,..., $\bar{y}$)
Z	neben dem Scheingewinn gegebene Sonstige Zusatzkosten ohne Gewinnsteuern mit Kostencharakter und ohne Ber. MWSt mit Kostencharakter
z	Gemeinkostenzuschlagssatz
z_{fg}	Zuschlagssatz für die Fertigungsgemeinkosten
z_{mg}	Zuschlagssatz für die Materialgemeinkosten
z_p	Zuschlagssatz für die Platzfertigungsgemeinkosten
z_{rfg}	Zuschlagssatz für die Restfertigungsgemeinkosten
z_{sum}	summarischer Zuschlagssatz
z_{vg}	Zuschlagssatz für die Vertriebsgemeinkosten
z_{wg}	Zuschlagssatz für die Verwaltungsgemeinkosten
z_{wvg}	Zuschlagssatz für die Verwaltungs- und Vertriebsgemeinkosten
ZL	Zwischenlager
ZTL	Zeitlohn
$\alpha_{jk} \cdot L_j$	Anteil des Gemeinkostenwertes der Gesamtleistungsmenge der Kostenstelle j, der der empfangenden Kostenstelle k zu belasten und der abgebenden Kostenstelle j zu entlasten ist
$\alpha_{kj} \cdot L_k$	Anteil des Gemeinkostenwertes der Gesamtleistungsmenge der Kostenstelle k, der der empfangenden Kostenstelle j zu belasten und der abgebenden Kostenstelle k zu entlasten ist
ΔB	Beschäftigungsabweichung
ΔLG	Leistungsgradabweichung
ΔP	Preisabweichung
ΔV	Verbrauchsabweichung
ΔZL	Bestandsänderung im Zwischenlager

Literaturverzeichnis

Adam, D. — Entscheidungsorientierte Kostenbewertung, Wiesbaden 1970

Agthe, K. — Stufenweise Fixkostendeckung im System des Direct Costing, in: ZfB 1959, S. 404–418

Bauch, G., Pfitzer, N. — Handels- und Steuerbilanzen, 2. Aufl., Heidelberg 1984

Berg, C. C., Korb, U.-G. — Mathematik für Wirtschaftswissenschaftler, Teil II, Lineare Algebra und lineare Programmierung, Wiesbaden 1975

Bergner, H. — Der Ersatz fixer Kosten durch variable Kosten, in: ZfbF 1967, S. 141–162

ders. — Sonderkosten, in: HWR, Hrsg.: Kosiol, E., Stuttgart 1970, Sp. 1596–1603

ders. — Leistungsverrechnung, innerbetriebliche, in: HWB, Hrsg.: Grochla, E., Wittmann, W., Bd. 2, 4. Aufl., Stuttgart 1975, Sp. 2483–2496

Beste, Th. — Die kurzfristige Erfolgsrechnung, 2. Aufl., Köln und Opladen 1962

Böhm, H. H., Wille, F. — Deckungsbeitragsrechnung, Grenzpreisrechnung und Optimierung, 5. Aufl., München 1974

Buchner, R. — Statistische Methoden zur Bestimmung einer verbrauchsbedingten Abschreibung, in: ZfB 1971, S. 671–704

Cooper, R. — Activity-Based-Costing, in: Handbuch Kostenrechnung, Hrsg.: Männel, W., Stuttgart 1992, S. 360 - 383

Fröhling, O., Krause, H. — DV-gestützte Prozeßkostenrechnung – Integrationsaspekte und Umsetzung auf Standard-Softwarebasis, in: Handbuch Kostenrechnung, Hrsg.: Männel, W., Stuttgart 1992, S. 384 - 394

Geist, M. — Selektive Absatzpolitik auf der Grundlage der Absatzsegmentierung, Stuttgart 1963

Göppl, H., Kanz, O. — Statistik, betriebliche, in: HWB, Hrsg.: Grochla, E., Wittmann, W., Bd. 3, 4. Aufl., Stuttgart 1976, Sp. 3700–3719

Hantke, H. — Moderne Verfahren der Kostenrechnung II, Bonn 1974

Heinen, E. — Betriebswirtschaftliche Kostenlehre – Kostentheorie und Kostenentscheidungen, 3. Aufl., Wiesbaden 1970

Heiner, H.-A. — Die kalkulatorische Abschreibung in der modernen Kostenrechnung, in: Die Betriebswirtschaftslehre in der zweiten industriellen Evolution, Hrsg.: von Kortzfleisch, G., Berlin 1969

Huch, B. — Einführung in die Kostenrechnung, 4. Aufl., Würzburg-Wien 1974

Hummel, S., Männel, W. — Kostenrechnung 2 – Moderne Verfahren und Systeme, 3. Aufl., Wiesbaden 1983

Jacobs, O. H. — Aussagemöglichkeiten und Grenzen der industriellen Kostenrechnung aus kostentheoretischer Sicht, Köln und Opladen 1968

Kilger, W. — Kurzfristige Erfolgsrechnung, Wiesbaden 1962

ders. — Flexible Plankostenrechnung und Deckungsbeitragsrechnung, 8., völlig neu bearbeitete Aufl., Wiesbaden 1981

ders. — Einführung in die Kostenrechnung, Opladen 1976

Koch, H. — Zur Diskussion über den Kostenbegriff, in: ZfhF 1958, S. 355–399

v. Kortzfleisch, G. — Äquivalenzziffernkalkulation, in: HWR, Hrsg.: Kosiol, E., Stuttgart 1970. Sp. 41–49

ders. — Divisionskalkulation, in: HWR, Hrsg.: Kosiol, E., Stuttgart 1970, Sp. 418–430

Kosiol, E. Kritische Analyse der Wesensmerkmale des Kostenbegriffs, in: Betriebsökonomisierung durch Kostenanalyse, Absatzrationalisierung und Nachwuchserziehung, Festschrift für R. Seyffert, Hrsg.: Kosiol, E., Schlieper, F., Köln und Opladen 1958, S. 7–38

ders. Kostenrechnung, Wiesbaden 1964

ders. Kostenrechnung und Kalkulation, Berlin 1969

ders. Aufwand und Ertrag, in: HWB, Hrsg.: Grochla, E., Wittmann, W., Bd. 1, 4. Aufl., Stuttgart 1974, Sp. 309–315

Lohmann, M. Einführung in die Betriebswirtschaftslehre, 4. Aufl., Tübingen 1964

Lorson, P. Prozeßkostenrechnung versus Grenzplankostenrechnung, in: krp Kostenrechnungspraxis, Heft 1/92, S. 7 - 14

Lücke, W. Die kalkulatorischen Zinsen im betrieblichen Rechnungswesen, in: ZfB 1965, Ergänzungsheft, S. 3–28

Mayer, R. Prozeßkosten und Prozeßkostenmanagement: Konzept, Vorgehensweise und Einsatzmöglichkeiten, in: Prozeßkostenmanagement, Hrsg.: IFUA Horváth & Partner GmbH, München 1991, S.73 - 99

Mellerowicz, K. Kosten und Kostenrechnung, Bd. 1, 4. Aufl., Berlin 1963

ders. Kosten und Kostenrechnung, Bd. 2, 1, 4. Aufl., Berlin 1966

ders. Neuzeitliche Kalkulationsverfahren, 6. Aufl., Freiburg 1977

Münstermann, H. Unternehmungsrechnung, Wiesbaden 1969

Olfert, K. Kostenrechnung, Ludwigshafen 1974

Olshagen, Ch. Prozeßkostenrechnung – Aufbau und Einsatz, Wiesbaden 1991

Pack, L. Die Elastizität der Kosten, Grundlagen einer entscheidungsorientierten Kostentheorie, Wiesbaden 1966

Philipp, F. Risiko und Risikopolitik, Stuttgart 1967

Plaut, H.-G. Die Grenz-Plankostenrechnung, in: ZfB 1953, S. 347–363 und S. 402–413

ders. Die Grenzplankostenrechnung in der Diskussion und ihrer weiteren Entwicklung, in: ZfB 1958, S. 251–266

ders. Unternehmenssteuerung mit Hilfe der Voll- oder Grenzplankostenrechnung, in: ZfB 1961, S. 460–482

Plaut, H.-G., Müller, H., Medicke, W. Grenzplankostenrechnung und Datenverarbeitung, 3. Aufl., München 1973

Raffée, H. Kurzfristige Preisuntergrenzen als betriebswirtschaftliches Problem, Köln und Opladen 1961

Riebel, P., Einzelkosten- und Deckungsbeitragsrechnung, 4., wesentlich erweiterte Aufl., Wiesbaden 1982

Rose, G. Betrieb und Steuer-Grundlagen zur Betriebswirtschaftlichen Steuerlehre, Erstes Buch: Die Ertragsteuern, 4. Aufl., Wiesbaden 1977

Schmalenbach, E. Kostenrechnung und Preispolitik, 8. Aufl., bearbeitet von R. Bauer, Köln und Opladen 1963

Schneider, E. Industrielles Rechnungswesen, 2. Aufl., Tübingen 1954

Schönfeld, H. Kostenrechnung I, 5. Aufl., Stuttgart 1970

Schweitzer, M., Hettich, G. O., Küpper, H.-U. Systeme der Kostenrechnung, München 1975

Seicht, G. Moderne Kosten- und Leistungsrechnung, Grundlagen und praktische Gestaltung, Wien 1977

Seischab, H. Kalkulation und Preispolitik, Leipzig 1944

ders.	Demontage des Gewinns durch unzulässige Ausweitung des Kostenbegriffs, in: ZfB 1952, S. 19ff.
Sommerfeld, H.	Eudynamische Bilanz, in: Lexikon des kaufmännischen Rechnungswesens, Hrsg.: Bott, K., Bd. I, Stuttgart 1940, Sp. 850–855
Ulrich, H.	Die Unternehmung als produktives soziales System, 2. Aufl., Bern und Stuttgart 1970
Veit, Th., Straub, W.	Investitions- und Finanzplanung, 2. Aufl., Heidelberg 1983
Vormbaum, H.	Kalkulationsarten und Kalkulationsverfahren – Kalkulationslehre, 2. Aufl., Stuttgart 1970
Wäscher, D.	Prozeßkostenrechnung als Instrument zur Reduzierung von Beständen, Logistikkosten und Durchlaufzeiten, in: krp Kostenrechnungspraxis, Sonderheft 1/92, Logistik-Controlling, Hrsg.: Männel, W., S. 51 – 57
Walb, E.	Die Erfolgsrechnung privater und öffentlicher Betriebe, Berlin und Wien 1926
Weber, H. K.	Betriebswirtschaftliches Rechnungswesen, München 1975
Wild, J.	Grundlagen der Unternehmungsplanung, Reinbek 1974
Wöhe, G.	Betriebswirtschaftliche Steuerlehre, Bd. II, 2. Halbband, 2. Aufl., Berlin und Frankfurt a.M. 1965

Sachregister